中国哲学视阈下的传统学术史思想研究

——以《明儒学案》为中心个案

张圆圆◎著

黑龙江人民出版社

图书在版编目(CIP)数据

中国哲学视阈下的传统学术史思想研究:以《明儒学案》为中心个案／张圆圆著. —哈尔滨:黑龙江人民出版社,2018.6 (2021.5重印)
　　ISBN 978 - 7 - 207 - 11380 - 1

　　Ⅰ.①中…　Ⅱ.①张…　Ⅲ.①学术思想—思想史—研究—中国　Ⅳ.①B2

　　中国版本图书馆 CIP 数据核字(2018)第 140740 号

责任编辑:姜海霞
封面设计:朱美杰

中国哲学视阈下的传统学术史思想研究
——以《明儒学案》为中心个案

张圆圆　著

出版发行　黑龙江人民出版社
地　　址　哈尔滨市南岗区宣庆小区 1 号楼
邮　　编　150008
网　　址　www. longpress. com
电子邮箱　hljrmcbs@ yeah. net
印　　刷　北京一鑫印务有限责任公司
开　　本　787×1092　1/16
印　　张　20
字　　数　290 千字
版　　次　2018 年 6 月第 1 版　2021年5月第2次印刷
书　　号　ISBN 978 - 7 - 207 - 11380 - 1
定　　价　55. 00 元

前　言

　　本书由张圆圆(黑龙江省社会科学院《学习与探索》杂志社)撰写,探讨的主要内容是传统时期、传统意义上的中国哲学史研究领域的理论成果。中国哲学视阈下的传统学术史思想,代表着传统时期传统形态的中国哲学史研究的理论高度,体现着由先秦至近代,各个历史时期哲学史家对特定历史阶段哲学发展的总结,以及他们在哲学领域的深入思考和独特见解,承载着相对西方哲学史而言,具有特殊意义、特殊研究对象和研究者独特思考方式的中国传统哲学史发展的内涵。黄宗羲《明儒学案》是中国传统学术史研究领域的一部经典著作,其创造性地继承并发展了以往学术史研究方法论的优良成果,开创了真正意义上的"学案体"体裁,又对《明儒学案》之后的学术史研究方法和编撰体例产生了意义深远的影响,在中国传统学术史研究中,具有承上启下和举足轻重的积极意义,其所展现的明代理学史思想,为后世研究明代理学具有极其重要的参考价值。因此,研究以黄宗羲《明儒学案》为中心的中国哲学视阈下的传统学术史思想及其现实意义,可为我们全面系统地了解和认识传统时期的中国哲学史之发展(即"中国哲学史前史"),提供了一个良好的参照,同时,对于推动当下中国哲学研究方式的反思及当代性重建,具有重要的启发和借鉴意义。

　　《中国哲学视阈下的传统学术史思想研究——以〈明儒学案〉为中心个案》分为四章:第一章为《先秦、两汉至明末清初的学术史思想》;第二章为《〈明儒学案〉成书的前提和基础》;第三章为《〈明儒学案〉的学术史思想研

第一章总结了先秦时期产生的学术史思想、汉至唐代产生的学术史思想、宋明至清初产生的学术史思想。提出了先秦是中国传统学术史思想的萌芽时期，这一时期产生的学术史思想的内容主要表现为《庄子·天下》《荀子·非十二子》《韩非子·显学》《吕氏春秋·不二》等学术史篇章对先秦诸子百家之学的归纳和总结；汉至唐代的学术史思想，主要表现为以《史记·儒林列传》和《汉书·儒林传》为典型代表的各朝代官修正史对历代人物学行、学派及其学术思想的总结，以及以《汉书·艺文志》为典型代表的历代官修正史中的《艺文志》和《经籍志》对不同时期文献书目的记载和归类，同时，佛教领域中的各类僧人传记，也相应地记载了汉至唐代的佛教思想产生、发展和繁荣情况；宋明至清初的学术史思想，主要体现为朱熹的《伊洛渊源录》、周汝登的《圣学宗传》、孙奇逢的《理学宗传》等理学史著作对宋明时期理学发展历程的梳理与总结，以及编撰者对研究对象所持的主观见解与评价。

第二章介绍了《明儒学案》成书的前提和基础，提出了《明儒学案》的成书离不开宋明理学的发展与繁荣、经世思潮之兴起这一客观的背景，也离不开黄宗羲的爱国情怀、学者精神、史学方面的成就，以及黄宗羲在学术史研究中的认识论基础等主观因素，重点揭示了黄宗羲在学术史领域的认识论基础是《明儒学案》成书以及其中所蕴含的学术史思想的理论前提和逻辑指导，并将这一认识论基础具体概括为对"一本万殊"学术发展规律的总结和黄宗羲对儒家道统思想的阐释等两个方面。

第三章归纳了《明儒学案》的学术史思想，其中包括《明儒学案》的学术史方法论、《明儒学案》的明代理学史思想，以及以《明儒学案》为中心文本所体现出的黄宗羲对明代主流学术思想阳明心学的定位。首先将《明儒学案》的学术史方法论概括为五个方面：第一，网罗资料，认真筛选；第二，提炼并概括学者学术宗旨；第三，立学案以示学派；第四，追溯学术源流，把握学术发展动态；第五，评价学派与学者学术思想，并围绕《明儒学案》学术史方法论这五方面内容，展开具体的说明与论证。其次，具体阐述了《明儒学案》的明代理学史思想主要表现为黄宗羲对明代初期、中期、后期理学发展、演变、分派情况的概括和总结。最后，揭示了以《明儒学案》为中心文本所体现的黄宗羲对明代主流学术思想阳明心学的定位，揭示了黄宗羲立阳明心学为圣学，为阳明学辨儒、释，为王门"四句教"辩难等内容。

第四章概括了清初至近代的学术史研究成果，提出了这一时期所产生的学术史思想主要体现为《明儒学案》之后的黄宗羲、黄百家、全祖望等人合撰的《宋元学案》、鄢鼎的《明儒理学备考》《广明儒理学备考》《国朝理学备考》、唐鉴的《国朝学案小识》、江藩的《国朝汉学师承记》，以及梁启超的《清代学术概论》和《中国近三百年学术史》等学术史著作对特定历史时期学术发展的研究与评述，尤其在对《宋元学案》学术史思想提炼与总结的过程中，首先介绍了《宋元学案》的成书经过；其次，介绍了《宋元学案》的编撰体例和方法论特点，提出了《宋元学案》学术史方法特点以及其对《明儒学案》学术史方法的创新之处；最后，介绍了《宋元学案》的宋、元理学史思想，既提出了胡瑗、孙复之学开理学之先河，濂、洛、关学为理学确立的标志，宋、元时期理学的流传、分立与融合等观点，同时又对《宋元学案》中宋、元理学家的师承关系进行了探讨，分析了关于周敦颐和二程之间有无师承关系的问题、朱熹和陆九渊之间的学统关系的问题，以及永嘉学派学统的问题。此外，第四章还重点介绍了鄢鼎的三部"理学备考"、唐鉴的《国朝学案小识》、江藩的《国朝汉学师承记》，梁启超的《清代学术概论》《中国近三百年学术史》的编撰体例、所记载的具体人物的思想和学行，以及这些学术史著作中所渗透的编撰者的学术思想倾向和学术史观，由此，将明清两个历史阶段的学术思想发展状况和时代学术特征形态鲜明地呈现出来。

从学术价值来看，在宏观层面，本书的内容丰富了中国传统学术史研究领域的成果，在理论层面构建了中国哲学视阈下传统意义上的中国哲学史研究体系，探讨了由先秦时期，中经汉唐至近代的学术史（哲学史）书写的演进路径，为当今中国哲学史或思想史书写模式的构建，提供传统意义上的参考与借鉴。在具体层面，本书的内容涉及一些较为经典的文本和著作，例如，《庄子》《荀子》《韩非子》《史记》《汉书》等，以往学界对这些著作的研究，较多地关注其哲学思想和对具体历史人物、事件的记载，而忽视其在哲学史构建意义上对某一特定时期学术发展的归纳和总结，本书的内容从特殊的角度，反映了我国传统意义上的哲学经典著作和史学经典著作记载与总结某一特定时期学术发展历程的一面，为当今中国优秀传统文化的普及提供了更为广阔的视角，在一定意义上，对我国传统学术史思想的概括与归纳，对当今学界研究我国古代某一特定历史时期、特定领域的学术思想发展情况具有借鉴价值。

从应用价值来看，本书对以《明儒学案》为中心个案的传统学术史思想的梳理与总结，对当今时代中国哲学史诠释模式的研究和建构具有借鉴价值。在中国哲学史诠释模式的建构中，首先，可以借鉴以《明儒学案》学术史思想为典型代表的传统学术史思想对天下学术发展宏观规律的总结；其次，可以借鉴以《明儒学案》学术史方法论为典型代表的传统学术史方法论中的"普适"成分；最后，可以借鉴以《明儒学案》的哲学话语体系为典型代表的传统学术史思想中的民族哲学话语体系。通过这些借鉴，可以构建出一种能够反映中国哲学原貌和内在精神特质的中国哲学史诠释模式。这种模式以中国传统哲学史方法论和哲学话语体系为主，同时并不排斥西方哲学的语言，在自身建构模式的逐渐完善及与西方哲学的对比之中，展现出中国哲学的民族性和独立性，进而能够更好地弘扬纵贯古今而又博大精深的中国哲学，在中西文化的对比与交流中，使中国哲学走向世界、面向未来，以实现中国哲学的伟大复兴和中华民族文化的伟大复兴。同时，也更加丰富了中国哲学史学科建构的内容，在一定意义上，能够为中国哲学史之撰写提供一条更加完善的思考路径。

目　　录

中国哲学视阈下的传统学术史思想研究

Zhongguo Zhexue Shiyu Xia De Chuantong
Xueshushi Sixiang Yanjiu

绪　　论

一、对"学术""学术史""学术史思想"概念的界定

学术，是指具有研究价值的、系统的、专门的学问。"学术"这一概念，具有普遍的意义。凡是特定领域，具有研究价值的学问，并经过系统的、专门的研究，或有待继续研究的学问，皆可称作"学术"。学术本身具有其特定的属性：第一，"学术"与"研究"有着密切的联系，"学术"是研究的对象，是经过研究的，或正在研究的，或有待深入研究的学问，具有研究价值和可研究性。第二，"学术"具有系统性和专门性。所谓"学术"的"系统性"，是指对某一领域的研究，须形成一定的规模或体系，方可称作学术；"学术"的"专门性"，是指"学术"具有明显学科分类特征，某种学术与某种学术之间，具有学科的或专业的差异，使一种学术区别与另一种学术。

学术史，既指客观存在于研究主体之外的学术发展历史；也指研究主体写出的学术史，即研究主体经研究而得出的对某一客观历史阶段学术发展历程的总结。本文所指的学术史，为后一种学术史，即研究主体对某一历史阶段的学术发展的总结。

学术史思想，是总结学术发展而得出的思想，具体地说，是思想家们在总结某一特定历史时期的学术发展的基础上所生成的思想。"学术史思想"是一个较大的范畴，它自身具有学术史研究的特指层面和指导层面双重内涵。在特指层面，学术史思想主要表现为对某些具体学术的研究而得出的

理论成果,其中包含对学术发展整体规律的宏观体认,和对单个或多位学者学术思想的具体研究(学术史个案研究)。在指导层面,学术史思想主要表现为学术史研究的方法论(或称作学术史方法论),即思想家研究学术史所依据的基本原则和路径,换一种说法,学术史方法论也就是指以什么方式或从什么角度去研究学术的历史。例如,以何标准去选择研究对象、提炼与概括学者学术宗旨、对众多学者学术思想进行派分与归类、追溯学术源流、把握学术发展脉络、评价某一学术思想长短得失等,皆属于学术史研究的方法论。学术史思想的特指层面和指导层面相互交织,不可分割,互为普遍和特殊的关系。学术史的方法论具有普适性,它一旦产生,就可能会体现在诸多学术史思想中,举例来说,选择研究对象和提炼与概括学者学术宗旨这两个学术史方法论,在先秦学术史思想中有所体现,在汉代学术史思想中也有体现,乃至在宋明甚或现当代的学术史思想中仍有体现。可以说,学术史方法论作为学术史思想的一部分,以其所具的普遍性和规律性之属性,几乎体现在任何一种具体的学术史思想中。而学术史思想中的特指内容(或对某种学术发展整体规律的体认,或对被研究学者学术思想的体认)则具有特殊性,其具体内容会因被研究对象和研究者的特殊性而千差万别。例如,《史记》中司马迁的学术史思想,表现的是对先秦诸子学行和西汉初年学术演变历程的研究成果,而《史记》所载司马谈《论六家要旨》的学术史思想则是对先秦时期学术发展的总结,司马迁和司马谈二人学术史思想虽有继承和发展的关系,但二者终究只是作为相异的个体而存在,体现着各自的特殊性。

二、黄宗羲的两部学案和对《明儒学案》的哲学史定位

黄宗羲在学术史研究领域,一生著有两部学案,即《明儒学案》和《宋元学案》,这两部学案不仅分别记载了明代和宋元时期的理学发展情况,而且《明儒学案》创立了真正意义上中国传统学术史编撰中的"学案体"体裁。这两部学案对当时及后世的影响意义极大,并为后世给予极高的评价。在一定意义上,这两部学案不仅是学术史著作,也是哲学史著作,尤其是后人对

《明儒学案》的评价和定位，更加确立了《明儒学案》的学术史和哲学史著作性质，提升了《明儒学案》在传统哲学史研究领域的地位。

（一）黄宗羲的两部学案——《明儒学案》和《宋元学案》

《明儒学案》和《宋元学案》是黄宗羲的两部学案体体裁的学术史著作，其中《明儒学案》为黄宗羲的学术史专著，《宋元学案》为黄宗羲、黄百家、全祖望和王梓材等人的合作。

《明儒学案》成书于康熙年间，全书约一百万字，共收录了有明一代上起吴与弼、陈献章，下至刘宗周等学者200余人，系统地记载并评价了明代儒学领域中主要学派学者的生平事迹及学术思想。从《明儒学案》结构和编撰体例来看，全书共六十二卷，分十九个学案。每学案之首载有该案的案前小序。每卷开篇皆为学者立传，其中主要记述了学者的生平事迹和学术思想，并相应附加著者黄宗羲的学术观点和对传主的评价。小传之后为资料选编部分，这一部分内容来自该卷传主的原著、语录或书信，其中也含有著者评论或解释性按语。在该著作的十九个学案中，记载王阳明及其后学学术思想的学案共占十个，比重占全书内容的一半以上，由此彰显了阳明学在明代理学中的重要位置。该书之首有《明儒学案序》《发凡》和《师说》。《发凡》不仅记述了黄宗羲一些具体的学术史思想，而且还交代了《明儒学案》的成书目的和宗旨。《师说》记载了刘宗周对明代部分儒者学术思想的评价，以彰显黄宗羲对其师学术观点的尊重。

《宋元学案》原名《宋元儒学案》，是黄宗羲继《明儒学案》之后的又一部学案体学术史著作。《宋元学案》这部著作合多人之力而成，由黄宗羲收集资料、发凡起例之草创，后经黄百家、全祖望和王梓材等人续修，此外，编纂与修订《宋元学案》的还有杨开沅、黄璋和冯云濠等人。《宋元学案》之成书过程经历了约一个半世纪之久，汇集了几代编撰者的辛勤劳作。该著作在编撰规模上大于《明儒学案》，全书共一百卷。据当代学者统计，"经过全祖望、王梓材整理定稿的《宋元学案》属于黄氏原本而经过全氏修订的有67卷58个学案。其余33卷32个学案则系全祖望增补本（全氏补本）。这67卷黄氏原本中,保留了黄宗羲案语 65 条,分列于 33 卷;黄百家案语 208 条,分列于 43 卷,其他梨洲弟子杨开沅……张采有案语 50 条,五人合计案语 323 条,分列 67 卷。"①因此,《宋元学案》的编撰之主力应归于黄宗羲父子。此外,在编撰体例上,《宋元学案》效仿了《明儒学案》,并在《明儒学案》的基础上,有所发展和创新,使学案体体裁更加完善。

(二)对《明儒学案》的哲学史定位

梁启超曾指出:"(清代)史学之祖当推宗羲,所著《明儒学案》,中国之有'学术史',自此始也"②,又说:"中国自有完善的学术史,自梨洲之著学案始","欲知梨洲面目,当从《明儒学案》求之",③最早对黄宗羲的《明儒学案》做了学术史定位。之后,梁启超又对《明儒学案》做了哲学史定位,他说:"在世界著作界中,关于哲学史的著述,恐怕没有比他更早比他更详赡的了。"④可以说,《明儒学案》不仅是一部断代的学术史著作,更进一步说,它还是一部哲学史著作。《明儒学案》记述的内容为有明一代之儒学,儒学又是中国封建社会占统治地位最久、影响力最大的官方正统哲学。《明儒学案》所记述的明代儒学,是宋明理学("新儒学")发展到明代的一种特殊形态,其中主要以阳明心学为主体内容,其中还包含了对程朱理学的延续和罗钦顺、王廷相等人的气学。虽然"哲学"一词于近代才传入中国,但"哲学"这一概念和其所指向的内容,二者之间是"名"与"实"的关系。中国古代的学术思想领域,虽然没有哲学之"名",但是已经存在了哲学之"实"。明代儒学就是中国古代哲学之"实"的一种表现,它所研究和探讨的内容涉及了理气关系、心性关系、工夫论、修养论和本体论等方面内容,其中包含了一些形而上的和辩证的思维方式,是一种以中国传统(或者明代)特有的思维方式和表达方式呈现出来的本土哲学。因此,在一定程度上说,记载了明代儒学的《明儒学案》,可以当之无愧地被称作为一部"哲学史著作"。

---

① 吴光等:《黄宗羲与清代浙东学派》,中国人民大学出版社,2009 年版,第 64 页。
② 梁启超:《清代学术概论》,上海古籍出版社,1998 年版,第 17 页。
③ 梁启超:《中国近三百年学术史》,山西古籍出版社,2001 年版,第 52 页。
④ 梁启超:《明清之交中国思想界及其代表人物》,东方杂志第二十一卷第三号,1924 年 2 月。

因此,继梁启超之后,现当代一些学者,在认可《明儒学案》为明代断代学术史或儒学史的基础上,又对《明儒学案》下了"哲学史"之论断。如冯友兰在其两卷本的《中国哲学史》中,提出《宋元学案》和《明儒学案》为宋元明时期的哲学史著述。在《中国哲学史新编》中,冯友兰又指出:"黄宗羲基本上是一个哲学家,全祖望基本上是一个史学家,经过他人编排的《宋元学案》在精神上和面貌上和《明儒学案》却不大相同了。这两部书都不失为前无古人的断代哲学史。"①萧萐父则认为《明儒学案》记述了明代哲学之思潮,是"中国第一部有系统的哲学史论著作"。② 这些对《明儒学案》的哲学史定位,符合了《明儒学案》是哲学史著作之客观事实,具有合理性和客观性,也从一定的角度,有力地印证了本文对《明儒学案》的哲学史定位。所以说,以《明儒学案》为中心的黄宗羲学术史思想,是哲学史领域的学术史思想。

三、黄宗羲学术史思想与中国哲学史学史的关系

中国哲学史学史,是指中国哲学史的历史,也就是中国哲学史的史学史,它体现了中国哲学史的发展历程,汇集了自先秦至现当代的众多中国哲学史研究成果,包括先秦时期的哲学史研究成果、汉至唐代的哲学史研究成果、宋明时期的哲学史研究成果、清代的哲学史研究成果、近现代的中国哲学史研究成果,和当代的中国哲学史研究成果,而且,随着中国哲学的向前发展和中国哲学史研究的继续深入,中国哲学史学史的内容也将不断丰富。黄宗羲学术史思想主要体现于其学术史专著《明儒学案》之中,《明儒学案》是中国古代哲学史的主要内容之一,在一定意义上说,黄宗羲学术史思想是中国古代历史时期特定阶段内的哲学史研究成果,反映了中国古代特定历史时期内的哲学史发展情况,其与中国哲学史学史二者之间互为部分与整体的关系。黄宗羲学术史思想作为既已形成的中国哲学史研究成果,以其客观存在的不可替代性,永久地保留于中国哲学史学史的整体范畴之内,体

---

① 冯友兰:《中国哲学史新编》(第六册),人民出版社,1989年版,第11~12页。
② 萧萐父:《中国哲学史史料源流举要》,武汉大学出版社,1998年版,第230页。

现着中国古代哲学史研究领域的优秀成果和其对之后中国哲学史研究的积极意义。没有作为部分的黄宗羲学术史思想，就不会呈现出完整的中国哲学史学史；同样，没有作为整体的中国哲学史学史，黄宗羲学术史思想就会失去其重要的表征和归属范畴。因此，研究黄宗羲学术史思想，对完善中国哲学史学史的研究具有重要的意义。

四、《明儒学案》的历史贡献

首先，《明儒学案》的历史贡献在于其标志了学案体学术史编撰体裁的成型与完善。学案体是学术史研究领域中的一种重要编撰体裁，这一编撰形式以集案主人物传记、编撰者对案主学术思想之述评、案主原著及论学语录之辑录为一体为主要特征，旨在通过对入案学者和学派学术面貌的描述，揭示某一时期某一领域的学术发展状况。

事实上，在学术史研究领域，这种集人物传记、学术思想述评和论学资料三位一体的"三段式"编撰结构，早在《明儒学案》之前就已出现。例如，《伊洛渊源录》《圣学宗传》和《理学宗传》等学术史著作中所体现出来的合学者学行、编撰者之按语、学者论学资料为一的表现形式，即是学案体编撰形式的渊源所在之处，只不过，与真正意义上的学案体不同的是，《伊洛渊源录》《圣学宗传》《理学宗传》等著作的"三段式"编撰结构之表现形式尚不够成熟与完善，在著作的题名中，没有体现出"学案"一词。直到黄宗羲《明儒学案》问世，实现了"学案"之称谓与工整的"三段式"编撰结构的统一，且对后来的学术史研究产生了深远的影响，标志了真正意义上的学案体学术史编撰体裁的成型与完善。

继《明儒学案》之后，在学术史研究领域中，又相继问世了黄宗羲父子和全祖望等人编撰的《宋元学案》、清代唐鉴编撰的《国朝学案小识》、民国徐世昌主持编撰的《清儒学案》、钱穆选编的《朱子新学案》、当代学者杨向奎编撰的《清儒学案新编》等，这些学案体的学术史著作，继承并发展了《明儒学案》所确立的学案体编撰体裁，繁荣了学术史研究领域的内容，分别从不同的侧面说明了《明儒学案》在学案体体裁之成型与完善方面的历史贡献和深远影响。

其次,《明儒学案》的历史贡献在于其详细而系统地记载了有明一代之儒学(理学)发展。《明儒学案》作为一部断代的学术史著作,详细而系统地记载了明代儒学之发展情况。在《明儒学案》之前,对明代儒学有所记载的学术史著作,主要有周汝登的《圣学宗传》、孙奇逢的《理学宗传》、阳明后学刘元卿的《诸儒学案》和刘宗周的《皇明道统录》等。其中,《圣学宗传》和《理学宗传》皆为通史类学术史著作。

《圣学宗传》记载了上自远古时期的伏羲、神农、皇帝,下自明代心学代表人物罗汝芳等人,中间跨越式记载了先秦、汉、唐、宋、元时期的一些儒家学者及其学术思想,对明代儒家学者及其学术思想的记载主要仅限于薛瑄、吴与弼、陈献章、王守仁、徐爱、钱德洪、王畿、罗洪先、王栋、罗汝芳等人,《理学宗传》则跨越式地记载了汉代、唐代、宋代、元代和明代儒者约一百七十人,其中对明代儒者的记载也仅占该著作的部分比重。

《诸儒学案》和《皇明道统录》虽然为明代断代体的学术史著作,但《诸儒学案》之卷帙规模一说八卷,一说二十六卷,说法不一,而《皇明道统录》之卷帙规模为七卷。因此,在一定程度上可以断定,无论是《圣学宗传》《理学宗传》《诸儒学案》,或是《皇明道统录》,它们对明代儒家学者及其学术思想的记述,在规模和详细程度上,较长达六十二卷帙、网罗明代二百余位儒家学者之《明儒学案》相比,可谓望尘莫及。甚至,在某种意义上可以说,在学术史和哲学史研究领域,黄宗羲的《明儒学案》是至今为止所存在的对明代儒学记载最为详尽、最为系统的一部著作。其不仅向世人呈现了一幅明代儒学发展画面,而且还广泛收集并系统地整理了明代儒学史料,为后世研究明代儒学,提供了可靠而有效的参考资料。

此外,《明儒学案》的又一主要历史贡献,还在于其承载了黄宗羲的一系列学术史思想。体现出黄宗羲对学术发展总体规律的总结、黄宗羲学术史方法论和其明代理学史思想等理论观点,为当今专业领域内系统地研究黄宗羲的学术史思想,并借鉴其中的积极成分,提供了珍贵的文本保证。

五、对黄宗羲学术史思想的概述

黄宗羲学术史思想,是黄宗羲经学术史研究而得出的理论成果,是黄宗羲继以往学术史研究渊源,以一定的客观学术背景为孕育土壤,以一定的主观因素为先决条件,以特定的题材为研究对象,在多重因素共同作用下得以形成的。从研究渊源来看,在黄宗羲之前的中国古代学术史研究领域,出现了先秦时期的学术史研究、汉唐时期的学术史研究和宋明至清初的学术史研究。其中,在先秦时期的学术史研究领域,以《庄子·天下》《荀子·非十二子》和《韩非子·显学》为主要研究成果。在汉至唐代的学术史研究领域,以《史记》和《汉书》为典型代表的各朝代官修正史中记载人物学行和学术思想的诸篇具有学术史性质的篇章为主要研究成果,此外,以《汉书·艺文志》为典型代表的各代史籍中记载与归类文献书目的《艺文志》和《经籍志》以及佛教领域中的各类僧人传记,也丰富了这一时期的学术史研究成果。在宋明至清初的学术史研究领域,以《伊洛渊源录》《圣学宗传》和《理学宗传》等记载儒学发展史的学术史著作为主要研究成果。

从学术背景来看,宋明理学的繁荣与发展和经世思潮的兴起,是黄宗羲学术史思想得以形成的客观环境。其中,宋明理学的繁荣与发展,为黄宗羲提供了学术史研究对象,经世思潮的兴起,唤醒了学术救国的时代意识,掀起了当时学术界和思想界对经学和史学的研究热潮,成为黄宗羲著学术史以纪念故国、总结一代学术得失经验的外在推动力。从主观因素来看,遗老情怀、学者精神和史学方面的深厚造诣是黄宗羲学术史思想得以形成的三个主观前提条件。其中,遗老情怀是其学术史思想得以形成的主观原因和内在驱动力,学者精神为其学术史思想的形成提供了知识保障,而史学方面的深厚造诣则是其学术史思想得以形成所需具备的内在的、基本的能力素养。

黄宗羲学术史思想的基本内容主要包含三个方面:黄宗羲的学术史规

律论、黄宗羲学术史方法论和黄宗羲的明代理学史思想。

黄宗羲的学术史规律论，是黄宗羲对学术发展总体规律的总结，它主要包涵了黄宗羲"一本万殊"的学术史规律论和其儒家道统思想。黄宗羲的"一本万殊"学术史规律论，是指黄宗羲将天下学术的宏观发展规律总结为"一本万殊"。"一本"，即指以儒家思想为天下学术之正宗和大本；"万殊"，即指以儒学领域内的各种不同形式的学说思想为"万殊"之学。其"一本万殊"学术史规律论的提出，是以一定的认识论为依据的。在对"一本万殊"学术发展规律的认识与总结之基础上，黄宗羲揭示了并主张儒学领域不同学说的融合与汇通，认为儒学领域中的"万殊"之学具有共通之处，即都体现着儒学之本质，其相互之间的融合是学术发展的一个必然趋势。黄宗羲的儒家道统思想，表现为黄宗羲对儒家传道谱系的描述。黄宗羲将儒家道统的传递，描述成一个个周而复始的过程，并认为每一个传递周期都会经历元、亨、利、贞四个阶段。黄宗羲指出，在其以往的儒家道统延续中，已经历了两个周期：在第一个周期内，尧舜为"元"，商汤为"亨"，文王为"利"，孔孟为"贞"；在第二个周期内，周敦颐、二程为"元"，朱熹、陆九渊为"亨"，王阳明为"利"，刘宗周为"贞"。并且，黄宗羲认为，其本人将继刘宗周之后，承担起儒家传道的使命，开启下一个道统延续周期。黄宗羲的"一本万殊"学术史规律论和其儒家道统思想，具有一定内在联系性，在宏观领域，共同体现着黄宗羲对学术发展总体规律的把握。

黄宗羲学术史方法论，是黄宗羲治学术史的指导性原则，其集中体现在以《明儒学案》为中心的黄宗羲学术史专著之中。黄宗羲学术史方法论，主要可归纳为网罗资料、认真筛选，提炼与概括学者学术宗旨，立学案以示学派，追溯学术源流以把握学术发展动态，评价学派与学者学术思想等几个方面。其中，"网罗资料，认真筛选"的学术史方法，主要体现为在黄宗羲编撰学术史的过程中，其对研究对象的认识与把握，是以搜集并阅读大量资料且认真筛选为前提的。黄宗羲认为，其"网罗资料，认真筛选"的学术史方法具有优越于以往学术史方法的独到之处。这种独到之处，主要在于其能够反映出入案学者的"真实精神"和"真实学术",即能够通过描述学者生平行事以展示其人格风貌,更能够以筛选学者著述原籍的方式来还原学者学术本来面貌。黄宗羲"提炼与概括学者学术宗旨"的学术史方法,是其"提倡宗旨与自得之学"的学术精神的具体表现。在"提炼与概括学者学术宗旨"这一学术史方法中,黄宗羲不仅揭示与高度概括了学者的学术宗旨,而且还通过主客观形式对研究对象的学术宗旨展开了印证。黄宗羲"立学案以示学派"的学术史方法,主要表现为在黄宗羲的学术史著作中,其对人物学派的划分,主要是以立学案的形式得以体现的。其中学案的划分主要是以学者之间的师承关系和主要活动的地理位置为衡量标准的,进而以便于黄宗羲分门别类的评价各家各派的学术思想。黄宗羲"立学案以示学派"的学术史方法的形成及应用,在一定程度上标志着学案体学术史编撰体例的形成。黄宗羲"追溯学术源流,把握学术发展动态"的学术史方法,不仅表现在其揭示了不同学者之间的学术思想之继承和发展,而且还表现在其揭示了同一学者自身学术之演变。"追溯学术源流,把握学术发展动态"的学术史方法,将研究对象学术思想的发展过程历史地描绘出来,体现了黄宗羲对研究对象的动态把握。其"评价学派与学者学术思想"的学术史方法,主要表现在黄宗羲于宏观领域对学派整体学术思想的评价和于微观领域对学者个人学术思想的评价两个方面。其评价的方式主要表现为客观辩证的评价、以主观见解为依据展开评价和引他人之言以评长短等几个方面,体现出黄宗羲在充分了解掌握学派与学者学术思想的基础上,对研究对象所持的态度和观点,也体现出黄宗羲的学术价值判断标准和研究对象的学术思想二者之间的有机融合。

黄宗羲的明代理学史思想,是指黄宗羲对明代理学的认识和总结,其集中体现在其学术史专著《明儒学案》之中,主要表现为黄宗羲对明代主要理学流派及理学家理学思想的揭示和评价。在一定程度上说,其明代理学史思想,是对明代理学发展的一种客观描述,同时也反映了黄宗羲的学术主张和立场,是一幅黄宗羲视阈中的明代理学发展流程图,是黄宗羲学术史思想中的一部分重要内容。概括而言,其主要表现为:明初理学以程朱之学为大宗,同时露出心学端倪;明代中期,阳明心学形成;明代中期以后,心学不断发展,内部分出诸多派别,形成一定规模;明代末期,理学界以批判且调和阳明心学的东林学派和总结修正心学的蕺山学派刘宗周之学为著。

在对明初理学的认识和评价上,黄宗羲认为明初理学以程朱之学为大宗,崇仁、河东等学派及诸儒"一禀宋人成说"、无大创新。同时,白沙之学开明代心学之端、与宋人之学并存,此外,在无派系归属的诸儒思想中,也呈现出心学倾向。

在对明代中期阳明心学产生及尔后王门后学发展的认识与评价中,黄宗羲在六十二卷长的《明儒学案》中,用了二十八卷帙的篇幅加以记述。其中,黄宗羲先是描述了阳明心学之产生与发展,揭示了阳明心学经"三变"产生,在"学成后三变"中日益精深,同时黄宗羲对阳明"心即理""致良知""知行合一"等思想做了充分的肯定。在对王门后学的派系划分中,黄宗羲以地理位置为主要参照标准,划分王门后学为浙中、江右、南中、楚中、北方、粤闽等六派,并在此基础上分别对"王门六派"及其中主要学者的学术思想展开揭示,并发表了一定的评价。其中,黄宗羲评价最高的是江右王门,认为该派系得阳明学正传,对王门后学的发展有"纠弊"之功。对于浙中王门学派及其主要学者,黄宗羲的评价持褒贬互现态度,而在对该派王畿思想的评判中,黄宗羲主要持批评态度。在对南中、楚中、北方、粤闽王门的述评中,黄宗羲在记述其学术思想的同时,其评价或持中立态度,或无过高赞扬,或多以批评为主。对于同属王门后学的止修学派和泰州学派,黄宗羲将其二者列于"王门六派"之外,不以"王门"一词命名,以这种方式,揭示这两个学派对阳明学的偏离和黄宗羲对其的极力批评与否定。

对于甘泉学派,黄宗羲的认识与评价,在一定程度上是围绕着甘泉学派与阳明心学派二者之间的关系展开的。在黄宗羲看来,王、湛两家各立宗旨,湛氏学者或调和王、湛两家,或对阳明学展开发难,对此,黄宗羲以"褒王贬湛"的态度,站在阳明心学的立场上,对甘泉学派异于阳明学之处,提出了批评与指正。

对于明代无派系归属的诸儒,黄宗羲在《明儒学案》中将其列入《诸儒学案》上、中、下三个部分。其中《诸儒学案(上)》记述的多为明初墨守宋人矩矱之学者;《诸儒学案(中)》记述的多为以程朱理学为学术宗旨、发难阳明学之学者;《诸儒学案(下)》记述的多为明末儒者中具有高尚气节的忠义之士。对于明初儒者,黄宗羲指出了一代大儒方孝孺为明初之学祖,同时他也批判了明初墨守程朱理学的学者,认为这些学者在学术上无创新自得之处。在《诸儒学案(中)》里,黄宗羲既赞扬了罗钦顺和王廷相等人的气本论思想,同时也分别对罗钦顺的心性思想和王廷相的人性思想展开了批判。在《诸儒学案(下)》中,黄宗羲揭示了明代后期诸儒们的忠义之举和入禅之后风,其既对这些忠贞之儒的高尚人格表达了钦佩之情,同时也对诸儒的入禅之风表示担忧。

在对明末东林学派的认识与揭示中,黄宗羲在为该派正名的基础上,赞扬了东林学派学者奋不顾身的积极救世精神,揭示了东林学派批判并调和阳明心学等学术倾向,也揭示了东林学派的实学之风,并就此表达了黄宗羲自己的观点和看法。在对明末蕺山学派刘宗周的认识、揭示与评价中,黄宗羲肯定了刘宗周的高尚人格和其理学思想的"醇乎其醇",认为刘宗周是继周敦颐、程颢、张载、朱熹、王守仁等大儒之后的明代理学的总结者和集大成者,且置《蕺山学派》于《明儒学案》最后一卷,以彰显刘宗周及其学术思想在明代理学中的重要地位。

黄宗羲明代理学史思想的展开,始终是围绕着阳明心学这条主线进行的。黄宗羲对明代主要理学学者以及理学流派学术思想的评判,也主要是从维护阳明心学的立场出发的。因此,在对阳明心学的定位中,黄宗羲立阳明心学为圣学,并为此做出了为阳明学辨儒释和为"王门四句教"辩难等努力,充分显示了黄宗羲尊崇阳明心学的学术立场。

省思以《明儒学案》为中心的黄宗羲学术史思想,可以看到其既有积极的现实意义和当代价值,也有一些不足之处。其学术史思想的积极现实意义主要表现为其能够为中国哲学史学科之建构提供借鉴、对《宋元学案》产生了积极的影响和对当代研究明代理学思想具有参考价值三个方面。在为中国哲学史学科之建构提供借鉴方面,其学术史思想的积极意义和当代价值主要表现为,在当今中国哲学史诠释模式多元化的学术环境中,学术界在努力研究与探索出一条民族特色鲜明的中国哲学史诠释模式的进程中,可借鉴黄宗羲对学术发展宏观规律的总结、借鉴黄宗羲学术史方法论中的"普适"成分、也可借鉴其学术史思想中的民族哲学话语体系,进而构建出一种能够反映中国哲学内在精神特质的哲学史诠释模式,在中西文化对比交融的基础上,使中国哲学走向世界,以实现中华民族文化的伟大复兴和中国哲学的伟大复兴。在对《宋元学案》产生影响方面,其学术史思想的积极现实意义主要表现为《明儒学案》的编撰体例、学术史方法和客观性原则被《宋元学案》继承和发展,致使《宋元学案》在继承这些方面的基础上有所创新,这些创新标志着《宋元学案》在编撰体例和学术史方法层面更加具体完善,进而也标志着学案体体裁的进一步完善。在当代对宋明理学的研究之中,其学术史思想的参考价值主要表现为,当代学界可以参照黄宗羲学术史思想中所涉及的人物研究对象,以求在广度上拓展对明代理学的人物研究范围;也能够以黄宗羲的明代理学史思想为参照,进而深化对特定学派或人物的研究;也能够以黄宗羲明代理学史思想中的一些具体观点为参照,进而衡量与评判现当代的明代理学研究中的一些既得理论成果。

以《明儒学案》为中心的黄宗羲学术史思想的不足之处,主要表现在门户之见犹存和主观评述比重偏小等方面。虽然其学术史思想中体现出一些十分可贵的客观性原则,但其主观色彩浓厚的门户之见仍清晰可见。这种门户之见主要表现在黄宗羲尊崇阳明心学而抑程朱理学及以主观好尚为依据来择取《明儒学案》入案学者等方面。"主观评述比重偏小"这一不足之处,主要表现为在《明儒学案》中,相对于内容较为丰富、比重较为庞大的资料选编部分来看,黄宗羲的主观评述部分显得偏小,以致后人在一定程度上,无法透过黄宗羲的主观评述部分来完全体认黄宗羲对研究对象的充分认识和把握。

　　对于黄宗羲学术史思想的积极意义和不足之处，后人应辩证地加以看待，既应充分地肯定并借鉴其积极意义和当代价值，也应对其不足之处引以为戒，同时也应透过其学术史思想的不足之处，探寻导致其不足之处形成的现实根源，在当代学术研究领域，化短为长，进而在日后深化研究黄宗羲学术史思想的进程中，更加充分地继续完善中国哲学史学史的学科建设。

第一章　先秦、两汉至明末清初的学术史思想

　　中国传统学术史思想产生于先秦时期,经两汉至唐代得以逐渐发展和系统化。早在先秦时期,对天下学术发展进行阐述和归纳的主要有《庄子·天下》《荀子·非十二子》《韩非子·显学》和《吕氏春秋·不二》等。自汉代起,出现了官修正史对某一特定时代特定领域的学术发展情况的介绍和总结,例如,西汉时期的《史记》对先秦及西汉初期儒家、法家、道家、墨家等学术思想的记载,汉唐时期,佛教典籍对佛教发展情况的总结等。到了宋代至明末清初,中国传统学术史思想的研究主要以宋明理学为主要内容,其中,朱熹的《伊洛渊源录》开理学史研究之先河,周汝登的《圣学宗传》和孙奇逢的《理学宗传》也从不同方向不同侧面总结了宋元明时期的理学发展。对先秦、两汉至明末清初这一时期的学术史思想进行归纳与总结,能够为我们研究先秦至明末清初的学术发展情况,提供一定的参考和借鉴。

第一节　先秦时期的学术史思想研究

　　先秦时期,学在官府的局面被打破,思想界出现了百家争鸣的新气象,学派林立,先秦诸子们各倡其说,学术发展也相应达到了前所未有的崭新高度。这样的学术环境,触发了当时的学术史研究,由此,出现了一些研究并阐述学术发展脉络、概括各家学说特质并评价其长短的具有学术史特质的著作,其中以《庄子·天下》《韩非子·显学》和《荀子·非十二子》《吕氏春

秋·不二》等为主要代表。

一、《庄子·天下》的学术史思想

在《庄子·天下》中,作者首先对天下学术发展的总体规律发表了一定的见解。他认为古代的学术思想体系是一个有着由一到多、由点到面、由学术独尊走向学术多元化规律的动态发展过程,并把学术思想分为"道术"和"方术"两种,认为"方术"是由"道术"派生演化出来的。"道术"与"方术"是整体和部分,"一"和"多"的关系。"道术"包括了天地间的一切真理,是关于认识宇宙真理的学问,而"方术"之所以由"道术"分裂而来,是由于"天下大乱,贤圣不明,道德不一,天下多得一察焉以自好"(《庄子·天下》)。同时,《庄子·天下》把天下的学说划分为六个派别,即:墨翟、禽滑厘为一派;宋钘、尹文为一派;彭蒙、田骈、慎到为一派;关尹、老聃为一派;庄周为一派;惠施、桓团、公孙龙为一派。对于墨翟、禽滑厘一派,《庄子·天下》的作者概括其学说宗旨为"不侈于后世,不靡于万物,不晖于数度,以绳墨自矫,而备世之急"(《庄子·天下》);对于宋钘、尹文一派,则概括其学说宗旨为"不累于俗,不饰于物,不苟于人,不忮于众,愿天下之安宁以活民命,人我之养,毕足而止"(《庄子·天下》);对于彭蒙、田骈、慎到这一派学说,作者则将其宗旨概括为追求公而无私、齐物和去知去虑;对于关尹、老聃一派,《庄子·天下》则将其学说宗旨概括为以精微为大道之本,以万物为道之派生,以累积为不足,追求与神明独处和淡泊等内容;对于庄周这一学派,作者则将其学说宗旨概括为变化万千、无形无相、齐万物、通神明、包万象、永无穷尽等内容;对于惠施、桓团、公孙龙一派,《庄子·天下》则认为其学说具有能言善辩却只能服人之口而不能服人之心的诡辩特点。

《庄子·天下》的作者在归纳总结各派学说宗旨特点的基础上,相应地对它们做出了一定程度的评价。该篇站在维护道家学说的立场上,对关尹、老聃一派和庄周进行了有褒无贬的肯定和赞扬。其评价关尹、老聃为"古之博大真人哉"(《庄子·天下》),并评价庄周本人为"独与天地精神往来,而不敖倪于物,不谴是非,以与世俗处"(《庄子·天下》),认为庄周之学说"其于本也,弘大而辟,深闳而肆;其于宗也,可谓稠适而上遂"(《庄子·天下》),即庄周之学无止无尽,长存于天地之间。而对于其他各派,《庄子·天下》则进行了褒贬掺半,较为客观的评价。例如,对于墨翟、禽滑厘,《庄子·天下》的作者肯定了这一派的节俭和自省精神的积极意义,但对于其过于节俭以至"生不歌,死不服,桐棺三寸而无椁,以为法式"(《庄子·天下》)的节用、节葬行为持否定态度,认为"以此教人,恐不爱人;以此自行,固不爱己",同时天下的作者还批评了墨翟、禽滑厘一派的非乐思想和组织上派别众多、各以巨子自称的行为,但最后仍称赞墨子为"真天下之好也""才士也"(《庄子·天下》)。又如对于宋钘、尹文一派,《庄子·天下》的作者既赞扬其救世精神,又批评"其为人太多,其自为太少"(《庄子·天下》)的不爱惜自己的缺点;对于彭蒙、田骈、慎到一派,既肯定了其思想在一定程度上与"道术"有相通之处,又批评该派思想"非生人之行而至死人之理"(《庄子·天下》)的错误;对于惠施、桓团、公孙龙一派则采取完全否定和批判的态度,同时对他们的错误表示惋惜。

二、《荀子·非十二子》的学术史思想

《荀子·非十二子》是先秦时期又一个具有代表性的学术史研究成果。在这篇文章中,荀子对先秦时期的学术分野进行了一次总结性的划分。荀子将它嚣、魏牟、史鳅、宋钘、田骈、邓析、孟轲等十二人以两人一派为组合,共划分为六派,即它嚣、魏牟为一派;陈仲、史鳅为一派;墨翟、宋钘为一派;慎到、田骈为一派;惠施、邓析为一派;子思、孟轲为一派,并站在"上法尧、禹之制,下法仲尼、子弓之义"(《荀子·非十二子》)的立场上,在"以务息十二子之说"的主观动机下,对此六派做了批判性的否定。具体来说,在篇首,荀子对十二子学说的总结性评价是:"饰邪说,文奸言,以枭乱天下,矞宇嵬琐,使天下混然不知是非治乱之所存者,有人矣"(《荀子·非十二子》)。他视十二子学说为"邪说""奸言",认为十二子学说奸言的存在导致了天下大乱

和人们是非不分。继而他批评它嚣、魏牟一派放纵性情，与禽兽无异，不遵守礼法，更不懂得治国的道理；批评陈仲、史鳟一派抑制人的本性，偏离常道，特立独行，追求新异，不遵礼法，脱离大众；评价墨翟、宋钘一派不懂得天下统一的道理，崇尚功利节俭而无上下尊卑的等级观念；批评慎到、田骈一派崇尚法度却没有法度，喜欢自作主张，终日把成文的典章制度挂在嘴边，而这些典章却不足以治理、安定国家；批评惠施、邓析一派不法先王，不尊礼仪，喜欢研究毫无用处的奇谈怪论，做得多但实际功效却少，认为他们的学说不可以作为治理国家的标准；批评孟子、子思一派混淆了孔子学说的本质面貌，罪过之大。经过对十二子的一一批评，荀子得出结论，认为只有息除十二子学说，才能实现"天下之害除，仁人之事毕，圣王之迹著"（《荀子·非十二子》）的社会理想。荀子还称孔子门徒中的子张、子夏、子游等人为"贱儒"，对此三人展开了批判，认为"禹行而舜趋，是子张氏之贱儒也。正其衣冠，齐其颜色，嗛然而终日不言，是子夏氏之贱儒也。偷儒惮事，无廉耻而耆饮食，必曰'君子固不用力'，是子游氏之贱儒也"（《荀子·非十二子》），该篇对此三人下如此论断的评判基准即荀子向往的理想人格和君子形象，荀子认为君子应为"佚而不惰，劳而不僈，宗原应变，曲得其宜，如是，然后圣人也"（《荀子·非十二子》）。

三、《韩非子·显学》的学术史思想

《韩非子·显学》是先秦时期又一个具有学术史性质的研究成果。作者韩非在先秦学术史研究领域首次下了儒、墨并称为"显学"的论断。韩非回顾了儒、墨两派的发展，即孔、墨之后，"儒分为八，墨离为三"的学派流衍历程。他说："世之显学，儒墨也。儒之所至，孔丘也；墨之所至，墨翟也。自孔子之死也，有子张之儒，有子思之儒，有颜氏之儒，有孟氏之儒，有漆雕氏之儒，有仲良氏之儒，有孙氏之儒，有乐正氏之儒。自墨子之死也，有相里氏之墨，有相夫氏之墨，有邓陵氏之墨。故孔墨之后，儒分为八，墨离为三"（《韩非子·显学》），这即是说，孔、墨之后，儒家和墨家两学派各有发展传承。儒

家出现了八派,分别以子张之儒、子思之儒、颜氏之儒、孟氏之儒、漆雕氏之儒、仲良氏之儒、孙氏之儒和乐正氏之儒为代表,墨家则出现了相里氏、相夫氏和邓陵氏三派墨家后学。同时,对儒、墨两派,韩非也展开了否定式的批判。韩非批判儒、墨及其后学皆为"愚诬之学",在韩非看来,儒、墨这两派学说经不起时间的推敲和事实的验证。他鉴于儒、墨两派的对立,认为儒、墨两家所主张的"孝戾""侈俭""宽廉""恕暴"等学说是相互之间不能两立的"杂反之学",并指出了人主兼听儒、墨两家"杂反之词"是造成当时天下混乱的根本原因,即为人君者兼听了此二家的"杂反之词"。

四、《吕氏春秋·不二》的学术史思想

除此之外,在先秦时期的学术史研究成果中,较具有代表性的,还有《吕氏春秋·不二》。《吕氏春秋》别名《吕览》,是战国后期秦国丞相吕不韦组织门客编撰的杂家著作,该书以道家思想为主,兼采儒墨、名法、阴阳、兵农诸家学说,是一部先秦时期的黄老道家名著。《吕氏春秋·不二》是其中一篇文章,其对先秦时期的诸子思想做了批判性总结,即:"老聃贵柔,孔子贵仁,墨翟贵廉,关尹贵清,子列子贵虚,陈骈贵齐,阳生贵己,孙膑贵势,王廖贵先,儿良贵后"。该篇认为,先秦诸子的思想存在差异,但学术发展的总体趋势应该是汇通各家学说,从各自不同的学术观点中,找寻共同点,最终达到诸子百家学术思想的统一。基于这种学术史观点,《吕氏春秋·不二》以现实做比喻,说道:"有金鼓所以一耳也;同法令所以一心也;智者不得巧,愚者不得拙,所以一众也;勇者不得先,惧者不得后,所以一力也。"在其看来,只有做到"齐万不同,愚智工拙,皆尽力竭能,如出乎一穴",才能最终实现圣人之学。《吕氏春秋·不二》的这一学术史思想与《庄子·天下》的天下学术由"道术"分化演变为"方术"的学术史观相互照应,同时也是战国后期秦国大一统政治主张在学术史层面的反映,反映了秦国政治一统和学术一统的愿望。

第二节　汉至唐代的学术史思想研究

到了汉代，随着秦末战乱的平息与新兴政权的建立，社会的经济、政治、边疆等方面的形势开始严峻。为了恢复和发展社会经济，避免重蹈秦亡之覆辙，西汉初年统治者推行了轻徭役、薄赋税、慎刑罚等休养生息政策。同时为了安定人心、稳定政局，在西汉初年统治者的倡导和取法下，以道家思想为主要倾向的"黄老之说"一度在思想文化领域占统治地位。"黄老之说"在当时的社会生活和政治领域中发挥了一定的效用，但其主张的"无为"原则也产生了一些消极后果。汉初在经历了文景之治的繁荣之后，汉武帝即位，为实现大一统的政治理想，在思想文化领域，汉武帝采纳了董仲舒"罢黜百家，独尊儒术"的主张，朝中官吏至此多出自儒生，儒学也走向了思想领域的正统地位，自此直到东汉王朝，儒学在社会思想文化领域的正统与独尊地位一直延续。

一、《史记》中的学术史思想

与时代的学术变迁相对应，汉代的学术史研究在官方编撰的《史记》和《汉书》之中得以进行，这些学术史研究围绕着总结与评价先秦诸子学术思想、以人物学行为中心梳理自先秦至汉初的学术发展情况、总结西汉一朝学术思想、总结归类学术著作等几个方面展开。

1.《史记·论六家要旨》中的学术史思想

在汉代的官修正史中，首先对先秦至汉初学术发展进行总结、描述与评价的是司马迁之《史记》。《史记》是我国二十四史之首，也是中国历史上第一部纪传体通史。它记载了上自黄帝，下至汉武帝的三千多年的历史。全书分十二本纪、十表、八书、三十世家和七十列传，共一百三十卷。其中在该书的第一百三十卷《太史公自序》中，司马迁引述了其父司马谈的学术史篇章《论六家要旨》：

太史公学天官于唐都，受《易》于杨何，习道论于黄子。太史公仕于建元元封之间，愍学者之不达其意而师悖，乃论六家之要旨曰：

易大传："天下一致而百虑，同归而殊涂。"夫阴阳、儒、墨、名、法、道德，此务为治者也，直所从言之异路，有省不省耳。

尝窃观阴阳之术，大祥而觽忌讳，使人拘而多所畏；然其序四时之大顺，不可失也。儒者博而寡要，劳而少功，是以其事难尽从；然其序君臣父子之礼，列夫妇长幼之别，不可易也。墨者俭而难遵，是以其事不可徧循；然其强本节用，不可废也。法家严而少恩；然其正君臣上下之分，不可改矣。名家使人俭而善失真；然其正名实，不可不察也。道家使人精神专一，动合无形，赡足万物。其为术也，因阴阳之大顺，采儒墨之善，撮名法之要，与时迁移，应物变化，立俗施事，无所不宜，指约而易操，事少而功多。儒者则不然。以为人主天下之仪表也，主倡而臣和，主先而臣随。如此则主劳而臣逸。至于大道之要，去健羡，绌聪明，释此而任术。夫神大用则竭，形大劳则敝。形神骚动，欲与天地长久，非所闻也。

夫阴阳四时、八位、十二度、二十四节各有教令，顺之者昌，逆之者不死则亡，未必然也，故曰"使人拘而多畏"。夫春生夏长，秋收冬藏，此天道之大经也，弗顺则无以为天下纲纪，故曰"四时之大顺，不可失也"。

夫儒者以六蓺为法。六蓺经传以千万数，累世不能通其学，当年不能究其礼，故曰"博而寡要，劳而少功"。若夫列君臣父子之礼，序夫妇长幼之别，虽百家弗能易也。

墨者亦尚尧舜道，言其德行曰："堂高三尺，土阶三等，茅茨不翦，采椽不刮。食土簋，啜土刑，粝粱之食，藜藿之羹。夏日葛衣，冬日鹿裘。"其送死，桐棺三寸，举音不尽其哀。教丧礼，必以此为万民之率。使天下法若此，则尊卑无别也。夫世异时移，事业不必同，故曰"俭而难遵"。要曰强本节用，则人给家足之道也。此墨子之所长，虽百家弗能废也。

法家不别亲疏，不殊贵贱，一断于法，则亲亲尊尊之恩绝矣。可以行一时之计，而不可长用也，故曰"严而少恩"。若尊主卑臣，明分职不得相逾越，虽百家弗能改也。

名家苛察缴绕，使人不得反其意，专决于名而失人情，故曰："使人俭而善失真"。若夫控名责实，参伍不失，此不可不察也。

道家无为，又曰无不为，其实易行，其辞难知。其术以虚无为本，以因循为用。无成埶，无常形，故能究万物之情。不为物先，不为物后，故能为万物主。有法无法，因时为业；有度无度，因物与合。故曰"圣人不朽，时变是守。虚者道之常也，因者君之纲"也。群臣并至，使各自明也。其实中其声者谓之端，实不中其声者谓之窾。窾言不听，奸乃不生，贤不肖自分，白黑乃形。在所欲用耳，何事不成。乃合大道，混混冥冥。光耀天下，复反无名。凡人所生者神也，所托者形也。神大用则竭，形大劳则敝，形神离则死。死者不可复生，离者不可复反，故圣人重之。由是观之，神者生之本也，形者生之具也。不先定其神，而曰"我有以治天下"，何由哉？[1]

《论六家要旨》开篇首先由司马迁介绍了司马谈的学术思想渊源和创作该文本的主要意图，从而为全篇的整体思想基调埋下伏笔。司马谈的学术思想的形成，主要受三位老师的影响，这三位老师分别是唐都、杨何与黄子。其中，杨何是西汉初年著名的星象学家，《史记》中有这样的记载："自汉之为天数者，星则唐都，气则王朔，占岁则魏鲜"[2]，杨何是《易》学专家，黄子是当时的道家学者。由此可见，道家思想、黄老之学，在司马谈的学说中占有非常重要的地位。而《论六家要旨》这篇文章的创作宗旨，则是司马谈"愍学者之不达其意而师悖"，也就是说，在西汉初年由道家思想占学术主流地位向汉武帝"罢黜百家，独尊儒术"过渡的阶段，在诸子百家并存的多元文化汇通的局面下，司马谈著《论六家要旨》是为了着力突出道家黄老思想的优势，以

---

① 司马迁：《史记》（第四册），中华书局，2011 年版，第 2848～2852 页。
② 司马迁：《史记》（第二册），中华书局，2011 年版，第 1255 页。

努力维护其正统地位。

之后,作者引用《易传》中"天下一致而百虑,同归而殊涂"的观点,揭示了当时思想文化领域多元学术并存的局面,并将天下学术具体划分为"阴阳、儒、墨、名、法、道德"六家。这种对学派的划分,继承了先秦时期《庄子·天下》《荀子·非十二子》和《韩非子·显学》划分学派的学术史方法,将先秦时期"不自觉地"划分学派的学术史方法,进一步地发展为"自觉地"划分,进而对先秦诸子百家创造性地提出了"家"的派别称谓,对此,近代学术史家梁启超在《司马谈〈论六家要旨〉》书后一文中有所高度评价:"庄荀以下论列诸子,皆对一人或其学风相同之二三人以立言,其隲括一时代学术之全部而综合分析之,用科学的分类法,厘为若干派,而比较评骘,自司马谈始也。分类本属至难之业,而学派之分类,难之又难"①,梁启超对比了学术史研究领域中先秦时期分类诸子学说和司马谈派分诸子百家的异同,指出先秦时期庄荀(《庄子·天下》《荀子·非十二子》)分类学者思想的基础是"对一人或其学风相同之二三人以立言",而司马谈派分六家则是基于"隲括一时代学术之全部而综合分析之,用科学的分类法,厘为若干派,而比较评骘",即司马谈在总结与综合分析时代学术背景的前提下,以思想学术旨趣为主要分类标准,不仅科学地将先秦诸子学分为"六家",而且还在比较的基础上,对六家进行了评价,由此,在学术史方法的层面上,进一步彰显了《论六家要旨》较先秦学术史著作的科学性和进步性。

司马谈在总结"六家"学说特点的基础上,对各家思想做了一分为二、较为客观辩证的评价。

在对阴阳家的评价中,司马谈指出阴阳家的弊端是其学说神秘诬妄而使人拘束和多所畏惧,而其长处则在于其遵循四时之变化之规律,能够据此指导人们的行为。

在对儒家的总结与评价中,司马谈批评了儒家学说博杂而有失精要,烦琐而缺少功用,同时也肯定了儒家所提倡的以"仁"和"礼"为核心的君臣父子之礼和夫妇长幼之序。

对于墨家,司马谈不仅批判了其崇尚"尧舜古道"、生丧礼法过于简朴的思想和行为,认为如果遵照墨家的这种行为和思想,则天下"尊卑无别也";同时,司马谈对墨家的"强本节用"也充分地给予了肯定。

对于法家,司马谈认为法家无亲疏贵贱之区别,一切都以法律为衡量判断标准,这样就导致了以"血缘"或"情感"以及"尊贤"为纽带的关系的"断裂",因此,法家这种"严而少恩"的学说思想,仅仅可以用于一时之需,而不可以留作长久之用;而对于法家思想的"尊主卑臣"和明确的职务划分的思想,司马谈给予了积极的肯定。

对于名家,司马谈否定了其"苛察缴绕,使人不得反其意,专决于名而失人情"的弊端,认为名家专注于文字名词概念的运用,从而使人无法理解事物的本意而失于人情,同时,他也肯定了名家在名称上对于事物的概括和归类的积极意义。

对于道家,司马谈则采取了全面肯定和赞扬的评价方式。他认为道家以"无为"而"无不为",其主张内含于人们现实生活的言行之中,然而却难以用言辞表达出来,其思想以"虚无"为本,以因循事物的规律为用,因为它能随着事物的变化而变化,因而没有固定的形式,但却能探求事物的情理。有所遵循又无所遵循,因而能够顺应时势以成其业;有所衡量又无所衡量,所以能够根据事物的度而与事物合,所以说圣人的思想和业绩不可磨灭,那是因为圣人能够顺应时势的变化,顺势而行、不固守成规是'道'所遵循的规律,遵循'道'是君主的纲要。

在《论六家要旨》这篇学术史篇章中,司马谈在揭示天下学派众多根源和对先秦各家学派进行总结、评价的过程中,其基本学术倾向是推崇道家思想、以道家学说为大宗,这与西汉初年官方倡导"黄老之说"的路径是一致的,即从当时的思想文化背景来看,在经历了春秋战国时期的礼崩乐坏和百家争鸣学术多元的历史阶段后,西汉初年政权的统一和稳固,反应在思想文化领域中,就是统治者同样也需要一种学说来统摄诸子百家以统治人们的思想,而选择何种学说作为正统思想,成为统治者需要面对的一个重要问题。受汉初黄老思想的影响,司马谈通过《论六家要旨》扬"道家"学说,试图以"道家"学说为主要衡量标准,对"六家"进行评价,由此反映他对"道家"思想的选择和认可。在对"六家"的评价中,司马谈始终站在道家"虚无为本"和"因循为用"的立场,在褒扬"阴阳""儒""墨""名""法"的同时,也对它们的思想和主张进行了分析和批判,与此同时,司马谈把对道家的赞扬,上升到治世的高度,提出了为君之纲和用臣之道。可以说,从司马谈对六家的品评优劣中,我们能够看出,他对"六家"学说采取的是兼容并蓄的态度,在坚持道家的立场上,遵循了阴阳家"序四时之大顺"的自然法则,维护了儒家的"亲亲尊尊"伦理原则,吸收了墨家"强本节用"的尚俭主张,坚持了法家"尊主卑臣,明分职"和名家"正名实"的思想,最后,站在"天下一致而百虑,同归而殊涂"的多元的、开放的学术立场,表达了以"道家"包容百家的学术主张。

除引述司马谈之《论六家要旨》之外,司马迁在《史记》中还撰写了《孔子世家》《孟子荀卿列传》《儒林列传》《老子韩非列传》《仲尼弟子列传》等,以记述人物生平学行为线索,对先秦至汉初的学术发展脉络进行了梳理与评价总结。

2.《史记·孔子世家》中的学术史思想

在汉初黄老之学盛行的背景下,司马迁打破了先秦时期韩非提出的儒、墨二家并称为"显学"的格局,《孔子世家》以时间顺序为线索,介绍了孔子生平事迹及主要学行,着力凸显了孔子一生周游列国,试图恢复周礼、弘扬礼制的志向和努力。其中,具体记载了孔子年少时便"常陈俎豆,设礼容"①,即经常陈列俎豆各种礼器,演习礼仪动作的行为,也多次记载了孔子一生多次为官,崇尚礼制、推行礼法却遭受排挤而不得其志的经历。

在总结孔子一生学行方面,司马迁重点描述了孔子早年前往京周洛邑

---

① 司马迁:《史记》(第三册),中华书局,2011 年版,第 1709 页。

询问周礼,问学于老子,临别时被老子赠言"吾闻富贵者送人以财,仁人者送人以言。吾不能富贵,窃仁人之号,送子以言,曰'聪明深察而近于死者,好议人者也。博辩广大危其身者,发人之恶者也。为人子者毋以有己,为人臣者毋以有己'"①,以及孔子自周反于鲁,门下弟子日益增多的经历。也记载了孔子三十五岁时,面对鲁国"自大夫以下皆僭离于正道",因此隐退下来整理《诗》《书》《礼》《乐》,由此弟子众多,纷纷从远方到达,拜其门下,皆接受孔子的传教,接受其教诲的事迹。还记载了孔子的时代,"周室微而礼乐废,诗书缺"②,孔子探究夏商周三代的礼仪制度,编定了《书传》中的篇章次序,"上纪唐虞之际,下至秦缪,编次其事"③,即上起唐尧和虞舜之时,下至秦穆公,按照历史事件发生的先后顺序,对《诗书》的篇次加以整理,因此,孔子能够讲出夏代和殷商的礼仪制度,只是由于夏之后代杞国和殷商之后代宋国没有留下能够证明这些制度的相关文献,否则孔子就能够证明这些制度。司马迁也记载了孔子在研究殷商对夏代礼仪制度的增减之后所言的"后虽百世可知也,以一文一质。周监二代,郁郁乎文哉。吾从周"④,即司马迁指出了孔子认为周代的礼仪制度是在夏代和殷代礼仪制度的基础上增添了丰富的文采而制定的,因此孔子主张采用周代的礼仪,并在此基础上,司马迁提出了"故书传、礼记自孔氏"⑤,即《书记》和《礼记》都是由孔子编定的论断。同时,司马迁在《史记·孔子世家》中也提到孔子从为国返回鲁国后,便开始修正诗乐,使《雅》和《颂》都恢复了原来的曲调。司马迁也指出:"古者诗三千余篇,及至孔子,去其重,取可施于礼义,上采契后稷,中述殷周之盛,至幽厉之缺,始于衽席",故曰"关雎之乱以为风始,鹿鸣为小雅始,文王为大雅始,清庙为颂始"。⑥"三百五篇孔子皆弦歌之,以求合韶武雅颂之音。礼

---

① 司马迁:《史记》(第三册),中华书局,2011 年版,第 1711 页。

② 司马迁:《史记》(第三册),中华书局,2011 年版,第 1732 页。

③ 司马迁:《史记》(第三册),中华书局,2011 年版,第 1732 页。

④ 司马迁:《史记》(第三册),中华书局,2011 年版,第 1732 页。

⑤ 司马迁:《史记》(第三册),中华书局,2011 年版,第 1732 页。

⑥ 司马迁:《史记》(第三册),中华书局,2011 年版,第 1733 页。

乐自此可得而述,以备王道,成六艺"①,即古代的《诗》有3000余篇,孔子把其中重复的删掉了,最终保留了合于礼仪可用于教化的篇章,向上可追溯到殷商的始祖契,中间记述了殷商和周代的兴盛,直至周幽王和周厉王的政治缺失,《诗》的始篇讲述的是男女情感方面的内容,因此说"《关雎》是《国风》的第一篇,《鹿鸣》是小雅的第一篇,《文王》是《大雅》的第一篇,《清庙》是《颂》的第一篇"②,305篇诗孔子多能配以弦乐歌唱,以求合"韶武雅颂"之音,先王的礼乐制度得到了恢复和表述,以承载了王道的内涵,孔子也由此完成了"六艺"的编修。《孔子世家》也记载了孔子"晚而喜易,序彖、系、象、说卦、文言。读易,韦编三绝"③,即孔子晚年喜欢钻研《周易》,详细解释了《彖辞》《锡辞》《卦》《文言》等,孔子读《周易》十分刻苦,以致多次弄断了穿书的牛皮绳子。也提到了"孔子以诗书礼乐教,弟子盖三千焉,身通六艺者七十有二人。如颜浊邹之徒,颇受业者甚众"④,即孔子以诗、书、礼、乐传授弟子,其弟子大概有3000人,其中精通礼、乐、射、御、数、术"六艺"的有72人,而像颜浊邹那种多方面得到孔子教诲却没有正式入籍的弟子就更多了,等等。

对孔子的一些思想和学术主张,司马迁通过描述齐景公与孔子关于如何为政的探讨,记载了孔子"君君,臣臣,父父,子子"⑤和"政在节财"⑥的思想和主张,记载了孔子由蔡国前往楚国叶县,叶公问孔子为政之道时,孔子的"政在来远附迩"的言论,也记载了鲁哀公和季康子问孔子为政的道理,孔子分别回答说:"政在选臣"和"举直错诸枉,则枉者直"⑦,即孔子提出了为政最重要的是选好大臣,应该选用正直的人,抛弃曲邪的人,这样就能够使曲邪的人变为正直的人。同时,司马迁也重点列举了孔子一生中的主要学

① 司马迁:《史记》(第三册),中华书局,2011年版,第1733页。
② 司马迁:《史记》(第三册),中华书局,2011年版,第1733页。
③ 司马迁:《史记》(第三册),中华书局,2011年版,第1733页。
④ 司马迁:《史记》(第三册),中华书局,2011年版,第1734页。
⑤ 司马迁:《史记》(第三册),中华书局,2011年版,第1712页。
⑥ 司马迁:《史记》(第三册),中华书局,2011年版,第1712页。
⑦ 司马迁:《史记》(第三册),中华书局,2011年版,第1732页。

术思想和主张,如"名不正则言不顺,言不顺则事不成,事不成则礼乐不兴,礼乐不兴则刑罚不中,刑罚不中则民无所措手足矣。夫君子为之必可名,言之必可行。君子于其言,无所苟而已矣"①"文,行,忠,信"②"毋意,毋必,毋固,毋我"③("绝四")、"齐,战,疾"④("所慎")、"三人行,必得我师""德之不修,学之不讲,闻义不能徙,不善不能改,是吾忧也"⑤,等等。

《孔子世家》在对孔子一生的学行、思想、人格与功绩进行评价时,借用了孔子的自评,如"其为人也,学道不倦,诲人不厌,发愤忘食,乐以忘忧,不知老之将至"⑥,表现出孔子学而不厌、诲人不倦的品质;也借用了诸侯士大夫对孔子的评价,如鲁国大夫孟厘子对孔子的赞扬,即孟厘子言"孔丘,圣人之后,灭于宋。其祖弗父何始有宋而嗣让厉公。及正考父佐戴、武、宣公,三命兹益恭,故鼎铭云:'一命而偻,再命而伛,三命而俯,循墙而走,亦莫敢余侮。饘于是,粥于是,以餬余口。'其恭如是。吾闻圣人之后,虽不当世,必有达者。今孔丘年少好礼,其达者欤?吾即没,若必师之"⑦,表现出孔子的圣人身份;也借用了孔子弟子对孔子的高度评价,如子贡对孔子学术思想的评价,即"子贡曰:'夫子之道至大也,故天下莫能容夫子。夫子盖少贬焉'","夫子之文章,可得闻也。夫子言天道与性命,弗可得闻也已"⑧,以此体现了孔子学说的磅礴弘大和深远,也引用了颜渊对孔子学术思想的褒赞,如"颜回曰:'夫子之道至大,故天下莫能容。虽然,夫子推而行之,不容何病,不容然后见君子!夫道之不修也,是吾丑也。夫道既已大修而不用,是有国者之丑也。不容何病,不容然后见君子'"⑨"仰之弥高,钻之弥坚。瞻之在前,忽焉在后。夫子循循然善诱人,博我以文,约我以礼,欲罢不能。既竭我才,如

① 司马迁:《史记》(第三册),中华书局,2011 年版,第 1730 页。
② 司马迁:《史记》(第三册),中华书局,2011 年版,第 1734 页。
③ 司马迁:《史记》(第三册),中华书局,2011 年版,第 1734 页。
④ 司马迁:《史记》(第三册),中华书局,2011 年版,第 1734 页。
⑤ 司马迁:《史记》(第三册),中华书局,2011 年版,第 1736 页。
⑥ 司马迁:《史记》(第三册),中华书局,2011 年版,第 1726 页。
⑦ 司马迁:《史记》(第三册),中华书局,2011 年版,第 1709 ~ 1710 页。
⑧ 司马迁:《史记》(第三册),中华书局,2011 年版,第 1736 页。
⑨ 司马迁:《史记》(第三册),中华书局,2011 年版,第 1729 页。

有所立,卓尔。虽欲从之,蔑由也已"①,以体现孔子一生积极致力推行自己的学说思想及其学说的"君子之学"的本质特征,以及孔子高尚的人格、循循善诱和博人以文、授人以礼的圣人良师形象。在引用他人之言评价孔子的同时,司马迁在《孔子世家》中,对孔子补《诗》《书》、兴礼乐、序《周易》、撰《春秋》、成"六艺"等学术活动做了充分的赞扬和肯定,并在该篇结尾之处,将孔子与其他君王或诸侯进行了对比,得出"天下君王至于贤人众矣,当时则荣,没则已焉。孔子布衣,传十余世,学者宗之。自天子王侯,中国言六艺者折中于夫子,可谓至圣矣"②的论断,充分肯定了孔子在中国古代学术发展中的重要历史地位。

3.《史记·孟子荀卿列传》中的学术史思想

《孟子荀卿列传》是《史记》中记载儒家大师孟子和荀卿学术思想的合传。该篇内容还涉及了战国时期的阴阳家、道家、法家、名家和墨家代表人物的学行和学术思想,如驺忌、驺衍、慎到、田骈、公孙龙、惠施等,是一篇研究我国先秦时期学术思想史的重要文献。对于《史记·孟子荀卿列传》的写作目的,司马迁在《史记·太史公自序》中写道:"猎儒墨之遗文,明礼义之统纪,绝惠王利端,列往世兴衰,作《孟子荀卿列传》第十四"③,即通过对孟子和荀子一生主要学行和学说思想的介绍和评价,肯定他们在先秦学术思想史上"明礼义"和"绝利端"的历史功绩,以及他们学术思想的渊源和影响。

对于孟子,司马迁指出其"驺人也,受业子思之门人。道既通,游事齐宣王,宣王不能用。适梁,梁惠王不果所言,则见以为迂远而阔于事情"④,即孟子是战国时期邹国人,早年跟从子思的弟子学习,通晓孔子之学后,去游说齐宣王,但是其学说并没有被齐宣王采纳,到了魏国,梁惠王不仅没有采纳孟子的主张,而且还认为孟子的主张不切实际。司马迁还介绍了孟子学说思想产生的时代背景:"秦用商君,富国强兵;楚、魏用吴起,战胜弱敌;齐威

---

① 司马迁:《史记》(第三册),中华书局,2011 年版,第 1736 页。
② 司马迁:《史记》(第三册),中华书局,2011 年版,第 1741 页。
③ 司马迁:《史记》(第四册),中华书局,2011 年版,第 2869 页。
④ 司马迁:《史记》(第三册),中华书局,2011 年版,第 2065 页。

王、宣王用孙子、田忌之徒,而诸侯东面朝齐。天下方务于合从连衡,以攻伐为贤"①,即秦国任用商鞅实现了富国强兵、楚、魏两国任用吴起实现了军事上的胜利、齐国任用孙膑和田忌以致国力强盛,各国致力于"合纵连横"的策略,把能攻善伐、富国强兵看作衡量贤能的标准。而在这样的时代背景下,孟子主张"仁政"却显得不合时宜。在那样一种时代背景的鲜明衬托和对比下,司马迁指出孟子提倡的"唐虞之道"和"三代之德"不符合其所游说国家的现实需要,于是和其学生万章为《诗经》和《尚书》作序,"述仲尼之意,作《孟子》七篇"②。

对于荀子的人生经历、学术活动,及其所处的时代背景,司马迁介绍了荀卿是赵国人,五十岁的时候来到齐国游说讲学。当时驺衍的学说多夸大曲折而空洞的论辩,驺奭的文章完备周密却难于实行,淳于髡的思想中时常有一些精辟的言论,而在这样一种思想背景下,荀子是最年长、资历较深的学者。司马迁记载了荀子的"齐尚脩列大夫之缺,而荀卿三为祭酒焉。齐人或谗荀卿,荀卿乃适楚,而春申君以为兰陵令。春申君死而荀卿废,因家兰陵"③的人生经历,也强调了荀卿为秦国丞相李斯的老师,指出荀子憎恶当时污浊的世道和黑暗政治,而在当时那样一种社会背景下,亡国昏乱的君主接连不断地出现,他们不通晓"大道"却常被装神弄鬼的巫术所迷惑,当时的儒生常拘泥于烦琐的形式上的礼节,庄周等人"又猾稽乱俗"④,于是,荀卿"推儒、墨、道德之行事兴坏,序列著述万言而卒"⑤。

在《史记·孟子荀卿列传》中,除了孟子和荀卿,司马迁还介绍和评价了包括齐国"三驺子"以及慎到、墨翟等人在内的共十二位学者在内的学说和学术活动。

对于齐国"三驺子"中的驺忌,司马迁简单地介绍了其生活的年代早于

---

① 司马迁:《史记》(第三册),中华书局,2011 年版,第 2065 页。
② 司马迁:《史记》(第三册),中华书局,2011 年版,第 2065 页。
③ 司马迁:《史记》(第三册),中华书局,2011 年版,第 2069 页。
④ 司马迁:《史记》(第三册),中华书局,2011 年版,第 2069 页。
⑤ 司马迁:《史记》(第三册),中华书局,2011 年版,第 2069 页。

孟子,凭借弹琴的技艺得以求见齐威王,随后"及国政,封为成侯而受相印"①。对于驺衍,司马迁指出其"深观阴阳消息"②而作怪诞之篇十万余字,如《终始》《大圣》等,对于邹衍学说的特点,司马迁概括为"其语闳大不经,必先验小物,推而大之,至于无垠。先序今以上至黄帝,学者所共术,大并世盛衰,因载其祥度制,推而远之,至天地未生,窈冥不可考而原也"③,即驺衍语言宏大而不合情理,论及事物一定要从小的事物开始验证,然后推广至大而无限的事物。谈论事物先从当今说起,由此向前推至黄帝的时代,然后大体上考据世代的盛衰变化,记载不同时代的不同制度,再由黄帝时代向前无尽推至,直至天地未生之时,其(驺衍)学说真是深幽玄妙而又无从考证。同时,对于驺衍的学术思想,司马迁在《史记·孟子荀卿列传》还指出其"先列中国名山大川,通谷禽兽,水土所殖,物类所珍,因而推之,及海外人之所不能睹"④,即能列出中国的名山大川,通晓各种谷物和禽兽,其能由各类事物中珍贵的种类推广开来,直至人们无法看到的海外。在对驺衍学说的介绍中,司马迁还重点强调了驺衍的"五德终始"说,"称引天地剖判以来,五德转移,治各有宜,而符应若兹"⑤,也就是说,驺衍提出了宇宙开天辟地以来,金木水火土的五种德性一直处于周而复始的相生相克中,历代帝王的更替交换都与五行相配合,而天降祥瑞和人事相应就是这样的。而对于驺衍学说的总体要领,司马迁概括为"必止乎仁义节俭,君臣上下六亲之施,始也滥耳。王公大人初见其术,惧然顾化,其后不能行之"⑥,也就是说,在司马迁看来,邹衍学说的总体特征可归结为"仁义节俭"⑦,并在君臣上下和六亲之间实行,只是内容有些泛滥罢了。在对驺衍一生学术活动的记载与评价中,司马迁记载了驺衍在齐国、魏国、赵国和燕国皆获得了非常高的尊重和受到了

---

① 司马迁:《史记》(第三册),中华书局,2011年版,第2066页。
② 司马迁:《史记》(第三册),中华书局,2011年版,第2066页。
③ 司马迁:《史记》(第三册),中华书局,2011年版,第2066页。
④ 司马迁:《史记》(第三册),中华书局,2011年版,第2066页。
⑤ 司马迁:《史记》(第三册),中华书局,2011年版,第2066页。
⑥ 司马迁:《史记》(第三册),中华书局,2011年版,第2066页。
⑦ 司马迁:《史记》(第三册),中华书局,2011年版,第2066页。

宾客的待遇。魏国的梁惠王亲自向他行宾客的礼节；赵国平原君侧身陪行，亲自为他拂拭席位；燕昭王则请求坐在弟子的座位上向他学习……甚至亲自拜驺衍为老师。对此，司马迁说道："其游诸侯见尊礼如此，岂与仲尼菜色陈、蔡，孟轲困于齐、梁同乎哉"①，即在对比之下，感叹驺衍周游列国受到如此礼遇和尊重，与孔子在陈、蔡两国断粮而面有饥色，以及孟子在齐国、魏国遭到困厄，形成了强烈鲜明的反差和对比。在对驺奭的介绍中，司马迁则指出其学说多来自驺衍的思想，并以此学说思想来著述文章。

在对该篇所涉及的其他人物的介绍和评价中，司马迁指出，从驺衍到齐国稷下的诸多学士，"如淳于髡、慎到、环渊、接子、田骈、驺奭之徒，各著书言治乱之事，以干世主，岂可胜道哉！"②具体而言，对于淳于髡，司马迁写道："淳于髡，齐人也。博闻强记，学无所主。其谏说，慕晏婴之为人也，然而承意观色为务"③，强调了淳于髡见识广博，其学说思想有杂而不专、善于察言观色、揣测君主心理的特点。对于慎到、田骈、环渊等人，司马迁记道："慎到，赵人。田骈、接子，齐人。环渊，楚人。皆学黄老道德之术，因发明序其指意。故慎到著十二论，环渊著上下篇，而田骈、接子皆有所论焉"④，也记载了当时齐王对这些学士很赏识，从淳于髡以下的人都任命为大夫，并为他们在通衢大道旁建造高大的房屋，由此说明他们的学说思想在当时备受欢迎。

在《史记·孟子荀卿列传》篇末，司马迁还提到了赵国公孙龙曾以"离坚白"之说同惠施的"合异同"之说展开辩论；魏国的李悝曾提出了鼓励农耕以充分发挥土地作用的主张；楚国曾有尸子和长卢等学者；齐国曾有一位叫作吁子的学者。

对于该篇所介绍的最后一位学者——墨翟，司马迁指出其学说主张具有擅长阐发守卫和防御之术并提倡节俭的特征。

---

① 司马迁：《史记》（第三册），中华书局，2011 年版，第 2067 页。
② 司马迁：《史记》（第三册），中华书局，2011 年版，第 2068 页。
③ 司马迁：《史记》（第三册），中华书局，2011 年版，第 2068 页。
④ 司马迁：《史记》（第三册），中华书局，2011 年版，第 2068～2069 页。

4.《史记·老子韩非列传》中的学术史思想

《史记·老子韩非列传》是一篇记载先秦道家和法家代表人物的重要传记,主要记载了老子、庄子、申不害、韩非等人的学术思想和学行,代表了司马迁对先秦时期道家和法家的重要看法,其中既有司马迁对老庄、申不害①、韩非等人学术主张和学术活动的客观、平实的记载,也有司马迁站在史学家的高度,以其独特的学术鉴赏力对研究对象的主观评价。

在对老子学行和学术主张的记载中,司马迁首先介绍了老子的籍贯、名字和早年的为官经历——"老子者,楚苦县厉乡曲仁里人也。姓李氏,名耳,字聃,周守藏室之史也"②。其次司马迁记载了老子在"周"地为吏期间,接受孔子访学"问礼"③的经历,以及老子在与孔子交流过程中所表达和主张的"无欲""无为"的道家思想,即老子说:"子所言者,其人与骨皆已朽矣,独其言在耳。且君子得其时则驾,不得其时则蓬累而行。吾闻之,良贾深藏若虚,君子盛德、容貌若愚。去子之骄气与多欲,态色与淫志,是皆无益于子之身。吾所以告子,若是而已"④,在老子看来,虽然世人言"礼",但是"礼"的存在无法使人获得永生,真正智慧和具有高尚道德品质的人,应该像优秀的商人把货物隐藏起来,像君子谦虚而容貌显得愚钝,并且,老子主张人们去掉娇气和过多的欲望,去掉矫揉造作的表情神态和远大的理想志向,认为这些都无益于人的本然存在。

同时,司马迁在《史记·老子韩非列传》中还重点介绍了老子的思想主旨和一生的著述情况。司马迁指出,老子"修道德,其学以自隐无名为务"⑤。"道德"是道家的学术用语,在道家思想中,"道"是指事物发展的普遍规律和宇宙派生万物的本源,具有哲学上本体论意义的高度,"德"则指宇宙万物所

---

① 申不害,被称作"申子",是战国时期著名的法家思想的代表人物之一,其思想以"术"著称。韩灭郑 25 年后,申不害被韩昭侯起用为相,进行改革。他在韩为相 15 年,使韩国走向国富兵强。公元前 337 年,申不害卒于韩都郑(今河南新郑,属郑州)。其著作《申子》,已失传。
② 司马迁:《史记》(第三册),中华书局,2011 年版,第 1897 页。
③ 司马迁:《史记》(第三册),中华书局,2011 年版,第 1898 页。
④ 司马迁:《史记》(第三册),中华书局,2011 年版,第 1898 页。
⑤ 司马迁:《史记》(第三册),中华书局,2011 年版,第 1899 页。

包含的特殊性质和规律。在司马迁看来，老子的学说所阐发的是关于世界万事万物普遍规律的思想，其核心和宗旨是"自隐无名"，即隐匿生迹、不显露、不求闻达。很显然，在这里，司马迁对老子学术思想主旨的概括是从本体论和人生哲学两个角度出发的。而对于老子一生著述情况的记载，司马迁写道："（老子）居周之久，见周之衰，迺遂去。至关，关令尹喜曰：'子将隐矣，强为我著书'"，于是，老子"迺著书上下篇，言道德之意五千余言而去，莫知其所终"①，即今天所谓的《道德经》。

在对老子道家学说主张的概括过程中，司马迁在描述世人对儒、道两种不同学说的态度中对其进行了总结，司马迁说道："世之学老子者则绌儒学，儒学亦绌老子。'道不同不相为谋'，岂谓是邪？"②由此，揭示了儒、道两家两种截然相反的思想价值取向对立，在此基础上，将老子思想的主张归纳为："无为自化，清静自正"③。

在对老子其人的评价方面，司马迁在《史记·老子韩非列传》中引用了孔子对老子的溢美之言，即"鸟，吾知其能飞；鱼，吾知其能游；兽，吾知其能走。走者可以为罔，游者可以为纶，飞者可以为矰。至于龙吾不能知，其乘风云而上天。吾今日见老子，其犹龙邪"④，也就是说，司马迁借孔子将老子比喻为"乘风云而上天"⑤的表述，表达了其（司马迁）对老子至高至大形象的充分肯定。

在记载和评价庄子学行和思想时，司马迁指出庄子是蒙地人，名周，曾经担任过蒙地漆园的小吏，和梁惠王与齐宣王属于同一时代的人，在对庄子学术思想总体特征的描述并阐述其思想渊源与旨归中，司马迁则指出庄子"其学无所不窥，然其要本归于老子之言"⑥。司马迁还介绍了庄子著书十万

---

① 司马迁:《史记》（第三册），中华书局，2011 年版，第 1899 页。
② 司马迁:《史记》（第三册），中华书局，2011 年版，第 1900 页。
③ 司马迁:《史记》（第三册），中华书局，2011 年版，第 1900 页。
④ 司马迁:《史记》（第三册），中华书局，2011 年版，第 1898 页。
⑤ 司马迁:《史记》（第三册），中华书局，2011 年版，第 1898 页。
⑥ 司马迁:《史记》（第三册），中华书局，2011 年版，第 1901 页。

余字,其中《渔父》《盗跖》《胠箧》等文章的写作目的是为了诋毁孔子学派的人,[1]以阐发老子道家的学说主张,而其中《畏累虚》和《亢桑子》之类的文章,则被司马迁评价为"空语无事实"[2]。同时,司马迁还指出庄子"善属书离辞,指事类情,用剽剥儒、墨,虽当世宿学不能自解免也。其言洸洋自恣以适己,故自王公大人不能器之"[3],即庄子善于在行文中铺陈辞藻,描摹情状,以此攻击批判儒家和墨家,即使是当时学问渊博的人,也难免不被庄子攻击,而庄子的语言则与其自己的性情相适合,磅礴虚渺,因此,当时的王公大人们也无法利用他。

在《史记·老子韩非列传》中,司马迁不仅介绍和评价了庄子的学术思想,还列举了生动的事例,对庄子的人物形象进行了具体的描述:

> 楚威王闻庄周贤,使使厚币迎之,许以为相。庄周笑谓楚使者曰:"千金,重利;卿相,尊位也。子独不见郊祭之牺牛乎?养食之数岁,衣以纹绣,以入大庙。当是之时,虽欲为孤豚,岂可得乎?子亟去,无污我。我宁游戏污渎之中自快,无为有国者所羁,终身不仕,以快吾志焉"。[4]

这段文字的大概意思是:楚威王听说庄周贤能,便派遣使者带着丰厚的礼品和重金去聘请他出任相职。庄周笑着对楚国的使者做出了答复,主要内容是"千金是丰厚的礼品,卿相是尊贵的位置。难道你们看不见祭祀所用的牛吗?人们饲养它数年,给它穿上华丽的衣服,使它进入大庙用来祭祀。到那个时候,即使它想做一只孤独的小猪,也不可能做到了,你们快走吧,不要来玷污我。我宁愿在泥沼里快乐的游戏,也不愿被仕途所羁绊,快乐就是我的志向"。司马迁通过对庄子不应楚威王之聘、拒不做官事例的描述,展

---

① 《渔夫》通过描写"渔父"对孔子的批评和对儒家思想的指斥,并以此阐述道家"持守其真"与崇尚自然的主张;《盗跖》以人物之名为篇名,主要内容是抨击儒家,指斥儒家思想的虚伪性,提倡返归原始和自然;"胠箧"的意思是打开箱子,《胠箧》一方面抨击了儒家所谓圣人之"仁义",另一方面倡导绝弃人的文化和智慧,使社会恢复到本初的原始状态。
② 司马迁:《史记》(第三册),中华书局,2011年版,第1901页。
③ 司马迁:《史记》(第三册),中华书局,2011年版,第1901页。
④ 司马迁:《史记》(第三册),中华书局,2011年版,第1902页。

现了庄子崇尚自由的人生理想和价值取向，由此，从用事实逻辑论证的角度出发，反映了庄子重要的人生观和思想主张。

在对法家代表人物申不害的记载中，司马迁指出："申不害者，京人也，故郑之贱臣。学术以干韩昭侯，昭侯用为相。内修政教，外应诸侯，十五年。终申子之身，国治兵强，无侵韩者"①，强调了申不害所学为"术（法家的刑名法术之学）"，同时也重点强调了申不害"学本于黄老而主刑名，著书二篇，号曰《申子》"②，即申不害的学说来源于黄帝和老子，以推行法制、主循名责实为主，其所著作有两篇，叫作《申子》。

在对韩非学行和思想的记载和评价中，司马迁指出："韩非者，韩之诸公子也。喜刑名法术之学，而其归本于黄老。非为人口吃，不能道说，而善著书。与李斯俱事荀卿，斯自以为不如非"③，即强调了韩非是韩国的贵族公子，喜欢研究刑名法术的学问，其学说渊源于黄帝和老子的思想，韩非虽然口吃，但善于著书立说，其与李斯④列大师荀子门下，李斯自认为学问不如韩非。司马迁还记载了韩非见韩国削弱，多次以奏章谏韩王却不被韩王重用的事迹。司马迁指出，韩非痛恨当时的君主治理国家不致力于修明法制，不能凭借君主的权势来驾驭臣下，不能富国强兵和提拔任用贤能之人，反而去重用游说浮夸之人，在这样一种现实政治基础和情感喜恶上，韩非提出了"儒者用文乱法，而侠者以武乱禁"⑤的法家思想，也就是说，在韩非看来，儒家用经典文献（如《诗》《书》等）扰乱国家的法律制度，游侠则凭借武力违反着国家的禁令，这两者从不同方面破坏着国家法律制度的完善和实施。同

---

① 司马迁：《史记》（第三册），中华书局，2011 年版，第 1903 页。
② 司马迁：《史记》（第三册），中华书局，2011 年版，第 1903 页。
③ 司马迁：《史记》（第三册），中华书局，2011 年版，第 1903 页。
④ 李斯，战国末期楚国上蔡（今河南省驻马店市上蔡县芦冈乡李斯楼村）人，秦国著名的政治家、文学家和书法家。李斯散文现传四篇，为《谏逐客书》《论督责书》《言赵高书》《狱中上书》。其作品除上述散文外，还有碑铭。秦始皇先后曾五次巡行天下郡县，其中自始皇二十八年（公元前219 年）至三十七年（公元前 210 年）四次巡行中，都命李斯刻石记功，计有《邹峄山刻石》《泰山刻石》《碣邪台刻石》《之罘刻石》《东观刻石》《碣石刻石》《会稽刻石》等七通。
⑤ 司马迁：《史记》（第三册），中华书局，2011 年版，第 1904 页。

时,司马迁也指出韩非感叹"廉直不容于邪枉之臣"①,于是,在"观往者得失之变"②的基础上,作《孤愤》《五蠹》《内外储》《说林》《说难》等文章十余万字。

此外,在《老子韩非列传》对韩非著述和思想主张的介绍中,司马迁重点强调了韩非的"说难"思想,在《老子韩非列传》中选用了韩非《说难》全文,以"客观呈现文本"的方式,诠释了韩非"说难"思想的具体内容和主旨。众所周知,《韩非子·说难》是韩非后期的作品,也是《韩非子》55 篇文章中最重要的作品之一,其要表达的中心思想是劝谏者对于封建君主游说、劝说的困难,而这篇作品的创作目的主要为了说明以下几点:1. 游说的困难在于游说者了解游说对象的心理,然后再用适当的言辞去适应他("凡说之难:在知所说之心,可以吾说当之"③);2. 对于游说者来说,最重要的在于"知饰所说之所敬,而灭其所丑"④,即美化游说对象所推崇的,而掩盖其认为是丑的;3."谏说之士不可不察爱憎之主而后说之矣"⑤,即游说劝谏的人不能不了解君主爱憎厚薄之后再去游说他;4. "人主"有"逆鳞","说之者能无婴人主之逆鳞,则几矣"⑥,即游说者不能触碰君主的厉害之处,这样就算是近于善谏的了。

在《老子韩非列传》中,司马迁还记载了韩非的著作传到了秦国,秦王见到其著作《孤愤》《五蠹》等,感叹道:"嗟乎,寡人得见此人与之游,死不恨矣!"⑦在这里,司马迁不仅叙述了秦王对韩非的思想、学识和才华的赏识和赞扬,也侧面地表达了司马迁对韩非学术思想及其著作的积极肯定。

最后,在该篇的结尾处,司马迁在指出申子和韩非皆著书立说,其著作留传的后世,学者们大多都有他们的著作,同时,也对老子、庄子、申不害和

① 司马迁:《史记》(第三册),中华书局,2011 年版,第 1904 页。
② 司马迁:《史记》(第三册),中华书局,2011 年版,第 1904 页。
③ 司马迁:《史记》(第三册),中华书局,2011 年版,第 1905 页。
④ 司马迁:《史记》(第三册),中华书局,2011 年版,第 1908 页。
⑤ 司马迁:《史记》(第三册),中华书局,2011 年版,第 1910 页。
⑥ 司马迁:《史记》(第三册),中华书局,2011 年版,第 1910 页。
⑦ 司马迁:《史记》(第三册),中华书局,2011 年版,第 1911 页。

韩非之学做了总体性的概括和评价,即"老子所贵道,虚无,因应变化与无为,故著书辞称微妙难识。庄子散道德,放论,要亦归之自然,申子卑卑,施之于名实。韩非引绳墨,切事情,明是非,其极惨礉少恩。皆原于道德之意,而老子深远矣"①,在总体性综合评价之中,给予老子之学极高的称赞。

5.《史记·仲尼弟子列传》中的学术史思想

《仲尼弟子列传》是一篇记载孔子及其诸弟子言行、事迹和思想的一篇具有学术史性质的合传。该篇的成文主要取材于《论语》,并以《春秋左氏传》等古籍为参照。在这篇列传中,司马迁对有的人物记载得比较详细,如仲由、端木赐、颜回等,对有的人物记载的比较简略,也有的只提到名字,一笔带过。

在该列传篇首,司马迁引用孔子之言:"受业身通者七十有七人"②,指出了《仲尼弟子列传》共记载或提及了孔子弟子七十七人,同时并肯定了这些人"皆异能之士也"③,其中德行方面较为出众的有颜渊、闵子骞、冉伯牛和仲弓等人,处理政事方面较为突出的有冉有、季路等人,擅长表达辞令的有宰我和子贡等人,文章博学的有子游和子夏,另外,颛孙师偏激,曾参迟钝,高柴愚笨,仲由粗犷,颜回贫穷,子贡主宰命运并善于经商。同时,司马迁还记述了"孔子之所严事:于周则老子;于卫,蘧伯玉;于齐,晏平仲;于楚,老莱子;于郑,子产;于鲁,孟公绰。数称臧文仲、柳下惠、铜鞮伯华、介山子然,孔子皆后之,不并世"④,即指出了孔子一生中所敬重的人有周朝的老子、卫国的蘧伯玉、齐国的晏平仲、楚国的老莱子、郑国的子产、鲁国的孟公绰等人,同时,孔子也屡次称赞臧文仲、柳下惠、铜鞮伯华、介山子然等人,但是这些人生活的年代都早于孔子。

在《仲尼弟子列传》中,司马迁用大部分篇幅记载了孔子弟子颜回(子渊)、闵损(子骞)、冉耕(伯牛)、冉雍(仲弓)、冉求(子有)、仲由(子路)、宰

① 司马迁:《史记》(第三册),中华书局,2011年版,第1911页。
② 司马迁:《史记》(第三册),中华书局,2011年版,第1937页。
③ 司马迁:《史记》(第三册),中华书局,2011年版,第1937页。
④ 司马迁:《史记》(第三册),中华书局,2011年版,第1938页。

予(子我)、端木赐(子贡)、言偃(子游)、卜商(子夏)、颛孙师(子张)、曾参（子舆)、澹台灭明(子羽)、宓不齐(子贱)、原宪(子思)、公冶长(子长)、南宫括(子容)、公皙哀(季次)、曾蒧(皙)、颜无繇(路)、商瞿(子木)、高柴(子羔)、漆雕开(子开)、公伯缭(子周)、司马耕(子牛)、樊须(子迟)、有若、公西赤(子华)、巫马施(子旗)、梁鳣(叔鱼)、颜幸(子柳)、冉孺(子鲁)、曹□(子循)、伯虔(子析)、公孙龙(子石)等三十五人的年龄、性格、受业经过和事迹等。

其中，在对颜回的记述中，司马迁记载了颜回问"仁"于孔子，孔子其曰："克己复礼，天下归仁焉"[1]的学行，也引用了孔子对颜回的评价，指出了颜回贤德、安贫乐道、善于思考、大智若愚、爱好学习、"不迁怒"和"不贰过"[2]的人物形象和君子风范，也明确表达了颜回是孔子最得意弟子，以及孔子对颜回喜爱、褒扬的态度。

对于闵损，司马迁指出孔子评价其孝顺。对于冉耕和冉雍，司马迁指出孔子认为其二人在德行方面有所成就，也记载了冉雍请教孔子如何处理政事的学行。

在对冉求的记载中，司马迁指出冉求是一个能够管理好军政事物的人才，而在仁德方面，司马迁借孔子之言，指出冉求和子路具有大致同样的仁德。同时，司马迁还记载了冉求和子路请教孔子同样的问题——"问斯行诸"[3]（听到应该做的事情就立刻行动吗），而孔子却给予二人不同的答案，这不仅体现了冉求和子路具有不同的人物性格，也充分体现了孔子善于因材施教的师者形象。

而在对仲由(子路)的记载中，司马迁突出刻画了子路性情粗野，"好勇力，志伉直"[4]的勇者形象和刚强直爽的性格特征，也记载了子路"问政"于孔子的学行，而关于子路是否仁德的记载，司马迁则引用了孔子答季康子的一

---

① 司马迁:《史记》(第三册),中华书局,2011 年版,第 1939 页。
② 司马迁:《史记》(第三册),中华书局,2011 年版,第 1940 页。
③ 司马迁:《史记》(第三册),中华书局,2011 年版,第 1942 页。
④ 司马迁:《史记》(第三册),中华书局,2011 年版,第 1942 页。

段话,即:"季康子问:'仲由仁乎?'孔子曰:'千乘之国可使治其赋,不知其仁'"①,间接表明了子路具有治理千乘之国的才能。

而对于宰予,司马迁指出其口齿伶俐、擅长辞辩,然而又通过记载宰予"问孝"于孔子、宰予和孔子关于守孝的不同看法,以及孔子对宰予的评价,点明了"予之不仁"②的人物特点。

在《仲尼弟子列传》中,司马迁用大量的篇幅记载了子贡的学行和事迹。其中既有司马迁对子贡"利口巧辞"③的记述,也有子贡对颜回善于学习、"闻一以知十"④的钦佩,也有司马迁对孔子将子贡比作"胡琏"(古代祭祀时盛粮食的器皿,通常用来比喻堪当大任、有才能的人)的记载,也有子贡与孔子关于"富而无骄,贫而无谄""而乐道,富而好礼"⑤的探讨,也有对子贡谈论评价孔子学问的记载:

> 陈子禽问子贡曰:"仲尼焉学?"子贡曰:"文武之道未坠于地,在人,贤者识其大者,不贤者识其小者,莫不有文武之道。夫子焉不学,而亦何常师之有!"又问曰:"孔子适是国必闻其政。求之与?抑与之与?"子贡曰:"夫子温良恭俭让以得之。夫子之求之也,其诸异乎人之求之也。"⑥

在这里,司马迁对子贡评价孔子识文武之道之大体、处处学习、学无常师,以及"温良恭俭让"的描述,展现了子贡尊师、敬师、爱师的品质。

另外,该篇还生动、详细地记载了子贡为救鲁国免于齐国的攻击,去齐国游说田常攻吴、由齐国前往吴国游说吴王夫差救鲁攻齐、由吴国前往越国游说越王假意助吴而伺机攻吴,再由吴返越而由越前往晋国游说晋王攻吴的往返于齐、吴、越、晋等国,指陈利害、救鲁于水火的事迹,也直接刻画出子贡富有韬略、出谋划策、击中要害、应变机智、善于辞令的才华和扶持正义的

---

① 司马迁:《史记》(第三册),中华书局,2011 年版,第 1943 页。
② 司马迁:《史记》(第三册),中华书局,2011 年版,第 1945 页。
③ 司马迁:《史记》(第三册),中华书局,2011 年版,第 1945 页。
④ 司马迁:《史记》(第三册),中华书局,2011 年版,第 1945 页。
⑤ 司马迁:《史记》(第三册),中华书局,2011 年版,第 1946 页。
⑥ 司马迁:《史记》(第三册),中华书局,2011 年版,第 1946 页。

仁者形象。以至司马迁对此总结与评价道："故子贡一出，存鲁，乱齐，破吴，强晋而霸越。子贡一使，使势相破，十年之中，五国各有变。"①

司马迁在《仲尼弟子列传》中还记载了言偃(子游)与孔子谈论学习礼乐之益处的学行，以及孔子对言偃熟习文章博学的评价。

在对卜商(子夏)的记述中，司马迁记载了子夏问学于孔子，谈论《诗经》和礼乐的学行，即："子夏问：'巧笑倩兮，美目盼兮，素以为绚兮，何谓也?'子曰：'绘事后素。'曰：'礼后乎?'孔子曰：'商始可与言《诗》已矣。'"②还记载了孔子劝诫子夏："为君子儒，无为小人儒"③，也记载了孔子逝世以后，子夏定居河西收徒授学，成为魏文侯老师的事迹。

对于颛孙师(子张)，司马迁记载了子张三问学于孔子的学行，分别是：一、子张问孔子"干禄"④(求取官职俸禄的方法)，孔子回答其说："多闻阙疑，慎言其余，则寡尤；多见阙殆，慎行其余，则寡悔。言寡尤，行寡悔，禄在其中矣"⑤；二、子张问孔子"行"(不被困，行得通)，孔子回答其说："言忠信，行笃敬，虽蛮貊之国，行也；言不忠信，行不笃敬，虽州里，行乎哉！立则见其参于前也，在舆则见其倚于衡，夫然后行"⑥；三、子张问孔子"士何如斯可谓之达"⑦，孔子回答其说："夫达者，质直而好义，察言而观色，虑以下人，在国及家必达。夫闻也者，色取仁而行违，居之不疑，在国及家必闻。"⑧

对于曾参(子舆)，司马迁记载了孔子认为曾参能够通达孝道，所以传授了曾参学业的学行，也记载了曾参撰写《孝经》的学行。

而在对宓不齐(子贱)的记载中，司马迁指出了孔子评价子贱为君子。在对原宪(子思)的记载中，司马迁记述了子思"问耻"⑨于孔子的学行，也记

---

① 司马迁：《史记》(第三册)，中华书局，2011 年版，第 1950 页。
② 司马迁：《史记》(第三册)，中华书局，2011 年版，第 1951 页。
③ 司马迁：《史记》(第三册)，中华书局，2011 年版，第 1951 页。
④ 司马迁：《史记》(第三册)，中华书局，2011 年版，第 1952 页。
⑤ 司马迁：《史记》(第三册)，中华书局，2011 年版，第 1952 页。
⑥ 司马迁：《史记》(第三册)，中华书局，2011 年版，第 1952 页。
⑦ 司马迁：《史记》(第三册)，中华书局，2011 年版，第 1953 页。
⑧ 司马迁：《史记》(第三册)，中华书局，2011 年版，第 1953 页。
⑨ 司马迁：《史记》(第三册)，中华书局，2011 年版，第 1955 页。

述了孔子逝世以后，子思来到偏远简陋之小屋隐居、甘于安平乐道的事迹。在对南宫括（子容）的记载中，司马迁记载了孔子对南宫括的评价，即"君子哉若人！上德哉若人""国有道，不废；国无道，免于刑戮"①。而对于曾蒇，司马迁则记载了曾蒇与孔子一起谈论志趣，以及孔子赞赏曾蒇志趣的学行，即"孔子曰：'言尔志。'蒇曰：'春服既成，冠者五六人，童子六七人，浴乎沂，风乎舞雩，咏而归。'孔子喟尔叹曰：'吾与蒇也！'"②

在《仲尼弟子列传》中，非常值得一提的是司马迁对商瞿的记载。司马迁不仅指出了商瞿是鲁国人，字子木，比孔子小二十九岁，还重点记载了易学由孔子传到汉代流衍历程，这一历程即"孔子传《易》于瞿，瞿传楚人□臂子弘，弘传江东人矫子庸疵，疵传燕人周子家竖，竖传淳于人光子乘羽，羽传齐人田子庄何，何传东武人王子中同，同传菑川人杨何"的由孔子→商瞿→楚人□臂子弘→江东人矫子庸疵→燕人周子家竖→淳于人光子乘羽→齐人田子庄何→东武人王子中同→菑川人杨何的学脉延续过程。

同时，司马迁还记述了孔子认为高柴愚笨、漆雕开不愿去做官、司马耕问"仁"和"君子"③于孔子、樊须请教孔子"稼"和"仁德"④、有若与孔子论"礼"、公西赤出使齐国等孔子弟子的学行和事迹。

在《仲尼弟子列传》中，司马迁除了具体记述了包括三十五人在内的孔子弟子的年龄、姓名、学行（包括受业经过）和事迹之外，还列出了四十二人，这四十二人无年龄可考，也没有被记载其学行和事迹，他们是：冉季（字子产）、公祖句兹（字子之）、秦祖（字子南）、漆雕哆（字子敛）、颜高（字子骄）、漆雕徒父、壤驷赤（字子徒）、商泽、石作蜀（字子明）、任不齐（字选）、公良孺（字子正）、后处（字子里）、秦冉（字开）、公夏首（字乘）、奚容箴（字子皙）、公肩定（字子中）、颜祖（字襄）、鄡单（字子家）、句井疆、罕父黑（字子索）、秦商（字子丕）、申党（字周）、颜之仆（字叔）、荣旂（字子祈）、县成（字子祺）、左人

---

① 司马迁：《史记》（第三册），中华书局，2011 年版，第 1956 页。
② 司马迁：《史记》（第三册），中华书局，2011 年版，第 1957 页。
③ 司马迁：《史记》（第三册），中华书局，2011 年版，第 1960 页。
④ 司马迁：《史记》（第三册），中华书局，2011 年版，第 1961 页。

郢(字行)、燕伋(字思)、郑国(字子徒)、秦非(字子之)、施之常(字子恒)、颜哙(字子声)、步叔乘(字子车)、原亢籍、乐欬(字子声)、廉絜(字庸)、叔仲会(字子期)、颜何(字冉)、狄黑(字皙)、邦巽(字子敛)、孔忠、公西舆如(字子上)、公西蒇(字子上)。

最后,司马迁在《仲尼弟子列传》篇末总结说道:"学者多称七十子之徒,誉者或过其实,毁者或损其真,钧之未厥容貌。则论言弟子籍,出孔氏古文近是。余以弟子名姓文字悉取《论语》弟子问并次为篇,疑者阙焉"①,指出了后世学者对孔子"七十子之徒"的评价有或高于其实际,也有诋毁损害其形象的情况,孔子弟子的精准的真实、客观的实情已经无法考证了,也指出了该列传所记载的孔子弟子的名字、姓氏和言行等情况,其材料皆取自《论语》,即较为客观地还原了研究对象的真实情况和编撰中所用到的参考材料。

6.《史记·儒林列传》中的学术史研究及其影响

《史记·儒林列传》是《史记》中特别值得注意的一篇具有开创意义的学术史性质的列传。该传以《诗》《书》《礼》《乐》《易》《春秋》的流传顺序为切入点,记述了西汉初年多位五经儒学大师的思想、学行和事迹,其中也记述了大师们的授业弟子的学术思想和学行,从中反映了由秦末经西汉初年至汉武帝时期儒学由衰落走向复兴的流传、发展、衍化历程,由此开创了历朝历代官修正史记载不同朝代儒学史的先例。

在该传之首,司马迁总结时代历史之变迁大势,不仅重点记载了孔子"闵王路废而邪道兴"②于是"论次《诗》《书》,修起礼乐""记作《春秋》,以当王法"③的历史背景、学行和事迹,也记载了"周室衰而《关雎》作,幽厉微而礼乐坏,诸侯恣行,政由强国"④的历史,以及孔子"适齐闻《韶》,三月不知肉

---

① 司马迁:《史记》(第三册),中华书局,2011 年版,第 1969 页。
② 司马迁:《史记》(第四册),中华书局,2011 年版,第 2705 页。
③ 司马迁:《史记》(第四册),中华书局,2011 年版,第 2705 页。
④ 司马迁:《史记》(第四册),中华书局,2011 年版,第 2705 页。

味。自卫返鲁，然后乐正，《雅》《颂》各得其所"①的学行和事迹，凸显了先秦时期社会政治背景下儒家五经中《诗》《书》《春秋》编定和撰写的缘由和经过，以及礼乐的整理过程。对于《春秋》，司马迁记载了孔子借助鲁国已有的历史记录撰写了《春秋》，用它来表达天道王法，其文辞简约而内含意义博大，后世很多学者都对它进行了学习采纳。

其次，《史记·儒林列传》还记载了孔子之后，其七十名弟子"散游诸侯，大者为师傅卿相，小者友教士大夫，或隐而不见"②的事迹。其中，子路居于卫，子张居于陈，澹台子羽居于楚，子夏居于西河，子贡在齐国终老，而子夏收授的学生中有田子方、段干木、吴起、禽滑厘和魏文侯等人。在这一期间（战国时期），儒学受到了排斥，只有在齐鲁两国一带，人们仍然坚持学习儒学。同时，司马迁还记载了在齐威王和齐宣王时期，孟子和荀子两人都继承发展了孔子的学说思想，由此这两人的学说思想在当时得到了关注和彰显。

之后，《史记·儒林列传》又记载了秦朝末年秦始皇焚烧《诗》《书》，坑杀儒生，儒家典籍由此残缺的历史。也记载了汉高祖刘邦诛杀韩信，包围鲁国，而鲁国的儒生仍然诵读经书讲习礼乐的事迹，由此也凸显了鲁国的儒家礼乐之邦的传统，以及齐鲁一带崇尚儒家文化典籍的自然风尚。同时，司马迁还记载了汉朝建立之后，儒生们获得了重新学习儒学经艺、讲习大射乡艺的机会，以及孝文帝起用儒生，而孝景帝不用儒生，儒生由此不得重用的历史。

在记述了儒学由孔子之后在诸侯各国流传，中经秦末焚书坑儒而衰微，再至汉朝重露端倪之后，司马迁记载了汉武帝时期，赵绾、王臧等熟悉儒学，朝廷开始招纳品德贤良精通经学之士的事迹。同时，司马迁重点概括总结了汉武帝时期，《诗》《尚书》《礼》《易》《春秋》的传授分布情况，指出："言《诗》于鲁则申培公，于齐则辕固生，于燕则韩太傅。言《尚书》自济南伏生。言《礼》自鲁高堂生。言《易》自菑川田生。言《春秋》于齐鲁自胡毋生，于赵

---

① 司马迁：《史记》（第四册），中华书局，2011年版，第2705页。
② 司马迁：《史记》（第四册），中华书局，2011年版，第2706页。

自董仲舒"①,也指出了窦太后之后,丞相武安侯田蚡废弃道家、刑名家等百家学说,"延文学儒者数百人,而公孙弘以《春秋》白衣为天子三公,封以平津侯"②,自此,天下学士普遍钻研向往儒学之风盛行的事迹。

在对儒家学说和典籍的具体传播的记载中,司马迁不仅介绍了公孙弘上奏朝廷,谏言汉武帝,提倡朝廷在官员之间倡导儒学,培养儒家学者,从此汉武帝一朝"公卿大夫士吏斌斌多文学之士"③的事迹,而且,十分重要的是,司马迁还按照《诗》《尚书》《礼经》《易经》《春秋》这一排列的先后顺序,详细介绍了西汉初年儒家大师公孙弘、申公、王臧、辕固生、韩生、伏生、高堂生、商瞿、董仲舒及其弟子们在传播儒家典籍、发展儒学中的学行和事迹,由此,描画了汉武帝时期儒学和儒家典籍在汉初的传播和发展轨迹。

在对西汉初年《诗经》传播的记载中,司马迁重点介绍了其传播者申公、辕固生和韩生,以及他们弟子的学行和事迹。

在对《诗经》大师申公的记载中,司马迁指出申公讲授《诗经》,具有"独以《诗》经为训以教,无传(疑),疑者则阙不传"④,即只解说词义,并不阐发《诗经》的义理,遇到疑难不解之处,对问题进行保留,不勉强教授的特点。在对申公传授《诗经》的弟子的记载中,司马迁指出,兰陵人王臧和代国人赵绾都曾向申公学习《诗经》。而申公弟子中,曾拜为博士者有十几人,主要有孔安国、周霸、夏宽、砀鲁赐、兰陵人缪生、徐偃、邹人阙门庆忌等,这些人都官至各地,除此之外,申公其他的百余名学官弟子,也都官至大夫、郎中和掌故等职,这些人讲授《诗经》,虽然讲解不尽相同,但基本都依据申公的见解。

在对西汉初年另一位《诗经》大师辕固生学行和事迹的记载中,司马迁指出辕固生因研究《诗经》而闻名,以至于孝景帝时期拜为博士。在对辕固生弘扬儒学事迹的记载中,司马迁生动地刻画了辕固生在孝景帝面前与当时钻研精通黄老之学的"黄生",站在各自的学术立场,辩论商汤、周武是否

① 司马迁:《史记》(第四册),中华书局,2011年版,第2707页。
② 司马迁:《史记》(第四册),中华书局,2011年版,第2707页。
③ 司马迁:《史记》(第四册),中华书局,2011年版,第2709页。
④ 司马迁:《史记》(第四册),中华书局,2011年版,第2710页。

受天命即位以及由此引申的鞋子和帽子各于其位的场面,形象鲜明地反映出在汉初思想文化领域中,儒学与道家学说对立的局面。

对于这一时期《诗经》的又一位研究者韩生,司马迁在《史记·儒林列传》中则指出:"韩生推《诗》之意而为《内外传》数万言,其语颇与齐鲁间殊,然其归一也。淮南贲生受之。自是之后,而燕赵间言《诗》者由韩生"①,即主要记载了韩生通过研究《诗经》的内容,撰写了共数十万字的《内传》和《外传》,其文字和用语虽然和齐鲁两地有所差异,但是其旨归却是相同的,韩生的弟子主要有淮南贲生,而燕赵一带讲授《诗经》的学者,多出自韩生的弟子等内容。

在对汉初《尚书》传播的记载中,司马迁在《史记·儒林列传》中列举了伏生及其弟子的学行和事迹。司马迁指出伏生曾做过秦朝的博士,汉孝文帝"欲求能治《尚书》者,天下无有,乃闻伏生能治,欲召之。是时伏生年九十余,老,不能行,于是乃诏太常使掌故朝错往受之"②,也记载了秦朝焚书坑儒时,伏生把《尚书》藏在了墙壁里,等到汉朝立国,伏生将藏在墙壁中的《尚书》取出,但是已经在原有的基础上遗失数十篇,仅留存二十九篇,于是伏生便就这《尚书》二十九篇的内容在齐鲁一带授徒讲学,使《尚书》得以流传,于是学者们"颇能言《尚书》,诸山东大师无不涉《尚书》以教"③的事迹。在对伏生传授《尚书》的弟子再传弟子当中,司马迁着重列举了张生、欧阳生和千乘儿宽等人的事迹,具体记载了儿宽精通《尚书》之后,凭借所学内容中了郡中的选举,在当时的博士门下学习,并师从于孔安国的学行,也记载了伏生的孙子因为研究《尚书》而被征召入朝,但是他不能阐明《尚书》的义理。对于汉武帝时期伏生之后的《尚书》传播情况,司马迁记载道:"鲁周霸、孔安国洛阳贾嘉,颇能言《尚书》事。孔氏有古文《尚书》,而安国以今文读之,因以起其家。逸《书》得十余篇,盖《尚书》滋多于是矣"④,即指明了在伏生之后,

---

① 司马迁:《史记》(第四册),中华书局,2011 年版,第 2712 页。
② 司马迁:《史记》(第四册),中华书局,2011 年版,第 2712 页。
③ 司马迁:《史记》(第四册),中华书局,2011 年版,第 2712 页。
④ 司马迁:《史记》(第四册),中华书局,2011 年版,第 2713 页。

鲁国的周霸、孔安国和洛阳的贾嘉，都能讲授《尚书》，孔安国有用先秦古文撰写的《尚书》，而孔安国能用时下的字体重新摹写《尚书》并对其进行讲授传播，因此孔安国因研究《尚书》而扬名，后来，孔安国得到了《尚书》中失传的十余篇，于是，《尚书》现存的篇目就增多了。

对于《礼》(《礼经》)的传播过程，司马迁在《史记·儒林列传》中记载了"诸学者多言《礼》，而鲁高堂生最本。《礼》固自孔子时而其经不具，及至秦焚书，书散亡益多，于今独有《士礼》，高堂生能言之"①，"而鲁徐生善为容。孝文帝时，徐生以容为礼官大夫。传子至孙徐延、徐襄。襄，其天资善为容，不能通《礼经》;延颇能，未善也。襄以容为汉礼官大夫，至广陵内史。延及徐氏弟子公户满意、桓生、单次，皆尝为汉礼官大夫。而瑕丘萧奋以《礼》为淮阳太守。是后能言《礼》为容者，由徐氏焉"②，指出了西汉初年很多儒家学者讲授《礼经》，而只有鲁国高堂生讲的最接近《礼经》本意，《礼经》的内容自孔子时期便不完备，到了秦始皇焚书坑儒，其内容缺失的更多，当时只有高堂生独有《士礼》的文本，也能讲授它，当时，鲁国的徐生善于演习礼仪，之后，徐生将礼仪其子以至其孙徐延和徐襄，徐襄善于演习礼仪却不通《礼经》，徐延通《礼经》之义却不善于演习礼仪，此后，世人能够讲解《礼经》和演习礼仪，皆出自徐家。

在《史记·儒林列传》对汉初研究《春秋》大师的记载中，司马迁首先介绍了董仲舒的学行和事迹。司马迁指出董仲舒因《春秋》，于汉景帝时拜为博士。司马迁也记述了董仲舒曾依据《春秋》记载的灾难之变化推理出了阴阳之道交替变化的原因，后来董仲舒被贬为中大夫，于是居家著述，撰写了《灾异之记》的学行。司马迁也指出董仲舒为人正直廉洁，一生不置私产，其研究《春秋》的成就高于当时的丞相公孙弘，后来董仲舒辞官回家潜心研究学问，司马迁还重点强调了自汉朝开国以来，董仲舒研究《春秋》的成就最高，对《春秋》也最为精通，其所传授的是《春秋》公羊学。

---

① 司马迁：《史记》(第四册)，中华书局，2011年版，第2713页。
② 司马迁：《史记》(第四册)，中华书局，2011年版，第2714页。

以汉初《春秋》的研究为线索，司马迁还记载了胡毋生和瑕丘人江生等人的学行。在对胡毋生的记载中，司马迁指出其是齐郡人，孝景帝时曾拜为博士，年老时返回故乡讲授《春秋》，也指出当时齐地研究和讲解《春秋》的人很多都出自胡毋生门下。在对江生的记载中，司马迁指出江生所研究的是《春秋》谷梁学，他将《春秋》谷梁学和《春秋》公羊学的经义进行了对比，最后采用了董仲舒所传授的《春秋》公羊学。

在《史记·儒林列传》篇末，司马迁介绍了董仲舒学生中较有成就者，即兰陵人褚大、广川人殷忠和温人吕步舒等。尤其记载了吕步舒官至长史，能够根据《春秋》的经义公正断案，也记载了董仲舒的儿子和孙子也因精通《春秋》之学而身居朝廷的事迹。总之，《史记·儒林列传》通过对汉初儒学大师们传播《诗》《尚书》《礼》《易经》《春秋》之学的记载，描述了从秦朝末年至汉武帝时期，儒学由衰落走向重新兴起并转变为官方意识形态的过程。

由《史记》的《孔子世家》《孟子荀卿列传》《老子韩非列传》《仲尼弟子列传》和《儒林列传》等具有学术史性质的"世家"和"列传"可以看出，《史记》开创了以人物为中心线索、以人物历史活动和事迹为基本素材，阐述或评价学者学行和学术思想，或描述特定历史时期内某一领域学术发展脉络的纪传体学术史研究先例。在这些具有学术史性质的篇章中，虽然司马迁对学者学行和思想的记述尚不系统，有的甚至寥寥几笔，一笔带过，但这些内容却成为后人研究先秦至汉初思想文化领域学术思想发展演变的重要资料和参考文献，而且在一定意义上，《史记·儒林列传》通过对汉初儒家"六经"传播大师及其弟子学行和事迹的记述和列举，堪称一篇典型的"汉初的儒学发展纲要"。以《史记·儒林列传》为代表，《史记》所开创的纪传体学术史范式为后来许多官修正史（纪传体通史）所继承，并向其他学术研究领域（如，佛家和道家）发展延伸。其中，《汉书》《后汉书》《晋书》《梁书》《陈书》《魏书》《北齐书》《周书》《隋书》《南史》《北史》《宋史》《明史》《新元史》《清史稿》都设有《儒林传》；《旧唐书》《新唐书》和《元史》则设有《儒学传》，记载了不同朝代儒学的发展演变情况。

以《明史·儒林传》为例。《明史》共设儒林传一、传二、传三,分别是《明史·列传第一百七十儒林一》《明史·列传第一百七十一儒林二》《明史·列传第一百七十二儒林三》。在《明史·列传第一百七十儒林一》中,编撰者在篇首提到"粤自司马迁、班固创述《儒林》,著汉兴诸儒修明经艺之由,朝廷广厉学官之路,与一代政治相表里。后史沿其体制,士之抱遗经以相授受者,虽无他事业,率类次为篇。《宋史》判《道学》《儒林》为二,以明伊、雒渊源,上承洙、泗,儒宗统绪,莫正于是。所关于世道人心者甚巨,是以载籍虽繁,莫可废也"①,阐明了西汉司马迁《史记·儒林列传》和班固《汉书·儒林传》开创了官修正史中记载某一特定历史时期内儒学领域代表人物学行和思想的具有学术史性质的人物传记,以及儒学在汉代,作为官方意识形态,与汉朝的政治互为表里。同时,又明确指出,自《史记》和《汉书》后,历朝历代的官修正史沿袭了《史记·儒林列传》和《汉书·儒林传》的编撰体例,分别对各朝代的儒者的"类次为篇",记载其言行和思想,以记述儒家道统之延续。也就是说,《明史·儒林列传》的开篇揭示了汉代之后,官修正史沿袭了《史记》《汉书》中儒学史的编撰体例,由此得来的是中国传统学术史研究中一个非常重要的组成部分。

《明史·儒林传一》在介绍其沿袭了以往官修正史中的学术史研究范式之后,又记述道:"明太祖起布衣,定天下,当干戈抢攘之时,所至征召耆儒,讲论道德,修明治术,兴起教化,焕乎成一代之宏规。虽天亶英姿,而诸儒之功不为无助也。制科取士,一以经义为先,网罗硕学。嗣世承平,文教特盛,大臣以文学登用者,林立朝右。而英宗之世,河东薛瑄以,醇儒预机政,虽弗究于用,其清修笃学,海内宗焉。吴与弼以名儒被荐,天子修币聘之殊礼,前席延见,想望风采,而誉隆于实,诟谇丛滋。自是积重甲科,儒风少替。白沙而后,旷典缺如",简要列举了明太祖平定天下时"征召耆儒""兴起教化",明代"制科取士,一以经义为先"②,以及薛瑄、吴与弼等大儒收到朝廷表彰等

---

① 张廷玉等撰:《明史》,中华书局,1974 年版,第 7221 页。
② 张廷玉等撰:《明史》,中华书局,1974 年版,第 7221 ~ 7222 页。

事迹，揭示了儒学在明代思想文化领域中的重要位置，以及在朝廷任用人才、选拔官员中所发挥的重要作用。

同时，又在宏观的视野下，总括了明代儒学的发展情况和脉络："原夫明初诸儒，皆硃子门人之支流余裔，师承有自，矩矱秩然。曹端、胡居仁笃践履，谨绳墨，守儒先之正传，无敢改错。学术之分，则自陈献章、王守仁始。宗献章者曰江门之学，孤行独诣，其传不远。宗守仁者曰姚江之学，别立宗旨，显与硃子背驰，门徒遍天下，流传逾百年，其教大行，其弊滋甚。嘉、隆而后，笃信程、硃不迁异说者，无复几人矣。要之，有明诸儒，衍伊、雒之绪言，探性命之奥旨，锱铢或爽，遂启岐趋，袭谬承讹，指归弥远。至专门经训授受源流，则二百七十余年间，未闻以此名家者。经学非汉、唐之精专，性理袭宋、元之糟粕，论者谓科举盛而儒术微，殆其然乎"①，指出了明代初期理学墨守宋学（程朱理学）之成规，后分化出陈献章江门之学和王守仁姚江之学，姚江之学与程朱理学相背驰，其教大行，流传百余年的明代儒学发展概况。

在对明代儒者思想和学行的记载中，《明史·儒林传一》详略不一地记载了范祖干、叶仪（等）、谢应芳、汪克宽、梁寅、赵汸、陈谟、薛瑄、阎禹锡、周蕙等、胡居仁、余祐、蔡清、陈琛、林希元（等）、罗钦顺、曹端、吴与弼、胡九韶（等）、陈真晟、吕柟、吕潜等、邵宝、王问、杨廉、刘观、孙鼎、李中、马理·魏校、王应电、王敬臣、周瑛、潘府、崔铣、何瑭、唐伯元、黄淳耀、弟渊耀等人的学行和思想；《明史·儒林传二》分别记载了陈献章、李承箕、张诩、娄谅、夏尚朴、贺钦、陈茂烈、湛若水、蒋信（等）、邹守益、子善（等）、钱德洪、徐爱等、王畿、王艮（等）、欧阳德、族人瑜、罗洪先、程文德、吴悌、子仁度、何廷仁、刘邦采、魏良政（等）、王时槐、许孚远、尤时熙、张后觉（等）、邓以赞、张元忭、孟化鲤、孟秋、来知德、邓元锡、刘元卿、章潢等人的学行和思想；《明史·儒林三》则分别记载了孔彦绳、颜希惠、曾质粹、孔闻礼、孟希文、仲于陛、周冕、程接道、程克仁、张文运、邵继祖、硃梴、硃墅等人的学行和思想。在对上述学者的详细记载中，以对胡居仁的记载为例，《明史·第一百七十儒林一》

① 张廷玉 等撰：《明史》，中华书局，1974 年版，第 7222 页。

写道：

> 胡居仁，字叔心，余干人。闻吴与弼讲学崇仁，往从之游，绝意仕进。其学以主忠信为先，以求放心为要，操而勿失，莫大乎敬，因以敬名其斋。端庄凝重，对妻子如严宾。手置一册，详书得失，用自程考。鹑衣箪食，晏如也。筑室山中，四方来学者甚众，皆告之曰："学以为己，勿求人知。"语治世，则曰："惟王道能使万物各得其所。"所著有《居业录》，盖取修辞立诚之义。每言："与吾道相似莫如禅学。后之学者，误认存心多流于禅，或欲屏绝思虑以求静。不知圣贤惟戒慎恐惧，自无邪思，不求静未尝不静也。故卑者溺于功利，高者骛于空虚，其患有二：一在所见不真，一在工夫间断。"尝作《进学箴》曰："诚敬既立，本心自存。力行既久，全体皆仁。举而措之，家齐国治，圣人能事毕矣。"

> 居仁性行淳笃，居丧骨立，非杖不能起，三年不入寝门。与人语，终日不及利禄。与罗伦、张元祯友善，数会于弋阳龟峰。尝言，陈献章学近禅悟，庄昶诗止豪旷，此风既成，为害不细。又病儒者撰述繁芜，谓朱子注《参同契》《阴符经》皆不作可也。督学李龄、钟成相继聘主白鹿书院。过饶城，淮王请讲《易传》，待以宾师之礼。是时吴与弼以学名于世，受知朝廷，然学者或有间言。居仁暗修自守，布衣终其身，人以为薛瑄之后，粹然一出于正，居仁一人而已。卒年五十一。万历十三年从祀孔庙，复追谥文敬。[①]

记载了胡居仁早年的求学经历，其学术思想"以主忠信为先，以求放心为要，操而勿失，莫大乎敬"的特点，及其《居业录》《进学箴》等著作中的一些具体思想和内容；也记载了胡居仁"性行淳笃"的人物性格和"与人语，终日不及利禄""暗修自守，布衣终其身"的人格特征和儒者风范，以及"与罗伦、张元祯友善，数会于弋阳龟峰（论学）"，对陈献章之学、庄昶之诗、朱熹所注的《参同契》《阴符经》的学术评价的学行和事迹，由此，精要地总结了胡居仁的性格特征及一生的主要学行和思想。

---

① 张廷玉 等撰：《明史》，中华书局，1974 年版，第 7232 页。

由此可见,《明史·儒林传》基本继承了《史记·儒林列传》的研究范式和编撰体例,相比之下,虽然《明史·儒林传》较之《史记·儒林列传》在人物规模上更加庞大,在系统上更加完善,这也是由明代儒学的发展特点所决定的,但这足以总结和说明,继《史记·儒林列传》和《汉书·儒林传》之后,历代官修正史中的儒学史研究范式及编撰体例。

《宋史》还设有《道学传》;《元史》为佛家和道家学者立传,设《释老传》,这些皆从不同角度延续与发展了《史记》的学术史研究范式,以不同的人物学行为线索,带着修史者的主、客观评价,结合不同时代各异的学术背景,以某种特定的学术内容为研究对象,描绘出一条以儒家思想为主体,以释、老两家思想为补充的中国古代学术发展演变的浩浩长河。在汇集了历代官修正史的中国传统学术史画卷中,《史记》开创纪传体学术史研究体例之历史功绩不可磨灭。

二、《汉书·艺文志》中的学术史研究及其影响

西汉时期,延续了《史记》学术史研究传统的另一部官修史书是班固的《汉书》。《汉书》又名《前汉书》,其与《史记》的纪传体通史性质不同,《汉书》是中国第一部纪传体断代史,在沿用《史记》编撰体例的基础上而稍有变更,全书无"世家",改"书"为"志",改"列传"为"传",改"本纪"为"纪",记载了西汉王朝上起汉高祖六年,下至王莽四年,共二百三十年的历史,全书包括十二纪、八表、十志、七十列传,共一百卷。到了唐代,经后人整理,将篇幅较长者分为上、下卷或上、中、下卷,最终呈现为现行本《汉书》一百二十卷。继《汉书》之后,中国官修史书皆效仿《汉书》编撰体例,改为纪传体的断代史。在《汉书》的学术史研究中,班固不仅撰写了《汉书·儒林传》,以"五经"的《易》《书》《诗》《礼》《春秋》为序,记载了西汉一代儒学发展延续的历史进程,而且还在刘向《别录》和刘歆《七略》的基础上,主要对刘歆的《七略》进行了删减和修撰,对先秦和西汉时期的典籍进行了详细而系统的整理

和分类,创立了现存的我国古代第一部具有学术史性质的目录学文献《汉书·艺文志》。①而对于"艺文志"称谓的来源,"艺文"即"艺",以《诗》《书》《礼》《乐》《易》《春秋》为"六艺",而"文"即指百家之文。

班固的《汉书·艺文志》收书三十八种,五百九十六家,总计一万三千二百六十九卷。在《汉书·艺文志》中,班固对典籍的著录包括对书名、著者、版本和卷数进行了介绍、分类(对《六艺略》《诸子略》《诗赋略》《兵书略》《术数略》《方技略》的分类),并且提炼了书目的主要内容。刘歆的《七略》分为《辑略》《六艺》《诸子》《诗赋》《兵书》《术数》《方技》七个部分,班固对其"取其要,以备篇籍"。

班固将刘歆《七略》中的《辑略》分别纳入《六艺略》《诸子略》《诗赋略》《兵书略》《术数略》和《方技略》之中,并且在《六艺》类中,共收录了儒家的"六经"和《论语》《孝经》,以及小学类图书一百零三家。

在《汉书·艺文志》的总序中,班固说道:"昔仲尼没而微言绝,七十子丧而大义乖。故《春秋》分为五,《诗》分为四,《易》有数家之传。战国从衡,真伪分争,诸子之言纷然淆乱。至秦患之,乃燔灭文章,以愚黔首。汉兴,改秦之败,大收篇籍,广开献书之路。迄孝武世,书缺简脱,礼坏乐崩,圣上喟然而称曰:'朕甚闵焉!'②于是建藏书之策,置写书之官,下及诸子传说,皆充秘府。至成帝时,以书颇散亡,使谒者陈农求遗书于天下。诏光禄大夫刘向校经传诸子诗赋,步兵校尉任宏校兵书,太史令尹咸校数术,侍医李柱国校方技。每一书已,向辄条其篇目,撮其指意,录而奏之。会向卒,哀帝复使向子侍中奉车都尉歆卒父业。歆于是总群书而奏其《七略》,故有《辑略》,有《六艺略》,有《诸子略》,有《诗赋略》,有《兵书略》,有《术数略》,有《方技略》。今删其要,以备篇籍。"③介绍了《汉书·艺文志》创作的缘由和时代背景,以

---

① 由于至今刘向的《别录》和刘歆的《其略》都已亡佚,所以《汉书·艺文志》是我国现存的第一部图书分类目录,具有较高的文献学和学术史价值,是今人研究先秦秦汉文化学术史的重要参考资料。

② 班固:《汉书》,中华书局,1962 年版,第 1701 页。

③ 班固:《汉书》,中华书局,1962 年版,第 1701 页。

及《汉书·艺文志》的创作基础和所沿袭的体例。就《汉书·艺文志》的创作缘由和时代背景而言,班固记述了孔子之后,微言大义就中断了,再到孔子弟子"七十子"去世后,对经典要义的阐释就出现了分歧,所以《春秋》分为五家,《诗》分为四家,《易》分为数家,由于战国时期,诸侯纵横联合与真伪纷争,出现了诸子学说的混淆不清,到了秦朝,焚书坑儒,诸子百家的典籍遭到了破坏,直到汉代,统治者广开献书言路,大规模征收文献书籍,到汉武帝时期,书籍残缺,礼崩乐坏,于是朝廷提出了建立藏书的政策,设置撰录书籍的官员,这些书籍涉及诸子传说,到汉成帝时期,书籍颇多散佚,便派遣谒者陈农向天下征求散亡的书籍,召集大臣,令光禄大夫刘向校对"经传""诸子百家"和"诗赋",令太史令尹校对"数术",令侍医李柱国校对"方技";而就《汉书·艺文志》的创作基础和所沿袭的体例来说,对于每本文献,刘向皆整理其编目,记录其主旨大意,集合著录群书上奏给皇帝,刘向之后,汉哀帝命刘向之子刘歆完成其父未竟之业,刘歆在刘向整理著录的基础上,整理群书,编成《七略》——《辑略》《六艺略》《诸子略》《诗赋略》《兵书略》《术数略》《方技略》,《汉书·艺文志》就是在刘歆《七略》的基础上,删繁就简,提炼其要,编撰而成。

在对《六艺》的记述和学术史提要中,对于《易》,班固概括了:"《易经》十二篇,施、孟、梁丘三家……"①,并总结了《易》的来源与创作,指出了伏羲"仰观象于天,俯观法于地,观鸟兽之文,与地之宜,近取诸身,远取诸物"②,进而创作了八卦,殷周之际,周文王顺天意而行天道,重叠《易》的六爻,作了上下篇,孔子作了《彖》《象》《系辞》《文言》《序卦》等共十篇,也介绍了由于《易》是讲占卜的,所以秦朝焚书坑儒时,被幸存与传递下来,同时,班固也指出了《易》在汉代的传授与衍化过程。

对于《尚书》,班固指出:"凡《书》九家,四百一十二篇。入刘向《稽疑》一篇",记述了《尚书》起源久远,到了孔子时期,孔子只是对其加以修撰,《尚

---

① 班固:《汉书》,中华书局,1962 年版,第 1703 页。
② 班固:《汉书》,中华书局,1962 年版,第 1704 页。

书》上起于尧，下迄于秦，共一百篇，孔子为其作序，并说明了其创作意图，也记述了《尚书》经过秦始皇焚书坑儒遭到残缺损坏，藏于民间，汉朝时被重新找回，传播于齐、鲁等地，古文《尚书》被发现，直到东汉时期，史官对其重新校对编撰修订的历史过程，同时，班固也指出了《尚书》是古代帝王发布的号令，对于大众来说，其言不能完全被通晓，所以研究《尚书》，尤其是古文《尚书》，应该首先学习《尔雅》，这样才能完成古文《尚书》和今文《尚书》之间的意义转化。

对于《诗》，班固指出："凡《诗》六家，四百一十六卷"[1]，并引用《尚书》中"诗言志，歌咏言"[2]之句，来说明诗歌的现实功用，班固并记述了古代有采集诗的官员，君主以此观察民风民俗考知政治得失以自我校正，孔子选取了周诗，上起殷商，下至鲁国，共三百零五篇，虽然招致秦朝的焚书坑儒却得以完全保存，在于其不完全凭借竹帛保存，而且能够口头咏诵，到了汉朝，鲁申公为《诗》做解释，齐辕固、燕韩生皆为之做传，他们对《诗》的做传，有的有的选自《春秋》，有的采取众人杂说，但都非《诗》的本义，只有鲁申公对《诗》的解释接近其本义，鲁申公、齐辕固与燕韩生三家的《诗》都被列为官学，之后又有毛公为《诗》作传，自称其学传自于子夏，但由于河间献王喜欢它，就没有被列为官学。

对于《礼》，班固记述道："凡《礼》十三家，五百五十五篇。入《司马法》一家，百五十五篇"[3]，班固引用《易》中"有夫妇父子君臣上下，礼义有所错"之言，指出"礼"有用来规范区别"夫妇父子君臣上下"不同言行的效用，并记述了周朝对礼规定得极为细致，对每件事都指定具体的制度，周朝衰微之时，诸侯超越礼仪制度的限制，厌恶礼法对他们的制约而毁坏抛弃了礼法书籍，到了孔子之时，关于礼的书籍已不完备了，秦朝时更是遭到了破坏。班固也记述了汉朝时期，《礼》的传递传授过程，即"鲁高堂生传《士礼》十七

---

① 班固：《汉书》，中华书局，1962 年版，第 1708 页。
② 班固：《汉书》，中华书局，1962 年版，第 1708 页。
③ 班固：《汉书》，中华书局，1962 年版，第 1710 页。

篇",到了汉代孝宣帝时期,后仓传授的最为明晰,戴德、戴圣、庆普皆是后仓的弟子,三家被列为官学,《礼古经》出于鲁国淹中及孔氏的家中,至于《明堂阴阳》和《王史氏记》所记载的,大多是天子、诸侯、卿、大夫的礼仪规范,虽然不完备,但却比后仓向天子陈述的《士礼》具体详细得多。

对于《乐》,班固记述道:"凡《乐》六家,百六十五篇。出淮南刘向等《琴颂》七篇"①,班固分别引用《易》和孔子之言,指出了乐"殷荐之上帝,以享祖考"和"移风易俗"②的用途,也记述了礼和乐两者相辅相成,周朝衰落之后,礼和乐都遭到了破坏,音乐之理非常微妙,节奏在于音律,同时又被郑、卫音律所干扰,因此没有被保存下来,到了汉代,制氏认为,雅乐的音律,世世代代都在乐宫,颇能记忆一些其在铿锵舞的音节,但是却不能阐述其义理,在六国的君主中,魏文侯最崇尚古乐,孝文帝得到他的乐人窦公献其《周官·大宗伯》中的《大司乐》章,汉武帝时,河间献王与毛生等人撰写了《乐记》,同制氏的相差不远,内史丞王定将《乐记》传授给常山王禹。禹在汉成帝时阐述其义理,献出《乐记》二十四卷。刘向对其进行了校订,得《乐记》二十三篇。

对于《春秋》,班固记述道:"凡《春秋》二十三家,九百四十八篇。省《太史公》四篇。"③"古之王者世有史官。君举必书,所以慎言行,昭法式也。左史记言,右史记事,事为《春秋》,言为《尚书》,帝王靡不同之。周室既微,载籍残缺,仲尼思存前圣之业,乃称曰:'夏礼吾能言之,杞不足征也;殷礼吾能言之,宋不足征也。文献不足故也,足则吾能征之矣。'"④"以鲁周公之国,礼文备物,史官有法,故与左丘明观其史记,据行事,仍人道,因兴以立功,就败以成罚,假日月以定历数,借朝聘以正礼乐。有所褒讳贬损,不可书见,口授弟子,弟子退而异言。丘明恐弟子各安其意,以失其真,故论本事而作传,明夫子不以空言说经也。《春秋》所贬损大人当世君臣,有威权势力,其事实皆

① 班固:《汉书》,中华书局,1962 年版,第 1711 页。
② 班固:《汉书》,中华书局,1962 年版,第 1711 页。
③ 班固:《汉书》,中华书局,1962 年版,第 1714 页。
④ 班固:《汉书》,中华书局,1962 年版,第 1715 页。

形于传,是以隐其书而不宣,所以免时难也。及未世口说流行,故有《公羊》《谷梁》《邹》《夹》之《传》。四家之中,《公羊》《谷梁》立于学官,邹氏无师,夹氏未有书"①,指出了《春秋》是记载帝王行动的文献,后世流传的《春秋》有《公羊》《谷梁》《邹》《夹》之四家。四家之中,《公羊传》和《谷梁传》立为学官,邹氏无师,夹氏未有书。

在对《论语》的记述中,班固指出:"凡《论语》十二家,二百二十九篇"②,记述了汉朝建立后,有《齐论》和《鲁论》两家《论语》。传授《齐论语》的有昌邑中尉王吉、少府宋畸、御史大夫贡禹、尚书令五鹿充宗、胶东庸生等,其中,只有王阳是名家;传授《鲁论语》的,有常山都尉龚奋、长信少府夏侯胜、丞相韦贤、鲁扶卿、前将军萧望之,以及安昌侯张禹等人,都是名家。张氏在最后,因而流行于世。

在对《孝经》的记述中,班固指出:"凡《孝经》十一家,五十九篇"③,"《孝经》者,孔子为曾子陈孝道也。夫孝,天之经,地之义,民之行也。举大者言,故曰《孝经》。汉兴,长孙氏、博士江翁、少府后仓、谏大夫翼奉、安昌侯张禹传之,各自名家。经文皆同,唯孔氏壁中古文为异。'父母生之,续莫大焉','故亲生之膝下',诸家说不安处,古文字读皆异"④,记述了《孝经》是孔子对曾子讲解孝道的著作,汉朝时期,传授孝经的有长孙氏、博士江翁、少府后仓、谏大夫翼奉、安昌侯张禹等人,这些人各成一家之言。其经文皆同,唯有孔氏壁中的古文不同,其中,对"父母生之,续莫大焉"和"故亲生之膝下"这两句,各家的阐释都不合适,古文的字和断句也都不同。同时,在《六艺》中,班固还对"小学"进行了总结与记述。

在对《六艺》的总结中,班固说道:"六艺之文,《乐》以和神,仁之表也;《诗》以正言,义之用也;《礼》以明体,明者著见,故无训也;《书》以广听,知之术也;《春秋》以断事,信之符也。五者,盖五常之道,相须而备,而《易》为

---

① 班固:《汉书》,中华书局,1962 年版,第 1715 页。
② 班固:《汉书》,中华书局,1962 年版,第 1717 页。
③ 班固:《汉书》,中华书局,1962 年版,第 1719 页。
④ 班固:《汉书》,中华书局,1962 年版,第 1719 页。

之原。故曰'《易》不可见,则乾坤或几乎息矣',言与天地为终始也。至于五学,世有变改,犹五行之更用事焉。古之学者耕且养,三年而通一艺,存其大体,玩经文而已,是故用日少而畜(蓄)德多,三十而五经立也。后世经传既已乖离,博学者又不思多闻阙疑之义,而务碎义逃难,便辞巧说,破坏形体;说五字之文,至于二三万言。后进弥以驰逐,故幼童而守一艺,白首而后能言;安其所习,毁所不见,终以自蔽。此学者之大患也。序六艺为九种。"①分别概括了《乐》《诗》《礼》《书》《春秋》《易》在"六艺"中的意义和地位,指出了《乐》是用来调节愉悦人的精神世界的,是"仁"的一种表达方式;《诗》是用来规范人的语言的,是"义"在现实中的应用;《礼》是用来明确规矩大体的,规矩大体明确地显现了,也就无须训诂了;《书》是用来拓宽人们的视野的,是人们用来增长智慧、获得知识的途径和方法;《春秋》是用来判断事物的,是信用的体现;《乐》《诗》《礼》《书》《春秋》五者是仁义礼智信体现方式与载体,应该相互补充,缺一不可,而《易》则是前五者的本源和基础。

在《诸子》的分类中,班固将其分为儒、墨、道、阴阳、名、法、纵横、杂、农、小说十家。

对于儒家,班固指出其源于"司徒之官"②,其宗旨是"助人君顺阴阳明教化"③,其"游文于六经之中,留意于仁义之际,祖述尧舜,宪章文武,宗师仲尼,以重其言,于道最为高"④,即儒家研习六经,潜心于仁义之间,效法宪章文武,遵循尧舜之道,以孔子为宗师来显示儒家言说的分量,其道最为高深。

对于道家,班固说道:"道家者流,盖出于史官,历记成败存亡祸福古今之道,然后知秉要执本,清虚以自守,卑弱以自持,此君人南面之术也,合于尧之克攘(让),《易》之嗛嗛(谦谦),一谦而四益,此其所长也。及放者为之,则欲绝去礼学,兼弃仁义,曰独任清虚可以为治"⑤,指出了道家学派出于

---

① 班固:《汉书》,中华书局,1962 年版,第 1723 页。
② 班固:《汉书》,中华书局,1962 年版,第 1728 页。
③ 班固:《汉书》,中华书局,1962 年版,第 1728 页。
④ 班固:《汉书》,中华书局,1962 年版,第 1728 页。
⑤ 班固:《汉书》,中华书局,1962 年版,第 1732 页。

史官,其著作记载了历代成败存亡祸福之道,能够秉要执本,以清净虚无以保持自我节操,以谦卑柔弱来实现自我保护,这是道家的君王统治之术,与尧的克己谦让和《易》的谦虚态度相符合,由谦而达到了"天、地、神、人"四益,这是道家的长处。

对于阴阳家学派,班固说道:"盖出于羲和之官,敬顺昊天,历象日月星辰,敬授民时,此其所长也。及拘者为之,则牵于禁忌,泥于小数,舍人事而任鬼神"[1],指出其出于天文历法之官,敬顺上天,观察推测日月星辰的运行以告诉人们农作的时间,这些是阴阳学派的长处,但是他们却拘泥于人们的行为,受到禁忌的牵扯,过于注重微小的细节,舍弃人事而过于信奉鬼神。

对于法家学派,班固指出其"出于理官。信赏必罚,以辅礼制。《易》曰'先王以明罚饬法'[2],此其所长也。及刻者为之,则无教化,去仁爱,专任刑法而欲以致治,至于残害至亲,伤恩薄厚"[3],即强调了其出自法官,其特点在于有奖赏也有惩罚,并以刑罚辅佐礼制,班固也指出法家学派的长处在于先王用严明的刑罚来整顿法制,其缺点在于当刻薄的人来实行法家学说,则没有教化,去除仁爱,任用严酷刑罚,残害至亲,伤害恩情。

对于名家学派,班固指出其"出于礼官"[4],还借用孔子"必也正名乎!名不正则言不顺,言不顺则事不成"[5]来指明名家的长处,而对于其学说思想的弊端,班固则指出其善于卖弄一些屈曲破碎、支离错杂的言辞。

对于墨家学派,班固则指出其"盖出于清庙之守。茅屋采(棌)椽,是以贵俭;养三老五更,是以兼爱;选士大射,是以上(尚)贤;宗祀严父,是以右鬼;顺四时而行,是以非命;以孝视(示)天下,是以上(尚)同:此其所长也。及蔽者为之,见俭之利,因以非礼,推兼爱之意,而不知别亲疏"[6],即强调了墨家学派源于看守宗庙之官,以及其"贵俭""兼爱""上贤""右鬼""非命"

① 班固:《汉书》,中华书局,1962 年版,第 1734~1735 页。
② 班固:《汉书》,中华书局,1962 年版,第 1736 页。
③ 班固:《汉书》,中华书局,1962 年版,第 1736 页。
④ 班固:《汉书》,中华书局,1962 年版,第 1737 页。
⑤ 班固:《汉书》,中华书局,1962 年版,第 1737 页。
⑥ 班固:《汉书》,中华书局,1962 年版,第 1738 页。

"上(尚)同"等优点,对于其弊端,班固则强调了墨家学派由于过于节俭而"非礼",以及"推兼爱之意,而不知别亲疏"。

对于纵横家,班固则指出其"从(纵)横家者流,盖出于行人之官。孔子曰:'诵诗三百,使干四方,不能专对,虽多亦奚以为?'①又曰:'使乎,使乎!'②言其当权事制宜,受命而不受辞,此其所长也。及邪人为之,则上(尚)诈谖而弃其信"③,即强调了其出自接待贵客之官,以及其能够权衡事情,见机行事,接受使命但不接受言辞的长处,对于其弊端,班固则指出其当邪恶的人被加以重用,则会弄虚作假而抛弃诚信。

对于杂家,班固指出其"出于议官。兼儒、墨,合名、法,知国体之有此,见王治之无不贯,此其所长也。及荡者为之,则漫羡而无所归心"④,即强调了杂家出于议事之官,兼容了儒家、墨家、名家和法家的学说思想,其长处为懂得国家体制,能够贯通地预见治国之方,其短处则为当放纵的人来参与国家治理时,则会无所依据地不切实际。

对于农家,班固则指出其"出于农稷之官。播百谷,劝耕桑,以足衣食,故八政一曰食,二曰货。孔子曰'所重民食',此其所长也。及鄙者为之,以为无所事圣王,欲使君臣并耕,誖上下之序"⑤,即强调了农家出于掌管农业之官,其播种百谷,致力于农耕和桑蚕,以使人民丰衣足食,其长处在于重视人民的温饱,其短处则在于当鄙陋的人从事农耕,则主张君王一同耕作,这样则打乱了上下秩序。

对于小说家学派,班固则指出其"出于稗官。街谈巷语,道听涂说者之所造也。孔子曰:'虽小道,必有可观者焉,致远恐泥,是以君子弗为也。'然亦弗灭也。闾里小知者之所及,亦使缀而不忘。如或一言可采,此亦刍荛狂夫之议也"⑥,即强调了小说家多出自收集民间小说的小官,其特点在于小说

---

① 班固:《汉书》,中华书局,1962 年版,第 1740 页。
② 班固:《汉书》,中华书局,1962 年版,第 1740 页。
③ 班固:《汉书》,中华书局,1962 年版,第 1740 页。
④ 班固:《汉书》,中华书局,1962 年版,第 1742 页。
⑤ 班固:《汉书》,中华书局,1962 年版,第 1743 页。
⑥ 班固:《汉书》,中华书局,1962 年版,第 1745 页。

家的素材多来自街谈巷语和道听途说，民间的智者对其进行传播，则会使传播的对象延续下去而不被遗忘。

在对诸子及其著作的总结中，班固在《汉书·艺文志》中说道："诸子之作一共有一百八十九种，四千三百二十四篇。减去了蹴鞠一家，共二十五篇"①，班固对诸子各派进行了总结性评价，说道："诸子十家，其可观者九家而已。皆起于王道既微，诸侯力政，时君世主，好恶殊方，是以九家之术蜂出并作，各引一端，崇其所善，以此驰说，取合诸侯。其言虽殊，辟犹水火，相灭亦相生也。仁之与义，敬之与和，相反而皆相成也。《易》曰：'天下同归而殊涂，一致而百虑。'今异家者各推所长，穷知究虑，以明其指，虽有蔽短，合其要归，亦《六经》之支与流裔。使其人遭明王圣主，得其所折中，皆股肱之材已。仲尼有言：'礼失而求诸野。'今去圣久远，道术缺废，无所更索，彼九家者，不犹愈于野乎？若能修六艺之术。而观此九家之言，舍短取长，则可以通万方之略矣"②，在班固看来，诸子十家，其中可以观测的，只有九家，这九家皆起因于王道的衰微，当时的诸侯，喜恶不同，各有偏重，由此导致了诸子九家的学说蜂拥并起，各有自己的主张，并用其所崇尚的好的一面展开言论以取悦于诸侯，诸子九家之言，虽然思想不同各有侧重，但皆既相互抵触又相互促进，就像"仁"与"义"，"敬"与"和"之间，既相反又相成，这九家的学说思想虽然各有长短，但各自归纳其精要，皆是"六经"的支流，如果能研修"六经"，再对这九家取长补短，就可以通万方之术了。

在对《诗赋略》的总结与评价中，班固说道："凡诗赋百六家，千三百一十八篇。入杨雄八篇"，并总结道："传曰：'不歌而诵谓之赋，登高能赋可以为大夫。'言感物造专而，材知深美，可与图事，故可以为列大夫也。古者诸侯卿大夫交接邻国，以微言相感，当揖让之时，必称《诗》以谕其志，盖以别贤不肖而观盛衰焉。故孔子曰'不学《诗》，无以言'也。春秋之后，周道浸坏，聘问歌咏不行于列国，学《诗》之士逸在布衣，而贤人失志之赋作矣。大儒孙卿

① 班固：《汉书》，中华书局，1962年版，第1745页。
② 班固：《汉书》，中华书局，1962年版，第1746页。

及楚臣屈原离谗忧国,皆作赋以风,咸有恻隐古诗之义。其后宋玉、唐勒;汉兴,枚乘,司马相如,下及杨子云,竞为侈俪闳衍之词,没其风谕之义。是以杨子悔之,曰:'诗人之赋丽以则,辞人之赋丽以淫。如孔氏之门人用赋也,则贾谊登堂,相如入室矣,如其不用何!'自孝武立乐府而采歌谣,于是有代赵之讴,秦楚之风,皆感于哀乐,缘事而发,亦可以观风俗,知薄厚云。序诗赋为五种"①,在班固看来,在古代,诗是诸侯卿大夫用来同邻国谈判的精微语言,以及外交场合主宾相见用来表达志向的言辞,春秋之后,诗赋不再用于外交场合,学《诗》的人隐逸在民间,诗成为贤能失志的人进行创作的对象,到了孝武帝时期,设立乐府并采集歌谣,才有了对于事物有哀乐之感的代国、赵国的歌曲,秦国、楚国的风格,这些都是因事而作,用以观察风俗,隐喻政治的得失。

在对《兵家略》的总结与评价中,班固指出兵家学派中,兵书总计五十三家,共七百九十篇,有四十三卷图。减去了十家二百七十一篇重复的,加入了《蹴鞠》一家二十五篇,把《司马法》一百五十五篇放入到礼中,同时也指出兵家学派起源于古代司马之官。

在对《数术略》的总结与评价中,班固指出:"凡数术百九十家,二千五百二十八卷"②,也指出数术家"皆明堂羲和史卜之职也"③,因为史官被废弃很久,所以有关数术的书便不完备了,但是即使有书,人们也不能够完全通晓其内容,春秋时期,通晓数术的人有鲁国的梓慎、郑国的裨灶、晋国的卜偃、宋国的子韦,六国时通晓数术的人有楚国的甘公、魏国的石申夫,汉朝通晓数术的人有唐都。

在对《方技略》的总结与评价中,班固总结道:"凡方技三十六家,八百六十八卷"④,也指出"皆生生之具,王官之一守也"⑤,太古时期,方技者有岐伯

① 班固:《汉书》,中华书局,1962 年版,第 1755 ~ 1756 页。
② 班固:《汉书》,中华书局,1962 年版,第 1775 页。
③ 班固:《汉书》,中华书局,1962 年版,第 1775 页。
④ 班固:《汉书》,中华书局,1962 年版,第 1780 页。
⑤ 班固:《汉书》,中华书局,1962 年版,第 1780 页。

和俞拊,中世时期有扁鹊与秦和,他们都是通过研究病理来涉及国家的治理,通过探求病症来知道政事,汉朝时期有仓公。

在对《六艺略》《诸子略》《诗赋略》《兵书略》《术数略》和《方技略》的书目归类和总结评价中,班固的尊儒倾向在其对儒家的评价上可见一斑,如班固说道:"儒家者流,盖出于司徒之官,助人君顺阴阳、明教化者也。游文于《六经》之中,留意于仁义之际,以重其言"①,对儒家"祖述尧、舜,宪章文、武"的历史功绩和"宗师仲尼"的学术渊源进行了肯定和梳理,并全面总结其他学说思想的基础上,对儒家做出了"于道为最高"的学术评价。

《汉书·艺文志》的学术史价值,不仅体现在对"六艺"和诸子学说特点,以及各类书目详列、总结和评价中,还体现在其"辨章学术,考镜源流"的学术史判断和源流梳理中,例如,《诗经》志序指出"诗分为四"到了秦代"乃燔灭",总序又指出"汉兴,鲁申公为诗训故,而齐辕固、燕韩生皆为之传,或取春秋、采杂说,咸非其本义。与不得已,鲁最为近之,三家皆列于学官。又有毛公之学,自谓子夏所传,而河间献王好之,未得立",这样《汉书·艺文志》将《诗》由秦代"燔灭"到汉代重新流传,并分为鲁齐韩毛四家的过程鲜明地呈现出来,由此体现了《汉书·艺文志》"辨章学术,考镜源流"的学术史价值。

《汉书·艺文志》的开创,成为中国古代第一例较为完备系统的官方编撰的目录学文献,其同时也具有辨章学术源流、分类与总结时代学术的双重价值,因此其目录体的著述体例和学术史功能被后世官方史书继承,在之后的正史中,相继出现了《隋书》中有《经籍志》,《旧唐书》中有《经籍志》,《新唐书》中有《艺文志》,《宋史》中有《艺文志》,《明史》中有《艺文志》。此外,也出现了后人补写的诸史艺文志,如宋代王应麟编撰了《汉书艺文志考证》,清代姚振宗编撰了《汉书艺文志补拾》《后汉艺文志》《三国艺文志》,清代的曾朴编撰了《补后汉书艺文志》等。

---

① 班固:《汉书》,中华书局,1962 年版,第 1728 页。

三、两汉至隋唐时期的佛教学术史思想研究

佛教在两汉期间由印度传入中国,在传播的过程中,与中国本土的儒家思想和道教思想相融合,逐渐由外来宗教向具有中国特点的佛教思想体系转化。由于汉末以来,统治阶级内部矛盾日益突出,军阀割据不断,战火连绵。一方面,西汉王朝构建的儒家思想文化体系受到了我国本土宗教道教和外来佛教的冲击,其在思想文化领域的主导地位开始动摇;另一方面,在统治者的提倡下,佛教到东晋时期,流行之势开始盛行。由东晋到南北朝时期,佛教得到了空前的发展,并在隋唐期间,佛学大兴,佛教宗派种类繁多,达到鼎盛,佛教并呈现出显学趋势。在这种朝代更替和文化变迁的背景下,由汉魏至隋唐,在佛经翻译和佛学传播的过程中,涌现出一批僧人传记和禅宗的灯录体史籍,丰富和发展了中国古代的学术史研究内容。

在佛教领域的学术史研究中,产生了一些僧人传记,其中,有记载佛祖释迦牟尼和印度佛教圣贤的,也有专门记载中国僧人的。前者有记载佛教始祖释迦牟尼的《释迦谱》、记载公元三四世纪间印度佛学思想家诃梨跋摩的《诃梨跋摩传》、记载公元五世纪北印度富娄沙富罗国婆苏盘豆尊者的《婆苏盘豆传》、记载西晋时期西域僧人佛图澄的《佛图澄传》等;后者有《安法师传》《释道安传》《东山僧传》《庐山僧传》和历代僧人传等。[①] 另外,也有合记中外僧人的传记。

目前,我国现存最早的僧人传记为具有通史性质的中外僧人合传《出三藏记集》(后人又简称为《僧祐录》《祐录》),其编撰者为梁释僧佑,该书为经录体史籍,其大半部分沿用了《汉书·艺文志》的编撰体例,全书辑录了东汉至南朝梁代诸多佛教文献,记载了后汉至萧齐的中外翻译佛经僧人三十多人,最后三卷则为专门的僧人传记。该书共十五卷,分为四个部分:第一部分为撰缘记(卷一),记载了印度佛经的编纂以及中国翻译佛经的渊源;第二部分为铨名录(卷二至卷五为),著录佛经 12 类,共 2 162 部 4 328 卷,各类

---

① 参见陈祖武《中国学案史》,东方出版中心,2008 年版,第 17 页。

都有小序,记述了各类佛经的源流;第三部分为总经序(卷六至卷十二),汇集了佛经的序、记共 120 篇;第四部分为述列传(卷十三至卷十五),其中包含了中外 32 位译经高僧的传记。《出三藏记集》书后附有"杂录",记载了中国学者和僧人撰写的论文或论著。与《出三藏记集》编撰体例相仿的还有隋代费长房的《历代三宝记》(又名《开皇三宝录》,简称《三宝纪》《长房录》)和唐代僧人智升的《开元释教录》(简称《开元录》),《历代三宝记》和《开元释教录》同为经录体文献,皆为合记历代僧人的传记。其中《历代三宝记》全书分为四个部分,分别为"帝年"(前三卷)、"代录"(卷四到卷十二)、"入藏目录"(卷十三到卷十四)和"总目"(卷十五)。"帝年"部分记载了从释迦降生之年(周庄王十年,公元前 687 年)到隋开皇十七年之间,各朝的帝王、年号、干支,以及佛教的兴替、佛典的传译和当时的史事等,是具有佛教年表性质的文献;"代录"部分以朝代更替为线索,统一阐述了不同历史时期的佛教译著以及佛典的译传在各个朝代的传播情况;"入藏目录"部分主要包括了大乘录和小乘录,两者都分作经、律、论三类,每类都分有译人名和失译人名二项;"总目"部分记载了本书总序和全书目录。同时,书末附有古代的二十四家经录,并保存了古代佛教目录的资料。《开元释教录》记载了汉末至唐初的一百七十多位译经僧人,全书共二十一卷,分为前后两部分,前半部为"总录",其记载内容以翻译人为主,共记录十九个朝代的翻译经籍,后半部为"别录",记录的内容以佛家经典典籍为主。

此外,除了经录体体裁的历代僧人列传之外,在佛教领域的学术史研究中,还有齐王褒撰的《僧史》、梁宝唱撰的《名僧传》(三十卷)、梁慧皎撰的《高僧传》(十四卷)、宋法进撰的《江东明德传》(三卷)、梁裴子野撰的《众僧传》(二十卷)、梁虞孝敬的《高僧传》(六卷)、北齐明克让的《续名僧传记》(一卷)和唐代道宣撰的《续高僧传》等。这些传记在展现僧人学行和思想的同时,记录了佛教发展中的学术演变过程,在一定意义上,堪称中国古代佛教领域的学术发展史。

以《隋书·经籍志》中所载的《高僧传》为例,该书又称《梁高僧传》或

《梁传》,撰者是南朝梁释慧皎(公元497—554年),上虞(今浙江)人,全书为257位高僧立传,将所记载的僧人分为"译经""义解""神异""习禅""明律""忘身""诵经""兴福""经师"和"唱导"10类,立传先后顺序以僧人所处时代和弘法的先后为依据。梁虞孝敬撰的《高僧传》不仅记载了佛教传入中国及佛经翻译的情况,也记载了佛教僧侣之间的交往事迹以及佛教对当时世人的影响情况,更是用大量篇幅记载了僧侣事迹,并且,梁虞孝敬《高僧传》在各门类后设序以提炼其宗教要旨、阐述其佛教源流、陈列其得失,例如,"唱导"部分的序言中记述了南朝佛教徒利用讲唱形式宣扬教义的情形,由此,生动地记述了由后汉至梁初的四百多年间佛教在中国的传播情况。

梁虞孝敬《高僧传》对其后的佛教领域的学术史研究产生了显著的影响,之后,以"高僧传"命名的佛教典籍还有唐代道宣撰的《高僧传》(又称《续高僧传》或《唐高僧传》)、宋代赞宁撰的《高僧传》(又称《宋高僧传》或《大宋高僧传》),以及明代如惺撰的《高僧传》(又称《明高僧传》或《大明高僧传》)。

隋唐期间,佛教得到了广泛的繁荣与发展,表现为佛教宗派种类繁多的局面,这一历史时期,出现了天台宗、华严宗、禅宗、法相宗、律宗和真言宗等派别。

同时,各宗派之间为了彰显各自在佛教领域中的地位,逐渐展开了争立佛教正统地位的角逐,这一现象反映在佛教学术史研究领域,即一些宗派相继为自己编撰宗史。其中,天台宗编撰了《国清百录》和《法华经传记》,华严宗编撰了《华严经传记》,禅宗编撰了《楞伽师资记》《历代法宝记》《宝林传》和《禅门师资承袭图》等。其中,在禅宗研究领域,唐代僧人智炬撰写的《宝林传》(十卷),为现存最早的禅宗宗史,记载了禅宗西天二十八祖和东土六祖的事迹。这些记录佛教领域各宗派学术思想特征、反映各宗派思想源流的宗史,拓展了隋唐期间的学术史研究范围,丰富了我国传统学术史研究内容,使我国传统学术史研究逐渐走向多元化的方向。

第三节　宋明至清初的学术史思想研究

隋唐之后,宋代佛教领域的学术史研究也达到了繁荣与鼎盛。这一时期,佛教领域学术史研究的成果主要有北宋嘉祐年间,释契嵩撰写的《传法正宗记》(十卷),该书把禅宗始祖推至佛教创始人释迦牟尼,从而引起了天台宗派的不满;北宋释元颖撰写的《天台宗元录》,该作批判了《传法正宗记》将禅宗的始祖推至释迦牟尼,由此,记述了天台宗的传承路数;南宋初期,《佛祖纪统》和《释门正统》等天台宗史著作相继撰成,促进了天台宗和禅宗纷争局面的扩大,而南北宋之交释惠洪撰写的《禅林僧宝传》(三十卷),则为一部传记体体裁的禅宗史,南宋祖琇撰写的《僧宝正统传》(七卷),也属于传记体宗史,同时,宋代佛教领域的学术史著作,也包括了纪传体、编年体、会要体和志乘体,以及各种佛教杂史笔记等体裁。其中,在这一时期的众多佛教学术史研究成果中,流行与影响较为意义深远的是禅宗灯录体史籍。据资料记载,五代末"释静、绮复据此类书撰写了《祖堂集》,并成为禅宗现存最古的灯史。然而,从史学角度真正具备了灯录体史籍体例的,则是宋代道原的《景德传灯录》"①。《景德传灯录》共三十卷,记载了凡间五十二世,上自七佛下至法眼等弟子等一千七百零一人,其成书年代为宋真宗年间,编撰者为释道原。"景德"是指宋真宗的年号,即成书时间,"传灯"其寓意则为佛教禅家心印相传,似灯火相传,点亮暗处,由此比喻禅家以法传人,世代相承,灯火不灭。就体裁而言,禅宗灯录体与传记体宗史的区别在于其结合僧人传记与语录两种要素,而更加侧重于记言,而在记言的过程中,又十分注重所记言语出现的时间先后顺序。

在北宋期间,继《景德传灯录》之后,又相继有《天圣广灯录》和《建中靖国续灯录》问世。其中,《天圣广灯录》共三十卷,其编撰者为北宋时期李遵勖,该书承袭了《景德传灯录》的体例,卷一至卷五记录了佛祖释迦牟尼和西

---

① 陈钟楠:《略说中国佛教史学文献》,《古籍整理研究学刊》2001 年第 3 期。

天二十七位祖师的事迹,卷六和卷七记录了自东土初祖菩提达摩到六祖(三十三祖)惠能等祖师的事迹,卷八至卷三十记载了惠能以下南宗禅诸师之弘化情形,所记载共三百七十余人。南宋时期,佛教学术史研究中,又有两部重要的灯录体史籍相继出现,一部是《联灯会要》,另外一部则是《嘉泰普灯录》,之后,南宋的临济宗大川法师普济,合两宋时期《景德传灯录》《天圣广灯录》《建中靖国续灯录》《联灯会要》《嘉泰普灯录》这五部灯录体史籍,辑成一部《五灯会元》,由此,将两宋的灯录体史籍研究推向了新的高峰,为中国传统学术史研究增添了一股活力。

一、《伊洛渊源录》中的学术史思想及其影响

两宋时期,随着儒学自身转型与发展的需要,理学得以产生与繁荣,其以儒家思想为根本,融合了道家和佛家思想,并逐渐在当时的意识形态中占主导地位。在这一历史阶段,出现了周敦颐、邵雍、张载、程颢、程颐、朱熹等理学大家,在理学内部,出现了濂、洛、关、闽四个理学学派。其中,"濂学"是指以理学开山始祖北宋周敦颐理学思想为代表的儒学思想,周敦颐融合儒释道三家思想,提出了"无极""太极""阴阳""动静""五行""至诚""化"等哲学范畴,为宋明理学概念体系的构建提供了理论前提;"洛学"是指以北宋程颢、程颐两兄弟理学思想为代表的儒学思想,因为"二程"长期在洛阳讲学,所以其理学思想被称为"洛学";"关学"是指以张载、申颜、侯可等人的理学思想为代表的儒学,他们居住在函谷关以西、大散关以东,所以其学说被称为"关学",而其创始人张载被世人称作"横渠先生",所以"关学"又被称作"横渠之学";"闽学"则指以朱熹理学思想为主要代表的儒学,因为朱熹在闽地讲学,其弟子也多为闽人,所以其学被称为"闽学"。

在理学发展繁荣时期,在学术史研究领域,也相应地出现了我国第一部理学史专著——《伊洛渊源录》。《伊洛渊源录》的撰者是南宋朱熹,成书于南宋成书于乾道二年。就题目来看,"伊"指伊川,即今河南省伊川县,程颐曾居住于嵩县西北,地临伊川,"洛"指洛水,位于河南省西部,通常指河南省

洛阳市的洛河,因为程颢和程颐长期在洛阳讲学,所以,这里"伊洛"指代"二程"的理学,"渊源"即指程颐、程颢理学的渊源、产生、流衍和传授过程。对于这部理学史的编撰目的,既是理清"伊洛之学"由北宋中期至南宋初期的产生、流传、发展之脉络,同时也出于弘扬"二程"之学、确立程朱理学的儒学正统地位的主观意图。

就内容看,《伊洛渊源录》共十四卷。记载了以程颢、程颐为中心的,上自北宋中期周敦颐、张载、邵雍,中经吕希哲、范祖禹、谢良佐等,下至南宋胡安国、尹焞等共四十九位理学家。卷一记载了周敦颐的早年事迹和学术活动,其中,就周敦颐的学术活动而言,朱熹主要录了二程及其门人在师从于周敦颐过程中的所闻、所记和所感,如:"程氏门人记二先生语曰:'昔授学于周茂叔,每令寻仲尼、颜子乐处所乐何事'",由此凸显周敦颐的理学开山始祖地位。卷二至卷四记载了程颢、程颐两兄弟,以彰显二程之学在理学中的核心和正统地位。卷五记载了作为"北宋五子"之一的邵雍,邵雍与二程兄弟是忘年之交,并且最擅长象数之学。卷六记载了张载和张戬,张载和张戬为二程的表叔,对于张氏兄弟和二程兄弟的学术关系,朱熹出于尊崇二程理学的学术立场,在《伊洛渊源录·卷六》的记载中,借用张载弟子吕大临为其师撰写的《行状》,指出了张载之学与二程之学有同亦有异,张载晚年遇到二程之学后,便"尽弃异学,淳如也(与二程之学同——笔者注)",进而实现了朱熹本人确立二程之学为理学正统的学术目的。卷七记载了吕希哲、范祖禹、杨宝国和朱光庭四人,这四人皆属于与二程兄弟同辈,列于师徒关系之外且有学术往来的学者。其中吕希哲早年师从孙复、石介、胡瑗学等人,后来与张载、二程和王安石等人皆有学术往来与交流,范祖禹是北宋时期著名史学家,朱光庭曾师从于胡瑗,在理学方面也有一番建树。卷八记载了二程的三位弟子刘绚、李吁、吕大临,以及吕大临的兄弟吕大忠和吕大钧。卷九记载了二程兄弟的弟子苏昞、谢良佐、游酢三人。其中,对于苏昞,朱熹在按语中《伊洛渊源录·卷九》写道:"亦横渠门人,而卒业于程氏者。元祐末,吕进伯荐之,自布衣召为博士。后坐上书邪党,窜鄱阳,今无以考其言行之详……"对于谢良佐，朱熹在按语中写道："（谢学士）名良佐，字显道，上蔡人。与游察院杨文靖同时受学，历仕州县，建中召对，除书局官后，复去为筦库，以飞语坐系诏狱褫官，有《论语说文集》《语录》行于世，游公为志其墓，今访求未得。"卷十记载了杨时和杨迪父子。卷十二记载了程颐晚年弟子中的尹焞、张绎、刘安节、马伸、侯仲良和王苹等。卷十三记载了南宋初期的胡安国。卷十四犹如附录，记载了"程氏门人无记述文字者"二十余人，主要提名或简略记录了王岩叟、刘立之、林大节、张闳中、冯理、鲍若雨、周孚先、唐棣、谢天申、潘旻、陈经正、陈经邦、周恭先、李处遁、孟厚、范文甫、畅大隐、畅中伯、李朴、郭忠孝、邢恕、周行己等人。

在编撰方式上，《伊洛渊源录》有以下几个特点：

第一，《伊洛渊源录》兼顾了以往学术史研究中传记体史籍和灯录体史籍记行和记言的特点，在记述学者言行中，展现理学家的学术活动、思想，以及相互之间的师承关系。例如，在《伊洛渊源录》卷一对周敦颐的记载中，《事状》部分属于周敦颐的传记，主要记载了周敦颐的为官经历和一些较具代表性的人生经历；《遗事（十四条）》部分则主要以记言为主，在记言中记述了周敦颐的学术思想和学术风貌。

第二，编撰者在编撰过程中，为了评价学者学术思想或者解释说明，或考证史实，有选择性地加入了按语。例如，《伊洛渊源录》卷六添加了考证张载与二程学术渊源关系的按语。张载与二程的师承关系是当时理学界备受争议的话题，学界围绕着张载与二程论学后，张载是完全放弃了自己的学说，还是放弃了与二程相异的学说进而达到与二程思想一致这两种观点展开讨论。对于这段公案，朱熹经过一番考证，在吕大临为张载写的《行状》中添加了表达编撰者自己观点的按语，即："《行状》今有两本：一云'尽弃其学而学焉'，一云'于是尽弃异学，淳如也'。其他不同处亦多。要皆后本为胜，疑与叔（吕大临）后删改如此，今特据以为定。《卷六》。"也就是说，在朱熹看来，在争论的两种观点中，事实是张载于二程论学后"尽弃异学，淳如也"，而并非是张载完全放弃了自己的学说，由此可以看出，《伊洛渊源录》中的按语,具有评价学术是非,考证学术源流的价值。

第三,编撰者对所收录引用资料的来源做了说明,以体现资料的真实客观性,并供读者考证。例如,在《伊洛渊源录》卷三的《明道先生·遗事》中,朱熹共收录了二十七条遗事,其中,在多处后面做了备注,指出了所录内容的出处。其中,如在第一条遗事"明道先生曰:'吾学虽有所受,天理二字却是自家体帖出来'"后面,朱熹备注道:"见《上蔡语录》",又如,在遗事"或问明道于富韩公,公曰:'伯淳无福,天下人也无福'"后,朱熹用按语备注道:"见《涪陵记善录》"。又如,在《伊洛渊源录》卷四的《伊川先生·年谱》中,朱熹在《年谱》篇首写道:"先生名颐,字正叔,明道先生之弟也(明道生于明道元年壬申,伊川生于明道二年癸酉)。幼有高识,非礼不动。"(见《语录》)年十四五与明道同受学于舂陵周茂叔先生(见《哲宗徽宗实录》)在编撰过程中,既对文字内容进行了说明,又表明了所撰内容的来源和文献出处,进而实现了学术史研究内容的客观性和材料的可靠性。

《伊洛渊源录》的学术史价值具有宏观和具体两个方面。在宏观方面,《伊洛渊源录》确立了以二程思想为核心,由周敦颐至邵雍、张载、张戬、苏昞、谢良佐、游酢、杨时、胡安国、邢恕、周行己等人的儒学传道统绪和程朱理学的儒学正统地位;在具体层面,《伊洛渊源录》以记言和记行为主要方式,记录了所录学者的学术思想和相互之间的学术师承关系,并同时以考证史实、评价学术是非的方式,展现了编撰者自己的学术观点和立场,由此,在宏观与具体两者相统一的过程中,实现了《伊洛渊源录》史学与学术史价值的统一。

另外,朱熹在《伊洛渊源录》中所建立的以二程为中心的理学传道统绪为之后史书所沿用,对此,《四库全书总目提要》对《伊洛渊源录》评价道:"盖宋人谈道学宗派,自此书始;而宋人分道学门户,亦自此书始。"(《四库全书总目》卷五十七《史部十三》)由此,以《伊洛渊源录》中的理学传道体系为主要依据,在元代官修正史《宋史》中设有《道学传》,为后人了解宋代理学发展提供了客观的参照资料。

在中国古代的理学史研究领域,《伊洛渊源录》拉开了理学史专著撰写的序幕。继《伊洛渊源录》之后,南宋时期的《道命录》《朱氏传授支派图》《紫阳正传校》《伊洛渊源》、明代的《伊洛渊源续录》《考亭渊源录》《新安学系录》《道南源委》《儒林全传》《台学源流》《闽学源流》《浙学宗传》《圣学宗传》《元儒考略》《吴学编》《理学名臣录》《道学正宗》《圣学宗要》等理学史专著相继问世,其中周汝登的《圣学宗传》和孙奇逢的《理学宗传》较具代表性,并对后世产生深远影响。

二、《圣学宗传》中的学术史思想

《圣学宗传》成书于明代万历年间。其编撰者为周汝登,字继元,号海门,浙江嵊县人,万历年间进士。其理学融汇了儒释两家思想,以陆王心学为本,以阳明心学为宗旨,有"近禅"倾向。

《圣学宗传》是一部以阳明心学为大宗,具有通史性质的学术史专著。全书共十八卷,记述了上起伏羲、神农、黄帝、颛顼、帝喾、帝尧、帝舜、大禹等人,中经文王、孔子、孔子门徒、孟子、董仲舒等人,下至心学代表人物王栋、罗汝芳等共八十六人。其中,前五卷具体记载了伏羲、神农、黄帝、颛顼、帝喾、帝尧、帝舜、大禹、皋陶、成汤、伊尹、传说、泰伯、文王、武王、箕子、周公、卫武公、孔子、颜子、子贡、子路、子夏、漆雕开、曾点、子张、曾子、子思、孟子、荀卿、董仲舒、杨雄、王通、韩愈共三十四人。卷六至卷十八记载了宋、元、明时期的穆修、胡瑗、李之才、邵雍、周敦颐、程颢、程颐、吕希哲、邵伯温、张载、谢良佐、游酢、杨时、吕大临、尹焞、张绎、罗从彦、胡安国、胡宏、刘子翚、李侗、张九成、朱熹、张栻、吕祖谦、陆九渊、蔡沉、杨简、真德秀、许衡、吴澄、黄泽、薛瑄、吴与弼、陈献章、陈真晟、胡居仁、王守仁、徐爱、钱德洪、王畿、邹守益、欧阳德、薛侃、王艮、黄弘纲、何秦、徐樾、罗洪先、赵贞吉、王栋、罗汝芳共五十二人。

在编撰方式上,《圣学宗传》对朱熹的《伊洛渊源录》有所继承,在每卷的人物传记中,既有记事的成分,也有记言的成分,以此概括了人物的主要生平事迹以展示其性格特征和人格风貌,同时也在人物的语言和对话中,具体地展示其主要学术思想,此外,编撰者还在学者人物传记中,有选择性地加入了"蠡测"部分,以评价学者的学术思想,由此表达了编撰者对入传学者的主观评价和编撰者自己的学术立场和主张。

以《圣学宗传·卷之十二》对明初理学家胡居仁的记载为例,周汝登记载道:

> 胡居仁,字叔心,别号敬斋,江西余干人。垂七岁,受学于家塾,言动类成人,塾师畏之。闻吴聘君讲学崇仁,往从之游,遂以记诵词章为不足事,慨然以斯道自任,绝意仕进,充养日邃。其学以主忠信为本,以求放心为要,以敬为所居。常端庄凝重,对妻子若严实。箪食瓢饮,处之泰然。四方摳衣及门者众,日聚徒讲学,语学则曰"为己",语治则曰"王道"。又曰:"第一怕见得不真,第二怕工夫间断。"其学术之正类如此。所著有《居业录》。万历己酉从祀孔庙。
>
> 先生语云:高者入于空虚,卑者流于功利。此二句说尽天下古今之病,自古害世教,只有此两般人。正学不明,名教无主,学者才要身心上用功,便入空虚去;才有志事业,便流入功利。盖见道不明,以近似者为真故也。
>
> 学不为己,虽有颜孟之聪明,亦不济事。
>
> 心不可放纵,亦不可逼迫。故程子以"必有事焉,而勿正、心勿忘、勿助长"为存心之法,此自然之理,非有毫发之意。故与鸢飞鱼跃同,活泼泼也。
>
> 学者务名所学,虽博,与自己性分全无干涉,济甚事?
>
> 今人有聪明都不会用,只去杂驳上学,或记诵辞章,或涉猎史传,或泛观诸子百家,用心一差,其聪明反焉心害。[①]

周汝登首先概括总结性地记载了胡居仁早年受学于私塾、后从学于吴与弼的求学经历,描述了胡居仁之学之大旨,即其学"以主忠信为本,以求放心为

---

① [明]周汝登著,曹义昆点校,《圣学宗传》,凤凰出版社,2015年版,第261页。

要,以敬为所居"的总体特征,刻画了胡居仁"常端庄凝重,对妻子若严实"的性格特征,以记言的形式,揭示了胡居仁对一些具体学术问题的观点和认识,同时还列举了胡居仁的重要的学术著作《居业录》。其次,周汝登又以记言的形式,具体地揭示了胡居仁对为学目的、工夫和方法等问题的看法。

又以《圣学宗传》卷十三对王守仁的记载为例,传记首先按照时间先后顺序,记述了王守仁一生的主要事迹和学行,其次,还以大量篇幅引用了王守仁对良知之学的阐述,其间穿插了编撰者的"蠡测"部分,例如,周汝登在《圣学宗传·王守仁传》中的"蠡测"部分说道:"以上数十条语,前多言知,后多言心。心即知,知即心,无有二也。单言心恐无入处,故醒之以知。单言知恐以情识当之,故揭之以良。良知者,无知而知,犹无极而太极也。后儒不悟斯旨,谓良知不足以尽彼,假见闻为增益者,固支离之旧习。近有求无声臭于良知之前者,是将谓无极之上更有物也,其不能真见良知,而失先生之旨均矣。"①这段"蠡测"表述了周汝登对《王守仁传记》所引关于良知之学表述理解及评价,即在周汝登看来,王守仁良知之学的一个主要内容就是"心"与"知"的合一,而所谓"良知",就是与生俱来的"无知而知",在人的感知与意识当中,其逻辑上的根本地位,相当于"无疾而太极",具有本体论意义,而后儒对"良知"的不足认识,则是由于没有领悟王守仁良知说的真义。由此,周汝登的王学倾向通过这段"蠡测"较为明晰地表述了出来。又如,周汝登在《圣学宗传·卷之十三》王守仁传记中的又一"蠡测"写道:"以上皆因质随机,开示化导,方便深微,互见各发,如化工造物之神,不可以拟议执着者也。"又曰:"先生每言循理去欲,当认理欲二字分明。篇中云'有心之私便是欲',则知无着便是理,听以云'于心上寻个理,便是理障',其旨可识矣。先生又云:'若能实致其良知,然后见平日所谓善者未必是善。'然则今人良知不明,则所谓理者未必是理,以欲为理,而先生之旨湮矣。慎之哉!"②指出了时人"良知不明",以"理"为"良知"的错误认识。

---

① ［明］周汝登 著,曹义昆 点校,《圣学宗传》,凤凰出版社,2015 年版,第 275 页。
② ［明］周汝登著,曹义昆点校,《圣学宗传》,凤凰出版社,2015 年版,第 285 页。

就《圣学宗传》的写作宗旨来看,周汝登试图通过古今学术发展脉络的梳理和记录,凸显阳明心学的学术正统地位,就此说明陆王心学是沿袭先圣之学而来的儒学正宗。从编撰者的思想来源看,周汝登早年是"王门后学"王畿和罗汝芳的学生,所以,《圣学宗传》编撰的一个主要目的在于弘扬"师学"。

然而,众所周知,自从宋明理学内部分出程朱理学和陆王心学,两者就不断抗衡且愈演愈烈,陆王心学对于程朱理学来说,是理学内部的一次创新性转型,进而,对于"心学"儒学正统地位的定位成了周汝登编撰《圣学宗传》的一个非常重要的原因,他的扬阳明心学、抑程朱理学的学术倾向在其具有按语性质的"蠡测"中表现得淋漓尽致。例如,在《圣学宗传》卷九对朱熹的记述中,周汝登所收录的语录很多都出自王守仁的《朱子晚年定论》,《朱子晚年定论》的主旨则是为了论证朱熹晚年放弃了自己的理学思想,而与陆九渊的理学思想达成一致。同时,周汝登在《圣学宗传》卷九的朱熹传记中添写了论说朱熹晚年思想的"蠡测",说道:"以上诸语,阳明多揭为晚年定论,虽语中不明言何年,而语意可推矣。夫论以晚定,则前当有所未定者存。或先生改而未逮,门人记而未详,而后人一概泥之,遂以失先生之旨。故不肖以《定论》为准,而摘其语于后。嗟乎!观先生前后诸语,而知先生(朱熹一笔者注)之于道也深矣。"[1]也就是说,周汝登通过这段评价与总结性的按语,试图说明朱熹晚年有弃程朱理学而崇阳明心学的倾向,由此,《圣学宗传》立陆王心学为圣学的编撰目的较为鲜明地呈现出来。

尽管如此,由于宋明理学融合了儒释道三家思想,而且陆王心学较程朱理学而言,更加具有释学成分,到了王门后学时期,阳明心学禅风日甚,作为阳明后学的周汝登自然摆脱不了禅学的干系,所以,《圣学宗传》所体现出的禅学倾向遭到了时人和后人的诟病,进而被指出有主观目的明显的门户之见和"援禅入儒"的特质。例如,黄宗羲就《圣学宗传》,在《明儒学案·发凡》中指责周汝登"海门主张禅学,扰金银铜铁为一器"[2]。然而,尽管《圣学宗传》有门户之见

① [明]周汝登 著,曹义昆 点校,《圣学宗传》,凤凰出版社,2015 年版,第 180～181 页。
② 黄宗羲:《明儒学案·发凡》(上),沈芝盈点校,中华书局,2008 年版,第 14 页。

三、《理学宗传》中的学术史思想

《理学宗传》成书于清朝康熙年间。其编撰者为明末清初的理学家孙奇逢,河北容城人,字启泰,号钟元,晚年自称"岁寒老人",因为其晚年在河南辉县夏峰村讲学,所以又被称为"夏峰先生",与黄宗羲、李颙并称为"清初三大儒"。孙奇逢为人正直,富有正义感和民族气节。其早年志存经世之学,中年为国事而奔走,晚年著述讲学。其一生有斗争阉党、抗击清军、拒绝朝廷的经历,从中体现出大义凛然、气端骨坚、忠肝义胆的品质和风貌,乃至黄宗羲对其国家民族气节十分钦佩。

作为明末清初的一个显著的学术史研究成果,《理学宗传》是一部排斥佛老之学,力图融汇儒学内部不同学派,进而建构统一的儒学道统的学术史专著。

全书共二十六卷,记述了由汉代到明代的约一百七十位儒学代表人物。《理学宗传》前十一卷记载了宋明时期的周敦颐、程颢、程颐、张载、张戬、邵雍、邵伯温、朱熹、陆九渊、陆九龄、陆九韶,明代的薛瑄、王守仁、罗洪先和顾宪成等人。其中,周敦颐、程颢、程颐、张载、邵雍、朱熹、陆九渊、薛瑄、王守仁、罗洪先和顾宪成被孙奇逢成为"理学十一子"。卷十二为《汉儒考》,记载了董仲舒、申公(申培)、倪公(倪宽)、毛公(毛苌)、郑康成(郑玄)等人。卷十三为《隋儒考》,记载了王文中(王通),及其门人董常、程元、薛收、仇璋、姚义等人。卷十四为《唐儒考》,记载了韩子(韩愈)、李翱、赵德三人。卷十五至卷十八为《宋儒考》,记载了程门弟子中的杨时、刘绚、李籲、谢良佐、尹焞、游酢、张绎、吕大钧、吕大忠、吕大临、朱光庭、王苹、苏昞、马伸、杨应之、侯师圣、刘安节、刘宗礼、林大节、周孚先、范育、孟厚等人,也记载了宋代儒者中的胡瑗、罗从彦、李侗、胡安国、胡宏、张栻、吕祖谦,也记载了朱(朱熹)门弟子中的蔡元定、蔡沉、黄干、李燔、张洽、廖德明、叶味道、李方子、詹体仁、陈淳、傅伯成、徐侨、辅广、杨复、黄灏、石子重,也记载了陆(陆九渊)门弟子中的袁正献、沈焕、曹建、舒璘，以及宋代儒者中的真德秀、何基、王柏、陈埴、金吕祥等共五十四人。卷十九为《元儒考》，记载了刘因、安熙、许谦、姚公枢、赵复、窦默、许公衡、王恂、杨恭懿、陈樵等元代儒者共二十人。卷二十二至二十五为《明儒考》，记载了明代儒者中上溯曹端、罗伦、陈选、章懋、吴与弼、胡居仁、陈献章、湛若水、贺钦等，中经王门弟子中的徐爱、钱德洪、邹守益、王艮、薛侃、欧阳德、黄绾、顾应祥、黄弘纲、何秦、南大吉、方献夫、徐樾、陆澄、冀元亨、蒋信、王道、徐珊、刘魁等人，下迄明末儒者高攀龙、邓元锡、杨东明、曹于汴、鹿善继、吕维祺、孟化鲤、孟秋、刘宗周、金公铉等共六十四人。卷二十六为《补遗》，记载了张九成、杨简、王畿、罗汝芳、杨起元、周汝登和刘传共七人。

在编撰体例方面，《理学宗传》在每卷的行文中，采取了合记载学者生平行事的传记、文献资料选编和编撰者对学者学行和思想进行评价的三位一体的编撰方式。其中，编撰者的评价有的出现在眉批中，有的以按语的形式体现出来，有的在总论中进行表述。

以《理学宗传》卷一对周敦颐的记载为例，前半部分为周敦颐的学术传记，记载了周敦颐一生的主要学行和思想。例如，孙奇逢记载道："其学精明微密，超然自得于天人、性命、贞一之统，于世泊如也，与人语从容和毅，洞中其微隐"[1]，记载了周敦颐学术思想"精明微密，超然自得于天人、性命、贞一之统"的特点，及其人格风貌和性格特征。又如，孙奇逢也记载道："先生清明诚一，寡欲于无，平居泛与广爱，若与人无异同。及判忠谀、拯忧患，乾行豫介，凛不可夺，胸次洒洒，如光风霁月，囧然物表而不卑小官。"[2]记载了周敦颐"清明诚一，寡欲于无，平居泛与广爱，若与人无异同"，以及"判忠谀、拯忧患"的性格特征和为人特点。同时，孙奇逢还在人物传记部分对周敦颐记载道："先生俸己约甚，俸禄尽以周宗亲、奉宾友，家不宿百钱。李初平卒，子幼，护其丧归葬，又往来经济其家，愈久不懈。分司归，妻子饘粥或不给，旷

① ［清］孙奇逢撰，万红点校，《理学宗传》，凤凰出版社，2015年版，第1页。
② ［清］孙奇逢撰，万红点校，《理学宗传》，凤凰出版社，2015年版，第2页。

然不为意也。先生患圣道失传，作《易通》《太极图》，以纲纪斯道之精微。而标'无欲'以学圣；皆'诚'、'神'、'几'以名圣，统之于仁、义、礼、智四德，而动静、颜貌、视听举无违焉。黄庭坚《实录》云：'茂叔短于取名，而乐于求志；薄于徼福，而厚于得民；菲于奉身，而燕及茕嫠；陋于希世，而尚友千古。'后百余年，洛、闽学大行，天子下太常议易名，考功梅观上议曰：'敦颐博学力行，会道有元，脉络贯通，上接乎洙泗，条理精察，下逮乎洛闽，请以'元'易名。庶几百世之下，知孟氏之后，观圣道必自敦颐始。'"①记载了周敦颐仗义疏财的人格和为传"圣道"而著述的学行，同时，也通过他人的评价，揭示了周敦颐不计名利俸禄、一心向志向民的圣人风范，以及其对传递道统和圣人之学所做的贡献。

《理学宗传》卷一的中间部分为周敦颐著作的资料选编，其中选录了周敦颐所作的《太极图说》《诚上第一》《诚上第二》《诚几德第三》《圣蕴第四》《慎动第五》《道第六》《师第七》《幸第八》《思第九》《志学第十》《顺化第十一》《治第十二》《礼乐第十三》《务实第十四》《爱敬第十五》《动静第十六》《乐上第十七》《乐中第十八》《乐下第十九》《圣学第二十》《公明第二十一》《理性命第二十二》《颜子第二十三》《师友第二十四》《师友下第二十五》《过第二十六》《势第二十七》《文辞第二十八》《圣蕴第二十九》《精蕴第三十》《乾损益动第三十一》《家人睽复无妄第三十二》《富贵第三十三》《陋第三十四》《拟议第三十五》《刑第三十六》《公第三十七》《孔子第三十八》《孔子下第三十九》《蒙艮第四十》中的部分内容，以客观地还原周敦颐学术思想原貌。例如，在对周敦颐《顺化第十一》的节选中，孙奇逢选录有："天以阳生万物，以阴成万物。生，仁也；成，义也。故圣人在上，以仁育万物，以义正万民。天道行而万物顺，圣德脩而万民化。大顺大化，不见其迹，莫知其然之谓神。故天下之众，本在一人。道岂远乎哉！术岂多乎哉！"②揭示了周敦颐阴阳、仁义、天道、德化之思想的内涵，也就是说，在周敦颐看来，阴阳生成万

---

① ［清］孙奇逢撰，万红点校，《理学宗传》，凤凰出版社，2015 年版，第 2 页。
② ［清］孙奇逢撰，万红点校，《理学宗传》，凤凰出版社，2015 年版，第 7 页。

物,为万物之本,阳生万物为仁,阴成万物为义,仁义"育万物""正万民",顺天道而万物顺,修圣德而万民化,大化大顺于无形无迹之间,则为"神"。

《理学宗传》卷一的最后部分为对周敦颐的评论性文字,其中,有孙奇逢引用的张载对二程兄弟学术理想的描述,也有孙奇逢引用的邢和叔对周敦颐博学和学术高度的充分赞扬和肯定,更多的则是编撰者孙奇逢本人对周敦颐学行和思想的总体性评价。

另外,孙奇逢对周敦颐的评价,还体现在人物传记和资料选编的按语中。例如,卷一周敦颐的传记中记载道:"尝闻先生论学,叹曰:'吾欲读书,何如?'先生曰:'公老,无及矣。请得为公言之'",在这段文字之后,孙奇逢添加按语写道:"学岂论老少耶,正激之使及也"①,表达出孙奇逢对周敦颐言论的评价,及其本人"学无老少",重在"不断激励,赶超先人"的观点。

又如,在《理学宗传》卷一的资料选编部分,孙奇逢在周敦颐《太极图说》"无极而太极"后加入按语,说道:"无极而太极,所以明天道之末始有物,而实为万物之根底也,非太极外复有无极,故又言太极本无极耳。"②以此,揭示孙奇逢对周敦颐"无极而太极"的理解。

《理学宗传》这种合人物传记、资料选编和评价性按语为一体的编撰方式,为后来的学案体学术史撰写体例的成熟与趋于完善,奠定了坚实的基础。

就《理学宗传》的编撰目的主要有两个方面:一方面,是为了梳理汉、隋、唐、宋、元、明时期儒学发展历程,并揭示这一历史阶段不同儒者的学行和思想;另一方面,是为了调和程朱理学和陆王心学两者的分歧,试图融汇儒学内部不同学派,构建一统的儒学思想体系。在调和程朱理学和陆王心学方面,孙奇逢认为程朱理学和陆王心学虽然有所差异,但所异之处都属枝节,两者有大的共通之处,即都是为了揭示儒家之"大道",因此,他说道:"夫道一而已矣。天下古今,只有这一个道。"(《孙征君日谱录存》卷十四)在孙奇

①　[清]孙奇逢撰,万红点校,《理学宗传》,凤凰出版社,2015 年版,第 1 页。
②　[清]孙奇逢撰,万红点校,《理学宗传》,凤凰出版社,2015 年版,第 3 页。

逢看来,无论是程朱理学,还是陆王心学,都是由周敦颐所开创的理学发展而来,两者一脉相承,共同延续了儒家思想的大统。因此,在《理学宗传》卷帙的人物安排来看,前十一卷记载了孙奇逢所立的"理学十一子",其中,继朱熹之后为陆九渊、陆九龄和陆九韶,王守仁则接明初程朱理学代表人物薛瑄而起,由此,展现了程朱理学和陆王心学的融合和汇通。而对于阳明学派中的引儒学入禅倾向的代表人物,如王畿、罗汝芳、周汝登和刘传等人,孙奇逢则将他们编排到《补遗》当中,进而,排除他们对融合程朱理学和陆王心学的干扰。

本章小结

本章探讨的主要内容是先秦至清初时期中国哲学视阈下传统学术史研究及理论成果。

先秦是中国传统学术史思想的萌芽时期,这一时期产生的学术史思想主要体现为《庄子·天下》《荀子·非十二子》《韩非子·显学》《吕氏春秋·不二》等学术史篇章对先秦诸子百家之学的归纳和总结。在《庄子·天下》的学术史观中,天下学术思想体系是一个有着由一到多、由点到面、由学术独尊走向学术多元化规律的动态发展过程,在《庄子·天下》看来,天下的学术思想分为"道术"和"方术"两种,认为"方术"是由"道术"派生演化出来的,"道术"与"方术",是整体和部分,"一"和"多"的关系,同时把天下的学说划分为六个派别,即:墨翟、禽滑厘为一派;宋钘、尹文为一派;彭蒙、田骈、慎到为一派;关尹、老聃为一派;庄周为一派;惠施、桓团、公孙龙为一派。《庄子·天下》在归纳总结各派学说宗旨特点的基础上,相应地对它们做出了一定程度的评价。该篇站在维护道家学说的立场上,对关尹、老聃一派和庄周进行了有褒无贬的肯定和赞扬。其评价关尹、老聃为"古之博大真人哉"(《庄子·天下》),并评价庄周本人为"独与天地精神往来,而不敖倪于物,不谴是非,以与世俗处"(《庄子·天下》),认为庄周之学说"其于本也,弘大而辟,深闳而肆;其于宗也,可谓稠适而上遂"(《庄子·天下》),即庄周之学无止无尽,长存于天地之间。而对于其他各派,《庄子·天下》则进行了褒贬掺半,较为客观的评价。例如,对于墨翟、禽滑厘,《庄子·天下》的作者肯定了这一派的节俭和自省精神的积极意义,但对于其过于节俭以致"生不歌,死不服,桐棺三寸而无椁,以为法式"(《庄子·天下》)的节用、节葬行为持否定态度,认为"以此教人,恐不爱人;以此自行,固不爱己",同时天下的作者还批评了墨翟、禽滑厘一派的非乐思想和组织上派别众多、各以巨子自称的行为,但最后仍称赞墨子为"真天下之好也""才士也"(《庄子·天下》)。又如对于宋钘、尹文一派,《庄子·天下》的作者既赞扬其救世精神,又批评"其为人太多,其自为太少"(《庄子·天下》)的不爱惜自己的缺点;对于彭蒙、田骈、慎到一派,既肯定了其思想在一定程度上与"道术"有相通之处,又批评该派思想"非生人之行而至死人之理"(《庄子·天下》)的错误;对于惠施、桓团、公孙龙一派则采取完全否定和批判的态度,同时对他们的错误表示惋惜。《荀子·非十二子》对先秦时期的学术分野进行了一次总结性的划分。荀子将它嚣、魏牟、史鳅、宋钘、田骈、邓析、孟轲等十二人以两人一派为组合,共划分为六派,即它嚣、魏牟为一派;陈仲、史鳅为一派;墨翟、宋钘为一派;慎到、田骈为一派;惠施、邓析为一派;子思、孟轲为一派,并站在"上法尧、禹之制,下法仲尼、子弓之义"(《荀子·非十二子》)的立场上,在"以务息十二子之说"的主观动机下,对此六派做了批判性的否定。《韩非子·显学》在先秦学术史研究领域中最先下了儒、墨并称为"显学"的论断,回顾了儒、墨两派的发展,即孔、墨之后,"儒分为八,墨离为三"的学派流衍历程等主要观点。在《韩非子·显学》看来,儒、墨这两派学说经不起时间的推敲和事实的验证,并鉴于儒、墨两派的对立,认为儒、墨二家所主张的"孝戾""侈俭""宽廉""恕暴"等学说是相互之间不能两立的"杂反之学",并指出了君主兼听儒、墨两家"杂反之词"是造成当时天下混乱的根本原因,即为人君者兼听了此二家的"杂反之词"。《吕氏春秋·不二》对先秦时期的诸子思想做了批判性总结:"老聃贵柔,孔子贵仁,墨翟贵廉,关尹贵清,子列子贵虚,陈骈贵齐,阳生贵己,孙膑贵势,王廖贵先,儿良贵后。"该篇认为,先秦诸子的思想存在差异,但学术发展的总体趋势应该是汇通各家学说,从各自不同的学术观点中,找寻共同点,最终达到诸子百家学术思想的统一。

汉至唐代的学术史思想,主要表现为以《史记·儒林列传》和《汉书·儒林传》为典型代表的各朝代官修正史对历代人物学行、学派及其学术思想的总结,以及以《汉书·艺文志》为典型代表的历代官修正史中的《艺文志》和《经籍志》对不同时期文献书目的记载和归类,同时,佛教领域中的各类僧人传记,也相应地记载了汉至唐代的佛教思想产生、发展和繁荣情况。

汉代随着秦末战乱的平息与新兴政权的建立,社会的经济、政治、边疆等方面的形势开始严峻。为恢复和发展社会经济,避免重蹈秦亡之覆辙,西汉初年统治者推行了轻徭役、薄赋税、慎刑罚等休养生息政策。同时为了安定人心、稳定政局,在西汉初年统治者的倡导和取法下,以道家思想为主要倾向的"黄老之说"一度在思想文化领域占统治地位。"黄老之说"在当时的社会生活和政治领域中发挥了一定的效用,但其主张的"无为"原则也产生了一些消极后果。汉初在经历了文景之治的繁荣之后,汉武帝即位,为实现大一统的政治理想,在思想文化领域,汉武帝采纳了董仲舒"罢黜百家,独尊儒术"的主张,朝中官吏至此多出自儒生,儒学也走向了思想领域的正统地位,自此直到东汉王朝,儒学在社会思想文化领域的正统与独尊地位一直延续。与时代的学术变迁相对应,汉代的学术史研究在官方编撰的《史记》和《汉书》之中得以进行,这些学术史研究围绕着总结评价先秦诸子学术思想、以人物学行为中心梳理自先秦至汉初的学术发展、总结西汉一朝学术思想、总结归类学术著作等几个方面展开。

《史记·论六家要旨》开篇首先由司马迁介绍了司马谈的学术思想渊源和创作该文本的主要意图,从而为全篇的整体思想基调埋下伏笔。之后,作者引用《易传》中"天下一致而百虑,同归而殊涂"的说法,揭示了当时思想文化领域多元学术并存的局面,并将天下学术具体划分为"阴阳、儒、墨、名、法、道德"六家。司马谈在总结"六家"学说特点的基础上,对各家思想做了了一分为二、较为客观辩证的评价。对于道家，司马谈则采取了全面肯定和赞扬的评价方式。司马谈在揭示天下学派众多根源和对先秦各家学派进行总结、评价的过程中，其基本学术倾向是推崇道家思想、以道家学说为大宗，这与西汉初年官方倡导"黄老之说"的路径是一脉相承的，即从当时的思想文化背景来看，经历了春秋战国时期的礼崩乐坏和百家争鸣学术多元的历史阶段，西汉初年政权的统一和稳固，反应在思想文化领域中，就是统治者同样也需要一种学说来统摄诸子百家以统治人们的思想，而选择何种学说作为正统思想，成为统治者需要面对的一个问题。受汉初黄老思想的影响，司马谈通过《论六家要旨》扬"道家"学说，试图以"道家"学说为主要衡量标准对"六家"进行评价，以反映其对"道家"思想的选择和认可。在对"六家"的评价中，司马谈始终站在道家"虚无为本"和"因循为用"的立场，从而在褒扬"阴阳""儒""墨""名""法"的同时，也对它们的思想和主张进行了分析和批判，而司马谈把对道家的赞扬，上升到治世的高度，提出了为君之纲和用臣之道。可以说，从司马谈对六家的品评优劣中，我们能够看出其对六家学说采取的是兼容并蓄的态度，在坚持道家的立场上，遵循了阴阳家"序四时之大顺"的自然法则，维护了儒家"亲亲尊尊"伦理原则，吸收了墨家"强本节用"的尚俭主张，坚持了法家"尊主卑臣，明分职"和名家"正名实"的思想，最后站在"天下一致而百虑，同归而殊涂"的多元的、开放的学术立场，表达了以"道家"包容百家的学术主张。《史记·孔子世家》以时间顺序为线索，介绍了孔子生平事迹及主要学行，着力凸显了孔子一生周游列国，试图恢复周礼、弘扬礼制的志向和努力。《史记·孟子荀卿列传》记载了先秦时期儒家大师孟子和荀卿学术思想，通过对孟子和荀子一生主要学行和学说思想的介绍和评价，肯定他们在先秦学术思想史上"明礼义"和"绝利端"的历史功绩，以及他们学术思想的渊源和影响，此外，《史记·孟子荀卿列传》的内容还涉及了战国时期的阴阳家、道家、法家、名家和墨家代表人物的学行和学术思想，如驺忌、驺衍、慎到、田骈、公孙龙、惠施等。《史记·老子韩非列传》记载了先秦道家和法家代表人老子、庄子、申不害、韩非等人的学术思想和学行,体现了作者司马迁对先秦时期道家和法家的重要看法,其中既有司马迁对老庄、申不害、韩非等人学术主张和学术活动的客观、平实的记载,也有司马迁站在史学家的高度,以其独特的学术鉴赏力对研究对象的主观评价。《仲尼弟子列传》记载了孔子及其诸弟子言行、事迹和思想,其成文主要取材于《论语》,并以《春秋左氏传》等古籍为参照。《史记·仲尼弟子列传》中,司马迁引用孔子之言:"受业身通者七十有七人"①,指出了《仲尼弟子列传》共记载或提及了孔子弟子七十七人,同时并肯定了这些人"皆异能之士也"②。《史记·儒林列传》是《史记》中特别值得注意的一篇具有开创意义的学术史性质的列传。该传以《诗》《书》《礼》《乐》《易》《春秋》的流传顺序为切入点,记述了西汉初年多位五经儒学大师的思想、学行和事迹,其中也记述了大师们的授业弟子的学术思想和学行,从中反映了由秦末至西汉初年至汉武帝时期儒学由衰落走向复兴的流传、发展、衍化历程,由此开创了历朝历代官修正史记载不同朝代儒学史的先例。可以说,《史记》开创了以人物为中心线索、以人物历史活动和事迹为基本素材,阐述或评价学者学行和学术思想,或描述特定历史时期内某一领域学术发展脉络的纪传体学术史研究先例。在这些具有学术史性质的篇章中,虽然司马迁对学者学行和思想的记述尚不系统,有的甚至寥寥几笔,一笔带过,但这些内容却成为后人研究先秦至汉初思想文化领域学术思想发展演变的重要资料和参考文献,而且在一定意义上,《史记·儒林列传》通过对汉初儒家"六经"传播大师及其弟子学行和事迹的记述和列举,堪被称为一篇典型的"汉初的儒学发展纲要"。以《史记·儒林列传》为代表,《史记》所开创的纪传体学术史范式为后来许多官修正史(纪传体通史)所继承,并向其他学术研究领域(如,佛家和道家)发展延伸。其中,《汉书》《后汉书》《晋书》《梁书》《陈书》《魏书》《北齐书》《周书》《隋书》《南史》《北史》《宋史》《明史》《新元史》《清史稿》都设有《儒林传》;《旧唐书》《新唐书》和《元史》则设有《儒学传》,记

---

① 司马迁:《史记》(第三册),中华书局,2011年版,第1937页。
② 司马迁:《史记》(第三册),中华书局,2011年版,第1937页。

载了不同朝代儒学的发展演变情况。

　　班固的《汉书·艺文志》收书三十八种，五百九十六家，总计一万三千二百六十九卷。在《汉书·艺文志》中，班固对典籍的著录包括对书名、著者、版本和卷数进行了介绍、分类(对《六艺略》《诸子略》《诗赋略》《兵书略》《术数略》《方技略》的分类)，并且提炼了书目的主要内容。《汉书·艺文志》成为中国古代第一例较为完备系统的官方编撰的目录学文献，其同时也具有辨章学术源流、分类与总结时代学术的双重价值，因此其目录体的著述体例和学术史功能被后世官方史书继承，在之后的正史中，相继出现了《隋书》中有《经籍志》，《旧唐书》中有《经籍志》，《新唐书》中有《艺文志》，《宋史》中有《艺文志》，《明史》中有《艺文志》。此外，也出现了后人补写的诸史艺文志，如宋代王应麟编撰了《汉书艺文志考证》，清代姚振宗编撰了《汉书艺文志补拾》《后汉艺文志》《三国艺文志》，清代的曾朴编撰了《补后汉书艺文志》等。

　　在两汉、隋唐至宋代时期的佛教学术史思想研究中，产生了一些僧人传记，有记载佛祖释迦牟尼和印度佛教圣贤的，也有专门记载中国僧人的。前者有记载佛教始祖释迦牟尼的《释迦谱》、记载公元三四世纪间印度佛学思想家诃梨跋摩的《诃梨跋摩传》、记载公元五世纪北印度富娄沙富罗国婆苏盘豆尊者的《婆苏盘豆传》、记载西晋时期西域僧人佛图澄的《佛图澄传》等；后者有《安法师传》《释道安传》《东山僧传》《庐山僧传》和历代僧人传等。另外，也有合记中外僧人的传记。隋唐之后，宋代佛教领域的学术史研究也达到了繁荣与鼎盛。这一时期，佛教领域学术史研究的成果主要有北宋嘉祐年间，释契嵩撰写的《传法正宗记》，北宋释元颖撰写的《天台宗元录》，南宋初期的《佛祖纪统》和《释门正统》，南北宋之交释惠洪撰写的《禅林僧宝传》，南宋祖琇撰写的《僧宝正统传》。在两宋时期的众多佛教学术史研究成果中，流行与影响较为意义深远的是禅宗灯录体史籍，从史学角度真正具备了灯录体史籍体例的，则是宋代道原的《景德传灯录》。在北宋期间，继《景德传灯录》之后，又相继有《天圣广灯录》和《建中靖国续灯录》问世。南宋时期,佛教学术史研究中,又有两部重要的灯录体史籍相继出现,一部是《联灯会要》,另外一部则是《嘉泰普灯录》,之后,南宋的临济宗大川法师普济,合两宋时期《景德传灯录》《天圣广灯录》《建中靖国续灯录》《联灯会要》《嘉泰普灯录》这五部灯录体史籍,辑成一部《五灯会元》,由此,将两宋的灯录体史籍研究推向了新的高峰,为中国传统学术史研究增添了一股活力。

在宋明至清初时期,随着儒学自身转型与发展的需要,理学得以产生与繁荣,其以儒家思想为根本,融合了道家和佛家思想,并逐渐在当时的意识形态中占主导地位,由此,对理学发展史的研究,成为宋明至清初这一历史阶段中,学术史研究领域的主要内容。

朱熹的《伊洛渊源录》我国第一部研究理学发展的学术史专著,其记载了以程颢、程颐为中心的,上自北宋中期周敦颐、张载、邵雍,中经吕希哲、范祖禹、谢良佐等,下至南宋胡安国、尹焞等共四十九位理学家。在编撰方式和学术史方法上,《伊洛渊源录》的特点主要有三方面:一、兼顾了以往学术史研究中传记体史籍和灯录体史籍记行和记言的特点,在记述学者言行中,展现理学家的学术活动、思想,以及相互之间的师承关系;二、在编撰过程中,为了评价学者学术思想或者解释说明,或考证史实,有选择性地加入了按语;三、对所收录引用资料的来源做了说明,以体现资料的真实客观性,并供读者考证。《伊洛渊源录》的学术史价值具有宏观和具体两个方面。在宏观方面,《伊洛渊源录》确立了以二程思想为核心,由周敦颐至邵雍、张载、张戬、苏昞、谢良佐、游酢、杨时、胡安国、邢恕、周行己等人的儒学传道统绪和程朱理学的儒学正统地位;在具体层面,《伊洛渊源录》以记言和记行为主要方式,记录了所录学者的学术思想和相互之间的学术师承关系,并同时以考证史实、评价学术是非的方式,展现了编撰者自己的学术观点和立场,由此,在宏观与具体两者相统一的过程中,实现了《伊洛渊源录》史学与学术史价值的统一。另外,朱熹在《伊洛渊源录》中所建立的以二程为中心的理学传道统绪为之后史书所沿用,对此,《四库全书总目提要》对《伊洛渊源录》评价道:"盖宋人谈道学宗派,自此书始;而宋人分道学门户,亦自此书始。"(《四库全书总目》卷五十七《史部十三》）由此，以《伊洛渊源录》中的理学传道体系为主要依据，在元代官修正史《宋史》中设有《道学传》，为后人了解宋代理学发展提供了客观的参照资料。在中国古代的理学史研究领域，《伊洛渊源录》拉开了理学史专著撰写的序幕。继《伊洛渊源录》之后，南宋时期的《道命录》《朱氏传授支派图》《紫阳正传校》《伊洛渊源》、明代的《伊洛渊源续录》《考亭渊源录》《新安学系录》《道南源委》《儒林全传》《台学源流》《闽学源流》《浙学宗传》《圣学宗传》《元儒考略》《吴学编》《理学名臣录》《道学正宗》《圣学宗要》等理学史专著相继问世，其中周汝登的《圣学宗传》和孙奇逢的《理学宗传》较具代表性，并对后世产生深远影响。

周汝登的《圣学宗传》是一部以阳明心学为大宗，具有通史性质的学术史专著。全书共十八卷，记述了上起伏羲、神农、黄帝、颛顼等，下至心学代表人物王栋、罗汝芳等共八十六人。在编撰方式上，《圣学宗传》对朱熹的《伊洛渊源录》有所继承，在每卷的人物传记中，既有记事的成分，也有记言的成分，以此概括了人物的主要生平事迹以展示其性格特征和人格风貌，同时也在人物的语言和对话中，具体地展示其主要学术思想，此外，编撰者还在学者人物传记中，有选择性地加入了"蠡测"部分，以评价学者的学术思想，由此表达了编撰者对入传学者的主观评价和编撰者自己的学术立场和主张。就写作宗旨来看，《圣学宗传》试图通过古今学术发展脉络的梳理和记录，凸显阳明心学的学术正统地位，就此说明陆王心学是沿袭先圣之学而来的儒学正宗。从编撰者周汝登的思想来源看，周汝登早年是"王门后学"王畿和罗汝芳的学生，所以，《圣学宗传》编撰的一个主要目的在于弘扬"师学"。由于宋明理学融合了儒释道三家思想，而且陆王心学较程朱理学而言，更加具有释学成分，到了王门后学时期，阳明心学禅风日甚，作为阳明后学的周汝登自然摆脱不了禅学的干系，所以，《圣学宗传》所体现出的禅学倾向遭到了时人和后人的诟病，进而被指出有主观目的明显的门户之见和"援禅入儒"的特质。

孙奇逢的《理学宗传》成书于清朝康熙年间，是一部排斥佛老之学，力图融汇儒学内部不同学派,进而建构统一的儒学道统的学术史专著。全书共二十六卷,记述了由汉代到明代的约一百七十位儒学代表人物。《理学宗传》前十一卷记载了宋明时期的周敦颐、程颢、程颐、张载、张戬、邵雍、邵伯温、朱熹、陆九渊、陆九龄、陆九韶,明代的薛瑄、王守仁、罗洪先和顾宪成等人。在编撰体例方面,《理学宗传》在每卷的行文中,采取了合记载学者生平行事的传记、文献资料选编和编撰者对学者学行和思想进行评价的三位一体的编撰方式。其中,编撰者的评价有的出现在眉批中,有的以按语的形式体现出来,有的在总论中进行表述。《理学宗传》这种合人物传记、资料选编和评价性按语为一体的编撰方式,为后来的学案体学术史撰写体例的成熟与趋于完善,奠定了坚实的基础。就《理学宗传》的编撰目的主要有两个方面:一方面,是为了梳理汉、隋、唐、宋、元、明时期儒学发展历程,并揭示这一历史阶段不同儒者的学行和思想;另一方面,是为了调和程朱理学和陆王心学两者的分歧,试图融汇儒学内部不同学派,构建一统的儒学思想体系。在调和程朱理学和陆王心学方面,孙奇逢认为程朱理学和陆王心学虽然有所差异,但所异之处都属枝节,两者有大的共通之处,即都是为了揭示儒家之"大道"。在《理学宗传》看来,无论是程朱理学,还是陆王心学,都是由周敦颐所开创的理学发展而来,两者一脉相承,共同延续了儒家思想的大统。

中国哲学视阈下的先秦、两汉至明末清初的学术史思想,展现了由先秦至清初这一历史阶段思想文化领域的学术发展过程,体现了学术史家对宏观领域学术发展规律的总结和对具体领域思想家及其学术思想的认识和评价,在一定意义上,为当今学界研究中国古代传统意义上的哲学思想提供了参考,也为当前中国哲学史编撰提供了传统借鉴。

第二章 《明儒学案》成书的前提和基础

《明儒学案》成书离不开宋明理学的发展与繁荣、经世思潮之兴起这一客观的背景,也离不开黄宗羲的爱国情怀、学者精神、史学方面的成就等主观条件,同时还得益于黄宗羲在学术史研究领域的认识论基础这些主客观因素。

第一节《明儒学案》成书的客观背景

《明儒学案》的成书,有赖于一个特殊的历史环境,其中,两个重要的客观因素对《明儒学案》的编撰产生了重要的生成和促进作用:一个是宋明理学的繁荣与发展;另一个是经世思潮的流行。

一、宋明理学的发展与繁荣

宋明理学又被称作"道学"和"理学"。"道学"是指由北宋时期理学产生后,直至南宋时期分划出两个学派之中的一个学派,即"程朱理学",因此,"道学"这一称谓只在宋明理学产生的早期被广泛使用;而"理学"这一称谓的范畴则涵盖了"道学",其是指包括"程朱理学"和"陆王心学"在内的,由宋代至明代,直至清代的儒学的一种特殊形态的总的称谓。到了近代,人们为了将宋明理学与汉唐时期的儒学区分开来,强调宋明理学对汉唐时期儒学的转型与超越,又将宋明理学称为"新儒学"和"新儒家"。然而,无论是

"道学"，还是"理学"，或是"新儒学"和"新儒家"，都是人们在不同时期对宋明理学的不同称谓，都从不同的侧面，不同程度地反映出宋明理学自身发展形态和内容的多样性和复杂性，从一个侧面体现出宋明理学在特定历史阶段的强大生命力和悠长的发展历程。

在宏观领域，就宋明理学的发展过程来看，理学继唐代中期儒学复兴运动余潮而起，产生于北宋时期，发展繁荣于宋元明时期，到了清代中后期开始走向衰落，其产生、发展、繁荣与衰落主要历经四个朝代。就宋明理学的形态和研究内容来看，其打破并超越了汉唐以训诂和考据为主要研究内容的儒学研究形式，将对儒学的研究转向对儒家传统经典的义理性阐释和发微，由此创造了儒学新的概念体系和研究范式。同时，宋明理学又批判性地吸收了唐代所流行的佛老之学，在批判佛老之学的基础上，有选择性地引佛老之学入儒，进而不断地丰富了儒学的内容。作为一种新的理论形态和哲学思想体系，宋明理学主要研究探讨理气关系、心性关系、体用关系、工夫论、修养论、认识论和本体论等哲学范畴，并创造了"理气""心性""主敬""持敬""慎独""天理""良知"等基本概念，在一系列创新性转型后，将传统儒学推上了新的思辨和形而上高度。由此，宋明理学以内容丰富的完备的思想理论体系，论证了中国传统伦理纲常的合理性和必然性，将中国传统社会特定历史时期的封建秩序和伦理纲常推向"天理"的高度，在中国封建社会中后期的思想文化中产生了重要的影响，占有非常重要的位置，同时也是中国传统思想史中的一个重要组成部分。

从宋明理学产生直至《明儒学案》成书之际，理学经历了自身的发展、繁荣与总结阶段，大体而言，其发展历程主要有以下内容：

北宋初期的儒学研究延续了唐代疑经派的学术传统和风格，继续质疑汉儒对儒家经典的训诂考据之学，进而由汉唐儒学领域的章句之学，转向阐发儒家经典微言大义的义理性研究。这一时期，儒学研究新领域的主要倡导者有胡瑗、孙复、石介、欧阳修、范仲淹等。同时，由于隋唐时期统治者对佛教和道教的倡导，以及佛、道两教的盛行，在北宋初期的学术思想领域，出现了儒释道三家合流的趋势，究竟用哪一种思想、哪一种学说派别统一道德风俗，是这一时期学术思想领域面临的一个重要问题。

经过各种思想和学说相互之间的角逐，北宋仁宗时期，儒学得到统治者的认可，占据了思想文化领域的正统地位。为了满足儒学理论发展和丰富的需要，宋明理学的开山始祖周敦颐将佛、道两家思想引入儒家思想，编撰《太极图说》和《通书》著作，在继承儒家原有哲学概念体系的基础上，提出了"无极而太极""理气""心性""主静""心性""本体论""动静观""修养论"和"伦理观"等哲学概念和范畴，在促进儒学自我更新的同时，为其后的理学体系的多样化发展、趋于丰富，奠定的重要的理论基础。

因为周敦颐晚年在濂溪学堂讲学，所以他的理学又被称作"廉学"。当时，与"廉学"并存且抗衡的，还有张载兄弟的"关学"和程颢、程颐的"洛学"。周敦颐的"廉学"、张载的"关学"和二程的"洛学"被统称为"道学"。然而，在北宋的学术思想领域，除了"道学"，还有苏轼、苏辙两兄弟的"蜀学"和王安石的"新学"。由于当时王安石在政治领域的特殊形象和地位，他所推行的"心学"一度得到了统治阶层的认可，在学术思想领域的发展和影响程度方面，也一度高于"道学"。

到了南宋时期，"新学"和"蜀学"在学术思想领域的地位逐渐降低，而二程之学，尤其是程颐之学，经过胡安国的大力举荐得到了统治者的重视，在思想文化领域的地位得到了大幅度的提高，胡安国在朝廷的上书中指出程颐之学是继承了孔子和孟子学说而来的弘扬孔孟之道的学说，由此使程颐之学得到了当时官方的高度认可。不仅如此，南宋时期，师从二程的学者日益增多，杨时、胡宏、罗从彦、张栻和朱熹等人也不断地对理学进行传播和提倡，进而促进了理学在这一时期的广泛流传和普及，其中，朱熹成为理学的集大成者。然而，由于受政治斗争的影响，朱熹之学在一度流行之后，在宋宁宗时期遭到了其反对者的抨击，被指责为"伪学"，直到南宋理宗时期，统治者重新推崇朱熹的思想，褒扬朱熹及其思想，并追封朱熹为"信国公"，标志了理学在南宋时期官方意识形态地位的确立。同时，理学内部形成了程朱理学和陆九渊"心学"的对立,陆九渊之学继承了子思孟子学派的心性哲学和程颢的主观唯心主义理学思想,并将禅宗哲学引入儒学,提出了"吾心即宇宙"的心本论哲学命题,认为道德修养不必通过向外格物穷理而求,而是要"发明本心",即保持心的本然状态。朱陆之争成为当时理学领域一个备受关注的话题,到了明代,王守仁发展了陆九渊的心学,逐渐发展与丰富了陆王心学体系。

到了元代,理学在全国范围内得到了进一步的广泛流传和普及。统治者将朱熹的理学思想设定为科举考试的主要内容,同时还于元代仁宗皇庆年间还以宋元两代理学中的一些主要人物如周敦颐、程颢、程颐、张载、邵雍、朱熹、许衡等人从祀孔庙,进而将理学推向了思想文化领域的独尊地位。

明初时期,朝廷编订并颁布了《四书五经大全》和《性理大全》,以程朱理学作为学校教育的主要内容和科举取士的标准,由此,程朱理学成为明代初期学术思想之正宗。明代中期,王守仁对程朱理学提出了质疑,提出了"心即理""致良知"与"知行合一"等命题,发展了南宋时期陆九渊的心学思想,形成了阳明心学体系。王守仁一生集文治和武功于一身,广收门徒,阳明心学在明代中后期得到了广泛的传播与发展,其传播趋势超越的程朱理学。阳明心学虽然一度被指为"伪学"遭到了朝廷的禁锢,但这并没有影响其在明代中后期的壮大和在思想学术领域的风靡之势。到了明代万历年间,朝廷以胡居仁、陈献章和王阳明从祀孔庙,去除了阳明心学为"伪学"的称号,在得到统治者的重新认可之后,阳明心学流行之势日盛,其传播与普及程度达到了空前的鼎盛。尤其是以王艮、王襞为主要代表人物的泰州学派,将阳明心学推广普及大百姓大众,为阳明心学的广泛流传起到了重要的作用。

然而,阳明心学在普遍发展和广泛流行的过程中,也遭到了程朱理学派的批判。针对阳明心学的弊端,程朱理学派指责阳明心学偏离了儒学范畴,有"入禅"之倾向,更指责阳明后学有束书不观、空谈心性的风气。

明代末期,在思想文化领域中阳明心学发展与弊端同时显现的情况下,明末社会危机也逐渐暴露并日益严重,此时,阳明心学空谈心性的无所作为的状况,促使其自身走向衰败,面对明朝国运的衰微,人们开始对理学进行反思,并逐渐将关注的目光投向经世治国方面。

二、经世思潮之兴起

明朝末年,社会危机重重,对于此,《明史》记载:"其时纷纭多故,将疲于边,贼讧于内,而崇尚道教,享祀弗经,营建繁兴,府藏告匮,百余年富庶治平之业,因以渐替。"①一方面,民族矛盾日益凸显,外来民族不断入侵,边疆战火连绵,导致明王朝抵御外族入侵所投入的人力和财力剧增;第二方面,统治阶级内部矛盾逐渐显现,宦官篡权,残害忠良,政治昏暗;第三方面,朝廷为了满足由战争和兴修土木所带来的巨大开支,不断增加税收,给百姓带来了巨大的经济负担,导致其生活贫困,这些都不同程度地加速了明王朝的衰落。

为挽救社会危机,化解社会矛盾,有民族大义担当意识的学者和思想家逐渐将关注的目光投向学术救国、拯救社会危机领域,经世思潮也由此兴起。在经世思潮的孕育下,明末东林党人顾宪成提出了读书兴业救国的经世理想,黄遵素则提出了"以开物成务为学,视天下之安危为安危"②的思想,东林党人领域高攀龙则认为,学者的人生价值在于胸怀天下、以天下为己任,在抗拒奸臣失败后,高攀龙不像邪恶势力妥协,最终以投水自尽保持了自己高风亮节的人格风貌。明末思想家归有光在年少时即"有用世之志"。

明末的经世思潮既反对脱离国家社会实际、空谈心性之学的王门后学,也指责破坏人才的科举取士制度。在对王门后学弊端的批判中,学者首先指责的是其不理世事、空谈误国之流弊。例如,东林学派的顾允成说道:"吾叹夫今之讲学者,恁是天崩地陷,他也不管,只管讲学耳。"③道出了空谈心学之学只知一味读书却不理国事的要害,何良俊则把阳明后学广收门徒聚众

---

① 张廷玉等撰:《明史》,中华书局1974年版,第250~251页。
② 黄宗羲:《明儒学案》(下),沈芝盈点校,中华书局,2008年版,第1492页。
③ 黄宗羲:《明儒学案》(下),沈芝盈点校,中华书局,2008年版,第1470页。

讲学的习俗,与西晋时期的空谈之风相提并论,认为其直接导致了"全废政务"。在对科举制度的批判中,人们认为科举取士制度,直接导致了对人才错误引导,破坏了人才的成长,进而致使政治腐败不兴和民众生活的凋敝。在科举制度的误导下,读书人醉心名利,急功近利,没有把读书看作经世济民的方式,而将其看作谋取功名、奔向仕途的手段,即使通过科举考试实现目标,一举成名,也大多沾染了官场的不良习气,迈向腐化。因此,归有光说道:"近来一种俗学,习为记诵套子,往往能取高第。浅中之徒,转相仿效,更以通经学古为拙。则区区与诸君论此于荒山寂寞之滨,其不为所嗤笑者几希。然惟此学流传,败坏人才,其于世道,为害不浅。"①还说道:"风俗薄恶,书生才作官,便有一种为官气势。若一履任,望见便如堆积金银。"②同样具有强烈经世意识的黄宗羲也对科举破坏人才、阻碍社会发展方面进行了大量的描述,认为科举制度造就的"人才"只知道钻研时文,而对历史方面的知识却相当匮乏,这样就无法借先人有效的经验来解决当前问题,更对当前国事和民生知之甚少,所以便无从谈得上经世救国。

在晚明的经世思潮中,除了对王学末流和科举制度的批判,还有强调实用、主张致力于实践的思想倾向,这一思想倾向的提出者主要有徐光启、陈子龙、徐孚远、徐霞客和方以智等人。徐光启把"实用"看作培养人才的真正目的,他认为屯田、水利、盐法和河漕等都是"救时急务",认为国家要富强,就必须有强大的军事和发达的农业。他曾亲进行水利调查,在上海和天津等地推广良种,并向外来传教士学习天文历法知识,亲自翻译了西方数学经典著作《几何原本》(前6卷),改变了中国原有的数学发展反向,还撰写了《勾股义》和《测量异同》两本书,编译了水利工程技术方面的著作《泰西水法》,并撰写了《徐氏疱言》和《选练条格》等军事著作,以及《农政全书》这一农业科学巨作,并在晚年主持编撰了著名的《崇祯历法》。陈子龙和徐孚远则认真地研究明代的军政要务,从进行筛选并加以借鉴,共同编撰了《明经

---

① 归有光:《震川先生集》,周本淳校点,上海古籍出版社,1981年版,第151页。
② 归有光:《震川先生集》,周本淳校点,上海古籍出版社,1981年版,第910页。

世文编》,不仅对研究明朝历史有着重要的参考价值,而且对挽救衰落的明王朝也具有具有一定的指点意义。宋应星则编撰了《天工开物》,全书共三卷十八篇,记载了岂止到明朝中叶的中国古代各项技术,其中包括农业、手工业等多项技术,具有珍贵的历史价值和实用价值。徐霞客则在亲身实践和考察的基础上,编撰了我国最早详细记载地理环境的游记类著作《徐霞客游记》,这部著作详细地考证并记载了岩溶地貌及其成因,是地理方面研究的非常重要的参考资料。方以智则编撰了一部百科书式的著作——《通雅》,该著作涉及音义、读书、诗说、小学大略、文章、身体、天文、地理、称谓、姓名、官制、礼仪、乐舞、乐曲、器用、饮食、金石、宫室、算数、动植物、脉考等多个研究领域。同时,其还编撰了《物理小识》,是我国古代一部较为著名的研究科学的代表作,记载了方以智对于天文、地理、历史、文学、哲学、音训、物理、医药、生物、艺术等方面的研究成果。这些具有经世思潮价值的著作,致力于科学和实践,不仅反映了当时社会的科学发展水平,而且对于提高明末社会可生产力以挽救社会危机,具有一定的积极意义。

晚明经世思潮的兴起,还体现在思想界和学术界对经学和史学的倡导方面。

其中,对经学倡导的主要有何良俊、归有光、陈第、钱谦益、焦竑、薛应旂、黄宗羲等人。在经学的倡导者看来,六经之学是关于圣人治世的学问,承载着经世之理,而当时空谈心性的学说,犹如空文,于国家治理和百姓日用皆无大的益处,其根源恰恰在于其缺少六经之依据,因此,在他们看来,应该以经学代替当时的空谈之学。由此,何良俊说道:"先儒言经术所以经世务,则今之学士大夫有斯世之责者,安可不留意于经术乎?"(《经一》,何良俊《四友斋丛说》卷一)归有光说道:"汉儒谓之讲经,而今世谓之讲道。夫能明于圣人之经,斯道明矣,道亦何容讲哉!凡今世之人,多纷纷然异说者,皆起于讲道也。"[①]在对史学的倡导方面,晚明的一些有识之士认为史学具有非常高的经世价值,应当给予高度的重视和评价。晚明时期的唐顺之人为,经世的

---

① 归有光:《震川先生集》,周本淳校点,上海古籍出版社,1981 年版,第 195 页。

一个重要内容,在于了解古今之变;钱谦益则认为,治理国家应该以史为鉴;何良俊和黄宗羲则十分重视史学研究对于经世的重要意义,认为经学和史学在经世济国方面,缺一不可,同等重要,只有两者互通,才会更好地发挥作用。

尽管经世思潮在明代后期兴起,并体现在思想、科学、文化领域的方方面面,但其并没有能够真正地扭转明朝衰落的历史方向,但其倡导所倡导的对自然科学和经史之学的研究,在一定程度上起到了抑制理学独尊地位和科举制度的作用。尤其是人们对经学和史学的提倡,这种倡导一直延续到清代。明代以后,一些明末的思想家开始总结亡国的历史经验教训,有的通过编撰史书来纪念故国,这对清代撰史思潮的兴起,起到了一定的促进作用,尤其对学术史研究热潮具有推波助澜的作用。因此,明末直至清初的经世思潮,成了黄宗羲学术史研究的一个重要的客观背景。

第二节 《明儒学案》成书的主观因素

《明儒学案》的编撰,不仅有宋明理学的发展繁荣与经世思潮的兴起两方面的客观因素,还有编撰者的爱国情怀、学者精神和史学方面的成就三个方面的主观因素。

一、黄宗羲的爱国情怀

黄宗羲是一位具有强烈民族气节的思想家和学者,在清军入关(公元1644年)和王朝即将更替的历史节点上,为挽救灭族危机,黄宗羲积极投身于反抗异族入侵的民族斗争之中。

黄宗羲在浙江一带失陷后,返回家乡,与其弟等人变卖家产集合家乡数百人组成义军以声援抗清斗争。黄宗羲曾组织义军加入到鲁王朱以海的抗清队伍,但是,鲁王的政权却在内外矛盾等多重因素的影响下,于顺治三年被清军击败。由此,黄宗羲不得不带领部分义军转入四明山,为继续抵抗清军做好准备。当四明山军队覆灭后,清军开始悬赏捉拿黄宗羲,在此情形之下,黄宗羲被迫逃亡日本。

公元 1649 年,鲁王政权在浙江一带的海上重建。黄宗羲重返鲁王政权,并担任左副都御史。然而其意见没有得到采纳,黄宗羲痛惜报国无望,只好投身学问,时常与吴钟峦论学,并在这一时期,注解了《授时历》《泰西历》和《回回历》。在深感复国无望之后,黄宗羲绝望地陈情归家。之后,为了躲避清政府对抗清人士的通缉,黄宗羲从此过上了居无定所的漂泊生活。

当清朝政权稳定之后,一些曾经抗清复明的人士投向清朝,成为清朝的官员。清政府也大力引进人才,不断地引进有识之士,以出谋划策稳固和发展新兴政权,并派遣使者多次邀请黄宗羲入朝做官。然而,有着强烈爱国情怀的黄宗羲终身不仕清廷,将余下的时间用来著述和讲学,以纪念先朝和故土。在这一期间,黄宗羲所从事的一项非常重要的学术活动,就是著述明代学术史专著《明儒学案》,将对明王朝的爱国之情寄托于对明代学术的总结之中。

二、学者精神

黄宗羲的学者精神,成为其一生对知识和学问孜孜以求的动力源泉,是其《明儒学案》和学术史思想得以形成的一个重要的主观因素。

黄宗羲具有广博的知识和扎实的学术功底,其从青少年时期便酷爱读书,研究领域涉猎诸子百家、十三经、历史、天文、地理、佛教、道家、音乐、历法和算术等各个方面。他既读完了自家藏书,又常年拜访同里世学楼钮氏、澹生堂祁氏、南中则千顷斋黄氏、吴中则绛云楼钱氏的藏书阁。一生不断地读书、借书、抄书是黄宗羲追求的事业,这使得他储备了广博的知识,具备了在多个学术领域著述的前提基础。

黄宗羲一生专注于著述,其范围涉及历史、哲学、文学、政治、历学、地理、算学和音律学等多方面。为了纪念明朝,他在顺治年间撰写了《留书》以记载和总结明朝制度的得失,又在《留书》内容的基础上,于康熙年间撰成了中国政治思想史上一部具有启蒙性质的批判君主专制的《明夷待访录》,之后《明夷待访录》被梁启超称为"人类文化之一高贵产品"①。同时,黄宗羲还编撰了《孟子师说》《易学象数论》《明文案》《明文海》《明史案》《明儒学案》《历学假如》《行朝录》《弘光实录》《四明山志》《南雷文案》《南雷杂著》《南雷诗历》《南雷文定》等作品。

黄宗羲一生不仅大量地阅读书籍并进行学术著述,而且还坚持致力于讲学活动。清朝康熙年间,黄宗羲先后在绍兴、宁波、海宁和余姚等地讲学,为传播经史之学、培养经史人才做出了杰出的贡献。仅黄宗羲讲学处宁波甬上书院的学徒就达 60 余人。这 60 余人中,就包括万斯同(清初著名史学家,曾参与编修《明史》,著有《纪元汇考》《历代史表》《儒林宗派》《群书辩疑》和《石园诗文集》等)、万斯大(清初著名经学家)、万斯选、仇兆鳌(明末清初著名学者,主要代表作有《四书说约》《杜诗详注》《周易参同契》和《悟真篇》等)、郑梁等,其讲学所传授的学生,很多都成了明末清初著名的经史学家和文学家,对清代经学、史学和文学的发展,产生了深远的影响。

黄宗羲一生坚持不懈地读书、著述和讲学是其学者精神在学术研究领域的现实转化,在这一精神的影响和推动下,黄宗羲具备了广阔的学术视野、扎实的学术功底和独到的学术研究和判断能力,在一定程度上,促成了黄宗羲在编撰《明儒学案》过程中,对所搜集材料的成功甄选、鉴别和把握。由此,学者精神是《明儒学案》成书的一个重要的主观因素。《明儒学案》作为完整的明代理学史专著,既是一部内容丰富翔实的哲学领域的著作,同时也是一部史学著作,是我国第一部以完整的学案体体裁呈现出来的学术史著作。在其史学体裁和形式上,离不开黄宗羲在史学方面的积累和成就。

三、史学方面的成就

黄宗羲在史学方面有着非常卓越的成就,其一生主要学术活动之一,就是从事史学研究。他撰写了大量的史学著作,这些著作很多都成为官方撰史的重要资料,而且其本人还为《明史》的撰写提供了宝贵的建议。黄宗羲

---

① 梁启超:《中国近三百年学术史》,商务印书馆,2016 年版,第 60 页。

在史学方面的积累和卓越成就,成为其编撰《明儒学案》的一个必不可少的主观前提保障。

在史学研究成果和著述方面,黄宗羲不仅独自完成了《明儒学案》的编撰,以及对《宋元学案》提纲的设计与主要内容的撰写,而且还撰写了《明史案》《弘光实录》《行朝录》《四明山志》等史学著作,其中,《明史案》《明史案》至今已亡佚;《弘光实录》又叫《弘光日录》,黄宗羲在《弘光实录》中逐日记载了弘光朝的史事,并在《序文》中分析与评论了弘光朝兴衰的原因;《行朝录》则记载了隆武帝、永历帝和监国鲁王三个南明朝廷的历史;《四明山志》是一部方志体著述,也是现存关于浙江东部名山四明山的唯一的一部专志。黄宗羲先是在明代崇祯年间辑成《四明山古迹记》,之后,于康熙年间对《四明山古迹记》中的旧稿重新进行整理编撰,最终形成定稿《四明山志》,其主要记载了历代文人墨客对四明山人文和景观的歌颂赞美之文。与此同时,黄宗羲对历史事迹和人物的记载也在一些碑铭、传记和诗文中得以体现,由此扩大了记史的体裁。例如,黄宗羲在《南雷文案》《南雷文定》《南雷文约》和一些墓志铭中,记载了一些历史和人物事迹,这在一定意义上,实现了黄宗羲一"以诗文补史之阙"和"以碑铭补史书之阙"的史学主张和创新。

黄宗羲不仅完成了大量史书的撰写,而且还为《明史》的编撰工作,提供了十分珍贵的建议和资料。在他看来,明朝虽然灭亡了,但明朝的历史却永不能灭,黄宗羲对《明史》的编撰十分关心,虽然他拒绝了参加清朝官方主持的《明史》编撰工作,但他向史馆提供了大量的个人史学著作和明史资料,积极回答有关《明史》编纂方面的问题,同时还支持其学生万斯同、万斯言与儿子黄百家加入《明史》的修纂工作。事实上,黄宗羲早年便立志于修纂《明史》,他所撰写的《行朝录》和《明文案》史等学著作,就是其为纂修《明史》所做的准备工作。

黄宗羲不但为《明史》的修纂做出了贡献,而且还试图重新修纂由元人脱脱主持编纂的《宋史》。黄宗羲认为,《宋史》有一些不足之处,例如,其对南宋的两位末代皇帝记载得不够详细,又如,《宋史》在《儒林传》之外另设

《道学传》的这一做法也不够科学。为了重修宋史，他不畏辛苦地搜集资料，辗转奔波于江浙一带的藏书楼，做了大量的准备工作。尽管如此，由于人力物力和时间的局限，黄宗羲最终没有能够达成心愿，而是编订了一部具有参考价值的《宋史丛目补遗》，但是，其重修《宋史》的愿望和其为此所做的努力，反映出黄宗羲在史学研究领域力求尽善尽美的大师学者精神。

在史学研究中，黄宗羲还提出了一些值得后人借鉴的史学理论。

首先，他认为史学研究应该以经世为目的。黄宗羲指出，对于学者来说，经世的核心内容即学道与事功两者的统一，学道应源于现实，对现实具有指导作用，同时又由现实来检验其真伪，学道与事功，两者缺一不可，皆不可偏废。然而，对于当时社会上存在的学道与事功两者相分离的现象，黄宗羲指责道："道无定体，学贵适用。奈何今之人执一以为道，使学道与事功判为两途。事功而不出于道，则机智用事而流于伪；道不能达之事功，论其学则有，适于用则无，讲一身之行为则似是，救国家之急难则非也，岂真儒哉！"①在他看来，事功应该出于学道，否则就流于虚伪，学道应该有"救国家之急难"的经世之效，否则就是无用之学。所以，黄宗羲著史的目的主要有二：一是总结历史之乱的规律；二是通过著史使人们能够以史为鉴，进而实现治世的目标。例如，他通过对弘光朝历史的研究和总结，将弘光朝失败的主要原因总结为皇帝失道、朝廷内部大臣之间的矛盾，奸臣专权和阉党之乱等几个方面，并将对这一历史的总结，记载在《弘光实录》中，给后人治世以借鉴，这在一定意义上，是黄宗羲史学研究中，兼顾学道与事功的一个体现。

其次，黄宗羲认为史学研究应该以扬善惩恶为主要目的。因此，在其史学著作，以及诗文、墓志铭中，对史可法、郑成功和东林党人等明末抗清义士和爱国名将给予高度的赞扬，以此发挥史学扬善崇善的经世功能。同时，在黄宗羲看来，史学的社会功效不仅在于宣传弘扬正义，还在于将恶人的罪行公之于世，进而起到惩恶贬恶的效果。在黄宗羲看来，如果史学著作起不到扬善惩恶的作用，使乱臣贼子继续得志于天下的话，那么不如不去著史。所

---

① 黄宗羲：《黄宗羲全集》（第十册），浙江古籍出版社，2005 年版，第 623～624 页。

以他认为，孔子所做的《春秋》使"乱臣贼子惧"，就是史学功效得到充分发挥的一个范例。因此，黄宗羲说道："苟其人之行事，载之于史，传之于后，使千载而下，人人欲加刃于颈，贱之为禽兽，是亦足矣。孟子所谓'乱臣贼子惧'，不需以地狱蛇足于其后也。"①在他看来，对于那些大奸大恶的历史负面人物，人们就应该通过著史的方式，将他们的罪行记载史册，以传万世，使后世之人闻其而唾弃，视其为禽兽，甚至欲"加刃于颈"，这样的惩罚要比虚无缥缈的地域之说更具有现实性，能够使世人畏惧于做危害国家民族之事，从而使史学研究具有经世意义。

最后，黄宗羲提出，在史学研究中应该去伪存真，以成信史。在他看来，很多史料所记载的历史事件，有的出自杂书，有的出自道听途说，有的附有爱憎等感情色彩，这些史料所记载的，大多数都非事实。在这一认识的基础上，黄宗羲在治史中，不仅广泛地收集史料，而且还认真地对史料进行甄别，对于一些有出入的记载，他都会参考不同的史书，考辨真伪，力求信史。黄宗羲这种认真的治史态度，成就了他在史学领域的优秀成果。

总而言之，黄宗羲一生的治史实践和由此而孕育出的史学成果和史学理论，皆体现了黄宗羲在史学方面的伟大成就，同时，也促成了其学术史研究领域的成功。并非所有史学家都能够进行学术史理论创造，而只有史学造诣达到一定高度的学者和思想家才会有黄宗羲这样的成就。

第三节 黄宗羲在学术史研究领域的认识论基础

黄宗羲在学术史领域的认识论基础，是其《明儒学案》成书，以及其中所蕴含的学术史思想的理论前提和逻辑指导，这一认识论基础主要体现在黄宗羲对学术发展规律的体认和总结方面。

---

① 黄宗羲:《黄宗羲全集》(第一册),浙江古籍出版社,2005 年版,第 199 页。

一、对"一本万殊"学术发展规律的总结

黄宗羲将天下学术的发展规律,总结为"一本万殊"。在黄宗羲那里,"一本"是指以儒家学说思想为天下学术之"大本","万殊"则指儒学领域内,以不同形式或不同派别呈现出来的千差万别的儒学思想。同时,在对"一本万殊"学术发展规律的总结和认识上,黄宗羲还提出了"万殊总归一致"的观点,认为儒家思想内部虽然存在着各异的学说和主张,但这些学说和主张发展的总体趋势,则是走向汇通和融合。

1. 对"一本万殊"学术发展规律的总结和其认识论基础

黄宗羲对"一本万殊"学术发展规律的总结,具有一定的理论渊源。早在先秦时期,《庄子·天下》篇的作者就认为,天下学术的发展规律是由"道"发展至多元"方术"的一个由"一"到"多"的演变过程;到了西汉时期,司马谈在《论六家要旨》中引用《易传》里"天下一致而百虑,同归而殊涂"之言,揭示了天下学术以"道"为"一",以"万殊"为"百虑",而"殊涂百虑"之学终同归为"一"的总体发展规律。《庄子·天下》篇的作者和司马谈对学术发展规律的总结,体现了不同历史时期,人们对"一本万殊"学术发展规律的不同阐释。

黄宗羲继承了先贤的思想,将天下学术的发展规律总结为"一本万殊",他对这一学术发展规律的总结和阐释,体现在他对"道"和"百家"之学的理解以及对两者相互关系的认识方面。在黄宗羲看来,"道"是天下之公道、公学,"道"存在和散殊于种类不同的"百家"之学中,而"百家"之学则在不同方面和不同程度上,体现着"道"之公理和公学。为了阐释"一本万殊"的学术发展规律,黄宗羲列举了程颢和朱熹由早年流于诸子百家之学、出入佛家和道家思想,至晚年转向儒家六经之学的学术演变过程,进而说明由"百家"之学至"道"、由"万殊"之学至"一本"之公这一对"公道"和"一本"之学探索过程的复杂和艰辛。对此,黄宗羲说道:"昔明道泛滥诸家,出入于老、释者几十年,而后返求诸六经;考亭于释、老之学,亦必究其归趣,订其是非:自来

求道之士，未有不然者……盖道非一家之私，圣贤血路散殊于百家，求之愈艰，得之愈真。虽其得之有至有不至，要不可谓无与于道者也。"①在黄宗羲看来，"道"并不是某家某派的私学，而是圣贤体会出来的由"百家"之学共同呈现出来的学问，人们对"道"的探求越真，所得到的就越接近真理，虽然有的求学者没有达到对"道"的体认，但并不能就此否定"道"的存在。所以，在黄宗羲看来，即使是他所批判的佛教，也在一定程度上体现着真理，"道"和"百家"之学的联系，体现着"一本"和"万殊"的关系。

基于对"道"和"百家"之学关系的体认，黄宗羲在《明儒学案·发凡》中提出了"一本万殊"的概念，他说道："学问之道，以各人自用得着者为真。凡倚门傍户，依样葫芦者，非流俗之士，则经生之业也。此编所列，有一偏之见，有相反之论，学者于其不同处，正宜着眼理会，所谓一本而万殊也。以水济水，岂是学问！"②在黄宗羲看来，学问之道，以每个人自得和"自用得着"为真理，凡是人云亦云和依葫芦画瓢者，皆是把做学问当作经生的手段，而不是把做学问当作对真理的探求，在学术领域，所谓学者们的"一偏之见"和"相反之论"，正是"万殊"之学在不同学术领域和不同问题上的真实反映，即"一本"之下"万殊"之学的不同表现，而这种"一本而万殊"就是天下学术的发展规律。

黄宗羲关于"一本"之学的认识，在一定程度上，是对宋明理学"公理""公道""公心""公学"等思想的继承和发展。早在南宋时期，陆九渊则认为"理"和"心"都是天下之"公理"和"公心"，体认"公理"和"公心"则是成贤成圣的前提和基础。明代王守仁则认为，"道"是天下之"公道"，"学"是天下之"公学"，并非孔子和朱子的"私学"。明代末期的刘宗周也认为，"道"即通达天下之"道"；"学"亦"天下之公言"。宋明理学家这些关于"公理""公道""公心""公学"的思想，都是黄宗羲"一本万殊"学术发展规律的认识论基础和理论来源，黄宗羲在继承和发展前人思想的基础上，提出了道是大

① 黄宗羲：《黄宗羲全集》（第十册），浙江古籍出版社，2005年版，第351页。
② 黄宗羲：《明儒学案·发凡》（上），沈芝盈点校，中华书局，2008年版，第14页。

公之道,道在不同的事物上有不同的体现,事物之间也各具特殊性,进一步强调了在"道"和"大公"的前提下,"各求其是"的"万殊"之学的重要性。

同时,黄宗羲还对作为"公理""公道"和"公学"的"一本"何以生出"万殊"之学做了具体的阐释。黄宗羲认为,"心"是认识的主体,也是天地万物之理的载体,然而,"心"并不是静止不动的,而是处于千变万化的运动之中,"心"的这种变化不测的状态以"万殊"的形态体现出来,这种"万殊"反映在人的认识领域,便是殊途百虑的万殊之学。对此,黄宗羲在《明儒学案·序》中解释道:"盈天地皆心也。人与天地万物为一体,故穷天地万物之理,即在吾心之中。后之学者错会前贤之意,以为此理悬空于天地万物之间,吾从而穷之,不几于义外乎? 此处一差,则万殊不能不归一"①,在"盈天地皆心"的意义上,将人与天地万物视为一体,将"心"之理视为天下学术之"大本",将人们对"心"所场所的不同认识和理解视为"万殊"之学,进而从认识论角度说明了万殊之学产生的原因,同时也在一定程度上说明,在心体的运动和变化中,人们通过对万殊之学的认识,进而达到对心体的体认,是一个需要持之以恒的工夫的过程,因为人们在认识途径和认识方式上,也存在着差异,因此,必然存在着思想学术领域中万殊之学,继而必然生成了"一本万殊"的学术发展规律。

2. "一本万殊"学术发展规律的具体内涵

黄宗羲对"一本万殊"学术发展规律的具体内含做了充分的阐释,在他看来,儒家学术为天下学术之"大本",儒学领域的各种学说为"万殊"之学。

黄宗羲是明末大儒刘宗周的学生,属于阳明心学之后学。其一生刻苦钻研儒家经史之学,在儒学领域造诣深厚,以儒家学说为天下学术之大宗。儒家学说自孔子开创以来,就以仁义为其理论思想的核心,黄宗羲在其哲学著作《孟子师说》的篇首中,便揭示了儒学"仁"的核心:"天地以生物为核心,仁也。其流行次序万变而不紊乱者,义也。仁是乾元,义是坤元,乾坤毁

---

① 黄宗羲:《明儒学案·序》(上),沈芝盈点校,中华书局,2008 年版,第 7 页。

则无以为天地矣。故国之所以治,天下之所以平,舍仁义更无他道。"①黄宗羲认为,"仁"是天地万物得以生成的核心,"义"是万物得以有序运行而不紊乱的依据,"仁"和"义"是天地的根本,也是实现国之民安和天下昌平的根本途径。在这里,黄宗羲强调了作为儒学核心之"仁",以及由此衍生之"义",是世界生成和万物运行之本源和大宗,进而论证了儒学为天下学术之正宗和大本。

在黄宗羲看来,作为天下学术之大本和正宗之儒学的价值,在于经世致用,认为儒家学者应该在实践当中,实现儒家学说经世之价值。就此,他说道:"余以为孔子之道……世治,则巷吏门儿莫不知仁义之为美,无一物之不得其生,不遂其性;乱世,则学士大夫风节凛然,必不肯以刀锯鼎镬损立身之清格。盖非刊注《四书》,衍辑《语录》,及建立书院,聚集生徒之足以了事也。"(《从祀》,《南雷文定前后三四集》之《南雷文定四集》卷四)也就是说,在黄宗羲看来,由孔子所开创的儒学之道在于其对于家国社会的实效性,天下太平时,人们皆以仁义为美,世间万物由其生长运行,不违其序,乱世之时,则儒家学者保持高尚的气节,大气凛然,即使在刀锯鼎镬面前,也始终保持其大无畏的精神,保持其完整的君子人格,而相比之下,徒以刊注儒家书籍、摘录语录、建立书院,以及聚众讲学为单纯内容的学术活动,则为脱离治世精神的空儒学。

黄宗羲不仅肯定了儒学为"公学"和其经世价值,而且还反对将儒学视为"私学",认为儒学领域内各异的学说,皆是对"道"的不同反应,皆具有存在的合理性,是"圣贤血路"散殊于"百家"的体现。由此,黄宗羲反对后人仅"成守"儒家内部某一特定的学说,忽略学术多样化的做法,而是主张儒学领域学术多元化和创新化发展。黄宗羲认为,先儒们的语录,相互之间有所差异,如果人们对其理解执成定局,那么,这些语录和学说则终生不受用。因此,他发对"守一先生之言",说道:"夫穷经者,穷其理也。世人之穷经,守一

---

① 黄宗羲:《黄宗羲全集》(第一册),浙江古籍出版社,2005 年版,第 49 页。

先生之言,未尝汇通以理,则所穷者一先生之言耳。"①认为在儒学领域以某家学说为唯一真理,执成定局,则难以汇通学术之真理,自然难以实现儒家学说经世的价值。黄宗羲对天下学术发展规律的这一思想和主张,在一定程度上,起到了打破当时学术领域独尊某一思想的僵化局面。

黄宗羲这种反对"守一家之言"和"守先儒之成说"的学术多元化精神和思想创新性倾向,还表现在他对科举之学的批判之中。他说:"今日科举之法,所以破坏天下之人才,唯恐不力。经、史之才薮泽也,片语不得搀入,限以一先生之言,非是则为离经畔道,而古今之书,无所用之。言之合于道者,一言不为不足,千言不为有余……以取士而锢士,未有甚于今日者也。"②黄宗羲认为,科举制度在很大程度上对天下人才有所破坏,其原因就在于科举以"一家之言"的成说、定说约束和禁锢人们的思想,从而使人们忽略了对经史之学的学习,虽然科举之学对人们所限定的学说也是对"道"的体现,但过于强调"一家之言",反而违反了"一本万殊"的发展学术规律,也就是说,在黄宗羲那里,其始终强调和提倡的是学术多元化和创新性之发展。

另外,黄宗羲和其同门郓仲升对刘宗周关于其师之学的不同理解和评价,也反映出黄宗羲对"万殊"之学的学术创新性和多元化高度重视和认可。黄宗羲和郓仲升同为明末阳明心学派大儒刘宗周的学生。郓仲升是刘宗周的高徒,其著《刘子节要》一书以阐释刘宗周的主要哲学思想,两人在江畔临别时,郓仲升请黄宗羲为《刘子节要》作序,黄宗羲之所以拒绝了这一请求是有原因的,即黄宗羲和郓仲升对先师对"意"的阐释有不同的评价和看法。刘宗周对"意"的阐释有异于朱熹和王守仁。朱熹和王守仁皆把"意"看作由"心"所发出来的一种状态和意识活动,即在朱熹和王守仁看来,"心"是主体和主宰,"意"是心的从属,相比之下,"心"更具有本体论之意义。而刘宗周颠覆了朱熹和王阳明的思想,认为"意"才是"心"之根本,"意"较"心"更具有形而上之意义。对于刘宗周关于"意"这一哲学范畴的创新性阐释,郓仲

---

① 黄宗羲:《明儒学案》(下),沈芝盈点校,中华书局,2008年版,第1222页。
② 黄宗羲:《黄宗羲全集》(第十册),浙江古籍出版社,2005年版,第493页。

升试图调和先师与先儒的不同观点，希望黄宗羲为该书作序言，并将这一调和在序言中体现出来；而黄宗羲则认为，刘宗周对"意"的创新之处，正是对"一本万殊"之学术发展规律的体现，应该加以保留，因此，黄宗羲感叹郓仲升对"殊途百虑之学，尚有成局之未化"。

3. "万殊总归一致"——对"万殊"之学发展趋势的体认

黄宗羲在对"一本万殊"学术发展规律认识的基础上，还提出了"万殊总归一致"的学术发展规律，认为天下"万殊"之学的发展趋势是融合与汇通。

黄宗羲在《明儒学案·序》中说道："夫苟工夫著到，不离此心，则万殊总为一致。学术之不同，正以见道体之无尽也。奈何今之君子，必欲出于一途，剿其成说，以衡量古今，稍有异同，即诋之为离经畔道，时风众势，不免为黄茅白苇之归耳。夫道犹海也，江、淮、河、汉以至泾、渭蹄涔，莫不昼夜曲折以趋之，其各自为水者，至于海而为一水矣"①，揭示了"万殊"之学的发展趋势为"总归一致"。在他看来，"万殊"之学源自心体的变动不拘和人们对心体体认工夫的不同，并且在心的本体层面上，具有共性和互通之处，这是天下学术发展规律中"万殊总为一致"的体现，"万殊"之学各有相异之处，也正是心体变化和道体有无穷变化表现的结果，他将作为"一本"之学的"道"和"万殊"之学的关系比作大海和江河湖川，指出，江河湖川经过漫长和曲折的流淌，最终会汇聚成大海，而"万殊"之学纵使有千万种不同的表现形式，也最终在"道"那里互通关联，最终达到统一，因此，"万殊"之学的发展趋势是"归为一致"。

在对这一学术发展规律认识的基础上，黄宗羲主张儒学范畴内不同学说的汇通与融合。比如，程朱理学和陆王心学是宋明理学中两个不同的派别，人们将两者的差异总结为"道问学"和"尊德性"，认为程朱理学的侧重点在于"道问学"，而陆九渊心学的侧重点在于"尊德性"，在黄宗羲看来，人们眼中关于两者差别的判断"无关乎学脉"，也就是说，无论是"道问学"还是

---

① 黄宗羲：《黄宗羲全集》(第十册)，浙江古籍出版社，2005 年版，第 79 页。

"尊德性",皆是对圣学"学脉"的延续,两者相互通融,虽然各有侧重,但是却互为基础和前提。他认为,朱熹和陆九渊之学共同来自孔孟之学,其宗旨相同,皆在于扶植纲常名教,即使两者在见解上有所不同,也不过是儒学范围内仁者见仁,智者见智的区别,即所谓的"学焉而得其性之所近",黄宗羲认为,世人无须过分放大朱熹和陆九渊之学的相异之处,而是应该在两者互通相融的视域内,从整体和统一的角度,将两者看作儒学自身的丰富与发展。

在认识并揭示"一本万殊"和"万殊总归一致"的天下学术发展规律的基础上,黄宗羲提倡儒学多元化发展中的多元互通与融合,以此实现儒学领域内多种学说思想的会众合一。他的这一主张在现实中的反映,首先表现在对《明史》的编撰中。黄宗羲反对在《明史·儒林传》之外另设《明史·道学传》,认为应将明代的"道学"一并纳入明代的"儒林",用《明史·儒林传》总括对明代儒学的记载。就此,他对《明史》的编纂工作进行了批判。他说道:他说:"夫十七史以来,止有儒林。以邹、鲁之盛,司马迁但言《孔子世家》《孔子弟子列传》《孟子列传》而已,未尝加以道学之名也。儒林亦为传经而设,以处夫不及为弟子者,犹之传孔子之弟子也。历代因之,亦是此意。周、程诸子,道德虽盛,以视孔子,则犹然在弟子之列,人之儒林,正为允当。今无故而出之为道学,在周、程未必加重,而于大一统之义乖矣。统天地人曰儒,以鲁国而止儒一人,儒之名目,原自不轻。儒者,成德之名,犹之曰贤、曰圣也。道学者,以道为学,未成乎名也。犹之曰志于道,志道可以为名乎?欲重而反轻,称名而背义,此元人之陋也。且其立此一门,止为周、程、张、朱而设,以门人附之。程氏门人,朱子最取吕与叔,以为高于诸公,朱氏门人,以蔡西山为第一,皆不与焉:其错乱乖谬无所折衷可知。圣朝秉笔诸公,不自居三代以上人物,而 师法元人之陋,可乎?"①在黄宗羲看来,儒学是关于天、地、人和宇宙的学说,也是一种统一和融合的学说,而"儒学"这一概念,是对儒家所有学说的统称,而将周敦颐、程颢、程颐和朱熹等人的学说,冠以"道学"之称并加以"道学传"对其记述,这种做法是有违儒家思想大一统之义

---

① 黄宗羲:《黄梨洲文集》,陈乃乾编,中华书局,1959 年版,第 451～452 页。

的,也与"万殊总归一致"的学术发展规律背道而驰。因此,他认为,儒学内部的不同思想和观点,都统一于儒学的基本精神,各种学说互通互融,以一种强大的向心力,凝聚成了儒学大一统之局面,人们也应在认识这一学术规律的基础上,消除门户之见的偏见,在儒学领域内求同存异。

二、黄宗羲对儒家道统思想的阐释

黄宗羲对儒家道统思想的阐释,主要体现在其对儒家道统思想渊源的梳理,以及对儒家道统循环论的阐释等两个方面。

1. 儒家道统思想渊源

儒家道统是指由儒家学者所确立的儒学传道统绪,一般情况下,儒家道统思想的提出者,往往以确立自己学派为儒家正统地位为目的。

"道统"一词最早出现在朱熹对于子贡和《中庸》的评价中。朱熹提出,子贡虽然没有承袭"道统",但是其学识,却不在今人之后,朱熹还指出,《中庸》一书由子思所作,子思作《中庸》的目的,就是为了使儒家"道统"得以延续,使儒学得以延续,他说:"《中庸》何为而作也? 子思子忧道学失其传而作也。盖自上古圣神继天立极,而道统之传有自来矣。"(《四书章句集注·中庸章句序》)"道统"一词的确切提法虽然出自朱熹,但是道统思想却源自先秦。先秦时期的孟子便认为其自己的学说承自尧、舜、汤和文王,是儒家思想之正统,并常以尧、舜的人格为自己的榜样。唐朝时期,佛教盛行,儒家思想的传播与发展也一度受到了佛教的冲击,韩愈为了捍卫儒学在当时思想文化领域的地位,对佛教进行了批判,同时对儒家道统思想的内涵进行了深入的阐释与发展,韩愈指出,儒家学说贯之以"道",他说:"博爱之谓仁,行而宜之之谓义,由是而之焉之谓道,足乎己无待于外之谓德。仁与义为定名,道与德为虚位。"(《韩昌黎全集·原道》)韩愈认为,"道"的核心内容就是儒家所提倡的"仁义",从古至今,人们对儒家"仁义"思想的传播、继承和实践,就是儒家"道统"的延续过程。在韩愈看来,儒家道统的延续是一个由尧传至舜,由舜传至禹,由禹再传至商汤、文王、武王、周公、孔子和孟子的过程,而孟子之后,儒家道统便中断了,而韩愈本人正是以延续至孟子时中断的儒家道统统绪为历史使命的。

韩愈的儒家道统思想,在宋明理学家那里得到了进一步的发展,但是,他们并没有将韩愈列入儒家道统体系之内,而是自认为直接衔接了孔子和孟子的思想。例如,程颐将程颢列入儒家道统体系,认为程颢之学继承了孔子和孟子之儒学,使中断了千百年之久的儒家圣贤之学得以延续,朱熹则将程颢和程颐纳入儒家传道统绪,立"二程"之学为儒家之正统,而与"二程"和朱熹持不同理学观点的陆九渊,则认为二程之学没有继承曾子、孟子和子思的思想,因此,不能与孟思之学相提并论,就此,否定了程颢和程颐的儒家学说传道者的地位,因此,将二程排除了儒家道统体系。因此,陆九渊说道:"孔门惟颜、曾传道,他未有闻。盖颜、曾从里面出来,他人外面入去。今所传者,乃子夏、子张之徒,外入之学。曾子所传,至孟子不复传矣。"(《语录下》卷三十五)究其缘由,陆九渊、二程和朱熹一样,其所确立的不同的儒学道统体系,都是出于提倡与褒扬自己的学说思想,确立自己的儒学思想为儒家学说之正统的主观目的。

2. 黄宗羲的儒家道统思想

黄宗羲继承并发展了前人的儒家道统观念,并将《周易》中的"元、亨、利、贞"等观念贯穿于其儒家道统思想之中。

在黄宗羲看来,"道"是客观地存在于天地之间的,人人同具,不会以某个人的增加或减少而有所改变,只是由于人们对"道"的体认工夫不同,以及"道"在不同历史时期呈现得或明显或隐晦,所以有不同的表现。他认为,道统的传续由周而复始的不同周期组成,每个周期都可分为"元亨利贞"四个阶段,其中,"元"为每个周期的开始阶段,"亨"和"利"为周期的发展阶段,"贞"为周期的结束阶段,在道统延续的一个周期结束、另一个周期即将开始的元、贞交汇之际,一定会有新的学说主张出现以明"道"于天下,每一周期为五百年。在黄宗羲看来,在以往的道统延续过程中,一共经历了两个周期:一个是由尧舜至孔孟时期,在这一道统周期中,尧舜为"元",商汤为

"亨"，文王为"利"，孔孟为"贞"；另一个是由周敦颐、"二程"到刘宗周时期，在这一周期中，周敦颐和"二程"为"元"，朱熹和陆九渊为"亨"，王守仁为"利"，刘宗周为"贞"，与此同时，黄宗羲对下一个周期的"元"保留了疑问。但是，他在《庚戌集》中的一段话，回答了这一疑问，他说道："余生于庚戌，其干支为再遇也。念六十年来所成何事，区区无用之空言，即能得千古之不变者，已非始愿。吾闻先圣以庚戌生，其后朱子亦以庚戌生，论者因谓朱子发明先圣之道，似非偶然。余独何人，以此名集，所以志吾愧也。"[①]这里，黄宗羲指出，其为庚戌年生人，而"先圣"（孔子）和朱熹皆为庚戌年生人，其本人和"先圣""先贤"在出生年上，具有共通之处，这似乎意味着他们具有相同的历史使命，而其本人也将承担着与孔子和朱熹等在儒家道统延续中起重要作用的圣贤们相同的历史任务，而黄宗羲为刘宗周之高徒，因此，他暗示着自己将是继周敦颐至刘宗周这一儒家道统之后的另一道统周期的开启者。

在一定意义上，黄宗羲的儒家道统思想，是其对"一本万殊"学术发展规律认识的一个补充。在黄宗羲那里，儒家道统的延续和周而复始的循环，是传统儒家"一本"之学得以贯穿历史的一个表现形式，换句话说，儒家思想之"大本"正是在无尽的循环中向前发展和演变的。虽然儒学在每个历史时期的横断面上，有不同的形态和不同的派别，比如，先秦时期，孔子有七十二学徒，每个学徒对孔子思想的理解皆有侧重，在传授孔子学说思想时也各尽不同，宋明时期，理学内部又有程朱理学和陆王心学的划分，仅由阳明心学发展而来的阳明后学又有众多学派，这些都是"万殊"之学的表现，但是，在儒学发展历史的纵面来看，纵使儒学如何丰富与演变，都始终离不开"一本"这一主线，在黄宗羲对天下学术发展规律的认识和总结中，其儒家道统思想，就是对其学术史规律论中"一本"之学的阐述。在黄宗羲看来，从古至今，儒家学脉始终延续，这一过程即由尧、舜—商汤—文王—孔子、孟子—周敦颐、程颢、程颐—朱熹、陆九渊—王阳明—刘宗周之学的发展历程，由此，黄宗羲将宋明理学置以儒家道统之学的高位，尤其是阳明心学，黄宗羲将其视为儒

① 黄宗羲：《黄宗羲全集》（第十册），浙江古籍出版社，2005 年版，第 10 页。

家道统传续中一种具有创新性和重要性形态，这学术史领域的认识论基础，在一定意义上，促进了黄宗羲对明代儒学史的总结，成了《明儒学案》得以编撰的一个重要前提和基础。

本章小结

本章主要探讨了《明儒学案》成书的前提和基础。《明儒学案》成书的前提和基础中的客观因素是宋明理学的发展与繁荣、经世思潮之兴起；主观因素是黄宗羲的爱国情怀、学者精神、史学方面的成就，以及黄宗羲在学术史研究领域的认识论基础。

就《明儒学案》成书的客观因素而言，宋明理学的繁荣发展与经世思潮的流行，对《明儒学案》的编撰产生了重要的促进作用。理学继唐代中期儒学复兴运动余潮而起，产生于北宋时期，发展繁荣于宋元明时期，到了清代中后期开始走向衰落，其产生、发展、繁荣与衰落主要历经四个朝代。其打破并超越了汉唐以训诂和考据为主要研究内容的儒学研究形式，将对儒学的研究转向对儒家传统经典的义理性阐释和发微，由此创造了儒学新的概念体系和研究范式。同时，宋明理学又批判性地吸收了唐代所流行的佛老之学，在批判佛老之学的基础上，有选择性地引佛老之学入儒，进而不断地丰富了儒学的内容。

从宋明理学产生直至《明儒学案》成书之际，理学经历了自身的发展、繁荣与总结阶段。北宋初期的儒学研究延续了唐代疑经派的学术传统和风格，继续质疑汉儒对儒家经典的训诂考据之学，进而由汉唐儒学领域的章句之学，转向阐发儒家经典微言大义的义理性研究。经过各种思想和学说相互之间的角逐，北宋仁宗时期，儒学得到统治者的认可，占据了思想文化领域的正统地位。为了满足儒学理论发展和丰富的需要，宋明理学的开山始祖周敦颐将佛、道两家思想引入儒家思想。因为周敦颐晚年在濂溪学堂讲学，所以他的理学又被称作"濂学"，当时，与"濂学"并存且抗衡的，还有张载兄弟的"关学"和程颢、程颐的"洛学"。周敦颐的"廉学"、张载的"关学"和二程的"洛学"被统称为"道学"。到了南宋时期，"新学"和"蜀学"在学术思想领域的地位逐渐降低，而二程之学，尤其是程颐之学，经过胡安国的大力举荐得到了统治者的重视，在思想文化领域的地位得到了大幅度的提高。南宋时期，师从二程的学者日益增多，杨时、胡宏、罗从彦、张栻和朱熹等人也不断地对理学进行传播和提倡，进而促进了理学在这一时期的广泛流传和普及，其中，朱熹成为理学的集大成者。到南宋理宗时期，统治者推崇朱熹的思想，褒扬朱熹及其思想，并追封朱熹为"信国公"，标志了理学在南宋时期官方意识形态地位的确立。同时，理学内部形成了程朱理学和陆九渊"心学"的对立，陆九渊之学继承了子思孟子学派的心性哲学和程颢的主观唯心主义理学思想，并将禅宗哲学引入儒学，提出了"吾心即宇宙"的心本论哲学命题，认为道德修养不必通过向外格物穷理而求，而是要"发明本心"，即保持心的本然状态。朱陆之争成为当时理学领域一个备受关注的话题，到了明代，王守仁发展了陆九渊的心学，逐渐发展与丰富了陆王心学体系。

到了元代，理学在全国范围内得到了进一步的广泛流传和普及。明初时期，程朱理学成为明代初期学术思想之正宗。明代中期，王守仁对程朱理学提出了质疑，提出了"心即理""致良知"与"知行合一"等命题，发展了南宋时期陆九渊的心学思想，形成了阳明心学体系。阳明心学在明代中后期得到了广泛的传播与发展，其传播趋势超越了程朱理学。然而，阳明心学在普遍发展和广泛流行的过程中，也遭到了程朱理学派的批判。针对阳明心学的弊端，程朱理学派指责阳明心学偏离了儒学范畴，有"入禅"之倾向，更指责阳明后学有束书不观、空谈心性的风气。

明朝末期，经世思潮兴起。明末的经世思潮既反对脱离国家社会实际、空谈心性之学的王门后学，也指责破坏人才的科举取士制度。在晚明的经世思潮中，除了对王学末流和科举制度的批判，还有强调实用、主张致力于实践的思想倾向。晚明经世思潮的兴起，还体现在思想界和学术界对经学和史学的倡导方面。其中，对经学倡导的主要有何良俊、归有光、陈第、钱谦益、焦竑、薛应旂、黄宗羲等人;在对史学的倡导方面,晚明的一些有识之士认为史学具有非常高的经世价值,应当给予高度的重视和评价。总之,明代以后,一些明末的思想家开始总结亡国的历史经验教训,有的通过编撰史书来纪念故国,这对清代撰史思潮的兴起,起到了一定的促进作用,尤其对学术史研究热潮具有推波助澜的作用。因此,明末直至清初的经世思潮,成了黄宗羲学术史研究的一个重要的客观背景。

《明儒学案》成书的主观因素主要有黄宗羲的爱国情怀、学者精神和史学方面的成就等三个方面。黄宗羲有着强烈的爱国情怀,明亡以后,他将余下的时间用来著述和讲学,以纪念先朝和故土。在这一期间,黄宗羲所从事的一项非常重要的学术活动,就是著述明代学术史专著《明儒学案》,将对明王朝的爱国之情寄托于对明代学术的总结之中。黄宗羲的学者精神,成为其一生对知识和学问孜孜以求的动力源泉,是其《明儒学案》和学术史思想得以形成的一个重要的主观因素。黄宗羲一生专注于著述,其范围涉猎历史、哲学、文学、政治、历学、地理、算学和音律学等多方面。为了纪念明朝,他在顺治年间撰写了《留书》以记载和总结明朝制度的得失,又在《留书》内容的基础上,于康熙年间撰成了中国政治思想史上一部具有启蒙性质的批判君主专制的《明夷待访录》,之后《明夷待访录》被梁启超称为“人类文化之一高贵产品”①。同时,黄宗羲还编撰了《孟子师说》《易学象数论》《明文案》《明文海》《明史案》《明儒学案》《历学假如》《行朝录》《弘光实录》《四明山志》《南雷文案》《南雷杂著》《南雷诗历》《南雷文定》等作品。黄宗羲一生不仅大量地阅读书籍并进行学术著述,而且还坚持致力于讲学活动。黄宗羲一生坚持不懈地读书、著述和讲学是其学者精神在学术研究领域的现实转化,在这一精神的影响和推动下,黄宗羲具备了广阔的学术视野、扎实的学术功底和独到的学术研究和判断能力,在一定程度上,促成了黄宗羲在编撰《明儒学案》过程中,对所搜集材料的成功甄选、鉴别和把握。黄宗羲在史学方面有着非常卓越的成就,其一生主要学术活动之一,就是从事史学研

---

① 梁启超:《中国近三百年学术史》,商务印书馆,2016 年版,第 60 页。

究。他撰写了大量的史学著作，这些著作很多都成为官方撰史的重要资料，而且其本人还为《明史》的撰写提供了宝贵的建议。黄宗羲在史学方面的积累和卓越成就，成为其编撰《明儒学案》的一个必不可少的主观前提保障。在史学研究中，黄宗羲还提出了一些值得后人借鉴的史学理论。首先，他认为史学研究应该以经世为目的；其次，黄宗羲认为史学研究应该以扬善惩恶为主要目的；最后，黄宗羲提出，在史学研究中应该去伪存真，以成信史。黄宗羲一生的治史实践和由此而孕育出的史学成果和史学理论，皆体现了黄宗羲在史学方面的伟大成就，同时，也促成了其学术史研究领域的成功。并非所有史学家都能够进行学术史理论创造，而只有史学造诣达到一定高度的学者和思想家才会有黄宗羲这样的成就。

黄宗羲在学术史领域的认识论基础，是其《明儒学案》成书，以及其中所蕴含的学术史思想的理论前提和逻辑指导，这一认识论基础主要体现在黄宗羲对学术发展规律的体认和总结方面。

黄宗羲将天下学术的发展规律，总结为"一本万殊"。在黄宗羲那里，"一本"是指以儒家学说思想为天下学术之"大本"，"万殊"则指儒学领域内，以不同形式或不同派别呈现出来的千差万别的儒学思想。同时，在对"一本万殊"学术发展规律的总结和认识上，黄宗羲还提出了"万殊总归一致"的观点，认为儒家思想内部虽然存在着各异的学说和主张，但这些学说和主张发展的总体趋势，则是走向汇通和融合。

黄宗羲在对"一本万殊"学术发展规律认识的基础上，还提出了"万殊总归一致"的学术发展规律，认为天下"万殊"之学的发展趋势是融合与汇通。在对这一学术发展规律认识的基础上，黄宗羲主张儒学范畴内不同学说的汇通与融合。在认识并揭示"一本万殊"和"万殊总归一致"的天下学术发展规律的基础上，黄宗羲提倡儒学多元化发展中的多元互通与融合，以此实现儒学领域内多种学说思想的会众合一。在黄宗羲看来，儒学是关于天、地、人和宇宙的学说，也是一种统一和融合的学说，而"儒学"这一概念，是对儒家所有学说的统称，而将周敦颐、程颢、程颐和朱熹等人的学说，冠以"道学"

之称并加以"道学传"对其记述,这种做法是有违儒家思想大一统之义的,也与"万殊总归一致"的学术发展规律背道而驰。因此,他认为,儒学内部的不同思想和观点,都统一于儒学的基本精神,各种学说互通互融,以一种强大的向心力,凝聚成了儒学大一统之局面,人们也应在认识这一学术规律的基础上,消除门户之见的偏见,在儒学领域内求同存异。

黄宗羲对儒家道统思想的阐释,主要体现在其对儒家道统思想渊源的梳理,以及对儒家道统循环论的阐释等两个方面。儒家道统是指由儒家学者所确立的儒学传道统绪,一般情况下,儒家道统思想的提出者,往往以确立自己学派为儒家正统地位为目的。黄宗羲继承并发展了前人的儒家道统观念,并将《周易》中的"元、亨、利、贞"等观念贯穿于其儒家道统思想之中。他认为,道统的传续由周而复始的不同周期组成,每个周期都可分为"元亨利贞"四个阶段;在黄宗羲看来,在以往的道统延续过程中,一共经历了两个周期:一个是由尧舜至孔孟时期,在这一道统周期中,尧舜为"元",商汤为"亨",文王为"利",孔孟为"贞";另一个是由周敦颐、"二程"到刘宗周时期,在这一周期中,周敦颐和"二程"为"元",朱熹和陆九渊为"亨",王守仁为"利",刘宗周为"贞"。黄宗羲为刘宗周之高徒,因此,他在《庚戌集》中暗示着自己将是继周敦颐至刘宗周这一儒家道统之后的另一道统周期的开启者。黄宗羲的儒家道统思想,是其对"一本万殊"学术发展规律认识的一个补充。在黄宗羲那里,儒家道统的延续和周而复始的循环,是传统儒家"一本"之学得以贯穿历史的一个表现形式,换句话说,儒家思想之"大本"正是在无尽的循环中向前发展和演变的。虽然儒学在每个历史时期的横断面上,有不同的形态和不同的派别,比如,先秦时期,孔子有七十二学徒,每个学徒对孔子思想的理解皆有侧重,在传授孔子学说思想时也各尽不同,宋明时期,理学内部又有程朱理学和陆王心学的划分,仅由阳明心学发展而来的阳明后学又有众多学派,这些都是"万殊"之学的表现,但是,在儒学发展历史的纵面来看,纵使儒学如何丰富与演变,都始终离不开"一本"这一主线,在黄宗羲对天下学术发展规律的认识和总结中,其儒家道统思想,就是对其学术史规律论中"一本"之学的阐述。在黄宗羲看来,从古至今,儒家学脉始终延续,这一过程即由尧、舜—商汤—文王—孔子、孟子—周敦颐、程颢、程颐—朱熹、陆九渊—王阳明—刘宗周之学的发展历程,由此,黄宗羲将宋明理学置以儒家道统之学的高位,尤其是阳明心学,黄宗羲将其视为儒家道统传续中一种具有创新性和重要性形态,这学术史领域的认识论基础,在一定意义上,促进了黄宗羲对明代儒学史的总结,成了《明儒学案》得以编撰的一个重要前提和基础。

第三章 《明儒学案》的学术史思想

　　黄宗羲《明儒学案》的学术史思想,主要有三个方面内容:一是《明儒学案》的学术史方法论,其中包括网罗资料、认真筛选,提炼并概括学者学术宗旨,立学案以示学派,追溯学术源流、把握学术发展动态,以及评价学派与学者学术宗旨等具体的学术史方法;二是《明儒学案》中的明代理学史思想,其中包括《明儒学案》所总结出的明初理学以朱学为大宗、明代中期阳明心学产生及尔后王门后学之发展、甘泉学派与王门学派各立宗旨、明代中后期无派系归属的诸儒思想及学行,以及明末的东林学派和刘宗周之学;三是以《明儒学案》为中心文本所体现出的黄宗羲对阳明心学的定位。同时,《明儒学案》学术史思想对中国哲学史研究的贡献和意义也具有重要的研究价值。

第一节 《明儒学案》的学术史方法

　　《明儒学案》的学术史方法,是《明儒学案》学术史思想的一个重要内容,也是《明儒学案》得以编撰的指导性原则,其具体内容可以总结为搜集资料、认真筛选,提炼与概括学术宗旨,设立学案以示学派,追溯学术源流、把握学术发展动态,以及评价学派与学者学术思想等内容。

一、网罗资料,认真筛选

　　网罗资料、认真筛选,是《明儒学案》学术史方法的一个重要内容,是《明儒学案》得以系统而完整地编撰的最基本前提。《明儒学案》所记载的,是从明初至明末的理学中人及其学术思想,研究对象丰富而庞杂,因此,广泛地搜集资料,并从中认真筛选,为《明儒学案》学术史研究体系的建构,提供了前提准备和基本素材。早在黄宗羲编撰《明儒学案》之前,他便开始为撰写《明文案》和《明文海》做了充分的准备工作,其中包括认真详细地搜集和抄录工作,最终撰成了堪称明代文章总汇的《明文案》(217卷)和《明文海》(482卷)。《明文案》和《明文海》所记载的资料,对《明儒学案》中的资料选编部分,具有重要的参考价值。在一定意义上,如果没有黄宗羲对资料的广泛搜集,《明儒学案》对明代理学中人及其思想的记载,就不会有丰富而翔实的内容和充分的说服力,也不会将所记录的学者和学派的理学思想客观真实地呈现出来。然而,黄宗羲虽然广泛地涉猎书籍,网罗原著资料,但他并不是不加甄别、没有取舍地将所有资料都纳入《明儒学案》中,而是依据一定的原则和取舍标准,在丰富的资料中,认真地筛选能够反映学者一生精神和学术思想精华的素材和原著。可以说,黄宗羲网罗资料、认真筛选的学术史方法,是《明儒学案》区别并进步于以往学术史研究领域其他著作的重要标志之一。黄宗羲认为,在学术史编撰过程中,如果对搜集的资料不加以甄别和取舍,而是随意地从中选取几条,甚至不知所选资料的具体内涵何在,那么,就不能反映出被研究学者的人格精神和真实学术面貌,同时,他指出:"(《明儒学案》)皆从全集撷要钩玄,未尝袭前人之旧本也"[1],说明了《明儒学案》所筛选资料较以往学术史研究的前沿性和创新性。

　　黄宗羲强调了《明儒学案》网罗资料、认真筛选("皆从全集撷要钩玄,未尝袭前人之旧本"[2])的学术史方法较以往学术史研究方法论的独到之处,这种独到之处,主要表现为其能够反映学者们真正的人格精神和真实的学术面貌。具体来说,《明儒学案》网罗资料、认真筛选的学术史方法的学术史价值,主要表现在两个方面:1.展现学者生平行事,示其人格风貌;2.筛选学者

①　黄宗羲:《明儒学案·发凡》(上),沈芝盈点校,中华书局,2008年版,第14页。
②　黄宗羲:《明儒学案·发凡》(上),沈芝盈点校,中华书局,2008年版,第14页。

著述原集,还原其学术本然面貌。

1. 展现学者生平行事,示其人格风貌

一部系统而完善的学术史著作,不仅能够充分地描述出某一历史时期某些学派和人物的学术思想,而且还应该能够生动地反映与刻画出被研究学者的生平行事和人格风貌。在《明儒学案》的学者传记中,黄宗羲十分注重对学者的生平行事和人格风貌的记载。在学术史研究领域,生平行事反映的是学者一生的主要活动,其中包括社会活动和学术活动;而人格风貌反映的是学者的内在道德品质和外在的人格魅力。众所周知,传统儒家向来追究内心修养与外在事功的统一,因此,对于儒家学者来说,生平行事是学者的学术思想的外在表现与实践检验,人们通过儒家学者一生的主要活动和所言所行,便可得知其思想价值取向、学术好尚,以及学术真伪程度,而人格风貌则是学者学术思想的内在精神依据和外在升华表现。由此,在学术史研究中,记载学者的生平行事和人格风貌,是为了更加全面、生动、立体地呈现出学者的真实学术思想和各项信息。作为一位具有丰富治史经验的思想家,黄宗羲在《明儒学案》中使用大量篇幅,对学者的生平行事和人格风貌做了详细记载,不仅还原了明代学术发展的历史,而且还原了作为学术思想发出者的学者们的真实面貌,使作为客体的学术思想和作为主体的学者进行了有机的结合。

例如,在《明儒学案卷一·崇仁学案》的吴与弼传记中,黄宗羲首先介绍了吴与弼的字、号和籍贯,也介绍了吴与弼早年的求学经历,即:"从洗马杨文定溥学,读《伊洛渊源录》,慨然有志于道,谓'程伯淳见猎心喜,乃知圣贤尤夫人也,孰云不可学而至哉!'遂弃去举子业,谢人事,独处小楼,玩四书、五经、诸儒语录,体贴于身心,不下楼者二年"[1],记载了吴与弼早年师从于杨文定,在阅读朱熹的《伊洛渊源录》之后,立志于求道,于是放弃了科举取士的志向,转而不关心世事,钻研于四书五经和朱子语录,以至于用心体会,两

---

① 黄宗羲:《明儒学案》(上),沈芝盈点校,中华书局,2008 年版,第 14 页。

年之久都不曾下楼等学行，然后，又用简洁准确的话语，概括了吴与弼"气质偏于刚忿"的性格特点和"粗衣敝屣"的外在形象，同时，黄宗羲用生动的语言，记载了吴与弼于辛卯年间，中途行船至长江，忽遇大风，在船将翻倒之刻，吴与弼正襟危坐的事迹，以此，详细地揭示出传主临危不惧、沉着冷静、守正以俟的儒者精神和风貌。于此，黄宗羲对吴与弼的为学经历、性格特征和生平行事等方面的记载和描述，是全面展示传主学术思想和学术思想之外在转化的前提和基础。

在《明儒学案卷十·姚江学案》的《文成王阳明先生守仁》中，黄宗羲记载了王守仁任兵部主事时，坚持正义，不畏得罪宦官势力，在招致杖罚后被贬谪贵州龙场的人生经历，展现出王守仁在正义与邪恶的较量与抗衡中，外儒内刚，不屈权贵，以身示学的真儒者精神和高尚人格。同时，黄宗羲还在王守仁传记中，着重记载了王守仁一生驰骋沙场、率军征战、平叛贼寇、屡立战功的事迹，由此，充分体现出王守仁内圣外王、经世致用、集文治与武功为一身的大儒风范，进而，为凸显王守仁的心学思想在明代理学史中的不可取代的位置，提供了现实的印证。

黄宗羲不仅有选择性地记载了能够展现学者内在精神品质和外在人格风貌的事迹，还在人物传记中重点地介绍学者的学术成就和学术地位，也记载了与学者学术思想的形成和发展紧密相关联的学术活动。例如，在《明儒学案》的《浙中王门学案一·郎中徐横山先生爱》中，黄宗羲记载了徐爱为王守仁大弟子，颇得王守仁赏识与厚爱，"阳明出狱而归，先生(徐爱)即北面称弟子，及门莫有先之"，"其后与阳明同官南中，朝夕不离"，并被王守仁参赞为"吾之渊源"①。在《明儒学案》的《浙中王门学案二·郎中王龙溪先生畿》中，黄宗羲具体地记载了王畿坚持讲学的经历，即："先生(王畿)林下四十余年，无日不讲学，自两都及吴、楚、闽、越、江、浙，皆有讲舍，莫不以先生为宗盟。年八十，犹周流不倦"②，展现了王畿一生致力于传播儒学的经历。又

---

① 黄宗羲：《明儒学案》(上)，沈芝盈点校，中华书局，2008 年版，第 220 页。
② 黄宗羲：《明儒学案》(上)，沈芝盈点校，中华书局，2008 年版，第 237 页。

如，在《明儒学案》的《泰州学案一·处士王心斋先生艮》中，黄宗羲概括了王艮一生的学术活动，其中包括自学《孝经》《论语》《大学》等儒家经典书目，之后偶遇王守仁，因崇仰感叹阳明学之"简易直截"而师从于王守仁，至阳明卒后，王艮广收学徒，致力于讲学，以"百姓日用即道"为学术宗旨，在日常生活中的童仆往来动作之处示人以道，传人学术，由此，黄宗羲将王艮一生的主要学术活动、学说特点和其在学术传播领域的贡献准确、生动、简洁地概括出来。

由此可见，《明儒学案》中的网罗资料、认真筛选这一学术史方法，是指黄宗羲在大量地阅读搜集资料后，有取有舍地选择能够充分展现学者生平行事、精神风貌、人格特征、学术活动、学术志趣以及学术态度的素材的学术史编撰原则。与此同时，在"认真筛选"方面，黄宗羲还十分注重选取学者著述原集，并以此为客观层面的说服力，真实地展现研究对象的学术原貌。

2. 筛选学者著述原集，还原其学术本然面貌

在《明儒学案》中，不仅有记载学者学行和事迹的人物传记部分，而且还有相对来说比重较大的资料选编部分。在每一学案中，资料选编部分附于人物传记之后，其中，资料选编的内容选自学者的著述原集。众所周知，在通常情况下，人们对某一学者学术思想的了解，其来源主要有两个方面：一个是间接来源，即由"第三方"归纳总结陈述出的"二手资料"；另一个是直接来源（"一手资料"——原著），即由学者本人所著的、直接承载学者学术思想的第一文本。在这两个来源的比较之中，原著最能够真实客观地反映出学者的学术思想原貌。因此，在《明儒学案》的编撰中，黄宗羲用较大的篇幅，收录了学者们著述原集中的内容。然而，在中国古代，著述是学者们一生中的重要学术活动，《明儒学案》收录记载了明代儒学领域中的 200 余位学者，如果将这些学者的儒学著作全部网罗进《明儒学案》，那是不切实际也无法做到的。由此，黄宗羲在大量阅读原著并充分掌握所收录学者的学术思想之后，从学者们的原著中，认真地筛选了最能够反映学者学术思想的部分，进而，还原研究对象的学术原貌，即《明儒学案》的资料选编部分"皆从全集

攗要钩玄",这种"攗要钩玄"就是黄宗羲"认真筛选"的学术史方法的总要表现,也是他还原研究对象学术本然面貌的前提基础。

例如,在《明儒学案》卷一的《崇仁学案一·聘君吴康斋先生与弼》中,在传主吴与弼的人物传记之后,为原著辑录选编部分,这部分内容主要由"吴康斋先生语录"组成,其中共选录了吴与弼生平论学的 106 条语录,涉及了吴与弼关于"涵养""省察""克己""为敬工夫"等问题的阐述,进而,客观地体现出吴与弼之学的程朱理学倾向。又如,在《明儒学案》卷九的《三原学案·端毅王石渠先生恕》的王恕传记后,附有王恕所著的《石渠意见》,其中,黄宗羲节选了该著作中的《戒慎恐惧两节》《中和节》《鬼神章》《食无求饱章》《动容貌章》《兴与诗章》《毁誉章》《尽心章》《春秋》《中和》《道不远人章》《诚者自成章》《饥渴章》《进德修业爻》《无隐章》《深则历》《志至气次》《王者师节》《言性章》《孟子末章》的内容,来展现传主王恕的思想原貌。又如,在《明儒学案·诸儒学案上二》曹端先生传记后,附有黄宗羲所节选的曹端《语录》37 条,《明儒学案·诸儒学案上三》的黄润玉传记后,节选了黄润玉所编撰的《海涵万象录》17 条,这些入案学者著述原集的资料选编部分,皆是由黄宗羲在原著基础上"攗要钩玄"而得,分别客观真实地反映了明代儒者学术思想的原貌。

二、提炼并概括学者学术宗旨

提炼并概括学者学术宗旨,是《明儒学案》学术史方法的又一重要内容,同时,也是黄宗羲在学术史研究中提倡"宗旨"与"自得"之学的主要表现。在编撰《明儒学案》的过程中,黄宗羲不仅对学者学术思想的宗旨进行了揭示与概括,而且还通过主观和客观两种形式,对研究对象(学者或学派)的学术宗旨,进行了印证——主要通过研究主体的总结与解释,对研究对象的学术宗旨进行主观印证;通过原著选录部分对研究对象的学术宗旨进行客观印证。

1. 提倡"宗旨"与"自得"之学

在对"一本万殊"学术发展规律的认识与总结的基础上,黄宗羲十分重视并提倡天下学术的多元化发展。黄宗羲认为，不同学说之间相互差异这一客观事实，具有一定的合理性，因为，这些差异是对"道"的不同体现，有基于此，黄宗羲提倡"宗旨"与"自得"之学。在他看来，学术的宗旨，是不同学说之间相互区别的重要标志，只有做到"学有宗旨"，那么，天下学术才不会成为无头绪之乱丝，而在学者的学术思想中，不仅"宗旨"之学十分重要，"自得"之学也具有同等的重要性。黄宗羲指出，"自得"之学来自于学者的自身体会和感悟，是学者"宗旨之学"的主要来源，"宗旨"之学与"自得"之学两者相互渗透，相伴而生，离开"自得"之学的"宗旨"之学，是倚门傍户人云亦云，而离开"宗旨"之学的"自得"之学，则不可称作真正的学问。

既然黄宗羲重视"宗旨"之学，那么，什么是"宗旨"，"宗旨"又有什么重要性呢？黄宗羲说道："大凡学有宗旨，是其人之得力处，亦是学者之入门处。天下之义理无穷，苟非定以一二字，如何约之，使之在我。故讲学而无宗旨，即有嘉言，是无头绪之乱丝也。学者而不能得其人之宗旨，即读其书，亦犹张骞初至大夏，不能得月氏之要领也。"①黄宗羲认为，"宗旨"是学者学术思想的精髓与要领（"得力处"和"入门处"），也是对某种学说思想由繁入简地归纳与总结（"定以一二字"）。同时，"宗旨"的重要性主要有两个方面：一方面为"宗旨"对天下学术起到了分门别类的作用，如果学术思想都没有宗旨，那么，就没有相互之间得以区分的标志和关键点，天下学术也将由此成为"无头绪之乱丝"；另一方面为"宗旨"是人们了解与掌握学者学术思想的"得力处"和"入门处"，人们只有掌握了学者的学术宗旨，才会系统而完整地掌握其学术思想的真谛，否则，将犹如"张骞初至大夏，不能得月氏之要领"②。也就是说，在黄宗羲看来，无论是论学，还是求学，都应该以学术的"宗旨"为关键点和切入点，如果论学和讲学没有宗旨，那么，所论所讲的内容将没有重点和条理地乱作一团，如果求学者得不到所研究学问的"宗旨"，那么，其将终究无法领会到这种学说之要领。

---

① 黄宗羲：《明儒学案·发凡》（上），沈芝盈点校，中华书局，2008年版，第14页。
② 黄宗羲：《明儒学案·发凡》（上），沈芝盈点校，中华书局，2008年版，第14页。

黄宗羲不仅对"宗旨"之学的内涵和现实重要性具有深刻的理解和体会,而且还特别提倡"学有宗旨",这主要体现在黄宗羲对明代阳明心学的高度评价上。他以学术思想是否具有宗旨作为学术衡量与判断的准绳。明代中后期,在阳明心学的传播、普及与王门后学的逐渐发展中,开设书院、聚众讲学等活动在全国大部分地区如火如荼地进行着。黄宗羲虽然对于空谈义理的讲学之风持明确的批判态度,但对于明代较程朱理学有所突破和创新的阳明心学,他还是极为肯定和赞扬的。在黄宗羲看来,如果说明代的文章未必能超越前代,但至于以"心学"为主要内容的讲学活动,是一定超越了前代的。众所周知,阳明心学打破了程朱理学之窠臼,在哲学思想与内在逻辑上有较大的创新,以"心即理"这一命题,取代了"宋学"(程朱理学)的最高哲学范畴——客观存在的"天理",继而提出了人人可以成贤成圣的重要论断,在宋明理学乃至中国思想史上都占有非常重要的位置。黄宗羲对阳明心学的高度赞扬和肯定,不仅仅在于阳明心学较程朱理学在义理层面的创新与超越,在更大程度上,还在于阳明心学内部派别和学者众多,学术派别与学术派别、学者与学者相互之间宗旨鲜明而各异。黄宗羲说道:"诸先生学不一途,师门宗旨,或析之为数家,终身学术,每久之而一变。二氏之学,程、朱辟之,未必廓如,而明儒身入其中,轩豁呈露。用医家倒仓之法,二氏之葛藤,无乃为焦芽乎? 诸先生不肯以朦懂精神冒人糟粕,虽浅深详略之不同,要不可谓无见于道者也。"①在他看来,阳明心学领域中的众多儒者们,其学术宗旨不拘于一家("一途"),宗旨各异,并不断地在发展中有所创新,这使得阳明心学在批判"佛、老"二家之学中,较程朱理学更加完全和彻底,由此,更加能够捍卫儒家学说在中国古代思想文化领域的正统地位,阳明心学在辟佛、老和"卫道"方面的贡献和重要作用,完全得力于明代学术思想(阳明心学)的宗旨鲜明而"析之为数家"和"每久之而一变"。因此,可以说,黄宗羲对明代学术的赞扬和可定,其原因更多地在于心学内部多鲜明而各异的"宗旨之学"。

---

① 黄宗羲:《明儒学案·序》(上),沈芝盈点校,中华书局,2008 年版,第 7～8 页。

因为，黄宗羲主张与提倡的"宗旨"之学，是指源于学者切身体会与深刻领悟的"宗旨"之学，所以，他对"宗旨"之学的提倡，与其对"自得"之学的提倡是密不可分的。他在《明儒学案·发凡》中说道："学问之道，以各人自用得着者为真。凡倚门傍户，依样葫芦者，非流俗之士，则经生之业也"①，就是他反对倚门傍户之"成说"而主张"自得"之学的现实反映。他还记载道："胡季随从学晦翁，晦翁使读《孟子》。他日问季随'于心，独无所同，然乎？'随以所见解，晦翁以为非，且谓其读书鲁莽不思。季随思之既苦，因以致疾，晦翁始言之。古人之于学者，其不轻授如此，盖欲其自得之也。"②指出胡季随师从朱熹时，朱熹令其读《孟子》，朱熹常常问胡季随是否有所心得，而胡季随所答皆书中内容，于是，朱熹指出其读书鲁莽而不假思索，之后，朱熹教导其读书时，不应该轻易接受书本中的内容，而应该认真地加以思考，切身体会，进而产生自得之学。黄宗羲对朱熹教导胡季随读书事例的引用，目的是强调"自得"之学的重要性。黄宗羲还说道："二程不以汉儒不疑而不敢更定，朱子不以二程已定而不敢复改，亦各求其心之所安而已矣。"（《陈乾初先生墓志铭改本》，《南雷文定五集》卷三）这里，二程对汉儒的"更定"与朱熹对二程的"复改"，是以"疑"为前提的，在黄宗羲看来，只有对前人的成说重新思考并大胆地提出质疑而产生的新学术、新思想，才是"自得"之学，这种"自得"之学超越前人之说，直接引领学术的创新和发展，同时又是各家各派学说"宗旨"之学的重要内容。所以，黄宗羲认为，"宗旨"与"自得"是相辅相成的，互为相互统一的整体。学者在治学的过程中，应该紧紧围绕"宗旨"与"自得"两个方面进行思想体系建构，要学有要点和学出于己。由此，黄宗羲在编撰《明儒学案》时，在充分阅读原著并掌握入案学者学术思想的前提下，以"认真提炼与概括学者的学术宗旨"作为其学术史研究的一个重要方法，这不仅体现出《明儒学案》学术史思想的科学性与完善性，也体现出黄宗羲深厚的学术功底和学术史研究造诣。

---

① 黄宗羲:《明儒学案·发凡》（上），沈芝盈点校，中华书局，2008 年版，第 15 页。
② 黄宗羲:《明儒学案·发凡》（上），沈芝盈点校，中华书局，2008 年版，第 15 页。

2. 揭示学者学术宗旨

《明儒学案》对明代理学家学术思想的精准阐释,主要取决于黄宗羲一个重要的学术史方法——提炼与解释学者学术宗旨。

黄宗羲揭示学者学术宗旨这一学术史方法,体现在整部《明儒学案》之中。例如,在《明儒学案》卷七的《河东学案上·文清薛敬轩先生瑄》的薛瑄传记中,黄宗羲指出:"先生(薛瑄)以复性为宗,濂、洛为鹄,所著《读书录》,大概为《太极图说》《西铭》《正蒙》之义疏,然多重复杂出,未经删削,盖惟体验身心,非欲成书也"①,揭示与概括出传主薛瑄的学术宗旨为"复性",其学术方向以周敦颐和二程之学为目标,也揭示出薛瑄所编撰的《读书录》的主要内容多为对周敦颐《太极图说》和张载《西铭》《正蒙》的注解而缺少其本人的见解,由此,黄宗羲在简短数言之中,将薛瑄的学术宗旨和学说特点简洁、清晰、准确地揭示出来。又如,在《明儒学案》卷十八的《江右王门学案三·文恭罗念庵先生洪先》的罗洪先传记中,黄宗羲揭示出:"先生(罗洪先)以濂溪'无欲故静'之旨为圣学的传"②,指出了传主以周敦颐之学为宗,以及"无欲故静"的"主静"为学术宗旨。在《明儒学案》卷十九的《江右王门学案四·处士刘两峰先生文敏》的刘文敏传记中,黄宗羲记载道:"(刘文敏)自幼朴实,不知世有机械事。年二十三,与师泉共学,思所以自立于天地间者,每至夜分不能就寝。谓师泉曰:'学苟小成,犹不学也。'已读《传习录》而好之,反躬实践,唯觉动静未融,曰:'此非师承不可。'乃入越而禀学焉。自此一以致良知为鹄,操存克治,瞬息不少懈"③,在记述了刘文敏性格特征和一生主要学行之后,揭示其"以致良知为鹄"的学术宗旨。又如,在《明儒学案》卷三十二的《泰州学案一·教谕王一庵先生栋》的王栋传记中,黄宗羲概括出王栋之学的两个宗旨:一是"禀师门格物之旨而洗发之",即沿袭了泰州学派"格物"的学术宗旨,并对其有所发展;二是"不以意为心之所发",而以"意"

---

① 黄宗羲:《明儒学案》(上),沈芝盈点校,中华书局,2008 年版,第 111～112 页。
② 黄宗羲:《明儒学案》(上),沈芝盈点校,中华书局,2008 年版,第 387 页。
③ 黄宗羲:《明儒学案》(上),沈芝盈点校,中华书局,2008 年版,第 430 页。

为"心之主宰"①，由此，揭示出王栋学术思想的两个核心和要点。又如，在《明儒学案》的卷三十八《甘泉学案二·侍郎何吉阳先生迁》的何迁传记中，黄宗羲记载道："先生(何迁)从学于甘泉。京师灵济之会久虚，先生入，倡同志复之。先生之学，以知止为要。止者，此心感应之几，其明不假思，而其则不可乱。非止，则退藏不密，则真几不生，天则不见，此与江右主静归寂之旨，大略相同。"②这里，黄宗羲在介绍完传主何迁师从于湛甘泉，指出其师从关系和学术思想来源之后，又重点提炼与揭示出其学术宗旨为"以知止为要"，最后又指出，何迁学术思想的这一宗旨，与江右王门学派的"主静归寂"之宗旨大致相同。又如，在《明儒学案》卷四十一的《甘泉学案五·侍郎许敬庵先生孚远》的许孚远传记中，黄宗羲记载道："(许孚远)及过兰溪，徐鲁源谓其言动尚有繁处，这里少凝重，便与道不相应。先生顶门受针，指水自誓。故先生之学，以克己为要"③，揭示出了传主许孚远以"克己"为学术宗旨。又如，在《明儒学案》卷五十一的《诸儒学案中五·文裕黄泰泉先生佐》的传主黄佐传记中，黄宗羲指出："先生(黄佐)以博约为宗旨，博学于文，知其根而溉之者也。约之以礼，归其根则千枝万叶，受泽而结实者也"④，提炼与揭示出黄佐之学以"博约"为宗旨，"博"指博学，即"博学于文"，"约"即指"约之于礼"。概括而言，提炼与揭示学者学术宗旨这一学术史方法，贯穿于整部《明儒学案》，使《明儒学案》所记载的学者的学术思想简明而准确地呈现出来。

通常情况下，在学术史研究中，研究主体对学者学术宗旨的概括与揭示，既有主观性，也有客观性。这种主观性主要体现为学术史家在充分了解与掌握研究对象的基础上，形成自己对研究对象的认识，进而经过一系列主观的意识活动，对研究对象的学术思想做出高度而精练的概括，进而得出研究对象的学术宗旨；而这种客观性主要是指，研究主体所提炼和揭示出的学

---

① 黄宗羲：《明儒学案》(下)，沈芝盈点校，中华书局，2008 年版，第 732 页。
② 黄宗羲：《明儒学案》(下)，沈芝盈点校，中华书局，2008 年版，第 921 页。
③ 黄宗羲：《明儒学案》(下)，沈芝盈点校，中华书局，2008 年版，第 973 页。
④ 黄宗羲：《明儒学案》(下)，沈芝盈点校，中华书局，2008 年版，第 1198 页。

术宗旨,是对研究对象学术思想较为客观和真实的反映。主观性与客观性两者,对于研究对象的学术宗旨来说,具有同等的重要性。在对研究对象学术宗旨的揭示中,只有主观性而没有客观性的宗旨,仅仅是学术史家附加于研究对象的学术宗旨,属于强史就我;而只有客观性却没有主观性的宗旨,没有经过学术史家的加工、概括与提炼,则是客观资料的堆积,就不能成为宗旨。在对学术宗旨主观与客观双重性质以及两者重要性认识的基础上,黄宗羲指出,学术史家不仅应该同时具备广博的见识、深厚的学术功底和敏锐的学术洞察能力,还应该在学术史研究中,以客观原则为前提,抓住学术要领,进而揭示出研究对象的学术宗旨。所以,在把握研究对象学术宗旨层面,他既反对附加了编撰者浓厚主观色彩的"强史就我",也反对不经编撰者概括归纳的资料杂收和不得要领等缺点,黄宗羲在《明儒学案·发凡》中说道:"从来理学之书,前有周海门《圣学宗传》,近有孙钟元《理学宗传》,诸儒之说颇备。然陶石篑与焦弱侯书云'海门意谓身居山泽,见闻狭陋,常愿博求文献,广所未备,非敢便称定本也。'且各家自有宗旨,而海门主张禅学,扰金银铜铁为一器,是海门一人之宗旨,非各家之宗旨也,钟元杂收,不复甄别,其批注所及,未必得其要领,而其闻见亦犹之海门也。学者观羲是书,而后知两家之疏略。"①黄宗羲指出了周汝登的《圣学宗传》和孙奇逢的《理学宗传》这两部学术史著作皆存在不足之处,周汝登的疏略之处在于不尊重客观存在的学术内容,无视各家的学术宗旨,将先儒的语录转换成禅学,将自己的禅学主张,强加于各家各派,以其(周汝登)一人之宗旨,取代各家各派的学术宗旨,周汝登的这种做法,是"纯主观"的表现;也指出了孙奇逢编撰《圣学宗传》,并没有对各家思想和学术宗旨进行区别、比较和归纳,而是收集一堆资料,其中,没有其本人(孙奇逢)对研究对象的主观理解与体悟,也没有其本人对学术宗旨的提炼和概括,这样对他人的学术宗旨,也终究"不得要领",这是"纯客观"的表现。在对比前人的两部学术史著作之后,黄宗羲给予自己编撰的《明儒学案》较高的评价,进而说道:"学者观羲是书,而后

---

① 黄宗羲:《明儒学案·发凡》(上),沈芝盈点校,中华书局,2008 年版,第 14 页。

知两家之疏略。"①这里,黄宗羲认为,他所编撰的《明儒学案》在揭示学者学术宗旨层面,同时兼顾了主观与客观双重因素——这种客观因素主要表现为以学者原著选编的方式对所揭示宗旨进行客观的印证,进而将研究对象的真实的学术思想客观地呈现出来("以客观的形式印证所揭示宗旨");这种主观因素既表现为通过其本人的认识、理解、体悟与提炼揭示学者的学术宗旨,也表现为编撰者对研究对象的学术宗旨展开详细的阐释与论证("以主观的形式印证所揭示之宗旨")。总而言之,黄宗羲在揭示学者学术宗旨方面所表现的主、客观双重性,可概括为"以客观和主观的形式印证所揭示之宗旨"。

3. 以客观和主观的形式印证所揭示之宗旨

《明儒学案》揭示研究对象学术宗旨这一学术史方法的客观性和主观性,不仅表现在编撰者在提炼与概括学术宗旨时符合研究对象的思想原貌,以及对研究对象的主观认识与体悟上,还主要表现在编撰者对所揭示的学术宗旨的印证之中。如果说由阅读文本、掌握材料到提炼与揭示研究对象的学术宗旨是一个由"面"至"点"、由"繁"至"简"的归纳总结过程;那么,由概括宗旨到印证宗旨,则是一个由"点"至"面"、由"简"至"繁"的演绎过程。印证学者的学术宗旨,其实是一个对所揭示的宗旨的合理性进行解释的过程,也是一个对研究主体(编撰者)学术判断能力与归纳能力进行论证的过程,有了对学者学术宗旨的印证,研究主体的学术史思想才能更有说服力。黄宗羲在编撰《明儒学案》的过程中,充分地运用了印证学者学术宗旨这一学术史方法,这其中,既包含了客观的印证,也包含了主观的印证。

第一,通过原著辑录对所揭示宗旨进行客观的印证。

黄宗羲对《明儒学案》学者原著的选录,并不是像《理学宗传》一样"不复甄别"地"杂收",而是有效地选录能够反映学者学术思想"得力处"并印证学者学术宗旨的原著部分,由此,黄宗羲的学生兆鳌说:"吾师梨洲先生纂

---

① 黄宗羲:《明儒学案·发凡》(上),沈芝盈点校,中华书局,2008年版,第14页。

辑是书,寻源溯委,别统分支,秩乎有条而不紊。于叙传之后,备载语录,各纪其所得力,绝不执己意为去取,盖以俟世之公论焉尔。"①也就是说,黄宗羲在《明儒学案》资料选编部分的文本选录中,并没有掺杂主观喜恶的态度,而是通过不断的追根溯源、辨明学脉,与有条不紊的归纳与分类,选录最能真实地展现与阐释学者学术宗旨的原著部分,进而达到对学者学术宗旨客观的印证,换句话说,黄宗羲是通过原著录对所揭示宗旨进行客观印证的。

例如,在《明儒学案》卷二的《崇仁学案二·文敬胡静斋先生居仁》中对胡居仁学术宗旨的印证。胡居仁是明代初期程朱理学派的代表人物,其理学思想以"主敬"为宗旨,并将这一宗旨看作儒家"存心"工夫的最基本方式。黄宗羲首先在《明儒学案》胡居仁的传记中,对胡居仁"主敬"的学术宗旨进行了揭示,说:"先生一生得力于敬,故其持守可观。"②之后,在传主传记之后的原著辑录部分,多处选录胡居仁关于"主敬"论学语录,从而对这一学术宗旨进行了客观的印证。其中,选录了胡居仁对"主敬"工夫的描述,即:"觉得放心,亦是好事。便提撕收敛,再不令走,便是主敬存心工夫"③;也选录了胡居仁对二程和朱熹强调"主敬"工夫的介绍,即:"程、朱开圣学门庭,只主敬穷理,便教学者有入处"④;也选录了胡居仁对如何"主敬"的论述:"人虽持敬,亦要义理来浸灌,方得此心悦怿;不然,只是硬持守也"⑤;也选录了胡居仁对"敬"的"入头处""接续处""无间断处"和"效验处"的揭示和总结;还选录了胡居仁对"敬"的含义的诠释,即:"敬该动静,静坐端严,敬也;随事检点致谨,亦敬也。敬兼内外,容貌庄正,敬也;心地湛然纯一,敬也。"⑥又如,在《明儒学案》卷十三的《浙中王门学案三·知府季彭山先生本》的季本传记中,黄宗羲揭示了季本"贵主宰而恶自然"的学术宗旨,之后,又在该传记中,直接引用了季本关于该学术宗旨的论学之言,即:"理者阳之主宰,乾道也;

① 黄宗羲:《明儒学案·仇兆鳌序》(上),沈芝盈点校,中华书局,2008年版,第5页。
② 黄宗羲:《明儒学案》(上),沈芝盈点校,中华书局,2008年版,第29页。
③ 黄宗羲:《明儒学案》(上),沈芝盈点校,中华书局,2008年版,第31页。
④ 黄宗羲:《明儒学案》(上),沈芝盈点校,中华书局,2008年版,第31页。
⑤ 黄宗羲:《明儒学案》(上),沈芝盈点校,中华书局,2008年版,第32页。
⑥ 黄宗羲:《明儒学案》(上),沈芝盈点校,中华书局,2008年版,第39页。

气者阴之流行,坤道也。流行则往而不返,非有主于内,则动静皆失其则也"①,客观地印证了以"理"为核心,以"气"形式的"贵理"而"恶气"的理学主旨。综上所述,在《明儒学案》中,黄宗羲是通过选录最能够反映学者学术宗旨的原著部分,来客观地印证学者的学术宗旨的。

第二,通过研究主体之解释对所揭示宗旨进行主观的印证。

在《明儒学案》的编撰过程中,黄宗羲在学者传记之后,通常会附有其本人对该学术宗旨的主观阐释,这种主观阐释,反映的是学术史研究主体(编撰者)对研究对象学术宗旨的主观理解、认识和体会,是在学术史家语境中呈现出来的详细化和具体化的学者学术宗旨,也是学术史研究主体对所揭示的学术宗旨的一种主观印证,进而使作为被研究对象的学者学术宗旨不仅以单纯的客观形式得以揭示和印证,还使其以研究主体主观印证的形式及内涵更加丰富、更加具有可信度地呈现出来。

例如,在《明儒学案》卷十六的《江右王门学案一·文庄邹东廓先生守益》中,黄宗羲记述道:"先生之学,得力于敬",揭示了传主之学主"敬"的学术宗旨,之后,黄宗羲对邹守益的这一学术宗旨做了补充说明式的主观印证,说道:"敬也者,良知之精明而不杂以尘俗者也。吾性体行于日用伦物之中,不分动静,不舍昼夜,无有停机。流行之合宜处谓之善,其障蔽而雍塞处谓之不善。盖一忘戒惧则障蔽而雍塞矣,但令无往非戒惧之流行,即是性体之流行矣。离却戒慎恐惧,无从觅性;离却性,亦无从觅日用伦物也。故其言'道器无二,性在气质',皆是此意。"②在这段话中,黄宗羲对邹守益"主敬"的学术宗旨进行了阐释,在黄宗羲看来,邹守益其所主张的"敬"是指"良知"之本然,即"良知"的最初状态和作为人的先验道德的"善",而"主敬"就是保持这种良知的本然状态。黄宗羲指出,在邹守益看来,"性体"流行于"日用伦物"之中,并时时刻刻贯穿于"动静"和"昼夜",在"性体"流行的过程中,没有障蔽而合宜处就是善,有障蔽而雍塞之处就是不善,在工夫修养

---

① 黄宗羲:《明儒学案》(上),沈芝盈点校,中华书局,2008 年版,第 271 页。
② 黄宗羲:《明儒学案》(上),沈芝盈点校,中华书局,2008 年版,第 332 页。

中，离开"戒慎恐惧"（"敬"）便无从见"性"（"善"），离开"性"（"善"）便无从见"日用伦物"。这里，黄宗羲对邹守益理学思想的"主敬"宗旨进行了展开式阐释，揭示了"敬"的具体内含和所指状态，也说明了"主敬"对保持"良知"本然的重要性和其在"日用伦物"中所起的重要作用。这样，黄宗羲在充分体悟传主学术思想和宗旨的基础上，以自己的主观理解，诠释了研究对象的学术宗旨，用由"约"至"博"的演绎形式，实现了对研究对象学术宗旨的主观印证。

综上所述，《明儒学案》中所体现出来的"提炼与概括学者学术宗旨"的学术史方法，不单纯地以"揭示学者学术宗旨"为核心内容，而且还以黄宗羲"提倡'宗旨'与'自得'之学"为前提基础，其中包含着编撰者以客观和主观两种方式，对所揭示的学术宗旨展开具体而详细的印证，从而使《明儒学案》中这个一以贯之的学术史方法更加完整而系统，由此，为《明儒学案》学术史方法中其他内容的展开，打下了重要的理论基础。

三、立学案以示学派

《明儒学案》学术史方法的又一个重要内容是立学案以示学派，这一学术史方法是以对研究对象的派别分类和还原为前提的。所谓"派别分类"，是指在学术史研究中，以某种特定的标准为参照，将多个单一的研究对象进行归类与整合，从而使研究对象以"类"的形式呈现出来；所谓"派别的还原"，是指在学术领域，作为"类"的学术派别是客观存在的，研究主体对研究对象学术派别的划分与揭示，实际上是对所存在的学术派别的一种客观还原。

在《明儒学案》之前的学术史研究中，这种对研究对象进行派别分类的学术史方法就已经存在了。早在先秦时期，《庄子·天下》篇就将先秦诸子进行了派别的分类，即将墨翟和禽滑厘划为一派，将宋钘和尹文划为一派，将彭蒙、田骈和慎到划为一派，将关尹和老聃划为一派，将庄周自己划为一派，将惠施、桓团和公孙龙划为一派。到了西汉时期，司马谈在其学术史篇章《论六家要旨》中，在宏观领域，将天下学术划分为阴阳、儒、墨、名、法和道德六个派别。在我国第一部纪传体通史《史记》中,司马迁将孔子单列为一个派别,著有《孔子世家》;将孟子和荀子列为一个派别,著有《孟子荀卿列传》;将孔子的弟子列为一个派别,著有《仲尼弟子列传》;将老子和韩非列为一个派别,著有《老子韩非列传》;将西汉初年的儒学传播者列为一个派别,著有《儒林列传》。从先秦时期的《庄子·天下》篇,到西汉初年的《史记·论六家要旨》和《史记·儒林列传》等,都蕴含着对研究对象进行派别分类的学术史方法。

《明儒学案》重点凸显了对研究对象派别的划分,以此还原了明代儒学中各个学派及其学者的学术思想。《明儒学案》虽然记载了明代200余位学者及其学术思想,但是却依据一定的标准,将每一位学者都归纳到相应的学派。全书共62卷,分作19个学案,各卷的内容是:卷一、二、三、四为《崇仁学案》,记载了吴与弼、胡居仁、娄亮、谢复、郑伉、胡九韶、魏校、余佑、夏尚朴、潘润等10位学者及其学术思想;卷五、六为《白沙学案》记载了陈献章、李承箕、张诩、贺钦、邹智、陈茂烈、林光、陈庸、李孔修、谢佑、何廷矩、史桂芳等12位学者及其学术思想;卷七、八为《河东学案》,记载了薛瑄、闫禹锡、张鼎、段坚、张杰、王鸿儒、周蕙、薛敬之、李锦、吕柟、吕潜、张节、李挺、郭郛、杨应诏等15位学者及其学术思想;卷九为《三原学案》,记载了王恕、王承裕、马理、韩邦奇、杨爵、王之士等6位学者及其学术思想;卷十为《姚江学案》,记载了王守仁、许璋、王文辕等3位学者及其学术思想;卷十一、十二、十三、十四、十五为《浙中王门学案一》至《浙中王门学案五》,记载了徐爱、蔡宗兖、朱节、钱德洪、王畿、季本、黄绾、董沄、董谷、陆澄、顾应祥、黄宗明、张元冲、程文德、徐用检、万表、王宗沐、张元忭、胡瀚等19位学者及其学术思想;卷十六、十七、十八、十九、二十、二十一、二十二、二十三、二十四为《江右王门学案一》至《江右王门学案九》,记载了邹守益、邹善、邹德涵、邹德溥、邹德泳、欧阳德、聂豹、罗洪先、刘文敏、刘邦采、刘阳、刘印山、王柳川、刘晓、刘魁、黄弘纲、何廷仁、陈九川、魏良弼、魏良政、魏良器、王时槐、邓以赞、陈嘉谟、刘元卿、万廷言、胡直、邹元标、罗大纮、宋仪望、邓元锡、章潢、冯应京等33位学者及其学术思想;卷二十五、二十六、二十七为《南中王门学案一》至《南中王门学案三》,记载了黄省曾、周衡、朱得之、周怡、薛应旂、薛甲、唐顺之、唐鹤征、徐阶、杨豫孙等10位学者及其学术思想;卷二十八为《楚中王门学案》,记载了蒋信和冀元亨2位学者及其学术思想;卷二十九为《北方王门学案》,记载了穆孔晖、张后觉、孟秋、尤时熙、孟化鲤、杨东明、南大吉等7位学者及其学术思想;卷三十为《粤闽王门学案》,所录薛侃和周坦二人;卷三十一为《止修学案》,记载了李材1人及其学术思想;卷三十二、三十三、三十四、三十五、三十六为《泰州学案一》至《泰州学案五》,记载了颜钧、梁汝元、邓豁渠、方与时、程学颜、钱同文、管志道、王艮、王襞、朱恕、韩乐吾、夏叟、徐樾、王栋、林春、赵贞吉、罗汝芳、杨起元、耿定向、耿定理、焦竑、潘藻、方学渐、何祥、祝世禄、周汝登、陶望龄、刘塙等28位学者及其思想;卷三十七至卷四十二为《甘泉学案一》至《甘泉学案六》,记载了湛若水、吕怀、何迁、洪垣、唐枢、蔡汝南、许孚远、冯从吾、唐伯元、杨时乔、王道等11位学者及其学术思想;卷四十三至卷五十七为《诸儒学案(上、中、下)》,记载了由明初方孝孺、赵谦、曹端至明末金伯玉、金声、朱天麟、孙奇逢等明代42位学者及其学术思想;卷五十八、五十九、六十、六十一为《东林学案一》至《东林学案四》,记载了顾宪成、高攀龙、钱一本、孙慎行、顾允成、史孟麟、刘永澄、薛敷教、叶茂材、许世卿、耿橘、刘元珍、黄尊素、吴桂森、吴钟峦、华允诚、陈龙正等17位学者及其学术思想;卷六十二为《蕺山学案》,记载了刘宗周及其学术思想。

在所有学案中,"诸儒学案者,或无所师承,得之于遗经者;或朋友夹持之力,不令放倒,而又不可系之朋友之下者;或当时有所兴起,而后之学者无传者,俱列于此"①,也就是说,《诸儒学案》所记载的学者,有的没有师承关系而其学术思想来自于书本,有的学术思想来自于学友而又不可寄于学友之门下;有的学术思想没有传授的对象。除此之外,《明儒学案》的其他学案,分别记载了明代理学之中的崇仁学派、白沙学派、河东学派、三原学派、姚江学派、浙中王门学派、江右王门学派、南中王门学派、楚中王门学派、北方王

---

① 黄宗羲:《明儒学案》(下),沈芝盈点校,中华书局,2008年版,第1041页。

门学派、粤闽王门学派、止修学派、泰州学派、甘泉学派、东林学派和蕺山学派等 16 个学派。其中,在这 16 个学派的学案中,除了《止修学案》和《蕺山学案》分别记载了李才 1 人和刘宗周 1 人之外,《明儒学案》在对"崇仁""白沙""河东""三原""姚江""浙中王门""江右王门""南中王门""楚中王门""北方王门""粤闽王门""泰州""甘泉""东林"等 14 个学派的记载中,皆揭示出各学派之间明显的师承关系,因此,在一定意义上,《明儒学案》对学派的划分,是以师承关系为最主要的参照标准的,即"有所授受者,分为各案"。除了以师承关系为划分学派的主要参照标准之外,《明儒学案》对明代理学中各学派的划分,还参照了地理位置这一标准。例如,黄宗羲按照学者所处的地理位置,在王门后学中,又划分出"浙中王门学派""江右王门学派""楚中王门学派""南中王门学派""北方王门学派"和"粤闽王门学派"。

虽然在《明儒学案》之前的学术史研究中,既有对学者学术派别的归类和划分,但是相比之下,《明儒学案》对明代理学学者学派的划分,是以"立学案"的编撰形式体现出来的,由此,便形成了多个以学派创始人和继承者为统一体的,或者以同一个地域的同一师门学者为统一体的学案,进而,有利于以"类"的形式揭示与评价各个学派的学术主旨和观点。《明儒学案》"立学案以示学派"的学术史方法,在中国古代的学术史研究中,是一个标志性的突破,它标志着"学案体"编撰体裁在学术史研究领域的真正产生,这也是黄宗羲在传统学术史方法中的创新之处与独特贡献。

四、追溯学术源流,把握学术发展动态

学术史研究的主要内容之一,就是学术发展的历史。而学术发展,是一个在延续中不断变化、不断前进的过程。这种延续的、动态的发展过程主要有两方面的内容和表现:一方面是指在某一特定的历史阶段内,学术思想在不同的学者之间的传授、继承与发展;另一方面是指同一个学者的自身学术思想的发展与变化。黄宗羲在编撰《明儒学案》的过程中,充分地展现了这种"追溯学术源流,把握学术发展动态"的学术史方法,其主要表现在揭示了

不同学者之间学术思想的继承性和发展性，以及揭示同一学者自身学术思想的演变两个方面。

1. 揭示不同学者之间学术思想的继承与发展

黄宗羲曾说道："学在天地，有宗有翼，宗之者一人，翼之者数十人，所谓后生疏附也。"也说道："学之盛衰，关乎师友。"(《南雷文定前后三四集》之《南雷文定后集》卷三)上述两段话，反映出黄宗羲对不同学者之间学术发展演变规律的体认。在黄宗羲看来，天下学术的发展，凭借师承关系而得以延续，而师承关系，则是指由师者创立一种学术思想、"发明"某种学术观点，进而确立特定的学说宗旨，再通过讲学授徒与著述等传播方式，使其学术思想和学术宗旨，在其门徒之中得以流传和发展，由此，促成了天下学术思想的不断发展与演变。在对这一学术发展规律认识的基础上，黄宗羲在编撰《明儒学案》时，非常重视揭示与总结不同学者相互之间的学术发展与继承关系，这种学术史方法，主要体现在《明儒学案》对所记载的明代理学中各个学派内部师承关系的描述上。

以《明儒学案·白沙学案(上、下)》为例。《白沙学案》共记载了陈白沙先生献章、李大厓先生承箕、张东所先生诩、贺医闾先生钦、邹立斋先生智、陈时周先生茂烈、林缉熙先生光、陈秉常先生庸、李抱真先生孔修、谢天锡先生佑、何时振先生廷矩、史惺常先生桂芳等 12 为学者，其中陈献章为白沙学派的创始人，该学案所记载的其他 11 人，他们的学说思想皆直接或间接地来自陈献章，皆与陈献章有直接或间接的师承关系。例如，在对陈献章的介绍中，黄宗羲说道："先生(陈献章)之学，以虚为基本，以静为门户，以四方上下、往古来今穿纽凑合为匡郭，以日用、常行、分殊为功用，以勿忘、勿助之间为体认之则，以未尝致力而应用不遗为实得。远之则为曾点，近之则为尧夫，此可无疑者也"①，揭示了白沙学派创始人陈白沙的学术宗旨和学说特点。而对于白沙学派的李承箕，黄宗羲说道："(李承箕)闻白沙之学而慕之，

---

① 黄宗羲：《明儒学案》(上)，沈芝盈点校，中华书局，2008 年版，第 80 页。

弘治戊申,入南海而师焉。白沙与之登临弔古,赋诗然翰,投壶饮酒,凡天地间耳目所闻见,古今上下载籍所存,无所不语"①,揭示了李承箕和陈献章的师承关系。对于张诩,黄宗羲则记载道:"张诩字廷实,号东所,南海人,白沙弟子",又说道:"白沙以'廷实之学,以自然为宗,以忘己为大,以无欲为至,即心观妙,以揆圣人之用。其观于天地,日月晦明,山川流峙,四时所以运行,万物所以化生,无非在我之极,而四握其枢机,端其衔绥,行乎日用事物之中,以与之无穷'。观此则先生之所得深矣。"②对于贺钦,黄宗羲则记载道:"白沙在太学,先生(贺钦)闻其为己端默之旨,笃信不移,从而禀学,遂淡然于富贵。故天下议白沙率人于伪,牵连而不仕,则以先生为证。"③对于邹智,黄宗羲在其传记之后的原著选编部分,节选了邹智《奉白沙书》中的片段,以表明邹智之学和陈献章之学的关联性。对于陈茂烈,黄宗羲则记载道:"(陈茂烈)登弘治丙辰进士第。奉使广东,受业白沙之门。白沙语以为学主静,退而与张东所论难,作《静思录》。"④对于林光,黄宗羲记载道:"(林光)已丑会试入京,见白沙于神乐观,语大契,从归江门,筑室深山,往来问学者二十年。"⑤对于陈庸,黄宗羲指出:"(陈庸)游于白沙之门,白沙示以自得之学……先生深契之。"⑥对于李孔修,黄宗羲记载道:"居广州之高第街……张东所识之,引入白沙门下。"⑦对于谢佑,黄宗羲指出其为"白沙弟子"⑧对于何廷矩,黄宗羲记载道:"何廷矩字时振,番禺人。为郡诸生。及师白沙,即弃举子业。"⑨对于史桂芳,黄宗羲则记载道:"先是,岭表邓德昌,白沙弟子也,以其学授传明应。先生读书鹿洞,传一见奇之,曰:'子无第豪举为,圣门

---

① 黄宗羲:《明儒学案》(上),沈芝盈点校,中华书局,2008年版,第93页。
② 黄宗羲:《明儒学案》(上),沈芝盈点校,中华书局,2008年版,第95页。
③ 黄宗羲:《明儒学案》(上),沈芝盈点校,中华书局,2008年版,第99页。
④ 黄宗羲:《明儒学案》(上),沈芝盈点校,中华书局,2008年版,第104页。
⑤ 黄宗羲:《明儒学案》(上),沈芝盈点校,中华书局,2008年版,第105页。
⑥ 黄宗羲:《明儒学案》(上),沈芝盈点校,中华书局,2008年版,第106页。
⑦ 黄宗羲:《明儒学案》(上),沈芝盈点校,中华书局,2008年版,第107页。
⑧ 黄宗羲:《明儒学案》(上),沈芝盈点校,中华书局,2008年版,第107页。
⑨ 黄宗羲:《明儒学案》(上),沈芝盈点校,中华书局,2008年版,第107页。

有正学可勉也。'手书古格言以励,先生惧然,向学之意自此始。"①由此可见,在《明儒学案》的《白沙学案》中,黄宗羲客观地还原绘制了一幅以陈献章为学派创始人,以李承箕、张诩、贺钦、邹智、陈茂烈、林光、陈庸、李孔修、谢佑、何廷矩和史桂芳等学者为学术思想继承者的师承关系图,进而生动形象地展现了不同学者之间学术思想的继承与发展。

《明儒学案》所揭示的学派之中的师承关系,表现以某一宗旨为主要内容的学术思想在学派内部的延续和发展。《明儒学案》不仅记载了学派内部以学术思想为中介的师承关系,还记载了学派内部的学者之间学术思想的关联性,即"不同学者之间的学术继承与发展"。

以《明儒学案》的《崇仁学案》为例。明初理学中的崇仁学派以程朱理学为倾向,其学术思想以"践履"为主旨,黄宗羲在《明儒学案》卷一的吴与弼传记中,将崇仁学派创始人吴与弼的理学宗旨概括为"身体力验"和"敬义夹持,诚明两进"。综观《明儒学案·崇仁学案》所记载的其他学者的理学思想,就吴与弼对其门徒学术思想的传授、影响,以及其门徒对吴与弼学术思想继承和发展而言,黄宗羲的《明儒学案》主要揭示了两方面内容。

第一,不同学者之间学术思想的继承。

《明儒学案》所揭示的不同学者之间学术思想的继承,主要表现在同一学者的学术思想及其宗旨,被师从于这个人的不同学者所继承,从而加速和促成了具有相同主旨的学术思想的传播。例如,在《明儒学案·崇仁学案二》中,黄宗羲将崇仁学派中胡居仁的学术思想特征概括为"得力于敬"和"持守客观"②,又将谢复学术思想的特征概括为"从事于践履"③,将郑伉学术思想的特征概括为"一切折衷于朱子,痛恶佛、老"④,在《明儒学案·崇仁学案三》中,黄宗羲将余祐学术思想的特征概括为"墨守敬斋"⑤,在《明儒学

---

① 黄宗羲:《明儒学案》(上),沈芝盈点校,中华书局,2008 年版,第108 页。
② 黄宗羲:《明儒学案》(上),沈芝盈点校,中华书局,2008 年版,第29 页。
③ 黄宗羲:《明儒学案》(上),沈芝盈点校,中华书局,2008 年版,第45 页。
④ 黄宗羲:《明儒学案》(上),沈芝盈点校,中华书局,2008 年版,第45 页。
⑤ 黄宗羲:《明儒学案》(上),沈芝盈点校,中华书局,2008 年版,第64 页。

和"认心理为二"①，由《明儒学案》对崇仁学派主要学者学术思想特征的概括和揭示可以看到，由不管是胡居仁、谢复、郑伉，还是余祐和夏尚朴素，其学术思想的共性在于，都是对其师吴与弼学术主张和学术特点的继承和发展，也是"揭示不同学者之间学术思想的继承"的学术史方法的一种体现。

第二，不同学者之间学术思想的发展。这里的"发展"既指继承意义上的发展，又指创新意义上的发展。

所谓"继承意义上的发展"，指的是具有同一主旨的学术思想在不同学者之间的传播，进而使这一学术思想得以在学术思想文化领域留存，但只是纯粹意义上的"复制"和传播，缺少学术主旨的创新。然而，这种"继承意义上的发展"，虽然，侧重点在继承，但也是一种发展，因为学者在继承他人某一主旨学术思想的过程中，并不是原封不动、一字不差地复制和全盘接受，而是以不同的语言形式和不同的逻辑形式，将其表现出来，因此，这种意义上的发展，也可以称作"不同学者之间学术思想之发展"。

所谓"创新意义上的发展"，指的是人们在继承某一主旨学术思想的过程中，对该学术思想有所创新，使这一学术思想具有新的内涵，使这一学术思想在理论意义上或者实践意义上，有新的突破或新的高度，有的甚至创新性发展至与前人学术思想完全对立程度，进而促成了新的理论和思潮的产生，以至于推动时代学术思想的变迁。例如，明代阳明心学的即是对程朱理学的一种创新性发展。因此，在一定意义上，学者之间学术思想的创新性发展，是推动不同时代学术思想变迁的一个主要动力，也是学术史家在学术史研究中，重要把握的一个研究对象。

这里要探讨的主要是《明儒学案》对"学者之间学术思想创新式发展"的揭示。在《明儒学案》的编撰中，黄宗羲用大量的笔墨描述了不同学者相互之间学术思想的创新式发展，进而展示了明代理学的演变过程。例如，在《明儒学案》卷二的《崇仁学案二·教谕娄一斋先生谅》的娄亮传记中，黄宗

---

① 黄宗羲：《明儒学案》（上），沈芝盈点校，中华书局，2008 年版，第 66 页。

羲先是记载了娄亮师从于吴与弼的经历,之后又记载了娄亮之学以收心放心为居静(敬)之入门工夫,以纯任自然为居静(敬)之要的学术倾向,由此,点明了娄亮之学偏离了师门程朱理学而转向心学的学术演变特点。为了强调娄亮之学发展演变至偏离师门而转向对立的一面,黄宗羲在娄亮传记中,还记载了胡居仁对娄亮之学的评价,黄宗羲说道:"康斋之门,最著者陈石斋(陈献章——引者注)、胡敬斋(胡居仁——引者注)与先生三人而已。敬斋之所訾者,亦唯先生与石斋为最,谓两人皆是儒者陷入异教去,谓先生'陆子不穷理,他却肯穷理;石斋不读书,他却勤读书。但其穷理读书,只是将圣贤言语来护己见而'",又说道:"则姚江之学,先生(娄亮——引者注)为发端也"①,由此,进一步说明了娄亮在崇仁学派的基础上其学偏向于"异端"心学的学术特征。又如,在《明儒学案》卷二的《崇仁学案二·谢西山先生复》的谢复传记中,黄宗羲记载了谢复理学思想中"知行合一"的观点。在明代理学中,"知行合一"的命题由王守仁明确地提出,是阳明心学中"知行观"的最主要命题,在一定意义,谢复的"知行合一"思想,开启了明代中期阳明心学"知行观"之端,相对于具有明显的程朱理学倾向的崇仁学派来说,谢复的这一思想是一个显著的偏离,也是其在承袭吴与弼之学基础上的学术创新和学术发展。

在揭示学者之间学术发展方面,《明儒学案》并没有将这一研究限制在相同的学派之内,而是详细地记载了不同学派之间、不同学者之间学术的继承和发展。例如,在《明儒学案》卷五的《白沙学案上·文恭陈白沙先生献章》的陈献章传记中,黄宗羲记载道:"(陈献章——引者注)已至崇仁,受学于康斋先生,归即绝意科举,筑春阳台,静坐其中,不出阈外者数年"②,指出了陈献章曾经师从于吴与弼的经历,但是,从《明儒学案》的记载来看,陈献章最终偏离了吴与弼的学术宗旨,而开启了明代心学之端。在黄宗羲看来,这种学术发展过程中的偏离,促进了不同学派之间的学术创新,是促成新的

---

① 黄宗羲:《明儒学案》(上),沈芝盈点校,中华书局,2008年版,第44页。
② 黄宗羲:《明儒学案》(上),沈芝盈点校,中华书局,2008年版,第79页。

学派和学术思想产生的新力量,是值得记载和强调的。

实际上,在客观的学术环境中,学者之间的学术思想是相互交融渗透与继承发展的,学术思想的继承是前提,学术思想的发展是趋势,两者在同一学者那里,合而为一,互为整体。作为一个博学多识和造诣深厚的学术史家,黄宗羲的"追溯学术源流,把握学术发展动态"这一学术史方法,运用于《明儒学案》的编撰之中,并在这一学术史方法中,兼顾了对学者之间学术思想的"继承"和"发展"两个方面的揭示。例如,上文提到,谢复是明初理学崇仁学派的代表人物,该学派以程朱理学"为的",黄宗羲在对谢复的记载中,既指出了其理学思想中"从事践履"的程朱理学特征,同时又揭示了其思想中"知行合一"超越和突破所处学派学术宗旨的一面,进而描绘出一幅生动而细致的明代理学中学者之间学术思想传播和发展的动态图景,对明代理学史的纵向研究,具有极为重要的借鉴意义。

2. 揭示同一学者自身学术思想之演变

《明儒学案》不仅在宏观领域探讨了学术发展之源流,记载了不同学者相互之间学术思想的关联,而且还十分注重对微观领域学术发展动态的把握,对入案学者们自身学术思想的发展变化过程做了详细的介绍。

例如,在《明儒学案》卷十八《江右王门学案三·文恭罗念菴先生洪先》的罗洪先传记中,黄宗羲对罗洪先的学术发展演变过程,做了明晰的概括,即:"先生之学,始致力于践履,中归摄于寂静,晚彻悟于仁体"①,揭示了罗洪先之学历经"践履"—"归寂"—"彻悟仁体"三个阶段的学术演变的过程。又如,在《明儒学案》卷二十六《南中王门学案二·太常唐凝菴先生鹤征》的唐鹤征传记中,黄宗羲重点揭示了唐鹤征早期之学庞杂,涉及"九流、百氏、天文、地理、稗官野史"等领域,后来转向道家的"逍遥齐物"之道,进而又转向"濂溪之学",最后体悟到一切终归"乾元"②的儒家生生之学的思想演变的动态过程。又如,在《明儒学案》卷四十的《甘泉学案四·侍郎蔡白石先生

---

① 黄宗羲:《明儒学案》(上),沈芝盈点校,中华书局,2008 年版,第 386 页。
② 黄宗羲:《明儒学案》(上),沈芝盈点校,中华书局,2008 年版,第 603 页。

汝楠》的蔡汝楠传记中,黄宗羲记载了其学由早期的泛滥辞章而最终转向"随处体认天理"①的演变过程。

由此,《明儒学案》揭示了同一学者自身学术思想的动态发展变化过程,以时间为介质,将研究对象一生的学术发展全貌客观地呈现了出来。

五、评价学派与学者学术思想

《明儒学案》学术史方法的又一个重要内容,就是评价,即对学派和学者的学术思想做出长短得失的价值判断。这一学术史方法,是黄宗羲以某种特定的学术思想作为衡量研究对象的准绳和参照,对研究对象做出定性的总结,这一学术史方法,在一定程度和意义上,也体现了黄宗羲的学术好尚,其中蕴含了其本人的思想观点和对具体学术问题的认识,黄宗羲评价其他学派和学者学术思想的过程,也是学术理论创造的过程。

1. 宏观领域对学派整体学术思想进行评价

黄宗羲评价一个学派的学术思想,是以对该学派学术思想的总体把握为前提的。相对于对单一学者学术思想的评价,评价学派属于宏观领域的总体性评价,这种对各个学派总体性的评价,通常都出现在《明儒学案》各学案的开端总序中。

例如,在《明儒学案·河东学案》的案前总序中,黄宗羲在对该学派学术思想的总体性把握的基础上,对此评价道:"河东之学,恂恂无华,恪守宋人矩矱,故数传之后,其识论设施,不问而可知其出于河东也。若阳明门下亲炙弟子,已往往背其师说,亦以其言之过高也。然河东有未见性之识,所谓'此心始觉性天通'者,定非欺人语,可见无事乎张皇耳。"②批评了河东学派墨守宋人旧学而无学术创新的特点。又如,在《明儒学案·江右王门学案》中,黄宗羲说道:"姚江之学,惟江右为得其传,东廓、念菴、两峰、双江其选也。再传而为塘南、思默,皆能推原阳明未尽之旨。是时越中流弊错出,挟

① 黄宗羲:《明儒学案》(下),沈芝盈点校,中华书局,2008年版,第967页。
② 黄宗羲:《明儒学案》(上),沈芝盈点校,中华书局,2008年版,第110页。

师说以杜学者之口,而江右独能破之,阳明之道赖以不坠。盖阳明一生精神,俱在江右,亦其感应之理宜也。"①对江右王门学派做出了得阳明学之真传和纠越中王门学派之流弊的高度评价。又如,在《明儒学案·楚中王门学案》的总序中,黄宗羲评价道:"楚学之盛,惟耿天台一派,自泰州流入。当阳明在时,其信徒者尚少。道林、闇斋、刘观时出自武陵,故武陵之及门,独冠全楚。观徐曰人同游德山诗,王文鸣应奎、胡珊鸣玉、刘瓛德重、杨衲介诚、何凤韶汝谐、唐演汝渊、龙起霄止之,尚可考也。然道林实得阳明之传,天台之派虽盛,反多破坏良知学脉,恶可较哉!"②在对楚中王门学派的总结与介绍中,黄宗羲做出了正反两方面评价,一方面是给予"道林实得阳明之传"的正面评价;另一方面是给予"天台之派虽盛,反多破坏良知学脉,恶可较哉"的负面评价。

综上所述,《明儒学案》总体性地评价学派学术思想,是在宏观领域展开的,是《明儒学案》学术史方法的一个重要内容,其所体现的是黄宗羲对明代理学中各个学派的全面把握、总体性认知和宏观性的学术价值判断,其中也带有黄宗羲的学术情感色彩,反映出黄宗羲本人的学术倾向,在《明儒学案》这一学术史方法的具体展开中,明代理学各学派的学术思想的长短得失,在作为学术史家的黄宗羲视域中,鲜明地呈现出来。

2. 在微观领域对学者个人学术思想进行评价

相对于对学派的宏观性总体学术评价,《明儒学案》对不同学者的长短不一的评价,则属于微观具体领域的评价。

例如,在《明儒学案》卷十一《浙中王门学案一·郎中徐横山先生爱》的徐爱传记中,黄宗羲说道:"是故阳明之学,先生最为得真传"③,评价了王门后学中的浙中王门学派的徐爱得阳明之真传。又如,在《明儒学案》卷十五《浙中王门学案五·都督万鹿园先生表》的万表传记中,黄宗羲在介绍了万

---

① 黄宗羲:《明儒学案》(上),沈芝盈点校,中华书局,2008 年版,第 331 页。
② 黄宗羲:《明儒学案》(上),沈芝盈点校,中华书局,2008 年版,第 626 页。
③ 黄宗羲:《明儒学案》(上),沈芝盈点校,中华书局,2008 年版,第 221 页。

表的经历和学行之后,说道:"先生(万表——引者注)之学,多得之龙溪、念菴、绪山、荆川,而究竟之禅学"①,即在揭示了传主学术来源之后,评价其学术思想有入禅倾向。又如,在《明儒学案》卷二十《江右王门学案五·太常王塘南先生时槐》的王时槐传记中,黄宗羲说道:"阳明没后,致良知一语,学者不深究其旨,多以情识承当,见诸行事,殊不得力。双江、念菴举未发以究其弊,中流一壶,王学赖以不坠,然终不免头上安头。先生谓:'知者,先天之发窍也。谓之发窍,则已属后天矣。虽属后天,而形气不足以之于。故知之一字,内不依于空寂,外不坠于形气,此孔门之所谓中也。'言良知者未有如此谛当。先生尝究心禅学,故于弥近理而乱真之处,剖判得出"②,围绕阳明之后,王门后学对"良知"阐述具有分歧这一背景,揭示了王时槐关于"知"的论述,并评价其得阳明学真谛。

3. 评价的方式

《明儒学案》评价学派和学者的学术思想,主要有三种方式,即客观辩证地评价、以主观见解为依据地评价,以及间接地引他人之言进行评价等。

第一,客观辩证地评价。客观辩证地评价,主要表现在《明儒学案》评价研究对象时,能够一分为二、有褒有贬地从正反两方面持客观公正的态度,即"是非互见,得失两存"③。

例如,《明儒学案》在对崇仁学派吴与弼的记载中,既带有贬义色彩地指出了吴与弼之学因循守旧、墨守宋人成说的弊端,同时也评价道:"微康斋,焉得有后时之盛哉"④,给予吴与弼开明代理学之端的肯定与赞扬。又如,在《明儒学案》卷三十四《泰州学案三·参政罗近溪先生汝芳》的罗汝芳传记中,黄宗羲既正面地评价了罗汝芳的"授学之道",说道:"顾盼睒欠,微谈剧论,所触若春行雷动,虽素不识学之人,俄顷之间,能令其心地开明,道在现前。一洗理学肤浅套括之气,当下便有受用,顾未有如先生者也。"同时,有

---

① 黄宗羲:《明儒学案》(上),沈芝盈点校,中华书局,2008 年版,第311 页。
② 黄宗羲:《明儒学案》(上),沈芝盈点校,中华书局,2008 年版,第467 页。
③ 黄宗羲:《明儒学案·莫晋序》(上),沈芝盈点校,中华书局,2008 年版,第12~13 页。
④ 黄宗羲:《明儒学案》(上),沈芝盈点校,中华书局,2008 年版,第14 页。

对其学入禅的倾向进行了负面的批评,说道:"然所谓浑沦顺适者,正是佛法一切现成,所谓鬼窟活计者,亦是寂子速道,莫入阴界之呵,不落义理,不落想象,先生真得祖师禅之精者。"①由此,在对罗汝芳正方两方面的评价中,体现了《明儒学案》评价研究对象的客观性和辩证性。

《明儒学案》客观辩证地评价研究对象这一学术史方法,不仅体现在对具体学者学术思想和学行的评价之中,还体现在对某一学派和学术类别的评价上。例如,黄宗羲在《明儒学案》中对阳明心学的评价,表现的则是"凡宗姚江与辟姚江者,是非互见,得失两存"②。众所周知,在黄宗羲的学术史观中,儒学为天下学术之大宗,阳明心学为儒学之正统,黄宗羲给予阳明心学极高的正面评价,称"故无姚江,则古来之学脉绝矣"③,而对于阳明后学中的"浙中王门学派"和"泰州学派"等学派的"空谈"和"入禅"之流弊,黄宗羲也进行了揭示和批判。在对阳明心学和阳明后学的"褒"与"贬"中,展现出黄宗羲的辩证学术史观和"客观辩证地评价"这一学术史方法。

第二,以主观见解为依据进行评价。与客观辩证的学术评价相补充,黄宗羲以自己学术好尚为依据对研究对象所做的评价,包含着一定的主观色彩,这种评价渗透着研究主体的学术见解,既是研究主体和研究客体两者学术思想的有机融合,也是研究主体在评价研究对象过程中的一种学术创造意识的体现,因此,《明儒学案》所体现出的以黄宗羲主观见解为依据的学术思想评价,既反映出了黄宗羲对研究对象的学术价值判断和定位,也反映出了黄宗羲在理学史研究领域中对某一具体问题的观点和看法。

例如,在《明儒学案》卷四十四《诸儒学案上二·学正曹月川先生端》的曹端传记中,黄宗羲记载了曹端论理气关系之言,即"朱子谓理之乘气,犹人之乘马,马之一出一人,而人亦与之一出一人。若然,则人为死人,而不足以为万物之灵,理为死理,而不足以为万物之原。今使活人骑马,则其出入行

---

① 黄宗羲:《明儒学案》(下),沈芝盈点校,中华书局,2008 年版,第 76 页。
② 黄宗羲:《明儒学案·莫晋序》(上),沈芝盈点校,中华书局,2008 年版,第 12~13 页。
③ 黄宗羲:《明儒学案》(上),沈芝盈点校,中华书局,2008 年版,第 178 页。

止疾徐,亦由乎人驭之如何耳,活理亦然"①。曹端是明初理学中程朱理学派的代表人物,曹端的理气关系思想沿袭朱熹而来,在曹端看来,应该将"理"比作"活人",将"气"比作"活马","理""气"相依的过程,犹如活人骑活马的过程。黄宗羲以自己对"理""气"关系的见解,对曹端的这一思想评价道:"先生之辨,虽为明晰,然详以理驭气,仍为二之。气必待驭于理,则气为死物,抑知理气之名,由人而造,自其沉浮升降者而言,则谓之气,自其沉浮升降不失其则者而言,则谓之理。盖一物而两名,非两物而一体也。薛文清有日光飞鸟之喻,一时之言理气者,大略相同而"②,批评了曹端将"理""气"划分为二的思想,认为曹端的之一思想的错误根源,在于将"气"看作"死气",曹端的这种比喻,与薛瑄的"日光飞鸟"之喻别无二致。黄宗羲如此评价曹端"理气关系"思想的依据则是黄宗羲对这一问题的自己的主观见解,黄宗羲认为,"理"和"气"是合而为一的,"气"是"升降沉浮"的气,而"气"的"升降沉浮的规则、规律"则为理,"理"和"气"是一个统一体,"理气合一"③。

由此可见,黄宗羲在《明儒学案》中,以自己的主观见解为依据对研究对象进行的评价,是与其本人对具体哲学问题的理解和诠释密不可分的,在《明儒学案》的这一学术史方法中,研究对象和研究主体的学术思想相互交织融合地呈现出来,在此意义上,一部《明儒学案》,不仅系统地记载了明代理学的发展和明代理学学者的具体学术思想,而且还在黄宗羲主观评价中,系统地渗透出黄宗羲本人的理学思想体系,以及其哲学理论创造的能动意识。

第三,引他人之言,以评长短。黄宗羲在《明儒学案》中对入案学者的主观性评价,不仅体现为以黄宗羲自己主观见解为依据的评价,也体现在其引他人(第三方)之言评价研究对象的长短得失之中。《明儒学案》的引他人之言以评长短的学术史方法,主要表现为黄宗羲在《明儒学案》的编撰中,引用他人对研究对象(入案学者或学派)的评价,继而表明黄宗羲自己的学术观

① 黄宗羲:《明儒学案》(下),沈芝盈点校,中华书局,2008 年版,第 1061 页。
② 黄宗羲:《明儒学案》(下),沈芝盈点校,中华书局,2008 年版,第 1061 页。
③ 黄宗羲:《明儒学案》(下),沈芝盈点校,中华书局,2008 年版,第 1061 页。

点和学术立场,由此起到加深和强调学术观点的作用。

例如,在《明儒学案》卷二的《崇仁学案二·文敬胡敬斋先生居仁》的胡居仁传记中,黄宗羲引用了周翠渠对胡居仁的评价,即:"君学之所至兮,虽浅深予有未知,观君学之所向兮,得正路抑又何疑。倘岁月之少延兮,必曰跻乎远大。痛寿命之弗永兮,若深造而未艾"①,指出了在周翠渠看来,胡居仁之学为儒学之"正路",然而却造诣未深,黄宗羲赞同周翠渠对胡居仁的评价,在所引的周翠渠之言下面,对周翠渠的这段话做了评价,说道:"此定案也"②。接下来,黄宗羲继续说道:"其(胡居仁——引者注)以有主言静中之涵养,尤为学者津梁"③。也就是说,黄宗羲肯定了周翠渠对胡居仁之学的正负两方面评价,赞同周翠渠所指出的胡居仁之学为"儒学之正路"然而却"深造而未艾"④的观点,并在周翠渠对胡居仁评价的基础上,做了补充式评价,评价胡居仁学术思想的"静中之涵养"这一内容,为"学者津梁"。因此,黄宗羲在胡居仁传记中,引用的周翠渠的评价,实际上代表了黄宗羲自己对胡居仁学术思想的态度,黄宗羲这一引用的目的,在很大程度上辅证其自己对研究对象的评价。

又如,在《明儒学案》卷三十四《泰州学案三·参政罗近溪先生汝芳》的罗汝芳传记中,黄宗羲首先引用了徐敬菴对罗汝芳的评价:"大而无统,博而未纯"⑤,即黄宗羲借用许敬菴评价罗汝芳之言,指出罗汝芳学术思想庞杂而无宗旨的弊端,继而,黄宗羲在许敬菴的这段评论之下,说道:"(许敬菴的评论——引者注)已深中其(罗汝芳的学术思想——引者注)病也。"⑥之后,黄宗羲又引用了王塘南对罗汝芳的评价,即:"王塘南言先生:'早岁于释典玄宗,无不探讨,缁流羽客,延纳弗拒,人所共知。而不知其取长弃短,迄有定裁。《会语》出晚年者,一本诸《大学》孝弟慈之旨,绝口不及二氏。其孙怀智

① 黄宗羲:《明儒学案》(上),沈芝盈点校,中华书局,2008 年版,第 29 页。
② 黄宗羲:《明儒学案》(上),沈芝盈点校,中华书局,2008 年版,第 29 页。
③ 黄宗羲:《明儒学案》(上),沈芝盈点校,中华书局,2008 年版,第 29~30 页。
④ 黄宗羲:《明儒学案》(上),沈芝盈点校,中华书局,2008 年版,第 29 页。
⑤ 黄宗羲:《明儒学案》(下),沈芝盈点校,中华书局,2008 年版,第 762 页。
⑥ 黄宗羲:《明儒学案》(下),沈芝盈点校,中华书局,2008 年版,第 762 页。

尝阅《中峰广录》，先生辄命屏去，曰'禅家之说，最令人躲闪，一入其中，如落陷阱，更能转头出来，复归圣学者，百无一二。'可谓知先生之长矣。"①这里，黄宗羲通过引用王塘南对罗汝芳的评价，显示出黄宗羲本人对罗汝芳学术思想的正反两方面评价，即"正面评价与赞扬"罗汝芳晚年作《会语》一书发扬《大学》孝弟之旨，绝不提佛家和道家两家之学的辟释、老的学术倾向，"负面评价与批评"罗汝芳早年探讨释氏之学，而不知取其长、避其短的学术倾向。在一定意义上，黄宗羲引用许敬菴和王塘南两人对罗汝芳学术长短得失的评价，表达了其自己对研究对象的观点和看法。

由上述内容可知，《明儒学案》对研究对象的评价，主要表现为黄宗羲分别在宏观整体和微观具体两个层面对学派和学者的学术思想所做出的评价。就宏观领域评价和微观领域评价两者的评价方式而言，又表现出客观辩证的评价、以主观见解为依据的评价，以及引用他人（第三方）之言以评价研究对象学术思想长短得失等三个方面。"对学派和学者进行评价"这一学术史方法，反映了黄宗羲在充分把握研究对象的基础上，对学者和学派的观点、看法和定位，具有主观和客观双重属性。

第二节 《明儒学案》的明代理学史思想

黄宗羲的明代理学史思想，主要指黄宗羲对明代理学家及理学主要流派的学术思想进行的阐释与评价，它集中体现在《明儒学案》之中。《明儒学案》作为黄宗羲的明代理学史专著，对明代200余位理学家的学术面貌按年代顺序和学派划分进行了介绍，学案次序的编排以学术思想形成发展的历史先后为主要线索，体现着黄宗羲对明代理学不同阶段不同发展所做的总结，即：明初理学，以程朱之学为主，同时出现心学转向；明代中期，阳明心学形成；明代中期以后，心学不断发展，并产生诸多派别；明代末期，则以批判阳明心学的东林学派和对心学做出总结与修正的蕺山学派为著。

---

① 黄宗羲：《明儒学案》（下），沈芝盈点校，中华书局，2008年版，第762～763页。

一、明初理学，以朱学为大宗

《明儒学案》对明初理学的总结，是在黄宗羲对明初理学各学派的认识与评价中得以进行的，较为客观地体现了明初理学的发展和流变情况，可以概括为明初理学以朱学为大宗，崇仁、河东等学派与诸儒"一禀宋人成说"，白沙之学开明代心学之端等几个方面。

1. 崇仁、河东等学派与诸儒"一禀宋人成说"

据《明史·儒林列传》记载："原夫明初诸儒，皆朱子门人之支流馀裔，师承有自，矩矱秩然。曹端、胡居仁笃践履，谨绳墨，守儒先之正传，无敢改错。"①换句话说，即明初理学，以朱学为大宗，黄宗羲在《明儒学案》的《崇仁学案》《河东学案》和《三原学案》中，表述了这样的学术史思想。

卷一至卷四为《崇仁学案》，记述与评价了崇仁学派及其主要人物的学术思想，该派由吴与弼开创，主要代表人物还有胡居仁、娄谅、谢复等人。《崇仁学案》冠《明儒学案》的诸学案之首，这样的编排体现了黄宗羲对明代理学开端的设置。在《崇仁学案》的总序中，黄宗羲对崇仁学派吴与弼的理学思想做出了"一禀宋人成说"②的论断，又评价吴与弼弟子娄谅和再传弟子魏校的理学思想虽"稍为转手，终不敢离此矩矱也"③，从"一禀宋人成说"，到即使有所偏离，也"不离此矩矱"的评述来看，黄宗羲对崇仁学派的主体学术思想，定位在程朱理学的范围之内。其中，崇仁学派的吴与弼上无师承，一生绝弃科考，潜心于程朱理学，其学主张居敬穷理、崇尚践履，黄宗羲指出吴与弼"闻道最早，身体力验，只在走趋语默之间，出作入息，刻刻不忘，久之自成片段，所谓'敬义夹持，诚明两进'者也"④，将吴与弼崇尚践履的学术特质一语道破。

对于胡居仁，黄宗羲指出其学以"敬"为主，对于该派谢西山先生（谢

---

① 张廷玉等撰：《明史》，中华书局，1974 年版，第 7221～7222 页。

② 黄宗羲：《明儒学案》（上），沈芝盈点校，中华书局，2008 年版，第 14 页。

③ 黄宗羲：《明儒学案》（上），沈芝盈点校，中华书局，2008 年版，第 14 页。

④ 黄宗羲：《明儒学案》（上），沈芝盈点校，中华书局，2008 年版，第 16 页。

复),黄宗羲则指出其"从事于践履"①。主敬与践履是程朱理学的主要内容,程朱学派提倡居敬穷理的道德修养方法。居敬的目的是为了穷理。"敬"为儒家的一种道德修养方式,它强调心的"主一""专一"、体现为心保持一种虔敬、严肃的状态,能够排除外物的干扰,存天理、去人欲,自觉地遵守儒家伦理纲常。程颐认为:"涵养须用敬,进学则在致知。"(《二程语录》卷十八)。朱熹则以"持敬"为穷理之本、为圣学之要,并明确地指出:"学者工夫唯在居敬穷理二事。此二事互相发。能穷理,则居敬工夫日益进;能居敬,则穷理工夫日益密。"(《朱子语类》卷九《学三》)程朱理学所提倡的践履,则是指对儒家道德准则的躬行实践。朱熹则认为,居敬穷理之后,须亲自践履,才算得上是从事于某一事情。可见,黄宗羲对崇仁学派吴与弼、胡居仁、谢复等人主敬穷理、崇尚践履等理学特征的评述,印证了其在卷一总序中对崇仁学派的总体性评述,体现了明初理学中,吴与弼、胡居仁等理学家以朱学为大宗的特点。

卷七至卷八为《河东学案》,记述与评价了河东学派及其主要人物的理学思想,该派由薛瑄开创,主要代表人物还有闫禹锡、张鼎、吕柟、吕潜等。黄宗羲在《河东学案》的案前总序中对该派的理学思想评价为:"河东之学,恫愊无华,恪守宋人矩矱,故数传之后,其议论设施,不问而可知其出于河东也"②,认为河东之学继承了程朱理学之进学理路,虽数传之后,仍没有脱离宋学之窠臼。河东学派的创始人薛瑄,为明初的知名理学家之一,是一个善于笃行践履之人,薛瑄之学以"主敬"入手,注重存心、收放心的工夫。薛瑄主张朱熹所提倡的"理一分殊"之说,在格物穷理问题上,主张人之理与物之理俱格,在心性关系上,主张朱熹的"心统性情之说",并认为心正则情正,心不正则情亦不正,其所指之"(心)正",实指"敬",由此,将心性关系与修养工夫结合而论。黄宗羲在《明儒学案·河东学案上》中指出薛瑄理学思想以"复性"为宗,以濂、洛为鹄,同时指出薛瑄在理气关系上主张理气无先后,气

① 黄宗羲:《明儒学案》(上),沈芝盈点校,中华书局,2008 年版,第 45 页。
② 黄宗羲:《明儒学案》(上),沈芝盈点校,中华书局,2008 年版,第 110 页。

有聚散,而理无聚散,且以日光飞鸟之喻来形容理气关系,同时在心和理的关系上,主张心清则见天理的思想,由此,黄宗羲将薛瑄以先儒思想为准第,以"理"为本、以"气"为末的理学思想揭示出来,展现了明初薛瑄之学的程朱学倾向,由于薛瑄为河东学派的创始人,因此,黄宗羲在对河东学派总序和薛瑄之学的描述中,完成了对该派理学倾向的厘定,同时进一步印证了明初理学所处的以宋学为宗的学术环境。

　　黄宗羲对明初理学宋学倾向的厘定还体现在《明儒学案·三原学案》中,在卷九的《三原学案》中,黄宗羲述评了三原学派及其主要人物的学术思想。三原学派由王恕开创,该派主要代表人物还有王承裕、马理、韩邦奇、杨爵、王之士等人,这些人物大多处于明代初期。黄宗羲在《三原学案》总序说道:"关学大概宗薛氏,三原又其别派也。其门下多以气节著,风土之厚,而又加之学问者也"①,指出了该派的关学特征。在对三原学派人物的评述中,黄宗羲在马理传记中指出马理之学"墨守主敬穷理之传"②,又在韩邦奇传记中引用韩邦奇门人白璧论韩邦奇学术之言"论道体乃独取横渠。少负气节,既乃不欲为奇节一行,涵养宏深,持守坚定,则又一薛敬轩也"③,指出了韩邦奇理学汲取了北宋关学创始人张载的"气本论",并且在涵养工夫上持守坚定,力求"主敬",与薛瑄之学术主张相近的特点。

　　除此之外,在《明儒学案·诸儒学案上一》的案前总序中,黄宗羲指出在《诸儒学案》上卷所记载的内容中,"国初为多,宋人规范犹在"④,也就是说,《明儒学案·诸儒学案上》所录之学者,多为国初理学家,这些人物之学多墨守以程朱理学为主要内容的宋学,其中有明初大儒方孝孺、曹端,还有赵谦、黄润玉、罗伦、张元祯、陈真晟、张吉等人。对于方孝孺,黄宗羲认为其"持守之严,刚大之气,与紫阳真相伯仲,故为有明之学祖也"⑤,即将方孝孺与宋代

① 黄宗羲:《明儒学案》(上),沈芝盈点校,中华书局,2008 年版,第 158 页。
② 黄宗羲:《明儒学案》(上),沈芝盈点校,中华书局,2008 年版,第 165 页。
③ 黄宗羲:《明儒学案》(上),沈芝盈点校,中华书局,2008 年版,第 166 页。
④ 黄宗羲:《明儒学案》(下),沈芝盈点校,中华书局,2008 年版,第 1041 页。
⑤ 黄宗羲:《明儒学案》(下),沈芝盈点校,中华书局,2008 年版,第 1042 页。

大儒朱熹相提并论,并视方孝孺为明代之学祖。对于曹端,黄宗羲认为:"先生以力行为主,守之甚确,一事不容假借,然非徒事于外者,盖立基于敬,体验于无欲,其言事事都于心上做工夫,是人孔门底大路。诚哉!所谓有本之学也。"①指出了曹端之学主张内外兼修,于外注重力行践履,于内以"主敬"为根基,注重内省的道德修养,然后又指出曹端之学辨理、气为二,具有与薛瑄的日光飞鸟之喻大致相同的特点。黄宗羲又在《诸儒学案上》,指出黄润玉之学将知、行分作二,将读书视作明理的入口,将慎独视作约束自身行为的关键,在此基础上,黄宗羲指出了黄润玉之学的墨守宋人规范的本质,说道:"盖守先儒之矩矱而不失者也。"②在罗伦的传记中,黄宗羲在将罗伦与陈白沙之学进行对比的过程中,指出了罗伦之学对宋学的继承,黄宗羲说道:"先生与白沙称石交,白沙超悟神知,先生守宋人之途辙,学非白沙之学也,而矫然尘垢之外,所见专而所守固耳。"③在《明儒学案·诸儒学案上四》的周瑛传记中,黄宗羲认为周瑛之学以居敬穷理为要旨,以"主敬"为其学之先务,以收放心为"敬",以日积月累而后自然融会贯通为穷理之要,记载了周瑛之学对宋学的延续。

综上所述,《明儒学案》所揭示的由明初理学大家所开创的崇仁、河东、三原等学派的"一禀宋人成说""恬愉无华,恪守宋人矩矱",以及宋初诸儒的"不离宋人规范",体现了黄宗羲对明初理学总体面貌和概况的一个基本看法和描述,说明在黄宗羲的学术史视野中,明初理学是以对程朱理学的沿袭为主要特征的,这一特征注定了明初以宋学为主的学术环境。但除此之外,在黄宗羲看来,在明初的客观学术环境中,心学露出端倪,与宋学并存,成为日后明代理学向心学转向的开端。

2. 白沙之学开明代心学之端

在明初理学向心学的转向中,较具代表性的为白沙之学,在黄宗羲看

---

① 黄宗羲:《明儒学案》(下),沈芝盈点校,中华书局,2008 年版,第 1061 页。
② 黄宗羲:《明儒学案》(下),沈芝盈点校,中华书局,2008 年版,第 1067 页。
③ 黄宗羲:《明儒学案》(下),沈芝盈点校,中华书局,2008 年版,第 1072 页。

来,白沙之学开明代心学之端。陈献章,字公甫,为广东新会白沙里人,世称"白沙先生",曾师从于明初大儒吴与弼。在《明儒学案》中,黄宗羲并未因师承关系将陈献章划入《崇仁学案》,而是紧随《崇仁学案》之后,另设《白沙学案》,以记述陈献章及其弟子的学术思想,足以见陈献章并未沿袭吴与弼之学,而是一转师门之学,另立宗旨,呈现出新的学术倾向。

黄宗羲在《明儒学案》卷五《白沙学案上》的总序中说道:"有明之学,至白沙始入精微。其吃紧工夫,全在涵养。喜怒未发而非空,万感交集而不动。至阳明而后大。两先生之学,最为相近,不知阳明后来从不说起,其何故也。薛中离,阳明之高弟子也,于正德十四年上疏请白沙从祀孔庙,是必有以知师门之学同矣。"①在黄宗羲看来,白沙之学开明代心学之端,是明代理学突破宋元程朱之学教条化、独尊化,走向学术创新而转向心学的起点,陈献章之学与阳明之学相近,两者一脉相承,白沙之学后经过阳明发展而宏大,但是,阳明从未提及两者之学相近,令黄宗羲颇感疑惑。

陈献章之学的心学特征,主要表现在以下几个方面:

第一,"心本论"思想。陈献章说:"君子一心,万理完具。事物虽多,莫非在我。此心一到,精神具随"(《陈献章集》卷一《论前辈言铢视轩冕尘视金玉中》),"此理干涉至大,无内外,无始终,无一处不到,无一息不运,此则天地我立,万化我出,而宇宙在我矣。得此霸柄入手,更有何事? 往古来今,四方上下,都一起穿纽,一齐收拾,随时随地,无不是这个充塞"(《陈献章集》卷三《与林郡博》)。也就是说,陈献章认为,理在心中,心统摄万理,在心与理的两者关系中,占主导地位的是心而不是理,因此心成为万事万物的主宰,用陈献章自己的话说,即"天地我立,万化我出",这样,陈献章便赋予了心形而上的超越性和世界本原的意义。

第二,"静中养出端倪"的修养工夫。《明史·陈献章传》记述道:"献章之学,以静为主,其教学者,但令端坐澄心,于静中养出端倪。"②陈献章"静中

---

① 黄宗羲:《明儒学案》(上),沈芝盈点校,中华书局,2008 年版,第 79 页。
② 张廷玉等撰:《明史》,中华书局,1974 年版,第 7262 页。

养出端倪"的修养工夫,是指通过静坐的方式以发明本心,以体认心与理的吻合。对于静坐的修养方式,陈献章做过一些说明,他说:"诗、文章、末习、著述等路头,一齐塞断,一齐扫去,勿令半点芥蒂于我胸中,夫然后而善端可养,静可能也。终始一意,不厌不倦,优游厌饫,勿助勿忘,气象将日进,造诣将日深。所谓'知近而神'。"(《陈献章集》)陈献章这种静坐的修养方式,是指摒除心中一切思虑,不在一处留念,保持心的绝对虚静,以体现心中呈现出来的四端,陈献章的这种修养方式与禅家的"静坐"有所相似,与传统的程朱理学所提倡的修养方式有很大的差异,体现了白沙之学的自得创新之处。"静"这一说法,有入禅之嫌,禅家提"静",因此曾早年提"静"的程颐,晚年而不提"静",而提"涵养须用静",认为"敬"后自然"静"。程朱理学主张的"敬",是指"心有主",即心中保持一种专一警觉的状态,而非陈献章所主张的摒绝思虑以求静,即使言"静",也是指以"心中有主"的"敬"为主要内容的"静时涵养工夫",指意识未发而静的状态,但仍保持一种警觉,而并非陈献章所主张的在静坐中保持心的空无状态以体现心体呈现的东西。由此可看出,陈献章"静中养出端倪"的修养工夫论,已明显区别于程朱理学所主张的"以敬为主"的修养方式,而具有心学特色。

第三,主张简易直截的为学方法。以往程朱理学强调"读书以穷理"的为学方式,把读书看作明理和涵养心性的一种基本方法,朱熹一生读书,承接了程朱理学思想的胡居仁也以读书为一生之中重要的穷理工夫之途径。与程朱理学家注重终生读书不同,陈献章虽然也主张简易直截的不读书的为学方式,但在陈献章看来,读书的目的是为了"体道",人一旦达到了对"道"的体认,便可舍弃六经书本、不读书。而且,陈献章认为,"静坐"的修养方式,足以实现"体道"之目的,而读书多了,反而会使"心"受外物所累,使"心体"被蒙蔽,所以,为了使心体呈露,就应该摆脱书籍的束缚,通过"静坐自得"简易直截的顿悟方式体认此心之妙体。

对于陈献章之学,黄宗羲在《明儒学案·白沙学案》的陈献章传记中概述道:"先生之学,以虚为基本,以静为门户,以四方上下、往古来今穿纽凑合为匡郭，以日用、常行、分殊为功用，以勿忘、勿助之间为体认之则，以未尝致力而应用不遗为实得。远之则为曾点，近之则为尧夫，此无可疑者也"①，揭示出白沙之学以"虚静"为主要内容的修养方式，同时黄宗羲还认为陈献章之学是对曾点和邵雍之学的延续。黄宗羲又指出："先生之学，自博而约，由粗入细，其于禅学不同如此"②，揭示出白沙由程朱理学"渐学求理"之"繁"而入心学"简易体道"之"约"的修养为学方式。此外，黄宗羲对白沙一转明初学术走向极为称赞，在陈献章的传记中对陈献章进一步做了褒扬，黄宗羲说："有明儒者，不失其矩矱者多亦有之，而作圣之功，至先生而始明，至文成而始大。向使先生与文成不作，则濂、洛之精蕴，同之者固推荐其至隐，异之者亦疏通其流别，未能如今日也。"③进一步强调了白沙之学与阳明之学两者之间的联系性，即白沙开明代阳明学之端。实际上，日后王守仁之学发展了白沙之学。在本体论方面，王守仁在陈献章心本论的基础上，提出了以"良知"为本的思想；在修养工夫方面，王守仁在陈献章"静中养出端倪"的基础上，提出了静坐澄心以求道的修养方式；在为学方法方面，王守仁也继承了陈献章的思想，反对程朱理学烦琐支离的学风，主张为学日减，由格物转向格心。黄宗羲以对明代各家各派理学思想的充分把握，认识到明初白沙之学对明代心学的开启作用，因此，在《明儒学案》中，提出了白沙之学开明代心学之端这一比较能够反映客观学术发展的学术史思想。然而，根据黄宗羲记述，明初有心学走向的学者并非仅陈献章一人，而是后继有人，也同样展现了明初"心学初露端倪"的学术发展迹象。在《诸儒学案上三》的《侍郎张东白先生元桢》中，对于张元桢之学，黄宗羲记述道："其言'是心也即天理也'，已发阳明'心即理也'之蕴。又言'寂必有感而遂通者在，不随寂而泯；感必有寂然不动者存，不随感而纷'，已先发阳明'未发时惊天动地，已发时寂天寞地'之蕴。则于此时言学，心理为二，动静交致者，别出一头地矣。"④

---

① 黄宗羲：《明儒学案》（上），沈芝盈点校，中华书局，2008 年版，第 80 页。
② 黄宗羲：《明儒学案》（上），沈芝盈点校，中华书局，2008 年版，第 81 页。
③ 黄宗羲：《明儒学案》（上），沈芝盈点校，中华书局，2008 年版，第 80 页。
④ 黄宗羲：《明儒学案》（下），沈芝盈点校，中华书局，2008 年版，第 1082 页。

指出了明初张元桢之学的心学转向，从而说明了在明代初期，在程朱理学的大学术环境中，已孕育出以白沙学为主要代表，并涵括诸儒之学在内的心学倾向。

从以上内容可以看出，黄宗羲对明初理学发展的定位是：以朱学为大宗，一禀宋人成说，心学露出端倪，白沙之学开明代心学之端。可以说，在黄宗羲看来，明初心学的出现，是明代理学发展的一个重要转折，接续这一转折，明代中期以后，阳明心学逐渐发展壮大，取代程朱理学，成为哲学领域风靡半个明代历史时期的主流学术思想。

二、明代中期阳明心学产生及尔后王门后学之发展

明代中叶阳明心学产生，并在日后的发展中逐渐走向成熟，尔后，王门后学各学派对阳明心学做出了不同程度的发展，在明代中后期阳明心学传播流衍的过程中，王学扭转了明初理学独尊朱学的局面，在学术界得到了极大的普及，成为明代中后期的显学。在总计 62 卷的《明儒学案》中，黄宗羲用长达 28 卷的篇幅记述、评价了明代中后期王学的产生与发展情况，于其中展现了黄宗羲对阳明心学与王门后学各流派及其中主要人物的学术思想的观点和看法，将一幅黄宗羲视野中的明代心学发展图呈现出来，以至于梁启超评价《明儒学案》实不啻为一部王氏学案，可见黄宗羲对明代王学研究用力之深厚。本部分重点在于探讨黄宗羲明代理学史思想中有关明代中后期阳明心学产生及尔后王门后学之发展的一些思想，以还原黄宗羲学术史思想的本然面貌。

（一）阳明心学之产生与发展

黄宗羲在《明儒学案·姚江学案》中记述了阳明心学的产生与发展过程，并对阳明之"心即理""致良知"和"知行合一"等思想进行了强调与肯定。

1. 阳明学经"三变"而产生

在《明儒学案·姚江学案》中，黄宗羲指出了阳明学经"三变"而产生的

过程。黄宗羲说:"先生之学,始泛滥于词章,继而遍读考亭之书,循序格物,顾物理吾心终判为二,无所得入,于是,出入佛、老者久之。及至居夷处困,动心忍性,因念圣人处此更有何道?忽悟格物致知之旨,圣人之道,吾性自足,不假外求。其学凡三变而得其门。"①黄宗羲认为,阳明心学的产生并非一蹴而就,而是在经历了三个阶段的过程中逐渐探索领悟而得的,这三个阶段为:由阳明早期恪守程朱理学,判心与理为二,以循序渐进的读书格物为穷理方式—研习佛、老之学—处夷地之后,体悟到圣人之道,吾性自足,无须外求的一个自身学术转变过程。在黄宗羲看来,"格物致知之旨,圣人之道,吾性自足,不假外求",标志着阳明学的产生和形成,因此,黄宗羲称"其(阳明)学三变而得其门"。②

2. 在"学成后三变"中,阳明学日益精深

在《明儒学案·姚江学案》中,黄宗羲在描述阳明学经"三变"而产生之后,还指出了阳明学产生后的"学成后又三变",在黄宗羲看来,阳明"学成后三变"是一个学术思想日益精深的过程。黄宗羲说:"自此(学成)以后,尽去枝叶,一意本原,以默坐澄心为学的,有未发之中,始能有发而中节之和,视听言动,大率以收敛为主,发散是不得已。江右以后,专提'致良知'三字,默不假坐,心不待澄,不习不虑,出之自有天则。盖良知即是未发之中,此知之前更无未发;良知即是中节之和,此知之后更无已发。此知自能收敛,不须更主于收敛;此知自能发散,不须更期于发散。收敛者,感之体,静而动也;发散者,寂之用,动而静也,知之真切笃实处即是行,行之明觉精察处即是知,无有二也。居越以后,所操益熟,所得益化,时时知是知非,时时无是无非,开口即得本心,更无假借凑泊,如赤日当空而万象毕照。是学成之后又有此'三变'也。"③黄宗羲所指的"学成后三变",实为阳明学产生后王守仁为学发展的三个阶段。在黄宗羲看来,阳明学成后,其心学发展的第一个阶

---

① 黄宗羲:《明儒学案》(上),沈芝盈点校,中华书局,2008年版,第180页。
② 黄宗羲:《明儒学案》(上),沈芝盈点校,中华书局,2008年版,第180页。
③ 黄宗羲:《明儒学案》(上),沈芝盈点校,中华书局,2008年版,第180页。

段为由烦琐的向外格物转向简易的向内格心，以默坐澄心为主要收敛工夫以求心之本体的呈现，使视听言动皆符合心体道德法则的规定；阳明心学发展的第二个阶段为江右以后，以"致良知"为主，即"致吾心良知之天理于事事物物，则事事物物皆得其理"，更无须默坐澄心的修养工夫，良知自能收敛发散体现天则；阳明心学发展的第三个阶段为居越以后，在日用中对心体的把握日益成熟、体会日益深化，心之本体自然呈现，无须凑泊假借，良知时时知是知非，心体无是无非，如赤日当空。在黄宗羲看来，阳明心学由默坐澄心之收敛—致良知—所操益熟、所得益化、无须凑泊假借，是一个层层递进深化发展的过程，以至发展到第三个阶段"如赤日当空无需假借"。于此，黄宗羲对阳明学成后心学发展过程的记述，体现了黄宗羲以发展的视角对阳明学动态走向的关注，也体现了黄宗羲在学术史视阈中对阳明心学发展的界定，同时，黄宗羲对阳明学"如赤日当空而万象毕照"①的评价，体现了其对阳明学的高度肯定和赞扬。

3. 肯定了阳明"心即理""致良知""知行合一"等思想

黄宗羲不仅记述了阳明心学产生及发展情况，对其表达了一定的看法，而且还强调并肯定了阳明"心即理""致良知""知行合一"等思想。黄宗羲说："先生以圣人之学，心学也。心即理也，故于致知格物之训，不得不言'致吾心良知之天理于事事物物，则事事物物皆得其理'……良知感应神速，无有等待，本心之明即知，不欺本心之明即行也，不得不言知行合一。"②王守仁认为，"格物"为"正物"，而"物"又为"意之所在"，所以，在王守仁那里，"格物"为纠正意之所在的不正之处，使之归于正。在充分认识王守仁思想的基础上，黄宗羲认为，"心即理"是阳明心学的一个重要命题，在"心即理"的理论基础上，可以推导出"致知格物"的方式为"致良知"——"致吾心良知之天理于事事物物，则事事物物皆得其理"，也就是说，把我心所具有的良知道德法则推到事事物物上，则事事物物都合乎天理了，这样就能够纠正作为

① 黄宗羲：《明儒学案》（上），沈芝盈点校，中华书局，2008 年版，第 180 页。
② 黄宗羲：《明儒学案》（上），沈芝盈点校，中华书局，2008 年版，第 181 页。

"意之所在"的物和作为具体实践的"事",使"事事物物"都符合天理。所以,在黄宗羲看来,王阳明提出的"心即理"命题和"至良知"命题,两者是一脉相承的。同时,黄宗羲认为,本心之明、良知呈现、认识良知则为"知";人的意念发动处(意识活动)和具体实践能够顺应良知天理则为"行",人符合良知的意识活动也就是某种意义上的"行","行"与"本心之明"是联系在一起的,因此,不得不言"知行合一"。

由此可见,黄宗羲对阳明心学中"心即理""致良知"和"知行合一"等命题层层推进,进行了充分的肯定,从另一角度,体现出其作为一名学术史家对阳明心学的高度认识和肯定的态度。

(二)王门后学之发展

王守仁一生广收门徒,因此,自阳明心学产生后,王学得到了广泛的传播与发展。据《明史》记载:"(王守仁)门徒遍天下,流逾百年,其教大行,其弊滋甚。嘉、隆而后,笃信程朱,不迁异说者,无复几人矣。"①在阳明心学的传播发展与普及中,王门后学起到了很大的作用。王门后学的主要代表人物皆与王守仁有着直接或间接的师承关系,在《明儒学案》中,黄宗羲以"人文地理"作为主要归类标准,将王门后学划分为浙中、江右、南中、楚中、北方、粤闽和泰州等七大派系,在不同侧面、不同程度上,依次记述与评价了这些王门后学学派及各派主要代表人物理学思想。同时,黄宗羲还设《止修学案》和《泰州学案》,评述了止修学派李见罗的理学思想和泰州学派的理学思想。黄宗羲对王门后学各学派的评述,构成了黄宗羲明代理学史思想的一个重要组成部分,以下几点内容,将重点探讨与阐述黄宗羲对王门后学各学派理学思想的看法和观点。

1. 浙中、江右、粤闽等"王门六派"之发展

在《明儒学案》中,黄宗羲分别在《浙中王门学案》《江右王门学案》《南中王门学案》《楚中王门学案》《北方王门学案》《粤闽王门学案》等以"王门"

---

① 张廷玉等撰:《明史》,中华书局,1974 年版,第 7222 页。

命名的学案中,记述了浙中王门学派、江右王门学派、南中王门学派、楚中王门学派、北方王门学派和粤闽王门学派等王门后学之发展,对其中各学派主要人物的理学思想展开了述评。

据黄宗羲记述,浙中王门后学的主其要代表人物有徐爱、钱德洪、王畿、季本、黄绾、陆澄、董澐、董谷、顾应祥、张元忭、胡瀚等人。这一学派影响较大者为钱德洪和王畿两人,黄宗羲认为钱德洪与王畿"亲炙阳明最久,习闻其过重之言"①,在黄宗羲看来,王畿以寂为心之本体,钱德洪从心之已发处求其未发处,两者皆离开圣贤之理、以见在知觉为"良知",与师门之旨有所差异。同时,黄宗羲认为:王畿"从见在悟其变动不居之体"②,钱德洪"只于事物上实心磨炼"③,在彻悟方面,钱德洪不如龙溪,而在持戒修行方面,龙溪不如钱德洪。因此,在钱德洪的传记中,黄宗羲下了王畿入禅、"悬崖撒手,非师门宗旨所可系缚"④,而钱德洪不失儒者法度、"把缆放船,虽无大得亦无大失"⑤的论断。

在《明儒学案·浙中王门学案二》的王畿传记中,黄宗羲以天泉证道的王门"四句教"为切入点,对王畿的思想展开了评述。黄宗羲认为,根据王守仁对王畿、钱德洪两人关于"四句教"不同理解所做的解释,可以得出一个结论,即王畿以"无善无恶为心之体",以"意知物具是无善无恶",王畿对王门"四句教"之论大抵可归于"四无"。黄宗羲指出,王畿论学之大要为以正心为先天之学、以诚意为后天之学、以从心上立根的"四无说"为先天统后天之学、以从意上立根的"四有说"为后天复先天之学,同时黄宗羲认为,王畿关于"四无"和"四有"之说的思想,令天下学者不能不心存疑惑。然而,黄宗羲对"四句教"两个版本的评价是:若以"四有"说来论,善为心中固有,则意、知、物之善从心所发,而恶来自于外界;若以"四无"之说来论,则意、知、物之

① 黄宗羲:《明儒学案》(上),沈芝盈点校,中华书局,2008 年版,第 225 页。
② 黄宗羲:《明儒学案》(上),沈芝盈点校,中华书局,2008 年版,第 225 页。
③ 黄宗羲:《明儒学案》(上),沈芝盈点校,中华书局,2008 年版,第 225 页。
④ 黄宗羲:《明儒学案》(上),沈芝盈点校,中华书局,2008 年版,第 225 页。
⑤ 黄宗羲:《明儒学案》(上),沈芝盈点校,中华书局,2008 年版,第 225 页。

善恶皆妄,意、知、物的工夫皆妄,则无法复还本体。所以,黄宗羲否定了王畿的"四无说",进而肯定了钱德洪的"四有说"。进而,黄宗羲认为,王畿之"四无说"并非阳明所谓之上根之学,于阳明处无从考见,而是出于王畿之自发。他还发问:如果王畿之"四无说"为上根之学,为上根人所立,从心上立根,那么,难道大学之诚意以正心之功是专为下根人而设的吗?可见,黄宗羲对王畿学说持否定态度。他还指责王畿以"良知"为"知觉之流行,不落方所,不可典要,一著工夫,则未免有碍虚无之体"①,是"近禅"的表现;以"流行为主宰,悬崖撒手,茫无把柄,以心息相依为权法,是不得不近于老"②。也就是说,黄宗羲对王畿之学"近禅""近老"的特点进行了揭示与指责。因此,黄宗羲批评王畿之说已偏离了儒者之学,对阳明之学多有"创造发明";然而,在对王畿的批评之余,黄宗羲也肯定了王畿亲承阳明末命,其微言往往而在的可贵之处。综合对王畿之学的褒贬,黄宗羲发出了"文成之后不能无龙溪,以为学术之盛衰因之……而先生疏河导源,于文成之学,固多所发明也"③的论断。

在《浙中王门学案》中,黄宗羲从不同侧面、在不同程度上,对浙中王门的其他人物及学说发表了一些看法,如徐爱曾领悟到阳明早年便有"致良知"的思想,由此,黄宗羲评价徐爱"是故阳明之学,先生为得其真"④。黄宗羲又指出该派季本以"理"为阳之主宰、以"气"为阴之流行,贵主宰而恶自然的理学思想,并认为季本"贵主宰"的思想有利于扭转王门之中存在的"以流行为本体"之弊端走向。又如,黄宗羲指出该派黄绾以"立良止"为学的。又如,黄宗羲批评的浙中王门的董谷之学"多失阳明之意"⑤,并指责董谷作为王门中人,其禅学倾向是使阳明学被误认作"禅学"的根源之一。又如,张元忭辟龙溪,黄宗羲赞扬张元忭为"善学者"。总之,在《明儒学案》中,黄宗羲

① 黄宗羲:《明儒学案》(上),沈芝盈点校,中华书局,2008 年版,第 239 页。
② 黄宗羲:《明儒学案》(上),沈芝盈点校,中华书局,2008 年版,第 239 页。
③ 黄宗羲:《明儒学案》(上),沈芝盈点校,中华书局,2008 年版,第 239 页。
④ 黄宗羲:《明儒学案》(上),沈芝盈点校,中华书局,2008 年版,第 221 页。
⑤ 黄宗羲:《明儒学案》(上),沈芝盈点校,中华书局,2008 年版,第 289 页。

对浙中王门后学发表了详尽的看法,有褒有贬,此处将不做详尽的阐发。

王阳明"致良知"一说,发于晚年,因此,在王守仁有生之年未能做详尽阐发。阳明殁后,王门弟子们以阐发阳明学说为己任,在对"良知"的解释以及"致良知"途径的发挥上,众说纷纭,见解迭出。尤其在围绕阐发"致良知"的途径这一问题上,出现了王门左派和王门右派。由浙中王门学派的王畿和泰州学派的王艮、罗汝芳等人为代表的王门左派,被称作"本体"派,该派以"良知现成"说为理论基础,提倡"本体即是工夫",主张抛弃"致知"工夫以直达"本体";而以江右学派为代表的王门右派,也被称作"工夫"派,该派则提倡"致知"的工夫,主张通过"渐修"的工夫以达到对"本体"的体认。江右王门的主要代表人物有邹守益、欧阳德、聂豹、罗洪先、刘文敏、刘邦采、刘阳、黄弘纲、王时槐、陈嘉谟、万廷言、胡直和邹元标等人。在王门六派中,黄宗羲评价最高的是江右王门。在《江右王门学案》的总序中,黄宗羲指出:"姚江之学,惟江右得其传,东郭、念菴、两峰、双江其选也。再传而为塘南、思默,皆能推原阳明未尽之旨。是时越中流弊错出,挟师说以杜学者之口,而江右独能破之,阳明之道赖以不坠。盖阳明一生精神,俱在江右,亦其感应之理宜也。"[1]在黄宗羲看来,在王门后学中,江右王门最能体现阳明一生之精神,为"王学正宗",江右王门能够阐发阳明晚年未尽之旨、发挥阳明学大义,能够纠正越中地带出现王门后学之弊,使阳明之道得以流传。

对于江右王门后学的主要人物及理学思想,黄宗羲分别发表了详尽不一的看法,而在对江右王门人物的评价中,褒多于贬。以黄宗羲在《江右王门学案》总序中提到的该派学者为例,在学者邹守益(东郭)的传记中,黄宗羲首先指出邹守益"得力于敬"[2]的学说大旨,后又指出"夫子之后,源远而流分,阳明之没,不失其传者,不得不以先生为宗子也"[3],肯定了邹守益在阳明后学中得阳明之传的学术正宗地位。对于聂豹(双江),黄宗羲对其"归寂"

---

① 黄宗羲:《明儒学案》(上),沈芝盈点校,中华书局,2008年版,第331页。
② 黄宗羲:《明儒学案》(上),沈芝盈点校,中华书局,2008年版,第332页。
③ 黄宗羲:《明儒学案》(上),沈芝盈点校,中华书局,2008年版,第332页。

"主静"说表示赞同,认为聂豹的"归寂""主静"说与念菴(罗洪先)思想深相契合,符合"《中庸》以大本归之于未发者"①的思想,并与"濂溪以主静立人极,龟山门下以体夫喜怒哀乐未发前气象为相传口诀"②一脉相承。同时,针对王门中人对聂豹"归寂"说的群起发难,黄宗羲进行了辩难,指出聂豹以"良知"为未发之中的思想是与阳明在南中时以默坐澄心之收敛之说相吻合的,因此并未有悖于师门之处。对于罗洪先(念菴),黄宗羲也多加褒扬。黄宗羲首先从发展的角度肯定了罗洪先学术思想之变,即"始致力于践履,中归于寂静,晚彻悟于仁体"③,又指出罗洪先与聂豹"归寂"说相投,揭示了罗洪先以"濂溪'无欲故静'之旨为圣学的传"④,同时,在对罗洪先的评价中,黄宗羲对其赞扬道:"天下学者,亦遂因先生之言,而后得阳明之真。其晓晓以师说鼓动天下者,反不与焉"⑤,并引用邓定宇对念菴的评价"阳明必为圣学无疑,然及门之士,概多矛盾。其私淑而有得者,莫如念菴"⑥,以表明黄宗羲本人对罗洪先之学的积极肯定态度。江右王门的刘文敏(两峰),其学以"主静"为特征,认为心体"本止本寂""常止常寂"⑦,在修养方式上,反对于事上用功,强调涵养本源,主张以"嘿坐澄心,反观内照"⑧为悟求心体的途径。黄宗羲则指出刘文敏之学与双江(聂豹)之学相近,并对刘文敏之学予以了肯定的态度。对于王时槐(塘南),黄宗羲则指出其"有见于空寂之体"⑨,并称赞王时槐"言良知者未有如此谛当"⑩。对于万廷言(思默),黄宗羲则指出了万廷言延续了罗洪先之学和"杜门静摄,默识自心"的体悟本体的修养方式。

---

① 黄宗羲:《明儒学案》(上),沈芝盈点校,中华书局,2008 年版,第 371 页。
② 黄宗羲:《明儒学案》(上),沈芝盈点校,中华书局,2008 年版,第 371 页。
③ 黄宗羲:《明儒学案》(上),沈芝盈点校,中华书局,2008 年版,第 386 页。
④ 黄宗羲:《明儒学案》(上),沈芝盈点校,中华书局,2008 年版,第 387 页。
⑤ 黄宗羲:《明儒学案》(上),沈芝盈点校,中华书局,2008 年版,第 387 页。
⑥ 黄宗羲:《明儒学案》(上),沈芝盈点校,中华书局,2008 年版,第 388 页。
⑦ 黄宗羲:《明儒学案》(上),沈芝盈点校,中华书局,2008 年版,第 430 页。
⑧ 黄宗羲:《明儒学案》(上),沈芝盈点校,中华书局,2008 年版,第 430 页。
⑨ 黄宗羲:《明儒学案》(上),沈芝盈点校,中华书局,2008 年版,第 467 页。
⑩ 黄宗羲:《明儒学案》(上),沈芝盈点校,中华书局,2008 年版,第 467 页。

由黄宗羲对江右王门主要人物理学思想的记述和评价可以看出，黄宗羲对该派提倡的"主静"思想持肯定赞扬态度。无论是聂豹、罗洪先、刘文敏，还是王时槐、万廷言，其学都以"归寂""主静"的修养方式为体认心体良知的根本途径。在黄宗羲看来，江右王门所提出的这一思想，为解救当时王门后学围绕阐述"致良知"而生成的弊端，起到了一定的积极纠正作用。黄宗羲说："阳明亡后，学者承袭口吻，浸失其真，以揣摩为妙悟，纵恣为乐地，情爱为仁体，因循为自然，混同为归一。"①又说："阳明以致良知为宗旨，门人渐失其传，总以未发之中，认作已发之和，故工夫旨在致知上，甚之而轻浮浅露，待其善恶之形而为克治之事，已不胜其艰难杂糅矣。故双江、念菴以归寂救之，自是延平一路上人。"又说："阳明没后，致良知一语，学者不深究其旨，多以情识承当，见诸行事，殊不得力。双江、念菴举未发以救其弊，中流一壶，王学赖以不坠。"②也就是说，在黄宗羲看来，王门后学对阳明"致良知"的阐发，多浅薄而浮于皮毛，未达本质，且多在"致知"上用功，认"未发"为"已发"，失去了阳明学之真谛，黄宗羲认为，江右王门双江（聂豹）、念菴（罗洪先）等人得阳明之真传，他们提出的以"归寂""主静"为特征的内敛的修养工夫，能够救治当时王门后学多于"致"上用功的弊病，使阳明之学得以发扬而不坠。同时，在黄宗羲看来，江右王门所主张的通过修养工夫以达体悟本体的思想，对扭转"当下即是本体"的"良知现成"派之错误走向，具有重要的意义。总而言之，黄宗羲对江右王门学派的评价是褒多于贬的。

对于南中王门，黄宗羲在《南中王门学案》的总序中指出："南中之名王氏学者，阳明在时，王心斋、黄五岳、朱得之、戚南玄、周道通、冯南江，其著也。阳明殁后，绪山、龙溪所在讲学，于是泾县有水西会，宁国有同善会，江阴有君山会，贵池有光岳会，太平有九龙会，广德有复初会，江北有南谯精舍，新安有程氏庙会，泰州复有心斋讲堂，几乎比户可封矣。而又东郭、南野、善山先后官留都,兴起者甚重。"①可见,在案前总序中,黄宗羲对南中王门无过多的总体性褒贬评价,而是对该派的主要学者及讲学会舍进行了陈列,并对阳明殁后,该派的讲学规模之大进行了充分的肯定。在对该派主要学者学术思想的评述中,他一反对江右王门学者所持的积极褒扬态度,黄宗羲对南中王门学者则更多地提出了批评与指责。如黄宗羲指该派的黄省曾于《后传习录》所记的数条语录和以"情识"为"良知"的思想,皆有失阳明旨意,指责该派朱得之之学颇近于老、释,批评南中王门的唐顺之之学多得自王畿和其在辨儒、释方面的谬误思想,批评该派的徐阶无儒者气象,且陷于霸术而不自知等,这些皆表明黄宗羲对南中王门无过高之评价。

对于楚中王门学派,黄宗羲在案前总序的总结中,将楚中王门内部分作两个派系:一是耿天台一派;一是由蒋信(道林)、冀元亨(闇斋)、刘观时等人组成的武陵一派。对于耿天台一派,黄宗羲指出该派自泰州流入,阳明在时,其信徒不多,后来此派虽达到繁盛,然多破坏良知,实为可恶;对于武陵一派,黄宗羲则指出该派之蒋信实得阳明真传。可见,在对楚中王门的总结与概括性评价中,黄宗羲做到了褒贬两全。在对该派主要人物理学思想的评述中,黄宗羲仅列举了蒋信与冀元亨两人。对于蒋信,黄宗羲指出了其初无所师授,中途师从于阳明,后师从于湛甘泉的求学经过,并指出蒋信之学"得于甘泉者为多"②。黄宗羲赞扬蒋信以"气"为本源,以"理""气""心""性""人""我"六者贯通无二的思想,认为蒋信"论理气心性,可谓独得其要",在赞扬的同时,黄宗羲又批评其以工夫"念起处为几"③,陷于有形,"只在分殊边事",非"约归理一之旨"④的"弊端"。对于冀元亨,黄宗羲则称赞了其为尊王学为圣学、为王学辩护的学行。

对于北方王门,黄宗羲评价不高。他在《北方王门学案》案前总序的概括性述评中,指出:"北方之为王氏学者独少,穆玄菴既无问答,而王道字纯

---

① 黄宗羲:《明儒学案》(上),沈芝盈点校,中华书局,2008 年版,第 578 页。
② 黄宗羲:《明儒学案》(上),沈芝盈点校,中华书局,2008 年版,第 627 页。
③ 黄宗羲:《明儒学案》(上),沈芝盈点校,中华书局,2008 年版,第 628 页。
④ 黄宗羲:《明儒学案》(上),沈芝盈点校,中华书局,2008 年版,第 628 页。

甫者,受业阳明之门,阳明言其'自以为是,无求益之心',其后趋向果异,不可列之王门。非二孟(孟秋、孟化鲤)嗣响,即有贤者,亦不过迹象闻见之学,而自得者鲜矣。"①在黄宗羲看来,在王门六派中,北方王门的王氏学者最少,且多沿袭成说,缺少自得之学。在对该派主要学者的评价中,黄宗羲也多持批评的态度。对北方王门的穆孔晖,黄宗羲批评其"学阳明而流于禅,未尝经师门之煅炼"②。对于该派之孟秋,黄宗羲则批评其为良知现成派,黄宗羲认为克己之功不可无,应以克己之功去识良知本体。对于北方王门之杨东明,黄宗羲虽赞扬其能得阳明之肯綮,且其"气质之外无性"之说,可"一洗理气为二之谬"③,但黄宗羲仍以"性善论"为评判标准,批判了杨东明的性有善有恶之说。

对于粤闽王门,黄宗羲则在《粤闽王门学案》的案前总序中提到:"岭海之士,学于文成者,自方西樵始。及文成开府赣州,从学者甚众。文成言'潮在南海之涯,一郡耳。一郡之中,有薛氏之兄弟子侄,既足盛矣,而又有杨氏之昆季。其余聪明特达,毅然任道之器,以数十。'乃今之著者,唯薛氏耳"④,指出了粤闽王门人数众多,和以杨氏、薛氏为著的特点。同时,黄宗羲列举了该派方西樵、薛尚贤、杨仕鸣、梁焯、郑一初、马明衡等学者的生平学行,并对该派的薛侃之学术思想进行了述评,评价薛侃为阳明学辟佛不得当,而"浅于疑阳明者"⑤,除此之外,在《粤闽王门学案》中,黄宗羲对粤闽王门无过多述评。

2. 止修学派和泰州学派对王学的发展与偏离

在王门后学的众多派系中,除按地理位置归类的"王门六派"之外,还有止修学派和泰州学派。然而,在《明儒学案》中,在分别记述止修学派和泰州学派理学思想的《止修学案》和《泰州学案》的"案名"里,并没有出现"王门"

---

① 黄宗羲:《明儒学案》(上),沈芝盈点校,中华书局,2008 年版,第 635 页。
② 黄宗羲:《明儒学案》(上),沈芝盈点校,中华书局,2008 年版,第 635 页。
③ 黄宗羲:《明儒学案》(上),沈芝盈点校,中华书局,2008 年版,第 649 页。
④ 黄宗羲:《明儒学案》(上),沈芝盈点校,中华书局,2008 年版,第 654 页。
⑤ 黄宗羲:《明儒学案》(上),沈芝盈点校,中华书局,2008 年版,第 656 页。

二字。因此,同为王门后学,在黄宗羲那里,在称谓上,止修学派和泰州学派表现出了相对于"王门六派"的迥异之处。这种称谓上的迥异,在某种意义上,意味着在黄宗羲看来,这两个王门派系,在发展王学的基础上,已越出了"王门"的范围,其称谓非"王门"二字所能界定,尤其是泰州学派,在其自身发展过程中,已明显地对王学产生了偏离。

止修学派的主要代表人物是李见罗,其学以"止修"为主旨。李见罗师从于邹守益,邹守益被黄宗羲视作"得阳明学之正宗",黄宗羲认为"夫子之后,源远而流分,阳明之没,不失其传者,不得不以先生(邹守益)为宗子也"①。然而,对于邹守益的学生李见罗,黄宗羲不但认为其没有继承师说、得阳明之正传,而且还认为李见罗已偏离了邹守益的思想,进而偏离了阳明学之轨迹。黄宗羲指出:"先生初学于邹文庄,学致良知之学。已稍变其说。"②李见罗认为:"致知者,致其知体。良知者,发而不加其本体之知,非知体也"③,李见罗分"致知"之"知"于"良知"之"知"为二,这在黄宗羲看来,李见罗对"致知"和"良知"的解释,已"变为性觉之说"④,偏离了阳明对"致知"与"良知"的解释。

同时,在《止修学案》中,黄宗羲对李见罗之学的"止修"主旨做出了具体的解释,即"止修者,谓性自人生而静以上,此至善也,发之而为恻隐四端,有善便有不善。知便是流动之物,都向已发边去,以此为致,则日远于人生而静以上之体。摄知归止,止于人生而静以上之体也。然天命之真,即在人视听言动之间,即所谓身也。若刻刻能止,则视听言动各当其则,不言修而修在其中矣。使稍有出入,不过一点简提撕修之工夫,使之常归于止而已。故谓格致诚正,四者平铺。四者何病? 何所容修? 苟病其一,随病随修"⑤。"止",为止于"性","性"为"人生而静以上"的"至善",因此,"止"即止于

---

① 黄宗羲:《明儒学案》(上),沈芝盈点校,中华书局,2008 年版,第 332 页。
② 黄宗羲:《明儒学案》(上),沈芝盈点校,中华书局,2008 年版,第 667 页。
③ 黄宗羲:《明儒学案》(上),沈芝盈点校,中华书局,2008 年版,第 667 页。
④ 黄宗羲:《明儒学案》(上),沈芝盈点校,中华书局,2008 年版,第 667 页。
⑤ 黄宗羲:《明儒学案》(上),沈芝盈点校,中华书局,2008 年版,第 667 页。

"人生而静以上"的"至善";"修",为改视听言动之不善处使其归于善。也就是说,在李见罗看来,"人生而静以上"是至善,然而,由至善而发出的恻隐四端,在与"静"相对立的"发"这个过程中,便远离了"人生而静以上的本体",有善有不善,因此要重新达到至善之本体,就应该"摄知归止,止于人生而静以上之体"①,然而,因为人的生命离不开视听言动,所以需要常"止"、刻刻"止",使得视听言动各当其则,止于至善,同时,也需要"修"的工夫,改视听言动之不善使其归于善,"止"与"修"同时进行,合而为一,最终使心体"常归于止",即止于人或宇宙至善至静的本然状态。

黄宗羲对李见罗"止修并重"的学术主旨提出了批评:

首先,黄宗羲认为"止修"并重的格致思想过于重复烦琐。黄宗羲认为,根据《大学》来看,"《大学》修身为本,而修身之法,到归于格致,则下手之在格致明矣。故以天下国家而言,则身为本,以修身而言,则格致又其本矣"②。然而,在黄宗羲看来,李见罗于"修身"处,"以知本之本,与修身之本,合而为一,终觉龃龉而不安也"③。也就是说,在黄宗羲看来,李见罗于"修身"处,在"止"上另加一"修",分"格致"为"止"与"修"两重工夫,犹如在"恻隐羞恶辞让是非"之上又添一层"仁义礼智",实为多此一举、重复烦琐的不妥之处。因此,黄宗羲对李见罗的"止修"思想批评道:"止修两挚,东瞻西顾,毕竟多了头面。"④

其次,黄宗羲还批评李见罗的"止修"之说沿袭了宋儒之成说。黄宗羲还认为,李见罗为了标新立异不因袭前人旧说而以"止修"为立学特色,而实际上却是存养省察之学。黄宗羲说:"其实先生之学,以止为存养,修为省察,不过换一名目,与宋儒大段无异,反多一张皇耳。"⑤继而,黄宗羲借用许敬菴之言,指出李见罗之学主张太过、人心与道心不分、心无内外、性无内

---

① 黄宗羲:《明儒学案》(上),沈芝盈点校,中华书局,2008 年版,第 667 页。
② 黄宗羲:《明儒学案》(上),沈芝盈点校,中华书局,2008 年版,第 667 页。
③ 黄宗羲:《明儒学案》(上),沈芝盈点校,中华书局,2008 年版,第 667 页。
④ 黄宗羲:《明儒学案》(上),沈芝盈点校,中华书局,2008 年版,第 667 页。
⑤ 黄宗羲:《明儒学案》(上),沈芝盈点校,中华书局,2008 年版,第 668 页。

外、体用不分之弊,又引用高忠宪之言指出李见罗的"止修"主旨,欲止欲修,分散格物吃紧工夫,进而产生了使气禀物欲遮蔽万端之弊。

综合以上内容可以看出,黄宗羲对李见罗的"止修"思想持批评的态度,认为其于师门"稍变其说",即偏离了师门之旨。在一定程度上,正是因为基于对以李见罗为主要代表人物的止修学派的这种批评态度,在《明儒学案》中,黄宗羲将《止修学案》列于"王门六派"之后,以示该派对王门之旨的偏离和黄宗羲对这一学派的否定态度。

对于泰州学派,黄宗羲在《泰州学案》的按语中指出:"阳明先生之学,有泰州、龙溪而风行天下,亦因泰州、龙溪而渐失其传。泰州、龙溪时时不满其师说,益启瞿昙之秘而归之师,盖跻阳明而为禅矣。然龙溪之后,力量无过于龙溪者,又得江右为之救正,故不至十分决裂。泰州之后,其人多能以赤手搏龙蛇,传至颜山农、何心隐一派,遂复非名教之所能羁络矣。顾端文曰'心隐辈坐在利欲胶漆盆中,所以能鼓动得人,只缘他一种聪明,亦自有不可到处。'羲以为非其聪明,正其学术也。所谓祖师禅者,以作用见性。诸公掀翻天地,前不见有古人,后不见有来者。释氏一棒一喝,当机横行,放下挂杖,便如愚人一般。诸公赤身担当,无有放下时节,故其害如是。今之言诸公者,大概本弇州之《国朝丛记》,弇州盖因当时爱书节略之,岂可为信? 羲考其派下之著者,列于下方。"①这段话代表了黄宗羲对泰州学派的综合评价,可以说,在黄宗羲对泰州学派的综合评价中,有褒有贬,既有肯定,又有否定。黄宗羲赞扬了泰州学派开展平民教育、推进阳明学走向大众化和普及化之贡献;批评了泰州学派超越名教范围而走向禅化之倾向,以致偏离了儒学正统之轨迹。在黄宗羲对泰州学派的肯定与否定中,其否定基调占主旋律,远远高于肯定态度。

首先,黄宗羲肯定了泰州学派对阳明学的传播、普及之功。

在《明儒学案》中,黄宗羲用五卷篇幅(卷三十二至卷三十六)展现了泰州学派主要人物的生平事迹及学术面貌,该学派人物众多,其中平民身份不

---

① 黄宗羲:《明儒学案》(下),沈芝盈点校,中华书局,2008 年版,第 703 页。

为官者占有很大的比重,并对王学的大众化传播起到了促进作用。如该派的创始人王艮,黄宗羲指出其"七岁受书乡塾,贫不能学""从父商于山东"[①]的少时求学境遇与商人身份,同时还列举了樵夫朱恕、陶匠韩乐吾、农夫夏廷美等平民身份的学者之学行事迹,这些人物来自社会中下层阶级,与人民群众有着紧密的联系,其讲学的对象更是直接面向平民大众。同时,泰州学派在学术创新中提出了"百姓日用即道"的理论观点,使该派的理学思想更贴近百姓日常生活,这些都为泰州学派大众化、平民化的学术传播起到了积极推动、促进作用。据黄宗羲在《明儒学案·泰州学案一》的王艮传记中记述:"阳明归越,先生(王艮)从之。来学者多从先生指授,已而叹曰'千载绝学,天启吾师,可使天下有不及闻者乎?'"[②]这段话即是对王艮学于阳明之后,来王艮处求学之人,数目众多,从其学习者甚众的情形的描述。与此同时,黄宗羲还说道:"阳明而下,以辩才推龙溪,然有信有不信,惟先生于眉睫之间,省觉人最多。谓'百姓日用即道',虽僮仆往来动作处,指其不假安排者以示之,闻者爽然"[③],指出了王艮为学简易直截、以"百姓日用即道"为学说主旨,于僮仆往来动作之间即可完成传道、授业的过程,继而经他教化而有所收益和醒悟的人数众多,以致超过了经王畿教化而醒悟的人。又如授业于王艮之子王襞的陶匠韩贞"以化俗为任","随机指点农工商贾,从之游者千余。秋成农隙,则聚徒谈学,一村既毕,又之一村,前歌后答,弦诵之声,洋洋然也"[④],掀起了平民教育和乡村教育的浪潮。同时,泰州学派人物众多,分布范围广泛,不仅限于泰州地区,在江西也有所分布,因此促成了黄宗羲的"阳明先生之学,有泰州、龙溪而风行天下"的论断。

其次,在肯定泰州学派传播与普及王学之功绩的同时,黄宗羲也对泰州学派超越名教的异端思想和入禅倾向提出了批评。

第一,黄宗羲用"赤手搏龙蛇"和"非名教之所能羁络"等论断,批判了泰

---

① 黄宗羲:《明儒学案》(下),沈芝盈点校,中华书局,2008年版,第709页。
② 黄宗羲:《明儒学案》(下),沈芝盈点校,中华书局,2008年版,第709~710页。
③ 黄宗羲:《明儒学案》(下),沈芝盈点校,中华书局,2008年版,第710页。
④ 黄宗羲:《明儒学案》(下),沈芝盈点校,中华书局,2008年版,第719页。

州学派超越名教的异端色彩。"名教"是指在封建社会中以儒家思想为中心的用以正名定分的封建礼教，它旨在强调封建社会中人与人之间的上下尊卑等级地位。宋明理学的学说体系在名教统摄的范围之内，而泰州学派却是一个例外。在一定程度上，泰州学派超越了传统儒家价值体系，这种超越体现在泰州学派以自我为中心的思想和追逐利益的价值取向上。众所周知，士、农、工、商四者之间的先后排列次序反映了我国传统儒家重农抑商的价值观念。商人阶层之所以不受重视甚至被轻视，是因为其重利、趋利的价值取向与儒家重义轻利的伦理价值观形成了强烈的对抗。而泰州学派的创始人王艮由经商起家，是商人阶层的一个典型代表。王艮的格物说以"安身"为主要内容，具有明显的"自我中心"的色彩。王艮说："格物，即物有本末之物。身与天下国家一物也，格知身之为本，而家国天下之为末，行有不得者，皆反求诸己。反己，是格物底工夫，故欲齐治平在于安身。"[1]在王艮看来，作为个体生命的"身"与"天下国家"具有同一性，然而，从"身"与"天下国家"两者之间的主次关系来讲，"身"为主体、为"本"，"天下国家"为客体、为"末"，因此，"格物"也就是"安身""正己"。王艮认为只有安身才能立本，安身也就是爱身、敬身，只有爱自己的身体，尊敬自己的身体，才能够爱他人，尊敬他人，进而达到令他人爱自己、尊敬自己的目的，若一个家庭甚或一个国家爱自己、尊敬自己，就会自然而然地实现齐家治国的理想境界。基于以身为本和安身的格物思想，王艮又提出了明哲保身说。他把明哲保身看作"良知良能"，认为只有做到明哲保身，才能实现由爱我—我爱人—人爱我—我身保—天下保的目的。王艮的格物说和由此引发的明哲保身说，皆以"安身"和"爱我"为前提，反映出其打破名教上下尊卑等级秩序、以自我为中心的异端特色。同时，泰州学派的何心隐等人十分善于经商，何心隐曾教人经商之道，帮助他人成功地获取了巨大的金钱利润。因此，从维护儒家传统价值观角度出发的黄宗羲在《泰州学案》中，引用东林学派顾宪成之语，指出"何心隐辈，坐在利欲胶漆盆中，所以能鼓动得人，只缘他一种聪明，亦自

---

① 黄宗羲：《明儒学案》（下），沈芝盈点校，中华书局，2008年版，第710页。

有不可到处"①,以说明其对何心隐商人身份、投机经营、唯利是图行径所持的一种批评态度。由此可见,基于泰州学派超越名教的异端色彩,站在传统卫道立场上的黄宗羲对其发出了"泰州之后,其人多能以赤手搏龙蛇,传至颜山农、何心隐一派,遂复非名教之所能羁络矣"②评价,进而表现出黄宗羲对泰州学派异端特色的否定态度。

第二,黄宗羲对泰州学派的禅化色彩提出了批评。黄宗羲在《泰州学案》按语中提到:"泰州、龙溪时时不满其师说,益启瞿昙之秘而归之师,盖跻阳明而为禅矣""所谓祖师禅者,以作用见性。诸公掀翻天地,前不见有古人,后不见有来者。释氏一棒一喝,当机横行,放下挂杖,便如愚人一般。诸公赤身担当,无有放下时节,故其害如是"③,对泰州学派的禅化进行了定性与概括性批评。同时,针对泰州学派倾禅学者的禅化倾向,黄宗羲进行了一一的批评与指责。

如在《泰州学案一》中,黄宗羲对该派的管志道记述道:"东溟(管志道)受业于耿天台,著书数十万言,大抵鸠合儒释,浩汗而不可方物"④,指出并批评了管志道之学融合儒释的特点,黄宗羲又进一步引用管志道论学之言,详细具体地说明了管志道之学的释、老化倾向,即"乾元无首之旨,与《华严》性海浑无差别,《易》道与天地准,故不期与佛老之祖合而自合,孔教与二教峙,故不期佛老之徒争而自争。教理不得不圆,教体不得不方,以仲尼之圆,圆宋儒之方,而使儒不碍释,释不碍儒。以仲尼之方,方近儒之圆,而使儒不滥释,释不滥儒。唐、宋以来,儒者不主孔奴释,则崇释卑孔,皆于乾元性海中自起藩篱,故以乾元统天,一案两破之也"⑤,这里,管志道公然认可儒、释、道三家浑无差别、互不相碍、相互融通,试图论证儒家与释、道两家的融合与汇通之处,已具有了强烈的引儒入释、引儒入老的异端色彩,进而黄宗羲对管

① 黄宗羲:《明儒学案》(下),沈芝盈点校,中华书局,2008年版,第703页。
② 黄宗羲:《明儒学案》(下),沈芝盈点校,中华书局,2008年版,第703页。
③ 黄宗羲:《明儒学案》(下),沈芝盈点校,中华书局,2008年版,第703页。
④ 黄宗羲:《明儒学案》(下),沈芝盈点校,中华书局,2008年版,第708页。
⑤ 黄宗羲:《明儒学案》(下),沈芝盈点校,中华书局,2008年版,第708页。

志道这一思想再次提出了批评："按东溟所言,亦只是三教肤廓之论"①,指出管志道对儒释道三教的认识肤浅空泛和不切实际。又如在《泰州学案二·文肃赵大洲先生贞吉》中,黄宗羲引用赵贞吉答友人之言:"仆之为禅,自弱冠以来,敢欺人哉! 试观仆之行事立身,于名教有悖谬者乎? 则禅之不足以害人明矣。仆盖以身证之,非世儒徒以口说诤论比也"②,指出了赵贞吉为禅辩护的亲禅倾向,对赵贞吉的这番议论,黄宗羲提出了批评与指责:"先生之所谓'不足以害人'者,亦从弥近理而大乱真者学之。③"又如,在《泰州学案三·参政罗近溪先生汝芳》中,黄宗羲对罗汝芳理学中"浑沦顺适"与"鬼窟活计"的观点分别评价为"正是佛法一切现成"和"先生真得祖师禅之精者"④。在《泰州学案三·侍郎杨复所先生起元》中,针对杨起元提出的"明德本体,人人所同,其气禀拘他不得,物欲蔽他不得,无工夫可做,只要自识之而已。故与愚夫愚妇同其知能,便是圣人之道。愚夫愚妇之终于愚夫愚妇者,只是不安其知能耳"的思想,黄宗羲批评其为"释氏作用为之性说"。⑤

由此可见,黄宗羲虽然称赞了泰州学派传播与普及阳明学之功绩,但对泰州学派超越名教和禅化等异端色彩,却提出了极力的批评,且黄宗羲对泰州学派的基本态度是以批评和否定为主的。在某种意义上,也正是基于这种否定的态度,在《明儒学案》之中,黄宗羲将《泰州学案》置于《浙中王门学案》《江右王门学案》《南中王门学案》《楚中王门学案》《北方王门学案》《粤闽王门学案》和《止修学案》之后,甚至不以"王门"二字为泰州学派的学案命名,以此揭示泰州学派对阳明学的严重偏离。

综上所述,黄宗羲在对明代中期阳明心学产生及尔后王门后学之发展的述评中,首先揭示了阳明心学的产生与发展,指出了阳明学经"三变"而产生,在"学成后三变"中又日益精深的发展演变过程,同时对阳明"心即理"

---

① 黄宗羲:《明儒学案》(下),沈芝盈点校,中华书局,2008 年版,第 708 页。
② 黄宗羲:《明儒学案》(下),沈芝盈点校,中华书局,2008 年版,第 748 页。
③ 黄宗羲:《明儒学案》(下),沈芝盈点校,中华书局,2008 年版,第 748 页。
④ 黄宗羲:《明儒学案》(下),沈芝盈点校,中华书局,2008 年版,第 762 页。
⑤ 黄宗羲:《明儒学案》(下),沈芝盈点校,中华书局,2008 年版,第 806 页。

"致良知"和"知行合一"等理学思想进行了充分的肯定。而后,在对王门后学的归类中,黄宗羲以地理位置为主要参照标准,将王门后学划分为浙中、江右、南中、楚中、北方、粤闽等六大派系,并分别对"王门六派"及其主要学者的学术思想进行了揭示,并发表了一定的看法。其中,黄宗羲对江右王门学派及其主要学者评价最高,认为该派得阳明学之正传,在王门后学的发展中起到了"纠弊"的作用。而对浙中王门学派极其主要学者的评价则褒贬互现,尤其在对该派王畿学术思想的评价中,批评多于褒扬。而在对南中、楚中、北方、粤闽等王门的述评中,黄宗羲或持中立态度,或无过高评价,或多带批评口吻。之后,黄宗羲又将宗旨偏离于阳明学的止修学派和泰州学派,单列于"王门六派"之外,不以"王门"二字为之命名,以彰显这个学派对阳明学的严重偏离和黄宗羲对其的极力批评否定态度。黄宗羲对阳明学及其后学的述评,反映出黄宗羲对明代中期以后,心学发展的宏观和具体层面的认识与总结,对当代研究明代阳明学及其后学具有一定的参考价值。

三、甘泉学派与王门学派各立宗旨

黄宗羲对甘泉学派的认识,在一定程度上,是围绕着甘泉学派与王门学派二者之间的关系展开的。在黄宗羲看来,王、湛两家各立宗旨,湛氏学者或调停王、湛两家,或对阳明学发难,且基于这些认识,黄宗羲对此发表了一定的观点和评价。

(一)王、湛两家,各立宗旨

甘泉学派是由湛若水及其弟子、再传弟子和三传弟子等人组成的明代理学学派,该学派以"随处体认天理"为宗旨,在明代中晚期的学术界和思想界中与王门学派各立宗旨、平分秋色。黄宗羲在《明儒学案·甘泉学案一》的案前总序中指出:"王、湛两家,各立宗旨,湛氏门人,虽不及王氏之盛,然当时学于湛者,或卒业于王,学于王者,或卒业于湛,亦犹朱、陆之门下,递相出入也。其后源远流长,王氏之外,名湛氏学者,至今不绝,即未必仍其宗旨,而渊源不可没也。"①在一定程度上,黄宗羲对甘泉学派的述评是围绕着"王、湛两家各立宗旨"这一切入点展开的。

在《甘泉学案一·文简湛甘泉若水》中,黄宗羲先是指出了湛若水师从于陈献章,揭示了其学术思想的主要来源,之后又对"王、湛两家各立宗旨"展开了进一步的阐释,黄宗羲说:"先生(湛若水)与阳明分主教事,阳明宗旨致良知,先生宗旨随处体认天理"②,指出了王、湛两家分别以"致良知"和"随处体认天理"等宗旨相互立异与对立,同时,对于王、湛两家主要代表人物王阳明和湛若水的相互批评与指责,黄宗羲在《甘泉学案》中也做了相应的列举并就此发表了自己的观点。

湛若水的理学思想具有融合程朱理学与陆王心学的特点。湛若水不仅强调"心"的本体论意义,认为"心"生万物,主宰万物,包乎天地万物,体万物而不遗,无内外,无始终,同时,他还承认在客观世界中存在着独立于人心之外的"道"和"理",把"道"或"理"看作世界的本源,认为从古至今的宇宙,只有理是本源的,理生生不息,动静无端,阴阳无始,见理者,就可谓之见道。因此,在格物问题上,与王阳明只强调"格心"不同,湛若水将程颐理学"格物即至理"的思想,发展为"随处体认天理"的理论观点。湛若水认为,至理的途径就是"体认天理"。与王守仁以"良知"取代客观之理不同,"随处体认天理"强调的是随时随地地通过主敬的修养方式和学问思辨行等格物致知工夫,达到对客观存在"天理"的体认,实现内心之理与客观之理的契合。因此,湛若水"随处体认天理"的向外求"理"方式,与王守仁向内求"良知"的修养方式存在着一定的差别。进而,湛若水对王守仁的格物说提出了四个方面的批评(即下文黄宗羲所指的"四不可"):1. 湛若水认为在《大学》格物、致知、诚意、正心、修身、齐家、治国、平天下的八条目中,王守仁训格物为正心,与后面的诚意、正心二条目重复,为一不可;2. 湛若水认为王守仁格物

---

① 黄宗羲:《明儒学案》(下),沈芝盈点校,中华书局,2008 年版,第 875 页。
② 黄宗羲:《明儒学案》(下),沈芝盈点校,中华书局,2008 年版,第 876 页。

说"于上文知止能得为无承,于古本下节以修身说格致为无取,其不可二也"①;3. 湛若水认为王守仁言正念头,而"念头之正否,亦未可据","徒正念头,其不可三也"②;4. 湛若水认为王守仁只言尊德性而不及道问学,与自古儒家尊德性与道问学二者并重的主张不相符合,为四不可。在格物问题上,除指责阳明格物说为"四不可"之外,湛甘泉还指责王守仁有"外物之病",即指责王阳明对物理的认识排除在格物之外。与此同时,王守仁也指责湛若水格物"求之于外",认为湛若水向外求理,有悖于王守仁心一元论的"心即理"的命题。

关于湛若水和王守仁之间的格物之辨,黄宗羲记述道:"然先生论格物,条阳明之说四不可。阳明亦言随处体认天理为求之于外,是终不可强之使合也","先生大意,谓阳明训格为正,训物为念头,格物是正念头也,苟不加学问思辨行之功,则念头之正否,未可据","先生以为心体万物而不遗,阳明但指腔子里以为心,故有是内而非外之诮"。③ 针对湛若水对王守仁格物说的指责,黄宗羲为阳明进行了辩解。针对湛若水指责阳明训格物为正念头而不加学问思辨行之工夫,黄宗羲辩解道:"夫阳明之正念头,致其知也,非学问思辨行,何以为致? 此不足为阳明格物之说病。"④在黄宗羲看来,阳明之"正念头",即为"致知",而"致"的过程已包含了学问思辨行的治学工夫,因此,湛若水对阳明缺少学问思辨行之功的指责,不足以说明阳明格物说的缺点。针对湛若水指责阳明以腔子里为心,有是内非外之病,黄宗羲辩解道:"然天地万物之理,不外于腔子里,故见心之广大。若以天地万物之理,即吾心之理,求之天地万物,以为广大,则先生仍为旧说所拘也。"⑤黄宗羲认为,王守仁"心即理"的思想恰恰证明了"心"的广大,反而湛若水的合天地万物之理与吾心之理为一,和向外求理的思想,则是对宋儒旧说的沿袭。可以说,在黄宗羲为阳明心学的辩解之中,包含着其对湛若水格物思想的批判。

在为阳明格物说辩解之外,黄宗羲还进一步对湛若水"随处体认天理"的格物思想提出了批评,黄宗羲说:"天理无处而心其处,心无处而寂然未发者其处,寂然不动,感即在寂之中,则体认者,亦为体认之于寂而已。今曰随处体认,无乃体认于感? 其言终觉有病也。"①黄宗羲认为,心为天理之处,寂然未发者为心之处,体认天理应于寂然未发之处体认,即于寂中体认,而非于感中体认,然而,湛若水言"随处体认"犯了于感中体认天理之病,因此最终避免不了弊端的出现。这里,黄宗羲对湛若水"随处体认天理"格物思想的批评,是以其自己的主观判断标准作为价值判断准绳的,在实现对他人学术思想评价的同时,也展现了评价者(黄宗羲)自己的理学思想。

(二)湛氏学者或调停王、湛两家,或对阳明学发难

在指出王、湛两家各立宗旨,以及王守仁与湛若水的格物之辨,并就此发表自己的看法和评论之后,在《甘泉学案》中,黄宗羲还记述与评价了湛甘泉弟子、再传弟子和三传弟子等人或调停王、湛两家思想,或向阳明心学发难的学术倾向。

王、湛两家理学思想同属于心学的范畴,有着共通之处,只不过甘泉学派具有融合程朱理学与陆王心学的特点。就两者同属于心学的大范畴来看,王、湛两家理学思想具有可调和之处。黄宗羲在《甘泉学案》按语中所言"然当时学于湛者,或卒业于王,学于王者,或卒业于湛,亦由朱、陆之门下,递相出入也"②的王、湛两家往来甚密的情形,在某种程度上,则表现出王、湛弟子对阳明学派与甘泉学派理学思想的调停。在《甘泉学案》中,黄宗羲着重指出了湛氏学者调停两家理学思想的倾向。据黄宗羲记述,甘泉学派中调停王、湛两家学术倾向的主要代表人物有何迁、洪垣、唐枢、蔡汝楠、许孚远等。对于何迁,黄宗羲指出其学以"知止"为要,认为"此与江右主静归寂

---

① 黄宗羲:《明儒学案》(下),沈芝盈点校,中华书局,2008 年版,第876 页。
② 黄宗羲:《明儒学案》(下),沈芝盈点校,中华书局,2008 年版,第875 页。

之旨,大略相同"①,又指出在疏通阳明之学方面,何迁"舍言行而别求一心,外功力而专任本体,皆非王门种子"②之言论极为中肯,"亦中流一壶也"③。对于洪垣,黄宗羲说道:"先生(洪垣)调停王、湛二家之学,以随处体认,恐求理于善恶是非之端,未免倚之于显,是矣"④,即黄宗羲对洪垣指责甘泉学派"随处体认"有偏于显之病的思想表示了赞同。对于唐枢,黄宗羲则指出其"慕阳明之学而不及见"⑤,以"讨真心"为学的,以调和王、湛两家之学,然而,黄宗羲认为"讨真心"之旨实为阳明"致良知"之意,是阳明已言之思想,而并非由唐枢首创。对于蔡汝楠,黄宗羲则指出其与阳明门下往来甚密。对于许孚远,黄宗羲指出其信良知之学,做《九谛》以批评周汝登"无善无恶"⑥之宗。

在记述湛氏学者向阳明学发难方面,黄宗羲记述了唐伯元和王道等人对阳明心学的发难。对于唐伯元,黄宗羲指出其以心学为恶、"恶言心学"⑦的思想倾向。对于王道向心学的发难,黄宗羲在《甘泉学案六·文定王顺渠先生道》中指出"先生(王道)初学于阳明,阳明以心学语之,故先生从事心体,远有端绪。其后因众说之混乱,遂疑而不信……先生又从学于甘泉"⑧,指出了王道由王门转入湛门的原因及经过。之后,黄宗羲还指出了王道对阳明学之疑惑发难之处有二:其一,王道认为阳明致知之说,局于心之方寸;其二,王道认为阳明将学问思辨行的工夫,一切弃尽。针对王道的两点发难之处,黄宗羲为阳明学进行了辩解:首先,黄宗羲认为,阳明所谓的致知,由学问思辨以致,也就是说,在致知的过程中,始终没有离开学问思辨等治学修养工夫;其次,黄宗羲认为王道既然知道心体为大,而却以事心者为局心,

① 黄宗羲:《明儒学案》(下),沈芝盈点校,中华书局,2008 年版,第 921 页。
② 黄宗羲:《明儒学案》(下),沈芝盈点校,中华书局,2008 年版,第 921 页。
③ 黄宗羲:《明儒学案》(下),沈芝盈点校,中华书局,2008 年版,第 921 页。
④ 黄宗羲:《明儒学案》(下),沈芝盈点校,中华书局,2008 年版,第 927 页。
⑤ 黄宗羲:《明儒学案》(下),沈芝盈点校,中华书局,2008 年版,第 948 页。
⑥ 黄宗羲:《明儒学案》(下),沈芝盈点校,中华书局,2008 年版,第 973 页。
⑦ 黄宗羲:《明儒学案》(下),沈芝盈点校,中华书局,2008 年版,第 1003 页。
⑧ 黄宗羲:《明儒学案》(下),沈芝盈点校,中华书局,2008 年版,第 1036 页。

实为其思想中的自相矛盾之处。

综上所述,在《甘泉学案》中,黄宗羲对甘泉学派的记述与评价是围绕着王、湛两家学说之间的争论与调和展开的。黄宗羲指出了王、湛两家各立宗旨、宗旨互异等特征,记述了王门王守仁和湛门湛若水二者之间的格物之辨,并就此做出了"褒王贬湛"的评价。黄宗羲还指出了湛氏学者或调停王、湛两家,或对阳明学的发难的倾向,也对此发表了黄宗羲自己的见解和评价。总体看来,对于王、湛两家在学术界和思想界各立宗旨的现象,黄宗羲的阳明学立场是十分明显的。与此同时,黄宗羲对甘泉学派的述评,为我们了解甘泉学派的学术活动及思想特征,提供了一个很好的参考。

四、明代中后期无派系归属的诸儒思想及学行

在《明儒学案·诸儒学案》的上、中、下三部分内容中,黄宗羲共用了15卷的篇幅记述了明代无派系归属的诸儒思想及学行。他在《诸儒学案上》的按语中说道:"诸儒学案者,或无所师承,得之于遗经者;或朋友夹持之力,不令放倒,而又不可系之朋友之下者;或当时有所兴起,而后之学者无传者,俱列于此。上卷则国初为多,宋人规范犹在。中卷则皆骤闻阳明之学而骇之,有此辨难,愈足以发明阳明之学,所谓他山之石,可以攻玉也。下卷多同时之人,半归忠义,所以证明此学也,否则为伪而已。"①这就是说,《诸儒学案上》记述的多为明初墨守宋人矩矱之人,《诸儒学案中》记述的多为以程朱理学为的、问难阳明学之人,《诸儒学案下》记述的则多为明末足以彰显儒者高尚气节以证明儒学的忠义之士。其中,黄宗羲对上卷收录的沿袭程朱理学的明初诸儒的记述和评价在该章第一节中有所论及,以下内容则着重论述黄宗羲对《诸儒学案》中、下卷所录的明代中后期儒者的学术观点。

(一)罗钦顺、王廷相等人的理学思想

罗钦顺和王廷相在论理气关系层面,有着共通之处,他们都反对程朱派

---

① 黄宗羲:《明儒学案》(下),沈芝盈点校,中华书局,2008年版,第1041页。

提出的分理气为二、以理为形而上、以气为形而下的客观唯心主义的理本论思想，而是皆提出了以气为本、合理气为一的气本论思想。罗钦顺和王廷相都把气看作宇宙中唯一的实体和本源，把理看作气运动的内在规律和秩序，认为理气并非二物，理在气中，理气合一，理气实为一物。

黄宗羲认同罗钦顺和王廷相的"气本论"思想，在《明儒学案》中，予以此二人的这一思想以肯定和赞扬。罗钦顺曾说道："气本一也，而一动一静，一往一来，一阖一辟，一升一降，循环无已。积微而着，由着复微，为四时之温凉寒暑，为万物之生长收藏，为斯民之日用彝伦，为人事之成败得失，千条万绪，纷纭胶葛，而卒不克乱，莫知其所以然而然，是即所谓理也。初非别有一物，依于气而立，附于气以行也。或者因《易》有太极一言，乃疑阴阳之变异，类有一物主宰乎其间者，是不然矣。斯言也，即朱子所谓'理与气是二物、理弱气强'诸论，可以不辨而自明矣。"①对这一思想，黄宗羲在《诸儒学案中一·文庄罗整菴先生钦顺》中评论道："盖先生之论理气最为精确，谓通天地，亘古今，无非一气而已。"②对于王廷相之论理气关系，黄宗羲认为："先生主张横渠之论理气，以为'气外无性'，此定论也。"③

然而，在《明儒学案》中，黄宗羲虽然肯定了罗钦顺和王廷相的理气思想，然而却批评了罗钦顺的心性思想和王廷相的"人性"思想。黄宗羲认为，罗钦顺之论心性，与其论理气背道而驰。因为黄宗羲认为，理气合一，心性亦合一。黄宗羲说："在天为气者，在人为心，在天为理者，在人为性。理气如是，则心性亦如是，决无异也。人受天之气以生，只有一心而已，而一动一静，喜怒哀乐，循环无已。当恻隐处自恻隐，当羞恶处自羞恶，当恭敬处自恭敬，当是非处自是非，千头万绪，感应纷纭，历然不能昧者，是即所谓性也。初非别有一物，立于心之先，附于心之中也。"④也就是说，在黄宗羲看来，气之在心，犹如理之在性，按此逻辑推理下去，气理合一，心性自然合一，心性

---

① 黄宗羲:《明儒学案》(下)，沈芝盈点校，中华书局，2008 年版，第 1107 页。
② 黄宗羲:《明儒学案》(下)，沈芝盈点校，中华书局，2008 年版，第 1107 页。
③ 黄宗羲:《明儒学案》(下)，沈芝盈点校，中华书局，2008 年版，第 1173 页。
④ 黄宗羲:《明儒学案》(下)，沈芝盈点校，中华书局，2008 年版，第 1107 页。

为一物,性为心之性,舍去有条理之心而另求性,犹如舍去气而别求理。然而,关于罗钦顺的心性思想,黄宗羲指出,罗钦顺以为"天性正于受生之初,明觉发于既生之后,明觉是心而非性"①,换句话说,就是在罗钦顺那里,性形成于人生之初,心形成于人生之后,二者不是同一概念,在生成的时间先后和内容上皆有所差异。因此,黄宗羲批评了罗钦顺分心性为二的思想。黄宗羲认为,若依照罗钦顺对心性的理解,则性为体,心为用;性是人生以上,为静,心是感物而动,为动;性是公,心是私;性是心之主,这样一来,罗钦顺的性为心之主的思想,则与程颐和朱熹的理能生气之思想无异,也与罗钦顺自己的理气合一思想相背,由此,黄宗羲说道:"岂理气是理气,心性是心性,二者分,天人遂不可相通乎?虽然,心性之难明,不自先生始也"②,批评了罗钦顺及其前人的分心性为二的思想。

在《诸儒学案中四·王浚川先生廷相》中,黄宗羲先是批判了王廷相的人性思想,他指出王廷相不信孟子性善之说,而言"性有善有不善"③,对此,黄宗羲认为王廷相不知性。在黄宗羲看来,天地间只有一气,人之禀气,虽然有清浊强弱之不同,然而作为满腔恻隐之心的性,触之便发露,这一点是每一个人都相同的,只能说性存在于清浊强弱之中,而不能说性是不善的,若但凭气之清浊强弱而言性有善和不善,则是因为只看到了一时中的气之偏,而没有认识到万古长存之中的气。进而,黄宗羲认为王廷相对性的错误理解,根源在于王廷相对理的理解"不甚分明"④。黄宗羲指出:王廷相虽然知道气外无理,然而却以为"气一则理一,气万则理万,气聚则理聚,气散则理散,毕竟视理若一物,与气相符为有无,不知天地之间,只有气更无理"⑤。也就是说,在黄宗羲看来,王廷相将理视作一物,依气而聚散,不知道只有气而无理。进而,黄宗羲对性善思想做了进一步的说明,黄宗羲认为理只是气

---

① 黄宗羲:《明儒学案》(下),沈芝盈点校,中华书局,2008 年版,第 1107 页。
② 黄宗羲:《明儒学案》(下),沈芝盈点校,中华书局,2008 年版,第 1107 页。
③ 黄宗羲:《明儒学案》(下),沈芝盈点校,中华书局,2008 年版,第 1173 页。
④ 黄宗羲:《明儒学案》(下),沈芝盈点校,中华书局,2008 年版,第 1174 页。
⑤ 黄宗羲:《明儒学案》(下),沈芝盈点校,中华书局,2008 年版,第 1174 页。

运动的条理和秩序，天下唯一存在的实体便是气，因为气本善，所以性亦本善，因此天下之人，皆有恻隐，虽然气有偏有不同，表现万千，但理并非一物，而是气之秩序，因此，理只有一理，理是相同的，性之善也是人人相同的，只有性善而没有性恶。最后，黄宗羲指出，宋儒言理能生气，是将理误认作一物，王廷相虽然批判宋儒之学，然而在视"理"为一物的问题上，却犯了跟宋儒一样的错误。

由此可见，在对罗钦顺和王廷相理学思想的认识和评价中，黄宗羲在揭示他们理学思想的同时，既对罗钦顺和王廷相的气本论思想持肯定赞扬的态度，也对罗钦顺的心性思想和王廷相的人性思想持否定批评态度，在否定批评之余，黄宗羲还探求了罗钦顺心性思想和王廷相人性思想之弊的根源，从而，不但展示了黄宗羲的理学思想，还印证了黄宗羲对此二人评价的合理性。

（二）以程朱为的之诸儒对阳明学的发难

在《明儒学案·诸儒学案中》中，黄宗羲揭示与评价了无派系归属的罗钦顺、汪俊、崔铣、何瑭、王廷相、黄佐、张邦奇、张岳、徐问、李经纶等人的理学思想，并指出这些诸儒多以程朱之学为的，并且对阳明学进行了发难，即"皆骤闻阳明之学而骇之，有此辨难，愈足以发明阳明之学，所谓他山之石，可以攻玉也"①。

在对这部分儒者的记述中，对于汪俊，黄宗羲先是揭示了汪俊的心性论思想，黄宗羲指出：汪俊以程、朱为的，以阴阳动静、流行不息者为心，以心不变之常体为性，认为性空无一物，万化皆从性出，以性为体，以心为用，认为心性不可分离。同时，黄宗羲在揭示汪俊指责阳明学之后，又对汪俊的指责提出了批评。汪俊指责阳明不从事上穷理，而只向内心穷理，因此最终未能穷理。针对汪俊对阳明学的发难，黄宗羲认为汪俊既然认同圣人之学不失本心便是复性，而阳明之学以"心即理"为主要命题，"复性"与"心即理"相互契合，因此，汪俊对阳明学的发难，是一种与自己的学说思想自相矛盾的表现。

① 黄宗羲：《明儒学案》（下），沈芝盈点校，中华书局，2008 年版，第 1041 页。

对于崔铣,黄宗羲指出崔铣之学"以程、朱为的,然于程子之言心学者,则又删之,以为涉于高虚"①,对此黄宗羲批判崔铣"无乃固欤"②。同时,针对崔铣诋阳明不遗余力、称阳明为霸儒的学术倾向,黄宗羲首先指责崔铣以心为知觉、以性为理、分心与性为二的思想与其言"气即理"之论相背离,然后,黄宗羲又指责崔铣以"本诸天"为"良"、舍"良"而言"知"与"能"、不知"良"与"知"不可分离、有悖于孟子良知之说,基于此,黄宗羲对崔铣批评道:"今取以证其异说,删良而不能挈,非霸儒与?"③即反过来指责崔铣为霸儒。

除此之外,黄宗羲在《诸儒学案(中)》中,还揭示了何瑭指责阳明之学与修齐治平之道反有所略,于古人之道有所差免,批评阳明以心为理的思想。也指出了黄佐之学"以博约为宗旨,博学于文,知其根而溉之者也。约之以礼,归其根则千枝万叶,受泽而结实者也。博而反约于心,则视听言动之中礼,喜怒哀乐之中节,彝伦经权之中道,一以贯之而无遗矣。盖先生得力于读书,典礼乐律词章,无不该通,故即以此为教。是时阳明塞源拔本论,方欲尽洗闻见之陋,归并源头一路,宜乎其不能相合也。然阳明亦何尝教人不读书?第先生立乎其大,则一切闻见之知,皆德性之知也。先生尚拘牵于旧论耳"④,指出了黄佐之学"牵于旧论"的特种。在《明儒学案》卷二十五的《诸儒学案六·文定张甬川先生邦奇》的张邦奇传记中,对于张邦奇之学,黄宗羲说道:"先生当日固泛滥于词章之学者也。后来知为己之功,以涵养为事,其受阳明之益多矣。谓载道之文,始于六书,大备于周、程、朱子之书,莫非是道之生生而不已也。由博文之学,将遡流而求源,舍周、程、朱子之书,焉适哉?今之为异论者,直次糟粕六经,屏程、朱诸子之说,置而不用,犹欲其通而窒之窍也。所谓议论者,指阳明而言也。夫穷经者,穷其理也,世人之穷经,守一先生之言,未尝会通之以理,则所穷者一先生之言耳。因阳明于

---

① 黄宗羲:《明儒学案》(下),沈芝盈点校,中华书局,2008 年版,第 1154 页。
② 黄宗羲:《明儒学案》(下),沈芝盈点校,中华书局,2008 年版,第 1154 页。
③ 黄宗羲:《明儒学案》(下),沈芝盈点校,中华书局,2008 年版,第 1155 页。
④ 黄宗羲:《明儒学案》(下),沈芝盈点校,中华书局,2008 年版,第 1198 页。

一先生之言,有所出入,便谓其糟粕'六经',不亦冤乎？此先生为时论所陷也"①,揭示了张邦奇以阳明说为异论的思想。在《明儒学案》卷五十二《诸儒学案中六·襄惠张净峰先生岳》的张岳传记中,对于张岳之学,黄宗羲说道:"先生曾谒阳明于绍兴,与语多不契。阳明谓'公只为旧说缠绕,非全放下,终难凑泊'。先生终执先入之言,往往攻击良知"②,指出了张岳"往往攻击良知"。在《明儒学案》卷五十二《诸儒学案中六·庄裕徐养斋先生问》的徐问传记中,揭示了徐问"为旧论缠绕","于存养省察,居敬穷理,直内方外,知行,无不析之为二,所谓支离之学,又从而为之辞者也"③。在《明儒学案》卷五十二《诸儒学案中六·诸生李大经先生经纶》的李经纶传记中,揭示了李经纶"与王、湛异者,大旨只在穷理二字"④。在揭示以上诸儒以程朱之学为的、批判阳明学之后,黄宗羲在批判了他们为旧说(宋学)缠绕的同时,也并逐一为阳明学进行了辩护,用黄宗羲的话来说,做到了"有此辨难,愈足以发明阳明之学,所谓他山之石,可以攻玉也"⑤。

(三)明代后期诸儒的忠义之举和入禅之风

在《明儒学案·诸儒学案(下)》中,黄宗羲揭示了明代后期儒者的忠义之举,认为明末儒者思想中的仁义礼智信和行为中的忠义举动印证了儒家学说在修身、齐家、治国、平天下等方面的积极现实意义,也印证了儒学并非伪学而是圣人之学,同时黄宗羲也揭示了明末诸儒的入禅之风,并对当时诸儒入禅的思想倾向提出了批评。

《诸儒学案(下)》所收录的学者有李中、霍韬、薛惠、舒芬、来知德、卢宁忠、吕坤、鹿继善、曹于汴、吕维祺、郝敬、吴执御、黄道周、金铉、金声、朱天麟、孙奇逢等 17 人。其中,黄宗羲指出霍韬为人清正,举动光明,在为政中,对与自己学术观点有大不同的人,也极力举荐,如,其虽然与阳明之学不能

---

① 黄宗羲:《明儒学案》(下),沈芝盈点校,中华书局,2008 年版,第 1221 ~ 1222 页。
② 黄宗羲:《明儒学案》(下),沈芝盈点校,中华书局,2008 年版,第 1226 页。
③ 黄宗羲:《明儒学案》(下),沈芝盈点校,中华书局,2008 年版,第 1140 页。
④ 黄宗羲:《明儒学案》(下),沈芝盈点校,中华书局,2008 年版,第 1154 页。
⑤ 黄宗羲:《明儒学案》(下),沈芝盈点校,中华书局,2008 年版,第 1041 页。

契合,但仍承认自己在政事方面不如阳明。黄宗羲还指出霍韬在吏部为官时,提拔官员制度为之一清,在礼部为官时,各项礼仪制度、体式规矩为之肃然,风俗也为之一变。然而,黄宗羲也指出霍韬与意气用事、乏中和之气的张、桂二人一起共事,名节被此二人所掩盖。即便如此,黄宗羲虽然没有评价霍韬为圣贤,但基于霍韬不计是非恩怨为贤是举的光明举动,黄宗羲仍称其为"豪杰",认为其品行合乎儒者风范。黄宗羲还揭示吕坤为人正直、秉公严明,不受人之请托,持议国事坚守正义,不屈从佞臣的正者形象。在《诸儒学案下四·忠烈黄石斋先生道周》中,黄宗羲揭示了黄道周因复国无望,绝食而终的忠义之举。在《诸儒学案下五·忠节金伯玉先生铉》中,黄宗羲揭示了明末金铉不与阉人为党,后因京城沦陷,便痛不欲生、以死报效国家的悲壮之举。在《诸儒学案下五·中丞金正希先生声》中,黄宗羲揭示了明末金声率领军队演习操练、辗转抗清,及至明亡后仍守城如故,不肯屈服于敌人,最终以身殉国、死于外虏刀刃之下的忠节爱国情怀。在《诸儒学案下五·征君孙钟元先生奇逢》中,黄宗羲指出孙奇逢早年行侠仗义,于朋友落难入狱之时,安顿朋友之亲属,举幡击鼓,敛义士之钱以帮落难朋友解围,钱不足时,甚至令其弟不顾形势险峻而匹马走塞外,求援于他人的狭义风格。

总而言之,黄宗羲认为,在明末无派系归属的诸儒中,多忠义之士,他们或具有清正廉洁、刚直不阿的高尚品质;或在国家民族危难之际、在外来入侵的强敌面前,奋勇抵抗,视死如归,以身殉国难;或行侠仗义,雪中送炭,救人于水火危难之中。在黄宗羲看来,这些儒者们的忠义之举不是一种单纯独立的行为,而是与儒家之学紧密相连的,儒者们这些高尚的行为印证了儒学并非伪学,也非空谈之学,而是修齐治平的圣人之学,这些儒者们的忠义之举即是儒学在现实中的应用和写照。

在揭示与感叹明末儒者多忠义之士的同时,黄宗羲还揭示了明末儒者多有入禅倾向,并对倾禅诸儒提出了批评与指责,唯恐这些身兼忠义的儒者的禅学化倾向掩盖了儒学的本质。

其中,在《诸儒学案下五·中丞金正希先生声》的金声传记中,黄宗羲指出金声之学具有精于佛学、杂于儒释二家的特点。黄宗羲说："先生（金声）精于佛学，以无心为至，其除欲力行，无非欲至于无心也。充无心之所至，则当先生所遇之境，随顺万事而无情，皆可以无心了之。而先生起炉做灶，受事慷慨，无乃所行非所学欤？先生有言'不问动静，期于循理'，此是儒家真本领，先生杂之佛学之中，穿透而出，便不可为先生事业纯是佛家种草耳。"[1]于此，黄宗羲从两个角度对金声杂于儒、释二家的特征做了说明。首先，从学术思想与日常行为相背离的角度进行说明。黄宗羲指出了金声精于佛学以"无心"为最高境界，而在日常行为中，做事慷慨，颇具儒者风范，并没有反映出其所主张提倡的"无心"境界，这种思想上的"佛家"、行为上的"儒家"，在一定程度上是对传主杂于儒、释二家之学的一种表露。其次，从金声学术思想自相矛盾的角度进行说明，黄宗羲指出，传主在学术思想上虽然力主佛家之"无心"，而其也主张"不问动静，期于循理"[2]的儒家循理之学，因此，在黄宗羲看来，在金声的佛学思想中"穿透而出"儒家思想，这种学术思想中杂儒、释的矛盾之处，进一步表现出传主的禅化倾向。

在《诸儒学案下五·辅臣朱震青先生天麟》中，黄宗羲说道："明末，士大夫之学道者，类入宗门，如黄端伯、蔡懋德、马世奇、金声、钱启钟皆是也。先生则出入儒、释之间"[3]，明确指出了明末儒者中的入禅之风。黄宗羲又说："诸公皆以忠义垂名天壤……诸公之忠义，总是血心，未能融化宗风，未许谓之知性。后人见学佛之徒，忠义出焉，遂以此为佛学中所有，儒者亦遂谓佛学无碍于忠孝，不知此血性不可埋没之处，诚不可掩。吾儒真种子，切勿因诸公而误认也"[4]，表现出黄宗羲对有恐忠义之儒的倾禅之举会混儒释二家之学的界限，进而掩盖儒学真本质的担忧。

在对明末诸儒禅化之风的揭示中，始终贯穿着黄宗羲对这一学术现象的批评与否定态度，这种带有感情色彩的记述，一方面是对明末儒学发展的

① 黄宗羲：《明儒学案》（下），沈芝盈点校，中华书局，2008 年版，第 1358 页。
② 黄宗羲：《明儒学案》（下），沈芝盈点校，中华书局，2008 年版，第 1359 页。
③ 黄宗羲：《明儒学案》（下），沈芝盈点校，中华书局，2008 年版，第 1369 页。
④ 黄宗羲：《明儒学案》（下），沈芝盈点校，中华书局，2008 年版，第 1369 页。

客观写照，另一方面也反映出黄宗羲尊儒辟释的思想倾向。

五、明末的东林学派和刘宗周之学

在对明末东林学派和刘宗周之学的记载中，黄宗羲首先对东林学派进行了正名，赞扬了东林学派积极救世、奋不顾身、力挽狂澜于既倒，开后世忠肝义胆狭义之风的忠义勇者形象；其次，揭示了东林学派对阳明学的批判、调和以及其实学之风，在黄宗羲看来，东林学派不仅批判与发难阳明之学，同时也具有调和阳明之学的倾向，这种调和表现在东林学派学者多以程朱之学为主旨，同时又兼采程朱学理与阳明之学；最后，黄宗羲将刘宗周之学看作明代理学的终结，对蕺山学派刘宗周的学术思想展开了揭示并做出了极高的正面评价。

（一）为东林学派正名

东林学派是明末学术领域中的一个以议政和讲学为主的学术流派，该学派的创始人为顾宪成和高攀龙等人，因为这一学派讲学和读书的主要场所为江苏无锡的东林书院，故被称之为"东林学派"。明末国运衰微、内忧外患、政治腐败，以魏忠贤为首的阉党们于朝廷内把持朝政、结党营私、残害忠良，于朝廷外压榨百姓，加重人民负担。针对时弊，东林学派提出了一系列积极的政治主张，要求当政者廉洁奉公，革除朝野积弊，广开言路，实施惠商政策，体恤民生等。东林学派这一系列积极的政治主张冲击到了阉党集团的利益，遭到了阉党们的强烈抑制和反对，因此在朝政方面，东林人士与阉党集团互为政敌，形成了不可调和的相互攻击与对抗局面。在二者的相互斗争中，阉党之后占据上风，公然逮捕迫害东林人士，高攀龙不屈受辱于阉党，最终投水而终，东林的讲学活动也最终被禁止。除此之外，阉党集团还四处散播谣言，在朝野中肆意诋毁东林学派中人，促成了当时社会上部分人对东林人士的误解，一部分敌对东林学派的人认为东林人士结党祸国，进而导致国势衰败而亡国。

黄宗羲之父黄尊素是东林学派中人，与东林人士有着密切的往来，黄宗義少年时经常目睹其父与东林人士共同针砭时弊、忧患朝政,因此,黄宗羲对东林学派之关心国事和民生疾苦等正义本质有着充分的了解。针对敌对派对东林学派的诋毁,黄宗羲在《明儒学案卷五十八·东林学案一》的按语中为东林学派进行了正名。他说:"今天下之言东林者,以其党祸与国运终始,小人既资为口实,以为亡国由于东林,称之为两党,即有知之者,亦言东林非不为君子,然不无过激,且依附者不纯为君子也,终是东汉党锢中人物。"①关于人们对东林学派的负面评价,黄宗羲感叹并批评道:"嗟乎,此窃语也。"②黄宗羲指出,东林学派之讲学者不过数人,其所设讲院只不过在一郡之内,没有达到全国范围,况且,当初钱德洪、王畿、罗汝芳等人在江浙一带设教讲学,大为标榜,盛极一时,相比之下,东林学派无此鼓动流俗、自我标榜等行为。黄宗羲还指出,东林学派所为皆陈弊科场、攻击逆阉、揭发并讨伐奸臣佞臣、不随流俗等正义之事,因此,在黄宗羲看来,东林学派并无党锢行为,当时人们对东林学派的指责与非难皆属小人诬陷的结果,而东林学派之所以遭到祸害,是其清议的结果,小人皆害怕清议,因此便极力地对东林学派进行诋毁与诬陷。在为东林学派初步正名之后,黄宗羲在《东林学案》按语中,还继续提到:"熹宗之时,龟鼎将移,其以血肉撑拒,没虞渊而取坠日者,东林也。毅宗之变,攀龙髯而蓐蝼蚁者,属之东林乎? 属之攻东林者乎? 数十年来,勇者燔妻子,弱者埋土室,忠义之盛,度越前代,尤是东林之流风馀韵也。一堂师友,冷风热血,洗涤乾坤,无智之徒,窃窃然从而议之,可悲也夫!"③继而赞扬了东林学派积极救世、奋不顾身、力挽狂澜于既倒,开后世忠肝义胆狭义之风的忠义勇者形象,并深刻批判了当时"无智之徒"窃然私议诋毁东林学派的可耻行径。

(二)东林学派对阳明学的批判、调和与实学之风

在为东林学派正名之后,黄宗羲对东林学派的学术思想展开了述评,主

① 黄宗羲:《明儒学案》(下),沈芝盈点校,中华书局,2008 年版,第 1375 页。
② 黄宗羲:《明儒学案》(下),沈芝盈点校,中华书局,2008 年版,第 1375 页。
③ 黄宗羲:《明儒学案》(下),沈芝盈点校,中华书局,2008 年版,第 1375 页。

要揭示并评价了东林学派对阳明学的批判、调和与东林学派的实学之风。

从《明儒学案》中可以看出，在批判阳明学的过程中，以顾宪成为首的东林学派对阳明"四句教"提出了批判。在《东林学案一·端文顾泾阳先生宪成》中，黄宗羲说道："（顾宪成）于阳明无善无恶一语，辩难不遗余力，以为坏天下教法，自斯言始。"①指出了顾宪成对王门"四句教"中"无善无恶心之体"这一句话展开了批判，认为这句话破坏了天下之礼法、规矩。黄宗羲对顾宪成批判阳明学的这一学行表达了一定的看法。首先是黄宗羲本人对王门"四句教"的理解。王门"四句教"原文是"无善无恶心之体，有善有恶意之动，知善知恶是良知，为善去恶是格物"②。在黄宗羲看来，阳明提出的"四句教"中的第一句，即"无善无恶"一句，是指心体无善念恶念，并非性无善无恶，而性是纯善的；第二句"有善有恶意之动"一句，是以"念"为"意"，是指"意"有善念恶念；第三句"知善知恶是良知"一句，并非指意动于善恶进而区别善恶，而是指"知"是诚意中天命自然、迥然不昧的好善恶恶、辨别是非、虚灵不昧的性体，故为"良知"，阳明于"知"前加一"良"字，正是说明性是纯善的；第四句"为善去恶是格物"，是指为善去恶是率性而为，知道有不善，便不去行不善的事情。③ 同时，黄宗羲认为，在阳明"四句教"之中，前两句是浅言之，下两句是深言之，四句话中所谓的心、意、知、物同为一事，也就是说，在黄宗羲看来，心、意、知、物合一。在对王门"四句教"有一定理解的基础上，黄宗羲批评顾宪成误解错会阳明之意，尤其是顾宪成对"四句教"中"无善无恶"一句的错误理解，使阳明在人性问题上，无法区别于告子。同时，黄宗羲又进一步指出，既然王阳明常说"至善是心之本体"，也说"至善只是尽乎天理之极，而无一毫人欲之私"，也常说"良知即天理"④，假如阳明认为性无善无不善，以无善无恶为性体，则阳明与其良知本体之说相背离、使知善知恶之知流为粗俗，那样，阳明为何还说"良知"是未发之中呢？既然阳明之说没

---

① 黄宗羲:《明儒学案》(下)，沈芝盈点校，中华书局，2008 年版，第 1379 页。
② 黄宗羲:《明儒学案》(下)，沈芝盈点校，中华书局，2008 年版，第 1379 页。
③ 黄宗羲:《明儒学案》(下)，沈芝盈点校，中华书局，2008 年版，第 1379 页。
④ 黄宗羲:《明儒学案》(下)，沈芝盈点校，中华书局，2008 年版，第 1379 页。

有错误、句句是理,然而又是什么造成人们对王门"四句教"的错会呢? 黄宗羲认为,错不在阳明,而在王畿,他说道:"当时之议阳明者,以此(无善无恶之说)为大节目。岂知与阳明绝无干涉。呜呼! 天泉证道,龙溪之累阳明多矣。"①也就是说,在黄宗羲看来,阳明本身并没有说过"无善无恶心之体"一语,这句话是王畿伪造出来的。由此,在黄宗羲为阳明"四句教"辩护之余,又一次指责了王畿陷阳明学说于尴尬的行为。总之,在《东林学案一·端文顾泾阳先生宪成》中,黄宗羲揭示了顾宪成对阳明学的辨难,同时也批评并纠正了顾宪成对阳明"无善无恶"一句的"错误"理解,阐释了黄宗羲本人对王门"四句教"的理解,由此,黄宗羲既指出了东林学派批判阳明学的学术特点,同时也为维护阳明学的儒学正统地位做出了努力。此外,在《东林学案三·太常史玉池先生孟麟》中,黄宗羲指出史孟麟师承于顾宪成,因一时学者喜欢谈本体之弊,故好谈工夫。对史孟麟好谈工夫的学术倾向,黄宗羲极为赞赏。因为在黄宗羲看来,求识本体,便是工夫,离开工夫而空求本体,只是臆测想象,所求得的便非真本体,所以,黄宗羲认为史孟麟通过工夫以求本体,因此史孟麟所言之本体为真本体。同时,黄宗羲还记述了史孟麟对王阳明"无善无恶心之体"的否定与批判,黄宗羲指出史孟麟曾做《性善说》以辟阳明"四句教"中"无善无恶心之体"之句,也就是说,史孟麟用性善说来批判"四句教"中的心体无善无恶之说。黄宗羲同样也认为史孟麟错会了阳明之意。黄宗羲还指出王门"四句教"被人错会误解的根源在于王门后学对"四句教"的错误解释,即将"无善无恶"之句解释为"无善无恶,斯为至善"②,将性善之说归于性无善无恶之说,曲解了阳明之意,对此,黄宗羲发出了饱含否定批评色彩的感叹:"真索解人而不得矣"③,对王门后学曲解阳明之学又一次提出了批判。

在黄宗羲看来,东林学派不仅批判与发难阳明之学,同时也具有调和阳明之学的倾向。这种调和表现在东林学派学者多以程朱之学为主旨,同时又兼采程朱学理与阳明之学。

东林学派顾宪成曾说:"阳明之所谓'知'即朱子之所谓'物',朱子之所以格物者即阳明之所以致知也。总是一般,有何同异,可以忘言矣"(顾宪成:《小心斋札记》卷七),即顾宪成采取一种调和程朱理学与阳明心学的姿态,认为朱学与王学相互会通,殊途同归。在《东林学案一·忠宪高景逸先生攀龙》中,黄宗羲指出了高攀龙在格物说方面兼采程、朱与阳明之说,对程、朱之学与阳明之学有所调和。黄宗羲认为,高攀龙之学依程朱理学,以格物为主要内容,但是在论格物方面又与程、朱之旨有所差异,又有助阳明"致良知"之处。在黄宗羲看来,程、朱之学,以心为一身之主,以理散在万物之中,故程、朱之格物讲求存心与穷理二者并重,缺一不可。同时,黄宗羲指出,高攀龙言"才知反求诸身,是真能格物者也"①,即指出了高攀龙以反求诸身、向内求理为格物,黄宗羲认为高攀龙的这一格物思想与"程、朱之旨异"②,反而与杨时的"反身而诚,则天下之物无不在我"③的思想相近。进而黄宗羲说道:"先生(高攀龙)又曰'人心明,即是天理。穷至无妄处,方是理'深有助阳明'致良知'之说。"④也就是说,在黄宗羲看来,虽然高攀龙以程、朱之学为宗,以格物为要,但高攀龙之格物思想与阳明心学所强调的向内格心有着共通之处,尤其是高攀龙视人心为天理,大有助于阳明"致良知"之说,这些都说明了高攀龙之学与程、朱理学同中有异,与阳明之学异中有同,有兼采与调和程、朱学与阳明学的特征与倾向。

对于高攀龙与阳明学之间的异中之同,黄宗羲表示赞扬与肯定;然而对于二者之间的同中之异,黄宗羲则对高攀龙提出了批评。据黄宗羲记述,高攀龙认为致知不在格物,格物不以知为宗,以善为宗,格物为格至善,而知则为虚灵之用,多为情识,知与至善相去甚远。就高攀龙分知与至善为二、不

---

① 黄宗羲:《明儒学案》(下),沈芝盈点校,中华书局,2008 年版,第 1402 页。
② 黄宗羲:《明儒学案》(下),沈芝盈点校,中华书局,2008 年版,第 1402 页。
③ 黄宗羲:《明儒学案》(下),沈芝盈点校,中华书局,2008 年版,第 1402 页。
④ 黄宗羲:《明儒学案》(下),沈芝盈点校,中华书局,2008 年版,第 1402 页。

以格物为格知、而以格物为格至善的思想,黄宗羲提出了相反的观点。黄宗羲指出,知之至极处,即为至善,致良知即止至善,良知与至善相去不远,格物即致知,格物即在致知之中,格物与致知二者无先后而言。基于黄宗羲自己的理论观点,他批评了高攀龙分格物与致知为二的思想。在黄宗羲看来,如果按高攀龙所言,如果致知不在格物,那么则必以格物为"向外穷事物之理",这样,高攀龙则与其自己所言的"反求诸身为格物"之说自相矛盾。同时黄宗羲还认为,既然高攀龙已经说到"人心明即是天理"①,那么,高攀龙就应该认识到阳明所言的"致知即是格物"是正确的命题,因此,黄宗羲最后总结道:"先生(高攀龙)之格物,本无可议,特欲自别于阳明,反觉多所扞格耳"②,也就是说,在黄宗羲看来,虽然高攀龙之格物思想相似于阳明,值得称赞,但又与阳明思想有所不同且相互抵触。

由此可见,黄宗羲通过比较高攀龙之格物说与阳明学的同异,指出了以程、朱之学为宗的东林学派兼采并调和程朱理学与阳明心学的特点。就这种调和,黄宗羲持赞扬和肯定的态度,而在对比之中,就东林学派异于阳明学之处,黄宗羲赞阳明学而不赞东林之学,因此,在揭示东林学派学术特征的过程中,黄宗羲彰显了自己的学术立场。

(三)刘宗周之学,醇乎其醇

《明儒学案》的最后一卷卷六十二为《蕺山学案》,在《蕺山学案》中,黄宗羲视刘宗周为明代理学的终结,对蕺山学派刘宗周的学术思想展开了揭示与评价。

刘宗周为浙江山阴人,字启东,号念台,因曾在浙江山阴讲学,学者称其为蕺山先生,其进士出身,通籍四十五年,立朝做官仅四年。刘宗周为人刚正不阿,敢于指陈时弊,因多次直言进谏,激怒统治者,屡被削官为民,然而崇祯帝也不得不钦佩刘宗周的正直为人和敢于进谏的忠贞无畏精神,感叹

---

① 黄宗羲:《明儒学案》(下),沈芝盈点校,中华书局,2008 年版,第 1402 页。
② 黄宗羲:《明儒学案》(下),沈芝盈点校,中华书局,2008 年版,第 1474 页。

称："大臣如刘某,清执敢言,廷臣莫及也。"①同时,刘宗周一生忠君爱国,具有高尚的爱国精神和民族气节,在明亡之际,因无法接受丧国之痛,以身殉国,绝食二十日而亡。

在理学层面,刘宗周的思想属于心学范畴,以慎独诚意为学术宗旨,代表了明末王门学说中由致知向诚意发展的走向。不同于朱熹和王阳明以意为心之所发,刘宗周认为意不是心之所发,不是心的动念,而是心之所存。刘宗周把意看作心的主宰和本体。在刘宗周那里,意比心更具有本体论意义,所谓意,即心的本体,是心理结构中善善恶恶的意向,意既包含良知,又在良知之上,意比良知更根本。刘宗周认为,这种作为"心之主宰"善善恶恶的意就是《大学》和《中庸》中所谓的"独",意就是独,独即是心体,又是性体,独和意一样,贯通未发已发,贯通动静,既知善知恶,又好善恶恶。

沿着意与独的道德意蕴与本体论意义,刘宗周发展了其诚意和慎独之说。在刘宗周那里,诚和慎是修养心体的工夫,心体即慎和独,诚意即慎独,慎独即诚意。以往,在宋儒那里,有学者主张慎独是在未发之中体验本体,如周敦颐和南宋的李侗等人,有学者主张慎独是从已发中体验本体,如朱熹。刘宗周认为,既然意与独贯穿动静、无间于动静,那么慎独就无已发未发之别,而是贯通于动静的全过程。刘宗周认为,慎独和诚意是为学修养的根本工夫,独即意,意与独都高于良知,慎独和诚意即是使作为心之本体的意和独保持原始的善善恶恶的意向而不受外界干扰,换句话说,慎独和诚意是保持内心结构中的最原始的意的最根本的修养工夫和方法。所以,从心学的发展过程来看,从陆九渊的发明本心到王守仁的致良知,再到刘宗周的诚意(慎独),是一个在修养本体的实践工夫上逐步深化发展的过程,同时,它也代表了在心学体系中,作为世界本源意义的道德主体的一个由心发展到良知、再发展到意的一个层层递进与深化的过程,也使《大学》中"正心""致知"和"诚意"等三个条目得到了合乎逻辑的发展,可以说,刘宗周的慎独诚意之说,使心学在本体论和修养论层面得到了更加深入细致的发展。

---

① 黄宗羲:《明儒学案》(下),沈芝盈点校,中华书局,2008 年版,第 1511 页。

刘宗周受明代中期以后罗钦顺和王廷相等人论理气关系的影响，主张气是第一性的，理是第二性的，认为理即气之理，不在气先，也不在气外，离气无理。同时，在刘宗周看来，天地之间只有气质之性，更无义理之性，义理之性即气质之性，理是气之理，性是气质之性，所谓性，不过是气有规律有秩序的流转运行。"喜怒哀乐"，即仁义礼智，即元亨利贞，是气的流行运转的一种有秩序的规定；而"喜怒哀惧爱恶欲"七者，则属于"欲"，是气流行中受外物作用影响下的产物，是人修养用功的作用之处。在此基础上，刘宗周认为心也属于气的范畴，从气的角度看，人心与道心合一，人心即道心，道心即人心，所谓道心，即人心所以为心。此外，刘宗周还提出了心性一物，认为性即心之理，心属于气的范畴，而性则是心的条理，离心无物，离气无理。刘宗周还反对朱熹视性为未发，视情为已发，认为性情并不是内在未发与外在已发的关系，而是性即情，情即性，因此，刘宗周在孟子那里找到依据，认为恻隐、羞恶、辞让、是非等四端，即是性，是心气流行运转合乎内在正常秩序的规定性，也是喜怒哀乐的有序运行。

可以说，刘宗周的理学思想属于心学范畴，它在陆九渊的发明本心和王阳明的致良知思想的基础上，提出了慎独诚意之说，同时也吸收了罗钦顺、王廷相等人的气本论思想，对朱熹学说也有所继承，可以说是对明代心学的一个总结与修正。

黄宗羲在《蕺山学案·忠端刘念台先生宗周》中，记述了刘宗周一生为忠臣解难，弹劾阉党佞臣，敢于直言进谏、献言献策，以身殉国的生平事迹，将刘宗周的儒家士大夫君子形象和崇高气节淋漓尽致地刻画出来，其中也蕴含着黄宗羲对刘宗周高尚人格的钦佩之情。不仅如此，黄宗羲还对刘宗周之学做出了极高的评价。刘宗周为黄宗羲的授业之师，黄宗羲的理学思想在很大程度上来源于刘宗周，因此黄宗羲对刘宗周之学极其认可，称赞刘宗周之学"醇乎其醇"[1]，为醇正的儒者之学，不掺杂半点释、老成分。同时，黄宗羲指出刘宗周之学以慎独为宗，称赞道："儒者人人言慎独，唯先生（刘

① 黄宗羲：《明儒学案》（下），沈芝盈点校，中华书局，2008 年版，第 1509 页。

宗周)始得其真。"①在黄宗羲看来,在儒者之中,只有刘宗周最能道出慎独的真含义,也唯有刘宗周所言之慎独,最能达慎独之本意。继而,黄宗羲引用刘宗周之言对刘宗周以慎独为核心的学术思想进行了阐释。

首先,黄宗羲引刘宗周之言阐释了何以为"慎"。"盈天地间皆气也,其在人心,一气之流行,诚通诚复,自然分为喜怒哀乐、仁义礼智之名,因此而起者也。不待安排品节,自能不过其则,即中和也。此生而有之,人人如是,所以谓之性善,即不无过不及之差,而性体原自周流,不害其为中和之德,学者但证得性体分明,而以时保之,即是慎矣。"②这段引言包含着几方面的内容:1. 天地间只有一气,人心也为一气,心气之周而复始、不受外界干扰的自然流行则为喜怒哀乐和仁义礼智;2. 心气之流行,不过其则而达到中和,也就是喜怒哀乐和仁义礼智;3. 心气之流行中和而不过其则的喜怒哀乐、仁义礼智与生俱来,无须假借,则为性善;4. 使性体保持按照其本然秩序的周流、无过和不及,使其善(仁义礼智、喜怒哀乐)的属性分别地得以呈现,而不受习气之干扰,则为"慎"。在这段对刘宗周理学思想的递进式阐释中,可以看出,"慎"是使心体、性体得以呈现,进而保持心体、性体善的本然状态的一种修养工夫。

其次,黄宗羲继续引用刘宗周之言,阐释了何以为"独"。"慎之工夫,只在主宰上,觉有主,是曰意,离意根一步,便是妄,便非独矣。故愈收敛,是愈推致,然主宰亦非有一处停顿,即在此流行之中,故曰'逝者如斯夫! 不舍昼夜'。"③也就是说,"独"是"慎"之工夫的作用之处,是作为心之主宰的"意"("意根"),除此之外,皆不是"独"。换句话说,"独"是"意",是"意根",是"心之主宰"。"独"作为心的主宰,并不是停顿静止的,而是流行不息的。

黄宗羲对刘宗周以慎独为宗旨的理学思想称赞不已,给予了很高的评价。黄宗羲说:"识者谓五星聚奎,廉、洛、关、闽出焉;五星聚室,阳明之说

---

① 黄宗羲:《明儒学案》(下),沈芝盈点校,中华书局,2008 年版,第 1514 页。
② 黄宗羲:《明儒学案》(下),沈芝盈点校,中华书局,2008 年版,第 1514 页。
③ 黄宗羲:《明儒学案》(下),沈芝盈点校,中华书局,2008 年版,第 1514 页。

昌;五星聚张,子刘子之道通,岂非天哉! 岂非天哉!"①黄宗羲认为,刘宗周之学继周敦颐、程颢、程颐、张载、朱熹和王守仁之学而出,符合了天意的安排,因此刘宗周也当之无愧为明代理学的集大成者和总结者。因此,黄宗羲将对刘宗周之学的记述与评价置于《明儒学案》最后一卷,既有刘宗周是明末大儒之一的缘故,也出于黄宗羲对其师高尚人格的崇敬和对刘宗周之学的高度赞扬和肯定。

第三节　黄宗羲对阳明心学的总体评价

以往学界对黄宗羲的研究,多将关注的目光投向其民本思想和对封建专制主义君权制度的批判,而忽略了其作为一名理学家和学术史家,以其独特的学术立场和视角对阳明心学的总体评价。黄宗羲是明末大儒刘宗周的学生,其本人又身处明清交替的特殊历史时期,在某种程度上,出于对故国的怀念,黄宗羲对作为明代理学主流的阳明心学,有着极深的感情。在其师学的影响下,黄宗羲提出了"心气合一""理性合一"的思想,他的气一元论思想,被刘述先先生表述为"内在的一元倾向"。作为心学传人,黄宗羲不仅致力于对阳明心学的发展与修正,而且在学术史研究领域,给予阳明心学极高的评价和定位。在其学术史专著《明儒学案》中,黄宗羲用 28 卷的篇幅,记述、梳理、评价了王守仁心学及王门后学主要代表人物的学术思想,同时,又根据王门后学所处的不同地理位置,将其划分为"浙中""江右""南中""楚中""北方""粤闽"六个派系,并且于《泰州学案》和《止修学案》中,对显著偏离心学的"泰州学派"和"止修学派"提出了批评和指正,并在末卷第 62 卷设《蕺山学案》,以示其师刘宗周集阳明心学之大成和对心学的修正与总结。可以说,在黄宗羲的学术史观中,上承孟子之学、下至阳明心学的心学体系,始终是儒学发展的主线,是为圣之学,而阳明心学又是圣学的时代彰显。因此,黄宗羲在其著作中,用大量笔墨对心学做出了"圣学"的判断。然而,阳

---

① 黄宗羲:《明儒学案》(下),沈芝盈点校,中华书局,2008 年版,第 1514～1515 页。

明心学自产生之时,便受到程朱理学的挑战,被质疑为"儒释杂糅",而当时流传甚广的王门"四句教"又是引阳明心学入禅的一个主要因素。有基于此,本文主要围绕"立心学为圣学""为阳明学辨儒释"以及"为王门四句教辩难"等问题,阐释黄宗羲尊阳明心学、抑程朱理学与释氏之学的学术思想。对这些问题的探讨,将有助于在结合黄宗羲理学思想的基础上,把研究视角投向"哲学史研究"领域,这样不仅区别于以往学界单向度地偏向于对黄宗羲心学思想的义理性研究,还能够为我们深入了解并研究黄宗羲学术史观提供有益的参考,更重要的是,也能够为现当代的阳明心学研究提供一个特殊的思考路径。

一、立心学为圣学

黄宗羲认为,天下学术的发展遵循着"一本万殊"这样一条总的规律,即以儒家学说为天下学术之本,以儒学多元化发展而呈现的不同形式、不同内容的学说为万殊之学,而在儒学范围内各种学说的共同发展中,"心学"一支是主线。在黄宗羲看来,阳明心学有着深厚的学术底蕴和悠久的历史渊源,其由先秦时期孟子的心性之学发展而来,在新的历史时期,又被赋予丰富的义理性阐释,而对于孟子之学,黄宗羲又将其评价为"千圣相传者心"的学问。所以,黄宗羲将阳明心学定位为圣学。

黄宗羲曾撰《孟子师说》(共七卷),这里"师"指明末大儒刘宗周,刘宗周是王门后学蕺山学派的创始人,也是黄宗羲、陈确和张履祥等人的授业老师,黄宗羲在《孟子师说》这部哲学著作中,借助阐释《孟子》章句的方式,记载了其师和黄宗羲自己的学术思想和倾向。在《孟子师说》中,黄宗羲既肯定了孟子之学为"千圣相传"之学的历史地位,又高度评价了阳明心学对孟子之学的发展与延续。黄宗羲指出,"仁"是没有迹象的,孟子却能在"无迹象之中",点明了"仁"存在的现实根据,即"仁义礼智"根源于人心,"仁"发端于人的"恻隐之心",以及"人心"与生俱来的全部内容就是"恻隐、羞恶、辞让、是非"之心。① 他还指出："千圣相传者心也……禹、汤、文、武、周公五君子,其功业盖天地。孟子不言,单就一点忧勤惕虑之心之描出,所谓几希也。"②认为作为"仁"存在依据的"心",是圣人们之所以为"圣人"的共通之处,孟子虽然没有"禹、汤、文、武、周公"这五位圣人的功业,但仅从孟子对"忧勤惕虑之心"的描述而言,孟子的贡献和历史地位足以能够达到这五位圣人的高度。

继对孟子之学的总结和高度评价,黄宗羲进一步阐述了阳明心学继孟子之学而来的观点。他说道:"'人皆可以为尧舜'一语,此孟子继往圣开后学一大节目。徐行尧服,人人能之,即人人可以为尧舜也,只在著察之间耳。后之儒者,将圣人看得烦难,或求之静坐澄心,或求之格物穷理,或求之人生以上,或求之察见端倪,遂使千年之远,亿兆人之众,圣人绝响……自阳明之心学,人人可以认取圣脉。"③

在黄宗羲看来,孟子提出了"人皆可以为尧舜"之语,点出了圣学的精要和为圣的工夫,而后世儒者却将成贤成圣看得烦琐,直到阳明出现,扭转了这一局面,王阳明打破宋儒所提倡的"静坐澄心"和"格物穷理"之旧规,指出了良知自在,延续了孟子的圣人之学,创立了阳明心学,点明了人们成贤成圣的实现路径,由此,阳明心学是圣脉相传的圣学。

在《明儒学案》中,黄宗羲不止一次地称论阳明心学为圣学。例如,他在《明儒学案·白沙学案》中记载陈献章的理学思想时指出,明初学术多不失程朱理学之矩矱,直至陈献章之学"以虚为基本,以静为门户",点出了"静中养出端倪",开启明代心学之端,"作圣之功"才至陈献章而始明,后至王阳明而始大。在黄宗羲看来,"白沙之学"与"阳明心学"两者一脉相承,皆是对孟子圣人之学的延续,由"白沙之学"至"阳明心学"的发展演变过程,即圣学在明代由微到显的过程。又如,在《明儒学案·姚江学案》中,黄宗羲立心学为

---

① ［清］黄宗羲著:《黄宗羲全集》第 1 册,浙江古籍出版社,2005 年版,第 141 页。
② ［清］黄宗羲著:《黄宗羲全集》第 1 册,浙江古籍出版社,2005 年版,第 113 页。
③ ［清］黄宗羲著:《黄宗羲全集》第 1 册,浙江古籍出版社,2005 年版,第 144 页。

圣学的思想,再次得以明确的表达。黄宗羲指出,明代以来的学术,都是墨守先儒之成说,学者们未曾"反身理会,推见至隐,所谓'此亦一述朱,彼亦一述朱'耳",然而,阳明心学打破了学术领域这种僵化的格局,动摇了程朱理学独尊学术思想领域的地位,以可贵的学术自得和创新精神延续了古来之学脉,更重要的是,其提出了"良知人人现在,一反观而自得"的观点,使道德先验与道德自律意识重新在人们的心中生根发芽,继孟子之后又一次开启了人们的"作圣之路",①同时,也使人们认识到"自己良知原与圣人一般,若体认得自己良知明白,即圣人气象不在圣人而在我矣"②,在黄宗羲看来,姚江之学恢复了已中断千百年之久的圣学之学脉,使儒家道统得以延续,因此为"作圣之学"。

二、为阳明学辨儒、释

黄宗羲以心学为儒学之大宗,以阳明心学为圣学这一学术立场,在某种程度上,反映出阳明心学在明代中后期的主流意识形态地位。尽管如此,阳明心学自明初发端之际,其入禅倾向,就持续遭到了程朱理学派的批判与指责,尤其到了明代中后期,在其传播、发展与流变中,王门后学之流弊日益凸显,由此,这种批判愈为强烈。明代初期,陈献章之学开心学之端,程朱理学派的胡居仁便批评陈献章"静中养出端倪"和"藏而后发"的思想为"将此道理来安排作弄,都不是顺其自然"③,也指出陈献章虽然"窥见些道理本原",但是却无格物穷理之渐进工夫,所以其思想只为"空见"④,而对于陈献章之"物有尽而我无尽"之说,胡居仁则将其指责为"氏释见性之说"⑤。黄宗羲在《明儒学案·白沙学案》中,感情色彩鲜明地说道:"先生(胡居仁)必欲议白沙为禅,一编之中,三致意焉。"⑥也就是说,胡居仁在论学中,已经将初具

---

① [清] 黄宗羲著、沈芝盈点校:《明儒学案》上册,北京:中华书局,2008 年,第 178 页。
② [明] 王守仁撰、董平、吴光等编校:《王阳明全集》上册,上海古籍出版社,1992 年,第 59 页。
③ [清] 黄宗羲:《黄宗羲全集》第 1 册,浙江古籍出版社,2005 年版,第 35 页。
④ [清] 黄宗羲:《黄宗羲全集》第 1 册,浙江古籍出版社,2005 年版,第 35 页。
⑤ [清] 黄宗羲:《黄宗羲全集》第 1 册,浙江古籍出版社,2005 年版,第 39 页。
⑥ [清] 黄宗羲:《黄宗羲全集》第 1 册,浙江古籍出版社,2005 年版,第 30 页。

心学倾向的白沙之学划入禅学。罗钦顺则认为,王守仁之学以知觉为性,把知觉当作"良知"和"天理"。然而,在罗钦顺看来,禅学的一个重要特征,就是以知觉为性,不仅如此,禅学还把人的知觉和意识看作万物的根本,宣扬"心生万法"的思想,禅宗的这一特征与阳明心学的"心即理"思想具有一定程度的相似性,由此,一向极力批判释老之学的罗钦顺,也带有批判性地将阳明心学划入了禅学的范畴。明末斥心学为禅学的主要代表人物还有顾炎武和王夫之,其中,王夫之则在《张子蒙注序论》中说道:"姚江王氏阳儒阴释诬圣之邪说,其究也……而以充其'无善无恶圆融事理'之狂妄",认为阳明心学为"阳儒阴释"的"诬圣之邪说"。这些对阳明心学入禅的批判,给阳明心学做了"外儒内释"的定性,与黄宗羲尊崇阳明心学为圣学的学术立场截然对立。有基于此,黄宗羲从找寻阳明心学和禅学的差异着手,试图为阳明心学辨儒、释,以划分心学和释氏之学的界限。

黄宗羲指出,对于"心"的不同理解,是阳明心学和释氏之学的本质差别——阳明心学视"心"为"理",而释氏之学视"心"为"知觉"。他说:"而或者以释氏本心之说,颇近于心学,不知儒释界限,只一理字。释氏于天地万物之理,一切置之度外,更不复讲,而只守此明觉;世儒则不恃此明觉,而求理于天地万物之间,所为绝异。然其归理于天地万物,归明觉于吾心,则一也。向外寻理,终是无源之水,无根之木,总使合得本体上,已费转手,故沿门乞火与合眼见闇,相去不远。先生(阳明)点出心之所以为心,不在明觉,而在天理,金镜已坠而复收,遂使儒释疆界邈若山河,此有目者所共睹也。"①

在黄宗羲看来,疑心学类禅者,在于其没有认识到儒释的界限在于一个"理"字,释氏之学不寻求万物之理,只把守知觉意识,而对心学持批判态度的"世儒"虽然"不恃此明觉",但是却于心外求理,这在本质上,与释氏"归明觉于心"是同一的。黄宗羲认为,王阳明指点出"心之所以为心",不在于心有知觉,而在于"心即理",即将"心"看作一切儒家伦理道德规范的根据,也就是说,在黄宗羲那里,阳明心学与释氏之学的一个本质区别,在于对

---

① [清]黄宗羲:《黄宗羲全集》第1册,浙江古籍出版社,2005年版,第181页。

"心"的内容的不同理解上。

在《明儒学案·甘泉学案六》中,黄宗羲又一次以"心即理"为着眼点,辨阳明心学非释氏之学。他说道:"今以理在天地万物者,谓之理一,将自心之主宰,以其不离形气,谓之分殊,无乃反言之乎?佛氏唯视理在天地万物,故一切置之度外。早知吾心即理,则自不至为无星之秤,无界之尺矣。先生(杨时乔)欲辨儒、释,而视理与佛氏同,徒以见闻训诂之争胜,岂可得乎?阳明于虚灵知觉中,辨出天理,此正儒、释界限,而以禅宗归之,不几为佛氏所笑乎?"①在黄宗羲看来,杨时乔分"心"与"理"为二,将"理"看作独立于心之外的客观存在,这一思想与释氏的"理在天地万物"的观点相同,皆属于"无星之秤"和"无界之尺"而不得要领,同时,黄宗羲批判了杨时乔欲辨儒释,却拘泥于"见闻训诂"之争的错误路径,认为只有王阳明在"虚灵知觉"("心")之中,提出"心即理"的命题,才真正辨清了儒释之界限,进而,黄宗羲批判了归心学为释氏之学的儒者,指出其这种做法反而为佛氏所讥笑。

在《明儒学案》的《粤闽王门学案·行人薛中离先生侃》中,黄宗羲进一步以阳明心学中"心即理"的思想为切入点,区分了儒、释之差异。黄宗羲说:"深于疑阳明者,以为理在天地万物,吾亦万物中之一物,不得私理为己有。阳明以理在乎心,是遗弃天地万物,与释氏识心无寸土之言相似。不知阳明之理在乎心者,以天地万物之理具于一心,循此一心,即是循乎天地万物,若以理在天地万物而循之,是道能弘人,非人能弘道也。释氏之所谓心,以无心为心,天地万物之变化,皆吾心之变化。譬之于水,释氏为横流之水,吾儒为原泉混混不舍昼夜之水也。"②在这段话中,黄宗羲首先列举了"深疑阳明类禅"者的错误认识,即他们把理置于天地万物之中,以人为万物中之一物,分人与理为二,同时又认为王阳明合心与理为一的"心即理"的思想,与释氏唯心的思想相类似。其次,黄宗羲为阳明心学辩护,指出这种错误认识的根源在于,其没有理解到王阳明的"理在乎心"的思想是指天地万物的

---

① [清]黄宗羲:《明儒学案》下册,中华书局,2008年版,第1024页。
② [清]黄宗羲:《明儒学案》上册,中华书局,2008年版,第656～657页。

理都存在于"内心",这种"理在乎心"的思想强调的是人作为道德主体其道德与生俱来的先验性和将道德施之于事事物物的主体能动性,体现的恰恰是孔子所强调的"人能弘道"思想(而不是"道能弘人"),这样,黄宗羲从儒家经典《论语》中寻找理论依据,进一步确立了阳明心学的圣学地位。最后,黄宗羲分别对释氏之学和阳明心学做出了不同的比喻,将释学比作"横流之水",将阳明心学比作"原泉混混不舍昼夜之水",来表明两者的差异之处。

黄宗羲不仅批判了"疑阳明类禅"者(宋儒)的对阳明心学的错误理解,还指出了宋儒分心与理为二,混淆了儒学和释氏之学的界限,由此,在黄宗羲看来,不是心学类禅,而是宋儒类禅。黄宗羲认为,宋儒的"理在天地万物"的思想,是将理看成了独立于心之外的客观存在的哲学范畴,宋儒向心之外的万物寻理,在本质上与释氏只守此知觉之心而置理于心之外的做法大同小异,两者的不同不过是宋儒向外求理,而释氏不求理罢了。在此基础上,黄宗羲批评了程朱理学的"理"派生出"气"的思想近禅。释氏之学有"有物先天地,无形本寥寂,能为万象主,不逐四时凋"之言,而宋儒提出了"理生气"的思想,这两者在黄宗羲看来,都是在"心"之外预设了一个先验的客观存在的派生世界万物的本源,在释氏那里,这一客观存在的本源是指"有物先天地"之"物",在宋儒那里则指"理生气"之"理",释氏的"物"和宋儒的"理"两者具有相同的逻辑和意义。黄宗羲认为,宋儒对理气关系的阐释,并没有将理学和释氏之学做出正确的区分,反而将两者等同起来,由此引来了释氏的耻笑。在批判与指责宋儒的基础上,黄宗羲又将关注的目光投向了阳明心学,他认为,阳明心学"心即理"的思想及时纠正了宋儒入禅之弊端,"遂使儒释疆界邈若山河"。由此可见,黄宗羲不仅为阳明心学辨儒释,划清了阳明心学和释氏之学的界限,而且还指出了程朱理学近禅的弊端,这样,黄宗羲不仅为立阳明心学为圣学打下了坚实的理论基础,而且,在某种程度上,还进一步巩固了阳明心学的儒家正统地位。

三、为"王门四句教"辩难

"王门四句教"由王阳明晚年贵州龙场悟道时提出,其具体内容为"无善无恶心之体,有善有恶意之动,知善知恶是良知,为善去恶是格物"。对于这四句话哲学内涵的阐释,王门后学中产生了分歧,其中以王畿和钱德洪两人为著。王畿对"四句教"的理解被称作"四无说",在他看来,"四句教"的第一句为"无善无恶心之体",既然"心体"为无善无恶,那么,"心体"之"意""知""格物"也是无善无恶的。而钱德洪对"四句教"的理解被称作"四有说",钱德洪认为,心体是天命之性,天命之性是至善的,因此心体是至善而无恶的。对于王畿和钱德洪的各抒己见,王阳明对两者进行了调和,他折中地说道:"二君之见,正好相取,不可相病,汝中须用德洪工夫,德洪须透汝中本体。二君相取为益,吾学更无以遗念矣。"①王阳明指出,"四无说"和"四有说"两种观点都成立,王畿的理解代表"上根人"而言,因为"上根人"能够顿悟出心体之无善无恶,无须循序渐进之工夫,而钱德洪的理解是针对"下根人"而言的,因为"下根人"只有通过"为善去恶"的工夫通过渐修的方式才能够体认本体。在王阳明看来,"四有说"和"四无说"各有长短,单纯地依靠"顿悟"或"渐修"都无法实现成圣之目标,"上跟人"和"下跟人"都应该结合"顿悟"与"互补"的方式,最终达到至善。所以,王阳明指出,"四句教"的第一句话是为了阐发"四无说",意在强调"顿悟"的重要性,后三句话是为了阐发"四有说",意在强调"渐修"的重要性。王阳明的这一思想,促使了王门后学分划为"本体派"和"工夫派",同时,其对"四无说"的认可,也招致了程朱理学派的批判。很多人指责王门"四句教"中的"无善无恶心之体"一句属于释老之说,背离了传统儒家的"性善"思想。

黄宗羲毕生力斥释、老之学,且坚持孟子的性善论思想,因此,黄宗羲否认王门"四句教""无善无恶心之体"一句的合理性。因为黄宗羲是阳明心学的尊崇者和维护者,所以他认为"无善无恶心之体"并不是出自阳明之语,而认为这句话是由后人错会阳明之意而产生的。黄宗羲说道:"彼(错会阳明之意者)以无善无恶言性者,谓无善无恶斯为至善。善一也,而有有善之善,

---

① [明]王守仁撰、董平、吴光等编校:《王阳明全集》下册,上海:上海古籍出版社,1992 年,第 1306 页。

有无善之善,无乃断灭性种乎？彼在发用处求良知者,认已发作未发,教人在致知上着力,是指月者不指天上之月,而指地上之光,愈求愈远矣。得羲说而存之,而后知先生之无弊也。"①也就是说,在黄宗羲看来,良知是至善的,而"错会阳明之意者"的错误之处在于以"无善无恶"界定"性",以"无善无恶"为"至善",以至于把"善"分解成"有善之善"和"无善之善",这种做法无疑是"断灭"了"性"的根本,同时,他们("错会阳明之意者")在意念发动之处("已发")探求良知本体,只注重工夫,而没有真正停留于良知之处体认良知的本然状态,这种做法反而对"良知"是愈求愈远的,也在相当大的程度上违背了王阳明的性善思想,因此,在黄宗羲看来,"无善无恶"之说并非阳明之本意。

而对于王门"四句教"中"无善无恶心之体"之句的内涵,黄宗羲自有其理解,他说道:"天泉问答'无善无恶者心之体,有善有恶者意之动,知善知恶是良知,为善去恶是格物。'今之解者曰'心体无善无恶是性,由是而发之为有善有恶之意,由是而有分别其善恶之知,由是而有为善去恶之格物。'层层自内而之外,一切皆是粗机,则良知已落后着,非不虑之本然,故邓定宇以为权论也。其实无善无恶者,无善念恶念耳,非谓性无善无恶也。下句意之有善有恶,亦是有善念有恶念耳,两句只完得动静二字。"②也就是说,在黄宗羲看来,心体之性为"至善",并非人们对"四句教"的错误理解——以"心体无善无恶是性"。他认为,对王门"四句教"第一句的正确理解,应该为"心体之性"是一种"无善念无恶念"的"静"的本然状态的存在,而这种存在是最高的善,基于此,也可以推衍出第二句"有善有恶意之动"旨在表达"心体"已发状态为"意"的"有善念""有恶念"。以上黄宗羲对"四句教"的理解,对后人研究这一问题产生了一定的影响,如,现当代学者儒学大师牟宗三先生在对"四句教"第一和第二句的理解中,将"心之本体"解释为"无有作好无有作恶"的超越之本心,将"心体"的发动理解为经验层面上的"意",可以说在一定程度上,牟先生的这一思想,便是对黄宗羲辨王门"四句教"的延续与发展。

在为王门"四句教"辩难的过程中,黄宗羲不仅提出了"心体"为至善的观点,而且还就"四句教"的出处提出了质疑,他认为王门"四句教"的"无善无恶"一句,并非王阳明本人提出的,而是王畿伪造的。在《明儒学案》中,黄宗羲具体地表达了这一观点。在《粤闽王门学案·行人薛中离先生侃》中,黄宗羲说道:"又其所疑者,在无善无恶之一言。考之《传习录》,因先生去花间草,阳明言'无善无恶者理之静,有善有恶者气之动。'盖言静为无善无恶,不言理为无善无恶,理即是善也……独《天泉证道记》有'无善无恶者心之体,有善有恶者意之动'之语。夫心之体即理也,心体无间于动静,若心体无善无恶,则理是无善无恶,阳明不当但指其静时言之矣。释氏言无善无恶,正言无理也。善恶之名,从理而立耳,既已有理,恶得言无善无恶乎?就先生去草之言证之,则知天泉之言,未必出自阳明也。"①人们对"四句教"的质疑,往往在于"无善无恶心之体"一句,薛中离去花间草,考证了一个事实,即王阳明说过"无善无恶者理之静,有善有恶者气之动"之言,即在王阳明那里,"理之静"是"无善无恶"的,而"气之动"则"有善有恶",也就是说,"无善无恶"的侧重点在于"理之静"的"静",而并非"理","理"是"心之体",是至善的,贯穿于动静,而"四句教"中"无善无恶心之体"仅仅强调的是"以静言理",并非王阳明本意。基于以上推论,黄宗羲得出"天泉证道"之言为王畿伪造,并非王阳明本人的真实思想。黄宗羲还说道:"当时之议阳明者,以此为大节目。岂知与阳明绝无干涉。呜呼!天泉证道,龙溪之累阳明多矣"②,进而划清了阳明心学与使阳明学备受争议的"王门四句教"两者之间的界限。

综上所述,黄宗羲对阳明心学的定位,是以立心学为圣学为终极目标的。在他看来,阳明心学承接孟子之学而来,提出了"心即理"的思想,使人

---

① [清]黄宗羲:《明儒学案》上册,中华书局,2008 年版,第 657 页。
② [清]黄宗羲:《明儒学案》下册,中华书局,2008 年版,第 1379 页。

人具备了成贤成圣的可能。在尊崇阳明学的过程中，黄宗羲努力为阳明心学辨儒释，以"心即理"之命题，作为区分心学与释氏之学的主要标志，并将程朱理学之理本论的客观唯心主义思想与释氏之学等同划一。同时，在认同"王门四句教"使阳明学背上入禅嫌疑的基础上，黄宗羲先是对"四句教"中"无善无恶心之体"一句，进行了重新的理解，然后又质疑了"四句教"的出处，最后得出结论，即"王门四句教"并非出自王阳明，而是出自王畿伪造。黄宗羲围绕定位阳明心学的一系列学术思想和论断，不但充分显示出其本人的学术好尚，而且也反映出其以主观学术见解为依据，对异己学说的学术偏见，同时也反映出黄宗羲作为明末阳明后学中的一名得力干将，对心学的修正，以及其作为一名学术史家在一定程度上对明代学术领域中阳明心学、程朱理学和释氏之学的论断和评价。

第四节 《明儒学案》学术史思想对中国哲学史研究的贡献和意义

《明儒学案》学术史思想对中国哲学史研究的贡献和意义主要在于其学术史方法论中的普适成分能够为当代的中国哲学史学诠释模式建构提供借鉴，以及其明代理学史思想对当代学界研究明代理学的发展具有重要的参照价值。

一、中国哲学史诠释模式的既有成果

1916 年，谢无量之《中国哲学史》一书的出版，开启了中国哲学史学科建构的大门。此后，一大批专家学者纷纷投入中国哲学史学科建构的研究之中，通过不懈的努力探索，为该研究领域的发展做出了卓越的贡献，使中国哲学史成为一门独立的学科，在我国多元交汇的文化领域中脱颖而出。

在这一建构过程中，出现了"以西释中""以中释中"和"以马释中"三种诠释框架。

"以西释中"，就是以西方哲学的分类和话语体系，来重新诠释中国哲学。在"以西释中"诠释框架中，主要代表人物有谢无量、胡适和冯友兰等人。谢无量将哲学等同于《庄子·天下》中的"道术"，即大全之学；将科学等同于《庄子·天下》中的"方术"，即局限于某一具体领域的专攻之学。谢无量在他撰写的《中国哲学史》中，记述了中国"上古""中古"和"近世"三个历史时期的哲学发展情况，并用其所掌握的西方哲学知识，将中国哲学的内容划分为形而上学、认识论和伦理学三个门类。在其著作中，谢无量不仅将中国哲学划分为三类，更重要的是，他开拓了一条"以西释中"的中国哲学史学科建构的探索之路。随后，1919 年出版的胡适所著的《中国哲学史大纲》和20 世纪 30 年代冯友兰所著的《中国哲学史》，深化发展了"以西释中"的诠释路径，采用了西方的历史主义和逻辑主义哲学史方法论。胡适提出了哲学史之目的在于"明变""求因""评判"，并结合中国古代校勘、训诂等考证方法和西方近代实证主义的科学方法，来辨别中国哲学史料对象之真伪，实现了中国哲学史建构过程中历史与逻辑的统一。冯友兰则对"何为哲学史"做出了自己的理解，并在此基础上，分别对哲学史和哲学以及哲学史和一般的历史、专门史做了区分，并在其所著的《中国哲学史》中将中国传统哲学划分为子学和经学两个时代，以中国先秦时期比附西方之古代，以中国的汉至清代比附西方之中世纪，并且确定了中国哲学史中的基本派别和主要代表人物，提出了一系列具体的学术论断，深化且完善了"以西释中"的诠释框架，并将这一诠释方式推向了一个新的历史高度。

"以中释中"，就是以中国古代哲学自身的话语体系，来重新诠释与系统整理中国传统哲学。在这一诠释框架中，主要代表人物有钟泰等人。钟泰反对用西方哲学的概念和术语系统来诠释中国哲学，认为应该还原中国哲学的本来面目，保持中国哲学的民族性和独立性。钟泰在 1929 年完成的《中国哲学史》一书中，运用中国传统哲学旧有的话语表达方式，对研究对象进行了论述，将传记式的体例应用于对传统哲学的整理当中，对西方的哲学方法和哲学观点主要持否定态度，与谢无量、冯友兰、胡适等人"以西释中"

的中国哲学史诠释模式形成了鲜明对比。

"以马释中"，就是用马克思主义哲学的基本观点和话语体系，来诠释与整理中国传统哲学，使中国传统哲学在辩证唯物主义和历史唯物主义的诠释框架中系统地呈现出来。在这一诠释模式中，主要代表人物有 20 世纪 20—30 年代的李石岑、范寿康、侯外庐以及 20 世纪 50—70 年代的冯友兰和任继愈等人。1935 年出版的李石岑的《中国哲学十讲》，拉开了"以马释中"的中国传统哲学诠释模式之序幕。随后，范寿康的《中国哲学史通论》运用马克思主义哲学的基本原则和主要观点，对中国哲学史中的一些具体问题做出了分析，同时用辩证的态度对中国传统哲学史中的主要人物进行了合情合理的评价。侯外庐则从 1935 年开始，相继完成了《中国古代社会史论》《中国封建社会史论》和《中国思想通史》等著作，用马克思主义唯物论的观点来研究中国哲学史，并探索中国传统哲学中的唯物主义因素与马克思主义理论观点的契合之处，延续了中国哲学史构建领域"以马释中"的路径。1962 年冯友兰的《中国哲学史新编》和 1963 年任继愈主编的《中国哲学史》的问世，将"以马释中"的诠释框架推向了更加成熟的阶段。

以上述三种诠释框架为历史背景，冯友兰在 1983 年撰写了《中国哲学史》一书。在该书中，冯友兰提出了"中国哲学史的史学史"的概念。冯契则撰写了《中国哲学史新编》《中国古代哲学的逻辑发展》和《中国近代哲学的逻辑进程》等著作，并在对中国哲学史的研究中，坚持了逻辑与历史合二为一的方法论原则，提出了西方哲学与中国哲学皆统一于知识与智慧的结合这一论断。张岱年在其所著的《中国哲学史大纲》中，则以"中国哲学问题史"来研究中国哲学的发展历史。这些理论观点及方法论的创新，标志着中国哲学史学科建构体系由创立之初的三种书写模式并存，到 20 世纪 80 年代的逐渐成熟与完善。我们在感叹该领域的研究、建构所取得的丰硕成果之余，不可否认的是，在以何种模式来构建中国哲学史这一问题上，学界至今仍仁者见仁、智者见智，尚未达成共识。在西方凭借着强大的经济优势而掌握全球话语权的当下，以"以西释中"为主导的诠释模式仍被国内众多学者接受和采用。随着 20 世纪末保守主义在大陆的复兴,"用中国自己的语言来构建中国哲学史"也被提上了新的日程。同时,在马克思主义哲学体系不断发展完善和马克思主义中国化深入展开的过程中,以"以马释中"为主导的诠释模式也愈加表现出其科学性与合理性的一面。可以说,当下中国哲学史建构中的多元化、多样化模式,以及多种模式之间的相互交融渗透,与当前多元文化共同发展与繁荣的背景相适应,是时代文化发展中的普遍规律在中国哲学史学科建构这一特殊领域中的表现。

然而,如何在中国哲学史建构多元化发展的过程中,探索出一条更加完善、独立、具有民族特色的诠释模式,已成为中华民族能否在激烈的全球文化竞争中,彰显民族文化特色、向世界传递中国文化、进一步增强民族自信心和自豪感的关键所在。这种民族性的中国哲学史诠释模式,不能单纯地向马克思主义哲学或西方哲学寻求借鉴,而是应该注重在中国传统哲学中探源,汲取精华,尽可能地借鉴、保留中国传统哲学史中的话语体系和方法论特征,还原中国哲学和中国哲学史的本来面貌。因此,研究中国传统学术史中具有代表性的经典著作,归纳总结其学术史思想中的方法论原则,就能够为当下中国哲学史诠释模式的构建,提供一定意义上的借鉴。

二、《明儒学案》方法论原则的内涵

《明儒学案》的学术史方法论,主要可归纳为网罗资料,认真筛选,宏观领域总结学术发展规律,提炼与概括学者学术宗旨,立学案以示学派,追溯学术源流以把握学术发展动态,评价学派与学者学术思想等几个方面。其中,"网罗资料,认真筛选"的学术史方法,主要体现为黄宗羲在编撰《明儒学案》的过程中,对研究对象的认识与把握,是以搜集、阅读大量资料并认真筛选为前提的。黄宗羲认为,其"网罗资料,认真筛选"的学术史方法具有优越于以往学术史方法的独到之处。这种独到之处,主要在于其能够反映出入案学者的真实精神和真实学术,即能够通过描述学者生平行事以展示其人格风貌,也能够通过认真筛选学者著述原籍的方式,来客观还原研究对象的学术本然面貌。

"宏观领域总结学术发展规律"的学术史方法，是指《明儒学案》在宏观领域对天下学术发展规律的揭示与总结。这一学术史方法是对中国传统学术史研究方法的继承与发展。先秦时期，《庄子·天下》的作者对天下学术的发展规律做了宏观描述，认为古代的学术思想体系并非是静止不变的，而是有着由一到多、由点到面、由学术独尊走向学术多元的一个动态过程。汉代司马谈在《论六家要旨》所揭示的天下之学"一致而百虑，同归而殊途"的学术发展规律，便是对西周到汉初这段历史时期内，学术领域中由西周"学在官府"到春秋战国诸子百家之学出现再到汉初黄老之学独尊这一演进过程的总结。黄宗羲在《明儒学案》的序中，将天下学术描述为"一本万殊"与"殊途百虑之学"，旨在阐明天下学术之总体规律，是一种以"心学"为主体，以"心学"内部各学派的"万殊""殊途百虑"之学为差异性存在的由普遍到特殊的发展趋势，而《明儒学案》文本内容即围绕着这一宏观领域的学术发展规律展开的。"提炼与概括学者学术宗旨"的学术史方法，是黄宗羲"提倡宗旨与自得之学"的学术精神在治学史过程中的具体表现。早在先秦时期，《庄子·天下》《荀子·非十二子》和《韩非子·显学》皆对当时的学术思想进行了派别的划分和学说特点的概括。其中，对各学派学说特点的概括，便是对学派和学者学术宗旨的提炼。黄宗羲在继承这一先秦学术史方法的基础上，不断丰富与完善，不仅精练地概括了研究对象的学术宗旨，而且还通过原著辑录的形式对所揭示的宗旨进行了印证，也通过研究主体的诠释对所揭示的宗旨进行了印证，进而体现出《明儒学案》对学者学术思想的纲领性把握。

"立学案以示学派"的学术史方法，主要表现在《明儒学案》中黄宗羲对明代儒学领域学派的划分，主要是以立学案的形式得以实现的。其中学案的划分，又是以学者之间的师承关系和主要学行的地理位置为衡量标准的，以此形成了一个以学术创始人和继承者为一体或以同一地域的同一师门学者为一体的学案，便于研究主体分门别类地揭示与评价各家学术观点，标志着"学案体"学术史编撰体裁的真正创立。"追溯学术源流,把握学术发展动态"的学术史方法,表现为《明儒学案》对不同学者之间的学术思想之继承和发展的揭示,以及对同一学者自身学术衍变过程的描述。这一学术研究方法在中国现代哲学研究中也有所体现,比如饶宗颐先生就提出过"穷根究源""贯通古今"的学术要求。其中,揭示不同学者学术思想的继承和发展的学术史方法,展现了明代理学同一学派的师承关系和学术传衍脉络,以及学术思想在不同学派的发展及流变。描述同一学者自身学术衍变过程的学术史方法,在微观领域展示了入案学者们学术思想的产生、发展与变化历程,将学者一生之学术思想的动态发展,生动、全面、历史地描绘出来,实现了对明代理学从发生、发展到流变过程的动态把握,由此,将研究对象生动活泼地呈现于文本之上。

"评价学派与学者学术思想"的学术史方法,是《明儒学案》站在特定的学术立场,对学派和学者的学术思想进行的价值衡量与价值判断,也是编撰者黄宗羲作为学术史研究主体,在客观揭示作为研究客体的学术思想的基础上所进行的学术理论再创造。因此,这一学术史方法体现了《明儒学案》的学术主张和学术倾向,也体现了黄宗羲对一些哲学基本问题的探讨。在《明儒学案》中,这一学术史方法主要表现为在宏观领域对学派整体学术思想的评价和在微观领域对学者个人学术思想的评价两个方面。其评价方式主要有客观辩证地评价、以主观见解为依据展开评价和引他人之言以评长短等几个方面。它反映出黄宗羲在充分了解、掌握学派与学者学术思想的基础上,对研究对象所持的态度和观点,以及黄宗羲的学术价值判断标准与研究对象的学术思想之间的相互渗透与有机融合。

三、《明儒学案》对中国哲学史诠释模式的借鉴意义

黄宗羲《明儒学案》的学术史思想及方法论原则,是中国古代学术史研究发展到成熟阶段的产物。从历史发展的纵向角度来看,《明儒学案》不仅秉承了以往哲学领域学术史研究方法的优良成果,又为后世的哲学史研究

提供了一定的参照。同时，从其所处时代的横断面来看，《明儒学案》的学术史思想及方法论原则，受到了同代人的好评，其对有明代理学中人及理学思想的评述，无论在广度还是深度上，都达到了前所未有的高度。《明儒学案》的学术史方法不仅在当时堪称完备，甚至在当代也经得住推敲并十分值得借鉴。由此，在有待探寻一条具有鲜明民族特色的中国哲学史诠释模式的今天，通过研究并省思《明儒学案》，我们会发现其具有以下几个方面的借鉴意义。

首先，借鉴《明儒学案》对学术发展宏观规律的总结。黄宗羲在以《明儒学案》为中心的学术史研究中，对天下学术发展的走势做了总结，提出以儒学为一本，以儒学领域各学术思想为万殊之学的观点，并总结了儒学道统发展的学术史规律论，从而在宏观层面描绘出一幅包含过去、现在和未来的学术发展概况图。黄宗羲对学术发展宏观规律的总结，虽然带有一定的主观色彩，有出于其学术好尚之成分，然而在某种程度上，这一思想确实是对客观存在的学术背景和学术环境的一种相对客观的反映，同时也为当时思想文化领域的学术发展多元化提供了一定的依据，具有积极的理论和现实意义。在现当代中国哲学史学科的建构中，研究者可借鉴黄宗羲《明儒学案》对学术发展宏观规律的总结，站在一定的理论高度，以把握整体态势的宏观视野，回顾中国哲学经先秦、两汉、魏晋、唐、宋、元至明、清乃至近现代的发展历程，结合目前中国哲学研究领域的学术成果，总结出一条能够反映中国哲学自身发展的内因和内在逻辑性的规律，以预测和把握中国哲学的未来方向，从而以"中国哲学的逻辑发展规律"作为中国哲学史诠释模式的内在线索和总体框架，以民族性、系统性的学术思想体系，标识中国哲学的传统、当下及未来，以此立异于西方哲学和哲学史。

其次，借鉴《明儒学案》学术史方法论中的"普适"成分。《明儒学案》学术史方法论，是黄宗羲在对以往学术史方法论的总结、借鉴与发展中产生的。其中，有很多内容既适用于黄宗羲之前的学术史研究，也适用于黄宗羲同时代及其后的学术史研究，具有一定的"普适"意义，甚至在现当代的哲学史建构中，也十分值得借鉴。例如，为学者立传、阐述学者一生主要学行和事迹的学术史方法,不仅能够将学者学术思想得以生成的主客观因素展现出来,而且还能够形象地刻画出学者的人格风貌,以外在社会实践活动的形式,将学者的内在学术价值取向生动活泼地呈现出来。又如,《明儒学案》中辑录能够反映学者学术思想的原著,提炼与概括学者的学术宗旨,选定某种标准以划分学派,追溯学术源流,把握学术发展动态,评价学派与学者学术思想,以及黄宗羲对这些学术史方法所做的细化展开,等等,皆是中国传统学术史方法论研究成果中的典型代表,具有深刻的传统性和民族性。其不仅可以在当下的中国哲学史诠释中得以应用并值得深入挖掘研究,而且在方法论层面也为中国哲学史学科的建构提供借鉴。中国哲学史的编撰者可在适当地借鉴西方哲学史方法论的同时,把目光更多地投向中国传统学术史方法论中的"普适"成分,汲取精华,在对中西哲学史方法论的融合与对比中,以中国传统学术史方法论为主导,凸显出传统学术史方法论的优越性及其在中国哲学史学科构建领域的重要地位,以此确立一个传统色彩浓厚又不失现代意义的中国哲学史学科建构体系。这在一定程度上,有赖于向以《明儒学案》为代表的、具有"普适"意义的中国传统学术史方法论寻求借鉴。

最后,借鉴《明儒学案》学术史思想中的民族哲学话语体系。中国哲学史的研究对象是中国哲学自身的历史,而在中国哲学这一磅礴的思想体系中,中国古代传统哲学占据了相当大的比重,这与中华民族几千年的悠久历史和文化积淀是相呼应的。在中国古代,西方哲学和哲学史并没有系统地传入中国,即使基督教也未能在中国普遍流传。因此,在这一历史阶段成长起来的中国哲学,是几乎不掺杂外来文化影响的本民族自己的哲学,其哲学史领域中的学术史,也完全是在中华民族的哲学话语体系中呈现出来的。《明儒学案》的学术史思想,作为中国传统学术史思想中的精华部分,具备了传统学术史思想的特征(换种更为恰当的表达方式,《明儒学案》的学术史思想,具备了中国传统哲学史思想的特征),彰显了传统学术史(哲学史)中的民族哲学话语体系。《明儒学案》中所体现的哲学概念、范畴和对某些哲学问题的表述方式,完全来自中国传统哲学话语体系和中国传统哲学史话语体系。尤其是在这一话语体系中,其对明代理学的记述,较其他文本更加接近明代理学的产生与发展,进而更加贴近历史本身,具有较高的可信度。当代学术界可参照《明儒学案》中涉及的人物研究对象,在广度上拓展对明代理学的研究;也可以《明儒学案》的明代理学史思想为参照,深化对特定学派或人物的研究;同时也可以《明儒学案》理学史思想中的一些具体观点为参照,衡量与评价现当代明代理学研究中的某些结论。因此,在目前中国哲学史学科建构领域中,力图探求一种具有民族特色的中国哲学史诠释模式,应该借鉴中国古代学术史(哲学史)思想中的哲学话语体系,用中国传统学术史(哲学史)思想中的哲学语言来诠释中国哲学的发展历程,以弥补至今为止中国哲学史学科建构中所存在的、民族的、传统的话语缺失之不足,最终,努力开拓出一条以中华民族自身的哲学话语诠释为主、以西方哲学话语为辅的中国哲学史学科体系。然而,一切努力如何进行? 相信通过省思,可以从《明儒学案》的学术史思想中得到宝贵的借鉴。

总而言之,在中国哲学史诠释模式多元发展的今天,有必要通过对《明儒学案》学术史思想的认真省思,借鉴其对学术发展宏观规律的总结以及其学术史方法论中的"普适"成分和其学术史思想中的民族哲学话语体系等内容,以构建出一种能够反映中国哲学原貌和内在精神特质的中国哲学史诠释模式。这种模式以中国传统哲学史方法论和哲学话语体系为主,同时并不排斥西方哲学的语言,在自身建构模式的逐渐完善及与西方哲学的对比之中,展现出中国哲学的民族性和独立性,进而能够更好地弘扬纵贯古今而又博大精深的中国哲学,在中西文化的对比与交流中,使中国哲学走向世界、面向未来,以实现中华民族文化的伟大复兴和中国哲学的伟大复兴。同时,也更加丰富了中国哲学史学科建构的内容,在一定意义上,也能够为中国哲学史之撰写提供一条更加完善的路径。

本章小结

　　本章的主要内容是《明儒学案》的学术史思想,其中包括《明儒学案》的学术史方法论、《明儒学案》的明代理学史思想、以《明儒学案》为中心文本所体现的黄宗羲对明代主流学术思想阳明心学的定位,以及《明儒学案》学术史思想对中国哲学史研究的贡献和意义。

　　首先,《明儒学案》的学术史方法,是《明儒学案》学术史思想的一个重要内容,也是《明儒学案》得以编撰的指导性原则,《明儒学案》的学术史方法论可归纳概括为五个内容。第一,网罗资料,认真筛选。这一学术史方法即广泛地搜集资料,并从中认真筛选,为《明儒学案》学术史研究体系的建构,提供前提准备和基本素材,并且依据一定的原则和取舍标准,在丰富的资料中,认真地筛选能够反映学者一生精神和学术思想精华的素材和原著。《明儒学案》网罗资料、认真筛选的学术史方法的学术史价值,主要表现在两个方面:1.展现学者生平行事,示其人格风貌;2.筛选学者著述原集,还原其学术本然面貌。第二,提炼并概括学者学术宗旨。在编撰《明儒学案》的过程中,黄宗羲不仅对学者学术思想的宗旨进行了揭示与概括,而且还通过主观和客观两种形式,对研究对象(学者或学派)的学术宗旨,进行了印证——主要通过研究主体的总结与解释,对研究对象的学术宗旨进行主观印证;通过原著选录部分对研究对象的学术宗旨进行客观印证。一方面黄宗羲对《明儒学案》学者原著的选录,并不是像《理学宗传》一样"不复甄别"地"杂收",而是有效地选录能够反映学者学术思想"得力处"并印证学者学术宗旨的原著部分;另一方面,在《明儒学案》的编撰过程中,黄宗羲在学者传记之后,通常会附有其本人对该学术宗旨的主观阐释,这种主观阐释,反映的是学术史研究主体(编撰者)对研究对象学术宗旨的主观理解、认识和体会,是在学术史家语境中呈现出来的详细化和具体化的学者学术宗旨,也是学术史研究主体对所揭示的学术宗旨的一种主观印证,进而使作为被研究对象的学者学术宗旨不仅以单纯的客观形式得以揭示和印证，还使其以研究主体主观印证的形式及内涵更加丰富、更加具有可信度地得以呈现出来。《明儒学案》中所体现出来的"提炼与概括学者学术宗旨"的学术史方法，不单纯地以"揭示学者学术宗旨"为核心内容，而且还以黄宗羲"提倡'宗旨'与'自得'之学"为前提基础，其中包含着编撰者以客观和主观两种方式，对所揭示的学术宗旨展开具体而详细的印证，从而使《明儒学案》中这个一以贯之的学术史方法更加完整而系统，由此，为《明儒学案》学术史方法中其他内容的展开，打下了重要的理论基础。第三，立学案以示学派。《明儒学案》对明代理学学者学派的划分，是以"立学案"的编撰形式体现出来的，由此，便形成了多个以学派创始人和继承者为统一体的，或者以同一个地域的同一师门学者为统一体的学案，进而有利于以"类"的形式揭示与评价各个学派的学术主旨和观点。《明儒学案》"立学案以示学派"的学术史方法，在中国古代的学术史研究中，是一个标志性的突破，它标志着"学案体"编撰体裁在学术史研究领域的真正产生，这也是黄宗羲在传统学术史方法中的创新之处与独特贡献。第四，追溯学术源流，把握学术发展动态。黄宗羲在编撰《明儒学案》的过程中，充分地展现了"追溯学术源流，把握学术发展动态"的学术史方法，其主要表现在揭示了不同学者之间学术思想的继承性和发展性，以及揭示同一学者自身学术思想的演变两个方面。第五，评价学派与学者学术思想。这一学术史方法即对学派和学者的学术思想做出长短得失的价值判断，是黄宗羲以某种特定的学术思想作为衡量研究对象的准绳和参照，对研究对象做出定性的总结，在一定程度和意义上，体现了黄宗羲的学术好尚，其中蕴含了其本人的思想观点和对具体学术问题的认识，黄宗羲评价其他学派和学者学术思想的过程，也是学术理论创造的过程。

其次，黄宗羲的明代理学史思想，主要指黄宗羲对明代理学家及理学主要流派学术思想进行的阐释与评价。《明儒学案》作为黄宗羲的明代理学史专著，对明代200余位理学家的学术面貌按年代顺序和学派划分进行了介绍，学案次序的编排以学术思想形成发展的历史先后为主要线索，体现着黄宗羲对明代理学不同阶段不同发展所做的总结,即:明初理学,以程朱之学为主,同时出现心学转向;明代中期,阳明心学形成;明代中期以后,心学不断发展,并产生诸多派别;明代末期,则以批判阳明心学的东林学派和对心学做出总结与修正的蕺山学派为著。第一,明初理学以朱学为大宗,崇仁、河东等学派与诸儒"一禀宋人成说",白沙之学开明代心学之端。《明儒学案》所揭示的由明初理学家所开创的崇仁、河东、三原等学派的"一禀宋人成说""悃愊无华,恪守宋人矩矱",以及宋初诸儒的"不离宋人规范",体现了黄宗羲对明初理学总体面貌和概况的一个基本看法和描述,说明在黄宗羲的学术史视野中,明初理学是以对程朱理学的沿袭为主要特征的,这一特征注定了明初以宋学为主的学术环境。除此之外,在黄宗羲看来,在明初的客观学术环境中,心学露出端倪,与宋学并存,成为日后明代理学向心学转向的开端。第二,明代中期阳明心学产生及尔后王门后学之发展。《明儒学案》揭示了明代中期阳明心学产生,以及王门后学的发展情况,在提炼出阳明学经"三变"而产生、在"学成后三变"中益精深等观点的同时,肯定了王阳明"心即理""致良知""知行合一"等思想,对于王门后学的发展情况,该章主要介绍了"浙中""江右""南中""楚中""北方""粤闽"等"王门六派"的发展,也提出并详细论述了止修学派和泰州学派对王学的发展与偏离的观点。

甘泉学派与王门学派各立宗旨,即王,湛两家各立宗旨,湛氏学者或调停王、湛两家,或对阳明学发难。在《明儒学案》的《甘泉学案》中,黄宗羲对甘泉学派的记述与评价是围绕着王、湛两家学说之间的争论与调和展开的。黄宗羲指出了王、湛两家各立宗旨、宗旨互异等特征,记述了王门王守仁和湛门湛若水二者之间的格物之辨,并就此做出了"褒王贬湛"的评价。黄宗羲还指出了湛氏学者或调停王、湛两家,或对阳明学的发难的倾向,也对此发表了黄宗羲自己的见解和评价。第四,总结了明代中后期无派系归属的诸儒思想及其学行,既概括了罗钦顺、王廷相等人的理学思想,揭示了以程朱理学为学术宗旨的诸儒对阳明学的发难,以及明代后期诸儒的忠义之举和入禅之风。在对罗钦顺和王廷相理学思想的认识和评价中,黄宗羲在揭示他们理学思想的同时，既对罗钦顺和王廷相的气本论思想持肯定赞扬的态度，也对罗钦顺的心性思想和王廷相的人性思想持否定批评态度，在否定批评之余，黄宗羲还探求了罗钦顺心性思想和王廷相人性思想之弊的根源，不但展示了黄宗羲的理学思想，还印证了黄宗羲对此二人评价的合理性。在《明儒学案·诸儒学案中》中，黄宗羲揭示与评价了无派系归属的罗钦顺、汪俊、崔铣、何瑭、王廷相、黄佐、张邦奇、张岳、徐问、李经纶等人的理学思想，并指出这些诸儒多以程朱之学为的，并且对阳明学进行了发难。在《明儒学案·诸儒学案下》中，黄宗羲揭示了明代后期儒者的忠义之举，认为明末儒者思想中的仁义礼智信和行为中的忠义举动印证了儒家学说在修身、齐家、治国、平天下等方面的积极现实意义，也印证了儒学并非伪学而是圣人之学，同时也揭示了明末诸儒的入禅之风，并对当时诸儒入禅的思想倾向提出了批评。在对明末诸儒禅化之风的揭示中，始终贯穿着黄宗羲对这一学术现象的批评与否定态度，这种带有感情色彩的记述，一方面是对明末儒学发展的客观写照，另一方面也反映出黄宗羲尊儒辟释的思想倾向。第五，总结概括了明末的东林学派和刘宗周之学，提出了《明儒学案》为东林学派正名的观点，揭示了东林学派对阳明学的批判、调和与实学之风，同时还揭示了《明儒学案》对刘宗周之学"醇乎其醇"的评价。在对明末东林学派和刘宗周之学的记载中，黄宗羲首先对东林学派进行了正名，赞扬了东林学派积极救世、奋不顾身、力挽狂澜于既倒，开后世忠肝义胆狭义之风的忠义勇者形象；其次，揭示了东林学派对阳明学的批判、调和以及其实学之风，在黄宗羲看来，东林学派不仅批判与发难阳明之学，同时也具有调和阳明之学的倾向，这种调和表现在东林学派学者多以程朱之学为主旨，同时又兼采程朱学理与阳明之学；最后，黄宗羲将刘宗周之学看作明代理学的终结，对蕺山学派刘宗周的学术思想展开了揭示并做出了极高的正面评价。

再次，以《明儒学案》为中心文本所体现出的黄宗羲对明代主流学术思想阳明心学的总体评价，主要揭示了黄宗羲立阳明心学为圣学，为阳明学辨儒、释，为王门四句教辩难等内容。黄宗羲认为，天下学术的发展遵循着"一本万殊"这样一条总的规律,即以儒家学说为天下学术之本,以儒学多元化发展而呈现的不同形式、不同内容的学说为万殊之学,而在儒学范围内各种学说的共同发展中,"心学"一支是主线。在黄宗羲看来,阳明心学有着深厚的学术底蕴和悠久的历史渊源,其由先秦时期孟子的心性之学发展而来,在新的历史时期,又被赋予丰富的义理性阐释,而对于孟子之学,黄宗羲又将其评价为"千圣相传者心"的学问。所以,黄宗羲将阳明心学定位为圣学。黄宗羲以心学为儒学之大宗,以阳明心学为圣学这一学术立场,在某种程度上反映出阳明心学在明代中后期的主流意识形态地位。尽管如此,阳明心学自明初发端之际,其入禅倾向,就持续遭到了程朱理学派的批判与指责,尤其到了明代中后期,在其传播、发展与流变中,王门后学之流弊日益凸显,由此,这种批判愈为强烈。黄宗羲从找寻阳明心学和禅学的差异着手,试图为阳明心学辨儒、释,以划分心学和释氏之学的界限。从找寻阳明心学和禅学的差异着手,试图为阳明心学辨儒、释,以划分心学和释氏之学的界限。黄宗羲指出,对于"心"的不同理解,是阳明心学和释氏之学的本质差别——阳明心学视"心"为"理",而释氏之学视"心"为"知觉"。在黄宗羲看来,疑心学类禅者,在于其没有认识到儒释的界限在于一个"理"字,释氏之学不寻求万物之理,只把守知觉意识,而对心学持批判态度的"世儒"虽然"不恃此明觉",但是却于心外求理,这在本质上,与释氏"归明觉于心"是同一的。黄宗羲不仅批判了"疑阳明类禅"者(宋儒)的对阳明心学的错误理解,还指出了宋儒分心与理为二,混淆了儒学和释氏之学的界限,由此,在黄宗羲看来,不是心学类禅,而是宋儒类禅。黄宗羲毕生力斥释、老之学,且坚持孟子的性善论思想,因此,黄宗羲否认王门四句教"无善无恶心之体"一句的合理性。因为黄宗羲是阳明心学的尊崇者和维护者,所以他认为"无善无恶心之体"并不是出自阳明之语,而认为这句话是由后人错会阳明之意而产生的。黄宗羲对阳明心学的定位,是以立心学为圣学为终极目标的。在他看来,阳明心学承接孟子之学而来,提出了"心即理"的思想,使人人具备了成贤成圣的可能。在尊崇阳明学的过程中,黄宗羲努力为阳明心学辨儒释,以"心即理"之命题,作为区分心学与释氏之学的主要标志,并将程朱理学之理本论的客观唯心主义思想与释氏之学等同划一。同时,在认同"王门四句教"使阳明学背上入禅嫌疑的基础上,黄宗羲先是对"四句教"中"无善无恶心之体"一句,进行了重新的理解,然后又质疑了"四句教"的出处,最后得出结论,即"王门四句教"并非出自王阳明,而是出自王畿伪造。黄宗羲围绕定位阳明心学的一系列学术思想和论断,不但充分显示出其本人的学术好尚,而且也反映出其以主观学术见解为依据,对异己学说的学术偏见,同时也反映出黄宗羲作为明末阳明后学中的一名得力干将,对心学的修正,以及其作为一名学术史家在一定程度上对明代学术领域中阳明心学、程朱理学和释氏之学的论断和评价。

最后,《明儒学案》学术史思想对中国哲学史研究的贡献和意义。1916年,谢无量之《中国哲学史》一书的出版,开启了中国哲学史学科建构的大门。此后,一大批专家学者纷纷投入中国哲学史学科建构的研究之中,通过不懈的努力探索,为该研究领域的发展做出了卓越的贡献,使中国哲学史成为一门独立的学科,在我国多元交汇的文化领域中脱颖而出。在这一建构过程中,出现了"以西释中""以中释中"和"以马释中"三种诠释框架。如何在中国哲学史建构多元化发展的过程中,探索出一条更加完善、独立、具有民族特色的诠释模式,已成为中华民族能否在激烈的全球文化竞争中,彰显民族文化特色、向世界传递中国文化、进一步增强民族自信心和自豪感的关键所在。这种民族性的中国哲学史诠释模式,不能单纯地向马克思主义哲学或西方哲学寻求借鉴,而是应该注重在中国传统哲学中探源,汲取精华,尽可能地借鉴、保留中国传统哲学史中的话语体系和方法论特征,还原中国哲学和中国哲学史的本来面貌。因此,研究中国传统学术史中具有代表性的经典著作,归纳总结其学术史思想中的方法论原则,就能够为当下中国哲学史诠释模式的构建,提供一定意义上的借鉴。《明儒学案》的学术史方法论,主要可归纳为网罗资料,认真筛选,宏观领域总结学术发展规律,提炼与概括学者学术宗旨,立学案以示学派,追溯学术源流以把握学术发展动态,评价学派与学者学术思想等几个方面。《明儒学案》的学术史方法不仅在当时堪称完备,甚至在当代也经得住推敲并十分值得借鉴。由此,在有待探寻一条具有鲜明民族特色的中国哲学史诠释模式的今天,通过研究并省思《明儒学案》,我们会发现其具有以下几个方面的借鉴意义。第一,借鉴《明儒学案》对学术发展宏观规律的总结。第二,借鉴《明儒学案》学术史方法论中的"普适"成分。最后,借鉴《明儒学案》学术史思想中的民族哲学话语体系。在中国哲学史诠释模式多元发展的今天,有必要通过对《明儒学案》学术史思想的认真省思,借鉴其对学术发展宏观规律的总结以及其学术史方法论中的"普适"成分和其学术史思想中的民族哲学话语体系等内容,以构建出一种能够反映中国哲学原貌和内在精神特质的中国哲学史诠释模式。这种模式以中国传统哲学史方法论和哲学话语体系为主,同时并不排斥西方哲学的语言,在自身建构模式的逐渐完善及与西方哲学的对比之中,展现出中国哲学的民族性和独立性,进而能够更好地弘扬纵贯古今而又博大精深的中国哲学,在中西文化的对比与交流中,使中国哲学走向世界、面向未来,以实现中华民族文化的伟大复兴和中国哲学的伟大复兴。同时,也更加丰富了中国哲学史学科建构的内容,在一定意义上,也能够为中国哲学史之撰写提供一条更加完善的路径。

第四章　清初至近代的学术史思想研究

清初至近代的学术史思想，较为典型并具有代表性的，主要有《宋元学案》的学术史思想、清代三部"理学备考"中的学术史思想、《国朝汉学师承记》和《国朝学案小识》中的学术史思想，以及梁启超的《清代学术概论》《中国近三百年学术史》中的学术史思想。

第一节　《宋元学案》的学术史思想研究

《宋元学案》是中国传统时期学术史研究领域继《明儒学案》之后又一部重要的理学史著作，其成书经历了上百年时间，凝聚了黄宗羲父子、全祖望、王梓材和冯云濠等多位大师之心学。《宋元学案》的学术史思想包括其编撰体例、学术史方法论特点，以及宋、元两代的理学史思想。其中，它的编撰体例和学术史方法论是在继承完善《明儒学案》学术史方法论基础上得以形成的，同时也彰显了其独具特色的创新之处；它的宋元理学史思想代表了黄宗羲父子和全祖望等人对宋元时期理学发展的客观认识和主观见解，为后世研究宋元时期的理学发展提供了重要的参考。

一、《宋元学案》的成书

《宋元学案》是中国古代继《明儒学案》之后，又一部具有重要意义的"学案体"学术史研究著作，也是产生于清代时期一部最重要的学术史著作。

《宋元学案》由黄宗羲于康熙年间首创,经其子黄百家续编,又于乾隆年间由全祖望续修,形成了100卷的规模,直至清代道光年间,王梓材和冯云濠对其重新整理刊行。从《宋元学案》的首创至最终刊行,共历时150年时间。

黄宗羲在编撰完《明儒学案》之后,又致力于完成《宋元学案》一书。据黄宗羲的私淑全祖望记载:"(黄宗羲)晚年,于《明儒学案》之外,又辑《宋儒学案》《元儒学案》,以志七百年来儒苑门户……尚未成编而卒。"(《鲒埼亭集》卷十一《梨洲先生神道碑文》)黄宗羲《宋元学案》的首创,不仅体现在对《宋元学案》编撰体例的确定,还主要体现在设定卷帙的编排顺序和评论等各家学术等方面。首先,就黄宗羲设定《宋元学案》的卷帙顺序来说,虽然《宋元学案》刊行于清代道光年间,但是其卷帙的顺序,在清代初期的黄宗羲之时就已大致成型。例如,《宋元学案》对宋代理学学者的记载,起始于胡瑗和孙复,对这种卷帙次序的设定,出自黄宗羲,胡瑗、孙复之后对康节、濂溪、明道、伊川和横渠的五个学案的编排次序,也是出自黄宗羲。后来,全祖望又将每个学案分作两个学案,在《横渠学案》中,就发表了肯定黄宗羲疏证之功劳的评论,全祖望说:"横渠先生勇于造道,其门户虽微有殊于伊洛,而大本则一也。其言天人之故,间有未当者,梨洲稍疏证焉,亦横渠之忠臣哉!"①其次,定论各家学术思想。在《宋元学案》最终定本的所有按语中,黄宗羲的按语占有58条,占有足够的比重和分量。这些按语的价值在于评价、定性与总结各家各派的学术思想,为后人研究学术史家和入案学者的学术思想,具有非常重要的参考价值。例如,在《宋元学案》卷十二的《濂溪学案下》中,黄宗羲在该卷所引用的周敦颐《太极图说》之后,以按语的形式说道:"朱子以为,阳之动为用之所以行也,阴之静为体之所以立也。夫太极既为之体,则阴阳皆是其用。如天之春夏,阳也;秋冬,阴也。人之乎,阳也;吸,阴也。宁可以春夏与呼为用,秋冬与吸为体哉?缘朱子以下文主静立人极,故不得不以体归之静。先师云'循理为静,非动静对待之静'。一语点破,旷若发矇

---

① 黄宗羲,全祖望等:《宋元学案》(第一册),中华书局,1986年版,第662页。

矣。"①黄宗羲的这段按语是为了表明,朱熹对《太极图说》阴阳动静之义的理解是错误的,而其师刘宗周关于"循理为静,非动静对待之静"的表述才是对其正确的理解。

黄宗羲之后,留下了《宋儒学案》《元儒学案》《宋文案》和《元文案》四部没有完成的著作,黄百家接起了《宋元儒学案》和《宋元文安》的编修工作,他对《宋元学案》的完成,主要有两个方面的贡献。

首先是对遗稿进行整理和补充。例如,在《宋元学案》卷一《安定学案·文昭胡安定先生瑗》的胡瑗传记中,黄百家在胡瑗传记的文末添加按语,说道:"先生(胡瑗——引者注)在太学,尝以'颜子所好何学论'试诸生。先生得伊川作,大奇之,即请相见,处以学职,知契独深。伊川之敬礼先生亦至。于濂溪,虽尝从学,往往字之曰'茂叔';于先生,非'安定先生'不称也。又尝语人曰:'凡从安定先生学者,其醇厚和易之气,一望可知。'又尝曰:'安定先生之门人,往往知稽古爱民矣,于从政乎何有!'"②对传主胡瑗的学行做了补充,补充了胡瑗在太学时,为诸生所授的内容,以及胡瑗和程颐两人"由学至友",相互欣赏、相互钦佩的深厚情谊。

其次,评论研究对象,定论入案学者的学术功绩和贡献。例如,在《宋元学案》卷二《宋元学案·泰山学案》的孙复传记中,黄百家按语写道:"先文洁公曰:'宋兴八十年,安定胡先生、泰山孙先生、徂徕石先生始以师道明正学,继而濂、洛兴矣。故本朝理学虽至伊洛而精,实自三先生而始,故晦庵有伊川不敢忘三先生之语。震既钞读伊洛书,而终之以徂徕、安定笃实之学,以推其发源之自,以示归根复命之意,使为吾子孙者毋蹈或者末流谈虚之失,而反之笃行之实。'盖先生应举不第,退居泰山,聚徒著书,以治经为教。先生与安定同学,而宋史谓胡瑗治经不如复,先生复过之。惜其书世少其传,其略见徂徕作《泰山书院记》",通过引用他人之言,指出了宋初"胡瑗、孙复和石介"三先生,也以比较的方式,指出了孙复善于治经而传世之书不多的

---

① 黄宗羲,全祖望等:《宋元学案》(第一册),中华书局,1986 年版,第 499 页。
② 黄宗羲,全祖望等:《宋元学案》(第一册),中华书局,1986 年版,第 29 页。

事实。

　　继黄百家之后,黄宗羲的私淑全祖望继续做起了《宋元学案》的编修工作,他对《宋元学案》的成书所做的贡献主要有三方面:第一,继续整理、编排与补充卷帙顺序。黄宗羲、黄百家父子的《宋元儒学案》卷帙顺序虽然已经初步成型,但是仍有不完整和遗漏之处,由此,全祖望在原有的《宋元儒学案》的基础上,对卷帙进行了删减、补充、细化分类和次序的安排。第二,为学案撰写卷首序录。例如,在《宋元学案》卷三十二《周许诸儒学案·周许诸儒学案序录》的按语中,全祖望写道:"世知永嘉诸子之传洛学,不知其兼传关学。考所谓'九先生'者,其六人及程门,其三则私淑也。而周浮沚、沈彬老又尝从蓝天吕氏游,非横渠之再传乎?鲍敬亭辈七人,其五人及程门。晦翁作《伊洛渊源录》,累书与止斋求事迹,当无遗矣,而许横塘之忠茂,竟不列其人,何也?予故谓为晦翁未成之书。今合为一卷,以志吾浙学之盛,实始于此。而林竹轩者,横塘之高弟也,其学亦颇启象山一派。述《周许诸如学案》。"第三,统一《宋元学案》全书的编撰体例。在全祖望之前,黄宗羲和黄百家撰写的《宋元儒学案》在编撰体例上,基本沿袭了《明儒学案》的"按语"—"人物传记"—"原著辑录"这种三段式的编撰体例,全祖望在编订《宋元学案》时,保持了其"《明儒学案》式"的编撰体例,但在此基础上,有所丰富和细化,使最终成型的《宋元学案》在编撰体例和方法论上,较《明儒学案》有所创新和发展。

　　全祖望之后,王梓材和冯云濠等人继续将《宋元学案》进行的整理、修订和校对,主要做了如下工作:第一,在对比黄宗羲父子和全祖望对《宋元学案》的编撰稿之后,以全祖望对各卷撰写的序录为标准,最终确定了全书各卷的顺序;第二,为每一个学案都增编一个表,以表格的形式,记载各个学派的学术传承关系;第三,从全祖望《鲒埼亭集》及其续编中,摘录记述宋元学术的内容,将其安置于《宋元学案》的各学案中,以丰富《宋元学案》的论学内容。第四,编补《宋元学案》卷九十六和卷九十七,并且参照史书,补充黄宗羲父子和全祖望等所撰写的人物传记,并对《宋元学案》中前人所撰写的人物传记进行史实的考证,并最终以按语的形式体现出来。

二、《宋元学案》的编撰体例和方法论特点

就编撰体例和方法论特点来看,《宋元学案》开篇冠有全祖望为该书撰写的《宋元儒学案序录》,此外,全书共 100 卷,分为 91 个学案,分别是:卷一《安定学案》、卷二《泰山学案》、卷三《高平学案》、卷四《庐陵学案》、卷五《古灵四先生学案》、卷六《士刘诸儒学案》、卷七《涑水学案(上)》、卷八《涑水学案(下)》、卷九《百源学案(上)》、卷十《百源学案(下)》、卷十一《濂溪学案(上)》、卷十二《濂溪学案(下)》、卷十三《明道学案(上)》、卷十四《明道学案(下)》、卷十五《伊川学案(上)》、卷十六《伊川学案(下)》、卷十七《横渠学案(上)》、卷十八《横渠学案(下)》、卷十九《范吕诸儒学案》、卷二十《元城学案》、卷二十一《华阳学案》、卷二十二《景迂学案》、卷二十三《荥阳学案》、卷二十四《上蔡学案》、卷二十五《龟山学案》、卷二十六《廌山学案》、卷二十七《和靖学案》、卷二十八《兼山学案》、卷二十九《镇泽学案》、卷三十《刘李诸儒学案》、卷三十一《吕范诸儒学案》、卷三十二《周许诸儒学案》、卷三十三《王张诸儒学案》、卷三十四《武夷学案》、卷三十五《陈邹诸儒学案》、卷三十六《紫薇学案》、卷三十七《汉上学案》、卷三十八《默堂学案》、卷三十九《豫章学案》、卷四十《横浦学案》、卷四十一《衡麓学案》、卷四十二《五峰学案》、卷四十三《刘胡诸儒学案》、卷四十四《赵张诸儒学案》、卷四十五《范许诸儒学案》、卷四十六《玉山学案》、卷四十七《艾轩学案》、卷四十八《晦翁学案(上)》、卷四十九《晦翁学案(下)》、卷五十《南轩学案》、卷五十一《东莱学案》、卷五十二《艮斋学案》、卷五十三《止斋学案》、卷五十四《水心学案(上)》、卷五十五《水心学案(下)》、卷五十六《龙川学案》、卷五十七《梭山复斋学案》、卷五十八《象山学案》、卷五十九《清江学案》、卷六十《说斋学案》、卷六十一《徐陈诸儒学案》、卷六十二《西山蔡氏学案》、卷六十三《免斋学案》、卷六十四《潜庵学案》、卷六十五《木钟学案》、卷六十六《南湖学案》、卷六十七《九峰学案》、卷六十八《北溪学案》、卷六十九《沧州诸儒学案(上)》、

卷七十《沧州诸儒学案（下）》、卷七十一《岳麓诸儒学案》、卷七十二《二江诸儒学案》、卷七十三《麓泽诸儒学案》、卷七十四《慈湖学案》、卷七十五《絜斋学案》、卷七十六《广平定川学案》、卷七十七《槐堂诸儒学案》、卷七十八《张祝诸儒学案》、卷七十九《丘刘诸儒学案》、卷八十《鹤山学案》、卷八十一《西山真氏学案》、卷八十二《北山四先生学案》、卷八十三《双峰学案》、卷八十四《存斋晦静息庵学案》、卷八十五《深宁学案》、卷八十六《东发学案》、卷八十七《清净学案》、卷八十八《巽斋学案》、卷八十九《介轩学案》、卷九十《鲁斋学案》、卷九十一《静修学案》、卷九十二《草庐学案》、卷九十三《静明宝峰学案》、卷九十四《师山学案》、卷九十五《萧同诸儒学案》、卷九十六《元祐党案》、卷九十七《庆元党案》、卷九十八《荆公新学略》、卷九十九《苏氏蜀学略》、卷一百《屏山鸣道集说略》。

每一个学案的结构和编排顺序分别为：记载人物师承关系和学行关系的图表—对学案学术思想进行总结和评价的序录（按语）—案主的人物传记—传主原著的资料选编—附录（主要记载案主的学侣、同调、门人、私淑等的人物传记、资料选编和对这些人物的评价性按语）。以《宋元学案》卷一《安定学案》为例，该学案的开篇部分为记载人物师承和学行关系的图表，据图表的记载可以看出，直接师从于胡瑗的主要有：程颐（别为《伊川学案》）、范纯祐、范纯仁（并见《高平学案》）、徐积、吕希哲、吕希纯、钱公辅、孙觉、滕元发、顾临、汪澥（别见《荆公新学略》）、徐中行、刘彝、钱藻、苗授、欧阳发（别见《庐陵学案》）、朱临、翁仲通、杜汝霖、莫君陈、张坚、祝常、管师复、管师常、卢秉、林晟、游列、徐唐、饶子仪、陈舜俞、周颖、翁升、江致一、陈敏、盛侨、倪天隐、吴孜、张巨（别见《庐陵学案》）、田述古、潘及甫、莫表深、陈高、陈贻范、赵君锡等，其中，徐积的门人主要有江端礼、马存，孙觉的门人有邢居实、李昭玘、傅楫（别见《古灵四先生学案》）等，徐中行的门人主要有徐庭筠、徐庭槐和徐庭兰，刘彝的门人主要有刘淮夫、邹燮、邹栗，朱临的门人主要有朱服，翁仲通的门人有翁彦约、翁彦深和翁彦国，等等。此外，该表还记载了私淑与胡瑗的罗适，以及与胡瑗为学侣关系的孙复（别见《泰山学案》）、石介

（别见《泰山学案》）、阮逸（并安定学侣）、陈襄（别见《古灵四先生学案》）、杨适（别见《士刘诸儒学案》、并安定同调），由此，与案主胡瑗有学术师承、学术渊源和学术往来的人物关系表，一目了然地呈现出来。《宋元学案》卷一《安定学案》的第二部分为"序录"，记载了全祖望对该学案所做的按语，即："祖望谨案：'宋世学术之盛，安定、泰山为之先河，程、朱二先生借以为然。安定沈潜，泰山高明，安定笃实，泰山刚健，各得其性禀之所近。要其力肩斯道之传，则一也。安定似较泰山为更醇。小程子入太学，安定方居师席，一见异之。讲堂之所得，不已盛哉！述《安定学案》。'"该学案的第三部分为案主胡瑗的传记——《文昭胡安定先生瑗》。第四部分为案主胡瑗的原著资料选编，其中从胡瑗所做的文献中，节选了《论语说》《春秋说》等文的部分内容。第五部分为附录，列举了胡瑗的学侣（孙复、石介、阮逸）、同调（陈襄、杨适），以及门人（程颐、范纯祐、范纯仁、徐积）等，同时，在附录部分，《宋元学案》还记载了胡瑗门人的人物传记和资料选编。

从《宋元学案》的编撰体例和具体内容来看，其学术史方法特点以及对《明儒学案》学术史方法的创新之处，主要有以下几点：

第一，《宋元学案》更加注重对师承传授关系和人物关系的描述。《宋元学案》在各学案前所增设的图表，揭示了学者之间的学术源流和学术传授中的复杂关系。在师承传授关系中，新增添了讲友、学侣、同调、门人、家学、私淑、续传和别传等人物关系类别，以表明各图表中人与案主的学术关系。讲友和学侣，是指与案主有过共同讨论学术经历之人，其中，讲友的学术地位或社会地位较高，学侣的学术地位或社会地位较低，另外，与案主共同师事一师的，也被称作学侣。同调，是指与案主有相同或相似的学术观点，但在学术源流上，不出于同一师之人。门人，是指案主的及门弟子。家学，是指与案主有亲属关系，并继承案主之学之人。私淑，是指非案主的及门弟子，而又自称案主之弟子，并在学术上继承案主之人。续传，是指继承案主之学，但既非案主及门弟子，又不自称私淑之人。别传，是指学术出于案主，但另立新说之人。在每一学案的案前图表中，凡与案主属于讲学、学侣、同调关系的,则横向排列,与案主属门人、家学、私淑、续传、别传关系的,则纵向排列。其中,表中人物,已经立为其他学案的,则在人名之下标注为"别为……学案";附于其他学案的,则在人名之下标注为"别见……学案"。由此,《宋元学案》通过图表的形式,清晰地揭示了以学术传承为纽带的人物关系,更加细致地刻画了宋元时期儒学在不同学者与学派之中的发展与传续过程,为后人理清宋、元两代理学的学统传授过程,提供了一个良好的参照。

第二,《宋元学案》继承了《明儒学案》学术史方法中的客观性原则,并且在《宋元学案》中,这种客观性原则体现得更加鲜明、具体,甚至在一定程度上,超越了《明儒学案》。这种更加鲜明的客观性原则,表现在《宋元学案》对有争议的学术问题,不限于一家之言,而是广泛地搜集各家文献资料,兼采各家之言。例如,《太极图说》是当时学术界备受争议的对象,《宋元学案》不仅收录了朱熹和陆九渊对这一问题的辩论资料,还收录了宋、元两代学者王鲁斋、刘静修、吴草庐、许白云等人对这一问题看法的资料,做到了客观的、全面地反映思想界对某一特定研究对象的真实看法。

第三,《宋元学案》较《明儒学案》的又一个发展创新表现为增立了理学范畴以外的学案,以记述理学范围之外的重要学者和学派,力图反映出宋元时期学术界和思想界的"显学"。这主要表现为《宋元学案》增设了《水心学案》《龙川学案》《苏氏蜀学略》等内容。其中《水心学案》和《龙川学案》分别主要记述了永嘉学派和永康学派的叶适和陈亮之学。在南宋时期,叶适的永嘉之学,立异于朱熹和陆九渊的心性之学,而强调功利,注重事功,在学术界和思想界产生了重要的影响,叶适之学,更是在南宋时期与朱熹和陆九渊之学三足而立。陈亮的永康学派,强调事功,反对当时理学家空谈义理,陈亮也因此与朱熹有过激烈的"王霸义利"之争。《苏氏蜀学略》主要记述了苏洵、苏轼、苏辙等人开创的蜀学,蜀学多杂于禅,因此,在名称上,被称作"苏氏蜀学略",而不叫"苏轼蜀学案"。从增设理学之外的学案来看,《宋元学案》在消除门户之见方面,较《明儒学案》又是一个发展与进步。

三、《宋元学案》的宋、元理学史思想

《宋元学案》是以宋、元时期理学发展的全过程为主要研究对象,其不仅记载了宋元时期理学的发端、确立、流传、分立与融合过程,还明晰地记载了这一时期理学家的学统—师承关系。

(一)《宋元学案》中的宋、元理学发展史

从宋、元时期理学的发端、产生、发展和演变过程来看,《宋元学案》的理学史思想可概括为:北宋初期,胡瑗和孙复倡导"明体达用"之学,开义理说经之学风,北宋理学以此为开端;北宋中期,周敦颐、张载、二程创立了"濂学""洛学"和"关学",确立了理学的重要概念和范畴,标志了理学的确立;南宋时期,朱熹继承了二程的"洛学",将理学发扬光大,由此形成了广泛传播、盛及较长历史阶段的程朱理学;同时,南宋时期,陆九渊以"发明本心"为学术宗旨,在程朱理学之外独树一帜,创立了"心学";到了元代,程朱理学和陆九渊的心学出现了融合的趋势。

1. 胡瑗、孙复之学开理学之先河

在《宋元学案》之前的理学史著作中,如《伊洛渊源录》和《理学宗传》等,论及理学的发端,通常首推周敦颐和二程兄弟。黄宗羲编撰《宋元学案》时,分别将记载胡瑗的《安定学案》和记载孙复的《泰山学案》置于全书的第一卷和第二卷,打破了以往的旧观点,反映出黄宗羲关于理学发端新的见解,以胡瑗和孙复为宋代理学之发端。黄百家则在《宋元学案》卷一《安定学案》说道:"先生之学,实与孙明复开伊洛之先河,且同学失踪友善。"全祖望也在《安定学案序录》的按语中,指出宋代学术(理学)的昌盛,由"安定"(胡瑗)和"泰山"(孙复)开其先河,二程和朱熹皆在其后。

此外,全祖望还在《宋元学案》中,对周敦颐"濂学"、二程"洛学",以及张载"关学"之前的宋代学派分立情况进行了系统的梳理和总结。全祖望指出,宋代理学的发端以北宋初期以胡瑗、孙复在"吴""齐"两地"讲明正学"为标志,在周敦颐和二程之前,不仅有胡瑗和孙复开理学之先河,而且在理

学端倪之外,还有以睢阳戚氏(戚同文),安阳韩忠献公(韩琦),高平范文正公(范仲淹),乐安欧阳文忠公(欧阳修),李挺之(李之才),邵天叟(邵古)为主要代表人物的学术派别分立于各地。全祖望还指出,由理学发端至濂、洛之学兴起之际,其间还经历了一个"齐鲁""浙东""浙西""闽中""关中""蜀中"之学"学统四起"的阶段,这些学统都授徒讲学,提倡经术,共同形成了特定时期的思想背景,在一定程度上,促进了濂、洛之学的兴起。

2. 濂、洛、关学为理学确立的标志

从《宋元学案》对理学发端和产生的记载来看,理学的确立以濂、洛、关学为标志。

黄百家在《宋元学案》卷十一《濂溪学案(上)》的按语中说道:"孔、孟而后,汉儒止有传经之学。性道微言之绝久矣。元公(周敦颐——引者注)崛起,二程嗣之,又复横渠诸大儒辈出,圣学大昌。故安定(胡瑗——引者注)、徂徕(石介——引者注)卓乎有儒者风范,然论阐发心性义理之精微,端数元公之破暗也。"

黄百家这段按语有两个方面的重要内涵:首先,是汉学和宋学的区别在于汉学以传经为标志,而宋学以发扬孔、孟之圣学,阐发"性道微言"为标志,即"性道微言"是理学的重要范畴和标志;其次,自周敦颐出,"心性义理"之学得以正式确立和阐发,之后,程颢和程颐继承了周敦颐之学,张载之学也对"心性义理"之微言大义有所延续和发挥,继而,"圣学"大昌。因此,《宋元学案》是以濂、洛、关学的出现为宋代理学确立的标志的。

3. 宋、元时期理学的流传、分立与融合

自北宋中期,经由南宋,直至元代,理学得以流传演变,并于内部产生了分立,之后不同的派别相互之间又出现了融合的趋势。北宋中叶以后,洛学得到了广泛的传播和发展,成为理学之大宗。据《宋元学案》记载,洛学的主要传人有谢良佐、杨时、吕大忠、吕大钧、吕大临、谯定、永嘉诸子(周行己、刘景范、鲍若雨等)、王苹、李先之等,遍布"楚""闽""秦""蜀""浙""吴""江右"等地,到了南宋时期,杨时、胡安国、胡寅、胡宪、胡宏、胡宁,以及郑伯熊和郑伯英等人,对于洛学的传播起到了极大的促进作用。

关于理学内部学派的分立,据《宋元学案》记载,自南宋孝宗年间,理学内部分为三个派别,即程朱理学、陆九渊心学和吕祖谦的吕学。在这三个派别之前,还有湖湘学派和永嘉学派。而在孝宗乾道、淳熙之后,理学内部的学派就只提朱学和洛学了。此时,传播朱学的儒者主要有蔡元定、蔡沈、黄榦、陈淳、"沧州诸儒"(李燔、张洽、廖德明、李方子)、魏了翁、饶鲁等。到了南宋末年,传播朱学的主要有"北山四先生"(何基、王柏、金履祥、许谦)、黄震、史蒙卿、王应麟等。元代时期,传播程朱理学的儒者主要有赵复、姚枢、窦默、郝经、许衡和刘因等。

自陆九渊心学产生到南宋末年,传播心学的主要有浙东的"甬上四先生"(杨简、袁燮、舒璘、沈焕)、江西"槐堂诸儒"(傅梦泉、傅子云、邓约礼、黄叔丰等)、"严陵诸儒",以及江右的杨巾和杨汉等;到了元代,传播陆九渊心学的儒者主要有浙东的赵偕和江右的陈苑等人。

虽然自南宋时期,理学内部分立出程朱理学和陆九渊心学两大主要派别,两家各立宗旨,但是在宋元交汇之际,程朱理学和陆九渊心学呈现了融合的趋势。《宋元学案》指出,最早融合程朱理学和陆九渊心学的为江右的汤氏兄弟,此外,还有王应麟、程绍、吴澄,以及郑玉。

(二)《宋元学案》对宋、元理学家师承关系的辨析

《宋元学案》不仅详细地记载了宋、元时期理学的发端、确立、发展、分立,以及融合过程,还对这一时期备受关注的理学家的师承关系做了条理清晰的辨析。

1. 关于周敦颐和二程之间有无师承收授关系

周敦颐和二程之间有无师承收授关系这一问题,自北宋以来就存在争议。《宋元学案》记载了当时理学界对这一问题的两种不同观点:一种观点认为二程虽然游学于濂溪之门,但是其伊洛之学并非来自周敦颐,而是由程颢和程颐自得而来,即否认周敦颐和二程之间有师承收授的关系,持这一观点的代表人物主要有吕希哲、吕本中、汪应辰等;另一种观点认为二程之学

来自周敦颐,即肯定周敦颐和二程之间具有师承收授关系,持这一观点的代表人物主要有朱熹和张栻。而《宋元学案》的编撰者对这一问题也发表了不同的看法:黄宗羲在《宋元学案》中将二程列为周敦颐的门人,这说明在黄宗羲看来,周敦颐和二程之间有师承关系;黄百家则认为,虽然程颐曾经问学于周敦颐,但并没有对周敦颐以"先生"相称,而是称胡瑗为"先生",所以程颐师承于胡瑗,并没有师承于周敦颐;全祖望则持折中的态度,一方面他指出周敦颐和二程之间有师承关系,另一方面又认为二程之学并不完全出自周敦颐。

2. 关于朱熹和陆九渊之间的学统关系

朱熹和陆九渊之间具有学统关系这一观点,是宋元时期理学界公认的一个命题。当时理学中流行的观点是,朱熹的理学传承至罗从彦和李侗之后的杨时,而李侗又是陆九渊所师从的人,所以,朱熹和陆九渊之间存在学统关系。《宋元学案》对这一观点,提供了更为详细的说明。《宋元学案》指出,朱熹在传授李侗之前,还传授学术于福建崇安的"三先生"(胡宪、刘勉之、刘子翚),"三先生"中的刘勉之曾授学于杨时和刘安世,胡宪曾授学于胡安国,刘勉之和胡宪又共同授学于谯定,而杨时、胡安国、谯定又是南宋时期洛学(主要指程朱理学)的主要传人。南宋时期的陆九渊虽然"学无师承",但是《宋元学案》已明确记载,其(陆九渊——引者注)学则来自于学友,是在汇合他人之学基础上的一种新的理学形式,也主要源自于谢良佐的理学思想,而在程门学术思想的传授过程中,谢良佐之后还有王苹、林季仲、张九成、林光朝,其中,这些人又都是杨时的传人,因此,说明陆九渊之学与谢良佐和杨时具有学统关系。

3. 关于永嘉学派学统的问题

据《宋元学案》记载,永嘉学派起始于北宋神宗年间的"太学九先生",即周行己、许景衡、沈躬行、刘安节、刘安上、戴述、赵霄、张辉,以及蒋元中。其中,周行己、许景衡、沈躬行、刘安节、刘安上和戴述是程氏门人,赵霄、张辉和蒋元中是程氏的私淑,而在这九人之中,周行己和沈躬行又曾师从于关学中的吕大临，由此可见，永嘉学派从学统上来看，既来源于洛学，又来源于关学。

而永嘉学派的学统，到了南宋高宗绍兴时期开始走向衰微，后来因为郑氏兄弟而得以振兴，郑氏兄弟与二程的洛学有着一定的渊源，因此，在一定意义上，当时的永嘉学派具有很大的程朱理学成分，只是到了南宋的叶适，永嘉学派才以"功利之学"区别于其他理学学派为主要标志。

所以，按照《宋元学案》的介绍，永嘉学派虽然以"功利之学"著称，但是从其学统来看，它兼具了程朱理学和张载关学的渊源。

第二节　清代三部"理学备考"的学术史思想研究

《明儒理学备考》《广名儒理学备考》和《国朝理学备考》是清代时期由康熙至道光年间问世的三部理学史著作。这三部学术史著作的编撰者是明末清初的史学家范鄗鼎，字汉铭，号彪西，其在清初与陕西的李颙、江西的魏禧、浙江的撝谦并称为"商山四皓"。

《明儒理学备考》共43卷，对学者学术思想的记载主要以人物传记的形式表现出来。从编撰体例来看，其中，卷一至卷六摘编了《理学名臣录》的部分内容，卷七至卷十选录了《理学宗传》的部分内容，卷十一至十六则由编撰者在参考《理学名臣录》和《理学宗传》的基础上，结合他人撰写的学术史著作、言行录，以及人物传记补编而成，卷十七至二十为编撰者依据《学统》和《洛闽源流录》所作的人物传记之补充，卷二十一至四十三则为范鄗鼎在之前原有参考资料文献的基础上，参照《明儒学案》所作的续补。从该书的编撰目的和学术史思想主要特点来看，《明儒理学备考》主要记载了明代理学家的学术思想，其编撰目的主要有三方面：一方面是为当时官方纂修《明史》做准备；另一方面是为了呼应官方新增从祀大儒的提议；又一方面是为了助推理学之发展的趋势。据《明儒理学备考》对明代理学家的记载，在编撰者看来，对于明代从祀孔庙的四大儒者薛瑄、胡居仁、王守仁和陈献章的理学思想而言,薛瑄和胡居仁可归为一类,王守仁和陈献章可归为一类,同时,薛瑄、胡居仁、王守仁和陈献章这四人又可各自归为一类,这是因为,在范鄗鼎看来,"学问只怕差,不怕异",即就学者们的学术思想来看,只怕偏离正途,而不怕相互之间存在差异,由此,范鄗鼎批评了明清之际的学术史研究中,将诸多学者划分成各个派别的做法,认为这种对学者求同归类的派别划分,过于体现学者们学术思想的相同之处,而隐没了学术思想之间的差异性。

《广明儒理学备考》为《明儒理学备考》的续编,与《明儒理学备考》以人物传记的形式记载学者学术史思想的方式不同,其对明代理学学者学术思想的记载,主要以记言和记文的形式体现出来,也就是说,《广明儒理学备考》以人物为单位,节选了明代理学家的语录、诗文,以及与研究对象相关的碑文等。全书对明代理学家的记载,仍然以薛瑄、胡居仁、王守仁和陈献章为明代理学的中心,在此基础上,强调不同理学家学术思想的"殊途百虑"之处。

《国朝理学备考》为范鄗鼎晚年所作,记载了清代时期的理学家许三礼、熊赐履、陆陇其、党成、汤斌、魏象枢、于成龙、李颙、李生光、刘芳喆、王士桢、李铠、曹续祖、王端……吴肃公、汪佑、窦克勤等二十六人的学行事迹以及论学之言。从编撰体例来看,全书没有分出卷次,而是将所记载的人物每人分作一编,对人物的记载,兼顾了人物传记和资料选编双重因素,其中,所选录的资料部分,可分作语录、文集、诗词,以及他人的评论等四种类别。

综上所述,范鄗鼎的三部"理学备考",记载了明代至清代的理学家的学术思想,或记言或记行,或选录与研究对象相关的文献资料,对当时以及当代人们研究明清两代的理学家及其学术思想,具有一定的参考价值。

第三节　《国朝汉学师承记》和《国朝学案小识》
中的学术史思想研究

清朝康熙年间,由于官方的提倡,程朱理学在当时理学界的地位得到提高。与之相伴而来的是,以训诂辞章考据为主要内容的汉学也重新兴起,到了清代的乾隆嘉庆年间,在思想文化领域,以阐发儒家经典义理为主的宋学(朱学)与乾嘉汉学两者之间出现了各自立场鲜明的对立,由此,成为清代儒学领域学术发展的一个显著特征。

在中国传统学术发展史上,汉学和宋学之分始于清代。清代康熙年间,毛奇龄致力于经学,推崇汉儒辞章考据之学,批判宋人旧说,在此基础上,提出了"汉学"和"宋学"的称谓。其后,全祖望、惠栋、戴震、邵晋涵、周永年,以及纪晓岚等人极力推崇汉儒之经学。其中,全祖望对经学颇有研究,其所著的《经史问答》,被乾嘉汉学家评价为"继古贤,启后学";惠栋对汉代的《易》学进行了比较深入的研究,并撰写了《易汉学》《周易述》和《九经古义》等书,在一定意义上,扭转了其后清代儒学研究领域的方向;戴震则主张"由声音文字以训诂,由训诂以寻义理",在当时的儒学研究领域,掀起了一番热浪。在清代汉学风靡的同时,清代宋学学者也对自己的学术主张和立场进行了维护。程晋芳、姚鼐、翁方纲等人一致指出了汉学学风之弊,其中,程晋芳指出清代汉学学者终生沉浸于烦琐的章句之中,进而感叹道:"海内儒家,昌言汉学者几四十年矣。其大旨谓,唐以前书皆尺珠寸璧,无一不可贵。由唐以推之汉,由汉以溯之周秦,而《九经》《史》《汉》,注疏为之根本,宋以后可置勿论也。呜呼!为宋学者未尝弃汉唐也,为汉学者独可弃宋元以降乎!"(程晋芳:《勉行堂文集·正学论四》)姚鼐和翁方纲则主张将学术研究分为义理、考订和辞章三个类别,指出三者同等重要,并反对只致力于考据这一研究类别。翁方纲指出,只墨守宋儒而不问汉唐注疏之学的为学之道,存在弊端;而只专注于考证之学却疏离程朱义理之学的为学之道,其弊端更大。姚鼐则批判汉学为"异道",他说道:"近时阳明之焰熄,而异道又兴。学者稍有志于勤学法古之美,则相率而竞于考证训诂之途,自名汉学,穿凿琐屑,驳难猥杂。其行曾不能望见象山、阳明之伦,其识解更卑于永嘉,而辄敢上诋程朱,岂非今日之患哉?"(姚鼐:《惜抱轩文后集·安庆府重修儒学记》)对于清代乾嘉汉学烦琐冗杂的弊端,不仅宋学学派的学者对其进行了批判和指责,而且汉学中人也多有反省,例如凌廷堪、焦循,以及王引之等人皆对当时的汉学提出了质疑。由此,汉学和宋学之争,成为清代学术发展的一个显著特征,就在这一时代学术背景的影响下,出现了一些或以清代的汉学为学术倾向,或以清代的宋学为学术倾向的学术史研究著作,其中以江藩的《国朝汉学师承记》和唐鉴的《国朝学案小识》较为典型。

一、《国朝汉学师承记》中的学术史思想

《国朝汉学师承记》的编撰者为江藩,字子屏,号郑堂,生活于清代的乾隆和道光年间。

从编撰体例来看,《国朝汉学师承记》内容以人物传记汇编的形式展开,全书共 8 卷,记载了由清初黄宗羲、顾炎武、阎若璩、胡渭,下至阮元、焦循、刘逢禄等人。卷一记载了阎若璩、胡渭、张尔歧、马骕冠等人,以记述清代汉学的发端,卷二记、卷三,及以下则记载了惠周惕、惠士奇、惠栋、余萧客、江声、王鸣盛、钱大昕、王昶、朱筠、江永、戴震、汪中、凌廷堪等人,以记述清代汉学的发展脉络,该书所记载的清代经学学者的排列顺序,通常以其所生活的时间顺序为主要参照标准,然而,编撰者却将清初的算学家陈厚耀编排在卷七,将明末清初的黄宗羲和顾炎武编排在最后一卷,以此,凸显清代经学在儒学领域的学术主流地位。

从编撰目的来看,江藩编撰《国朝汉学师承记》主要是为了贬斥宋学而表彰汉学(经学),因此,在这一意义上,整部书堪称一部清代汉学史,对此,江藩说道:"宋初,承唐之弊,而邪说诡言,乱经非圣,殆有甚焉。如欧阳修之《诗》,孙明复之《春秋》,王安石之《新义》是已。至于濂、洛、关、闽之学,不

究礼乐之源,独标性命之旨,义疏诸书,束置高阁,弃等弁髦。盖率履则有余,考镜则不足也。元明之际,以制义取士,古学几绝。而有明三百年,四方秀艾困于帖括,以讲章为经学,以类书为博闻,长夜悠悠,视天梦梦,可悲也夫……藩绉发读书,授经于吴郡通儒余古农、同宗艮庭二先生,明象数制度之原,声音训诂之学,乃知经术一坏于东、西晋之清谈,再坏于南、北宋之道学。元明以来,此道益晦。至本朝,三惠之学盛于吴中,江永、戴震诸君继起于歙,从此汉学昌明,千载沉霾,一朝复旦。暇日诠次本朝诸儒为汉学者,成《汉学师承记》一编,以备国史之财泽。"(《国朝汉学师承记·序》)

二、《国朝学案小识》中的学术史思想

《国朝学案小识》的编撰者为唐鉴,字栗生,号敬楷,又号镜海,生活于清代乾隆至咸丰年间。唐鉴早年研究文史之学,中年以后的治学方向转于朱子之学,一生撰有《朱子学案》《国朝学案小识》《畿辅水利备览》《读易反身录》《易牖》《读礼小事记》《读易识》《省身日课》等著作。

《国朝学案小识》一书的编撰目的是为了提倡朱子之学。全书共 14 卷,分为 5 个学案,分别为《传道学案》《翼道学案》《守道学案》《经学学案》和《心宗学案》。其中,卷一和卷二为《传道学案》,记载了陆陇其、张履祥、陆世仪、张伯行等四人的学行和思想;卷三、卷四和卷五为《翼道学案》,记载了汤斌、顾炎武、张尔岐、王夫之等十九人的学行和思想;卷六、卷七和卷八为《守道学案》,记载了于成龙、魏象枢、李光地等四十四人的学行和思想;卷十和卷十一为《守道学案》之《待访录》,记载了应撝谦、张贞生、刁包等六十八人的学行和思想;卷十二、十三、十四为《经学学案》,记载了黄宗羲、朱鹤龄、梅文鼎等 104 人的学行和思想;该书的最后部分为《心宗学案》,没有以"卷"标称,记载了张沐、潘用微、赵宽夫等三人的学行和思想,《心宗学案》之后附有《待访录》,记录了邵廷采、魏一鳌、彭绍升等六人的学行和思想。

对于《国朝学案小识》的《传道学案》《翼道学案》《守道学案》《经学学案》和《心学学案》的划分依据,唐鉴在该书开篇卷首的《提要》中做了说明,

所谓"传道"，是指传孔子、孟子、二程和朱熹之道，即："传何由而得其道乎？曰孔、孟、程、朱。道何由而传得其人？曰述孔、孟、程、朱。述孔、孟、程、朱何由而遽谓之传乎？曰孔、孟、程、朱之道晦，而由斯人以明；孔、孟、程、朱之道废，而由斯人以行。孔、孟、程、朱之道何由而遽明、遽行乎？曰辨之严，异说不能乱；行之力，同志服其真。虽未必遽能大明与行，而后之学者，可由是而进于明、进于行也。则谓之明可，谓之行可，谓之传可。"（《国朝学案小识·提要》）所谓"翼道"，是指"使道之不孤"，他说道："传道者少，未尝不为道忧，翼道者众，又未尝不为道喜。非翼道之重于传道也，翼之则道不孤矣。道不孤，则乱道者不能夺其传矣。不能得其传，而后统纪可一，法度可明。学术正而人心端，教化肃而风俗美，人道与天道、地道并立矣。然则道之传也，传者传之，翼者亦相与传之也。"（《国朝学案小识·提要》）指出了不仅传道者传道，翼道者也起到了传道的作用。所谓"守道"，是指使道得以存于天下而不至于消失，对于此，唐鉴说道："今夫救时者人也，而所以救时者道也。正直可以慑回邪，刚健可以御强梗，庄严可以消柔佞，端悫可以折侵侮，和平可以息衡逆，简易可以综繁颐，抱仁戴义可以淑心身，周规折矩可以柔血气，独立不惧可以振风规，百折不回可以定识力，守顾不重乎哉！"对于《经学学案》和《心宗学案》的设置，编撰者则是为了贬抑"经学"和"心学"，以此，确立朱学在清代儒学领域中的正统地位。唐鉴站在程朱理学的学术立场上，在《国朝学案小识》的《心宗学案》中，对陆王心学进行了批判，他说道："天泉一会，为阳明之学者，推阐师说，各逞所欲，各便所私。此立一宗旨，彼立一宗旨，愈讲愈诞，愈肆愈狂，愈名高而愈无礼。沦溺流荡，无所底极，而人心亡矣。人心亡，世教裂，而明社亦遂墟矣。有征君孙先生者，与鹿伯顺讲学于明者也。入国朝，年已七十，遁影韬形，枯槁以终其身宜矣，而乃移讲席于苏门山，仍以其旧闻号召天下，是亦不可以已乎！"（《国朝学案小识·提要》）

就唐鉴《国朝学案小识》的编撰体例来看，其沿袭了《明儒学案》和《宋元学案》的学案体题材的结构架式，该书卷首的"提要"部分，相当于《明儒学案》的案前总序,对各个学案入案学者的记述,兼顾了《明儒学案》与《宋元学案》合人物传记和资料选编为一体的方式。例如,在第一卷对张履祥的记载中,唐鉴先是介绍了传主的字、号,以及较具代表性的论学之言,之后又概括性地介绍了张履祥一生的主要事迹和学行,在案主的传记之后,又附有编撰者对传主评价性按语,之后,以附录的形式,列出了张履祥的包括七个人在内的"同学"以及"从游诸子"。

第四节　由中国哲学领域向其他学术领域延展的学术史思想研究

——梁启超《清代学术概论》和《中国近三百年学术史》中的学术史思想

《清代学术概论》和《中国近三百年学术史》是中国近代的两部较为典型的学术史著作,这两部学术史著作总结和梳理了清代学术的发展情况,其编撰者为梁启超,广东新会人,字卓如,一字任甫,号任公,又号饮冰室主人,中国近代的思想家、教育家、政治家、史学家和文学家。《清代学术概论》和《中国近三百年学术史》突破了以往学术史研究中"学案体"体裁的编撰方式,以创新式的"章节式"体裁呈现出来,是梁启超在学术史研究领域的重要成果,其不仅反映了梁启超对以往学术史编撰方式的创新,也反映出对清代学术系统的思考,为后人撰写学术史著作以及研究清代学术的发展及流变,都具有十分宝贵的借鉴意义和参考价值。

一、《清代学术概论》中的学术史思想

《清代学术概论》发表于1920年,其较为简洁地勾勒和总结了清代学术的大框。全书结构分为三十六个部分,前三部分为《序》《自序》和《第二自序》,其后为第一章至第三十三章。

在《自序》中,梁启超首先介绍了《清代学术概论》的编撰目的,他说道:"吾著此篇之动机有二:其一,胡适语我:晚清'今文学运动',于思想界影响至大;吾子实躬与其役者,宜有以纪之。其二:蒋方震著《欧洲文艺复兴时代

史》新成,索余序,吾觉泛泛为一序,无以益其善美,计不如取吾史中类似之时代相印证焉,庶可以校彼我之短长而自淬厉也。乃与约,作此文以代序。既而下笔,不能自休,遂成数万言,篇幅几与原书埒。天下古今,固无此等序文。脱稿后,只得对于蒋书,宣告独立矣"①,说明了其编撰《清代学术概论》的目的主要有两个方面:一是为了记载晚清"今文学运动"对于当时思想界的影响,二是在参照蒋方震《欧洲文艺复兴时代史》的基础上,记载清代具有与欧洲文艺复兴相同意义的学术发展概要,以此反思清代学术之长短,进而增强我国固有之文化。

其次,梁启超引用其论著《中国学术思想变迁之大势》的内容,描述了清代学术发展的特点,即:

"此二百余年间总可命为中国之'文艺复兴时代';特其兴也,渐而非顿耳。然固俨然若一有机体之发达,至今日而葱葱郁郁,有方春之气焉。吾于我思想界之前途,抱无穷希望也。"②

"有清学者,以实事求是为学鹄,饶有科学的精神,而更辅以分业的组织。"③

"有清二百余年之学术,实取前此二千余年之学术,倒卷而缫演之;如剥春笋,愈剥而愈近里;如啖甘蔗,愈啖而愈有味;不可谓非一奇异之现象也。此现象谁造之? 曰:社会周遭种种因缘造之。"④

指出了清代学术发展的特点主要有三个:一是清代学术之发展是一个渐进的系统化的过程,堪比中国之"文艺复兴";二是清代学术之发展既具有实事求是的科学精神,又有精细的学科分类;三是清代学术是对其前两千余年学术的总结和升华,也是时代背景和精神在学术领域的反映。

再次,梁启超在《清代学术概论·自序》中说道:"有清一代学术,可纪者不少,其卓然成一潮流,带有时代运动的色彩者,在前半期为'考证学';在后

---

① 梁启超:《清代学术概论》,长沙:岳麓书社,2016 年版,第 3 页(序言部分)。
② 梁启超:《清代学术概论》,长沙:岳麓书社,2016 年版,第 3 页(序言部分)。
③ 梁启超:《清代学术概论》,长沙:岳麓书社,2016 年版,第 4 页(序言部分)。
④ 梁启超:《清代学术概论》,长沙:岳麓书社,2016 年版,第 4 页(序言部分)。

半期为'今文学';而今文学又实从考证学衍生而来。故本篇所记述,以此两潮流为主,其他则附庸耳。"①指出了清代学术主要的两大分类为"考证学"和"今文学","今文学"由"考证学"发展衍生而来,两者则为《清代学术概论》所记述的主要内容。

此外,梁启超还在《清代学术概论·自序》中又指出:"'今文学'之运动,鄙人实为其一员,不容不叙及。本篇纯以超然客观之精神论列之,即以现在执笔之另一梁启超批判三十年来史料上之梁启超也。其批判正当与否,吾不敢知;吾惟对于史料上之梁启超力求忠实,亦如对于史料上之他人力求忠实而矣。"②指出了《清代学术史概论》一书对清代学术记载的客观性原则。

在《清代学术概论》正文部分中,第一至十八章,主要记载了清代学术发展全盛期之正统派。第一章主要记载了梁启超对"时代思潮"的理解和看法,即:"凡'思'非皆能成'潮',能成'潮'者,则其思必有相当之价值;而又适合于其时代之要求者也。凡'时代'非皆有'思潮',有思潮之时代,必文化昂进之时代也","凡时代思潮,无不由'继续的群众运动'而成。所谓运动者……其中必有一种或数种之共通观念焉,同根据之为思想之出发点……久之则成为一种权威"。③ 在梁启超看来,古今中外的"思潮",皆是遵循这一定的历程递相流转的,而在清代这三百年中,思潮的这种递相流转特征最为显著。

该书第二章主要记载了梁启超对"清代思潮"的理解和看法。梁启超认为,"清代思潮"主要是对宋明理学的一大反动,其以"复古"为"职志",其动机和内容,则与欧洲的"文艺复兴"相类似。梁启超把清代学术发展分为四个阶段——启蒙期、全盛期、蜕分期、衰落期。启蒙期运动的代表人物主要有顾炎武、胡渭、阎若璩等;全盛期运动的代表人物主要有惠栋、戴震、段玉

① 梁启超:《清代学术概论》,长沙:岳麓书社,2016 年版,第 4 页(序言部分)。
② 梁启超:《清代学术概论》,长沙:岳麓书社,2016 年版,第 4~5 页(序言部分)。
③ 梁启超:《清代学术概论》,长沙:岳麓书社,2016 年版,第 1~2 页。

裁、王念孙，以及王引之等；蜕分期运动的代表人物主要有康有为和梁启超。其中，梁启超对清代学术领域中的全盛期运动评价最高，将这一时期的主要代表人物及其思想成为"正统派"，同时列举了启蒙派与正统派的相异之处，即："一，启蒙派对于宋学，一部分猛烈攻击，而仍因袭其一部分；正统派则自固壁垒，将宋学置之不议不论之列。二，启蒙派抱通经致用之观念，故喜言成败得失经世之务；正统派则为考证而考证，为经学而治经学。"①在这一章的结尾处，梁启超总结道："综观二百余年之学史，其影响及于全思想界者；一言以蔽之，曰：'以复古为解放'。第一步：复宋之古，对于王学而得解放；第二步：复汉唐之古，对于程朱而得解放；第三步：复西汉之古，对于许、郑而得解放；第四步：复先秦之古，对于一切传注而得解放；夫既已复先秦之古，则非至对于孔孟而得解放焉不止矣。然其所以能著著奏解放之效者，则科学的研究精神实启之。今清学固衰落矣；'四时之运，成功者退'，其衰落乃势之必然，亦事之有益者也，无所容其痛惜留恋；惟能将此研究精神转用于他方向，则清学亡而不亡矣。"②

　　梁启超《清代学术概论》的第三章主要记述了清代学术的出发点在于对宋明理学的一大反动、学术演进更替的规律，以及清代学术取代宋明理学的原因——宋明理学的根本缺点。梁启超说道：

　　　　唐代佛学极昌之后，宋儒采之，以建设一种"儒表佛里"的新哲学；至明而全盛。此派新哲学，在历史上有极大之价值，自无待言。顾吾辈所最不慊者，其一：既采取佛说而损益之，何可讳其所自出，而反加以丑诋；其二：所创新派既并非孔孟本来面目，何必附其名而淆其实。是故吾于宋明之学，认其独到且有益之处确不少；但对于其建设表示之形式，不能曲恕；谓其既诬孔，且诬佛，而并以自诬也。明王守仁为兹派晚出之杰，而其中此习气也亦更甚；即如彼所作《朱子晚年定论》，强指不同之朱、陆为同，实则自附于朱，且诬朱从我。此种习气，为思想界之障

① 梁启超：《清代学术概论》，长沙：岳麓书社，2016 年版，第 5 页。
② 梁启超：《清代学术概论》，长沙：岳麓书社，2016 年版，第 7～8 页。

碍者有二：一曰遏抑创造，一学派既为我所自创，何必依附古人以为重；必依附古人，岂非谓生古人后者便不应有所创造耶？二曰奖厉虚伪，古人之说诚如是，则宗述之可也；并非如是，而以我之所指者实之，此无异指鹿为马，淆乱真相，于学问为不忠实。宋明学之根本缺点在于是。

进而考其思想之本质，则所研究之对象，乃纯在绍绍灵灵不可捉摸之一物；少数俊拔笃挚之士，曷尝不循此道而求得身心安宅，然效之及于世者已鲜；而浮伪之辈，撷拾虚辞以相夸煽，乃甚易易；故晚明"狂禅"一派，至于"满街皆是圣人"，"酒色财气不碍菩提路"，道德且堕落极矣。重以制科帖括，笼罩天下：学者但习此种影响因袭之谈，便足以取富贵弋名誉；举国靡然化之，则相率于不学，且无所用心。故晚明理学之弊，恰如欧洲中世黑暗时代之景教：其极也，能使人之心思耳目皆闭塞不用；独立创造之精神，消蚀达于零度；夫人类之有"学问欲"，其天性也；"学问饥饿"至于此极，则反动其安得不起。①

梁启超认为，宋明儒学较汉唐哲学而言属于"新哲学"，其特点是"儒表佛里"，至明代而全盛，在历史上有着非常大的价值。然而，其根本缺点在于两个方面：一是它吸收采取了佛家学说，却以佛家学说诋毁佛家学说，因此陷入了自相矛盾的误区；二是它偏离了孔孟的本来面目，却以孔孟之学而自称。对于宋明儒学的这两方面缺点，梁启超称之为"既诬孔，且诬佛，而并以自诬"，这些缺点对于思想界的障碍主要在于"遏制创造""奖厉虚伪""于学问为不忠实"等。对于宋明儒学思想之本质，梁启超认为宋明儒学所研究的对象为"绍绍灵灵不可捉摸之一物"，以至于晚明出现"狂禅"派，且"满街皆是圣人"。有基于此，在梁启超看来，晚明理学之弊端，如同欧洲中世纪黑暗时代之景教，使人们的独立创造之精神销蚀至零，导致"学问饥饿"。由此，清代学术不得不为明代学术之"反动"。

第四章主要记载了清初思想家顾炎武的学术思想、主张及其特点，其中包括顾炎武对明代阳明心学的批判、一生主要著作，以及其学术思想（学术

---

① 梁启超：《清代学术概论》，长沙：岳麓书社，2016 年版，第 9～10 页。

建设研究方法)的三点宝贵之处——贵创、博证,以及致用。梁启超指出,顾炎武对于晚明的学风,最先发起"攻击",并将晚明学风归罪于阳明心学。在梁启超看来,自顾炎武批判晚明学风之后,阳明学在清代逐渐衰退,清代学界由此以沿袭程朱理学为"高者",这种沿袭程朱理学而产生的浩大声势,在很大程度上归因于顾炎武。顾炎武并没有直接攻击程朱理学,但是他"根本不承认理学之能独立"①,在顾炎武看来,理学离不开经学,"经学即理学"②。对于顾炎武学术思想(建设研究方法)的三点宝贵之处,梁启超指出:顾炎武主张学术思想贵在创新,最厌恶模仿依傍;顾炎武在学术研究领域主张和采用的"博证"方法,"皆近世科学的研究法;乾嘉以还,学者固所共习;在当时则固炎武所自创"③;顾炎武所提倡的致用,对于晚明的清谈派来说,实属一大针砭,清代儒者以"朴学"自命,实由顾炎武开启。

第五章主要记载了清代学者汪中尝、阎若璩、胡渭、毛奇龄,以及姚际恒等人的思想及著作。其中,梁启超对除顾炎武和戴震之外的阎若璩和胡渭评价最高,认为阎若璩之所以伟大在于其所撰的《尚书古文疏证》,胡渭之所以伟大在于其所撰的《易图明辨》。

第六章主要记载和评价了清初学术大师黄宗羲和王夫之的学术思想以及著作。对于黄宗羲,梁启超指出:"大抵清代经学之祖推炎武,其史学之祖当推宗羲;所著《明儒学案》,中古之有学术史,自此始也"④,评价黄宗羲为清代史学之祖,同时又高度赞扬了黄宗羲的《明夷待访录》,认为其中所蕴含的民主思想"在二百六七十年前,则真极大胆之创论也,故顾炎武见之而叹,谓'三代之治可复';而后此梁启超、谭嗣同辈倡民权共和之说,则将其书节钞,印数万本,秘密散步,于晚清思想之骤变,极有力焉"⑤。对于王夫之,梁启超则指出其"攻王学甚力",而"于张载之《正蒙》,特推尚焉。其治学方法,已

---

① 梁启超:《清代学术概论》,长沙:岳麓书社,2016 年版,第 12 页。
② 梁启超:《清代学术概论》,长沙:岳麓书社,2016 年版,第 12 页。
③ 梁启超:《清代学术概论》,长沙:岳麓书社,2016 年版,第 14 页。
④ 梁启超:《清代学术概论》,长沙:岳麓书社,2016 年版,第 19 页。
⑤ 梁启超:《清代学术概论》,长沙:岳麓书社,2016 年版,第 20 ~ 21 页。

渐开科学研究的精神"①,同时,梁启超指出王夫之著书及多,列举并介绍了王夫之的《读通鉴论》《宋论》《张子正蒙注》《老子衍》《庄子解》《遗书》《相宗络索》《三藏法师八识规矩论赞》等作品。

第七章主要介绍和评价了颜元的学术思想。梁启超指出,颜元也反对王学,但是,颜元与顾炎武、黄宗羲、王夫之对阳明心学的反动趋势和方向各有不同,即:"黄氏始终不非王学,但是正其末流之空疏而已;顾、王两氏黜明存宋,而顾尊考证,王好名理;若颜氏者,则明目张胆以排程、朱、陆、王,而亦菲薄传注考证之学,故所谓'宋学''汉学'者,两皆吐弃;在诸儒中尤为挺拔,而其学卒不显于清世"②,指出了颜元在"清初四大家"中,对宋明理学批判得最为彻底,然而,其学却没有在当时得到广泛流传并产生显著影响,也指出颜元之学所异于宋儒的最要之旨在于"习行于身者多,劳枯于心者少"③。同时,梁启超根据颜元论学之言推断:"元(颜元——引者注)不独不认为宋学为学,并不认为汉学为学,明矣",这是因为,"元之意盖谓:学问绝不能向书本上或讲堂上求之,惟当于社会日常行事中求之"。④ 在梁启超看来,颜元的思想与近代教育思潮最为相和,具有近代启蒙意义。

梁启超《清代学术概论》的第八章主要记载和介绍了清代的天文算法学、地理学,以及这些领域中的主要代表人物。对于天文算法学,梁启超指出:"我国科学最昌明者,惟天文算法,至清而尤盛;凡治经学者多兼之;其开山之祖,则宣城梅文鼎也。"⑤对于清代地理学,梁启超则指出:"清代地理学亦极盛,然乾嘉以后,率偏于考古,且其发明多属于局部的;以云大体思精,至今盖无出无锡顾祖禹《读史方舆纪要》上者。"⑥除此之外,对于清代的地理学,梁启超还着重记述了清初该研究领域的一位重要学者——刘献廷,同时也简单地介绍了该研究领域同时期的傅山。

①　梁启超:《清代学术概论》,长沙:岳麓书社,2016 年版,第 21 ~ 22 页。
②　梁启超:《清代学术概论》,长沙:岳麓书社,2016 年版,第 23 页。
③　梁启超:《清代学术概论》,长沙:岳麓书社,2016 年版,第 24 页。
④　梁启超:《清代学术概论》,长沙:岳麓书社,2016 年版,第 24 ~ 25 页。
⑤　梁启超:《清代学术概论》,长沙:岳麓书社,2016 年版,第 26 页。
⑥　梁启超:《清代学术概论》,长沙:岳麓书社,2016 年版,第 26 页。

梁启超《清代学术概论》的第九章主要记载了三个问题：第一，（清代）启蒙期之思想界复杂而极绚烂的原因；第二，启蒙期的研究精神，因环境之冲动，所趋的四个方向；第三，第二期之全盛时代正统派（考证学）充量发达，余派不盛，或全然中绝的原因。对于启蒙期之思想界极复杂而极绚烂的原因，梁启超列出了四点：

第一，承明学极空疏之后，人心厌倦，相率返于沉实。

第二，经大乱后，社会比较的安宁；故人得有余裕以自厉于学。

第三，异族入主中夏，有志节者耻立乎其朝；故刊落声华，专集精力以治朴学。

第四，旧学派权威既坠，新学派系统未成，无"定于一尊"之弊；故自由研究之精神特盛。①

而对于启蒙期的研究精神，因环境之冲动所趋的四个方向，梁启超列举道：

第一，因矫晚明不学之弊，乃读古书；愈读而愈觉求真解之不易，则先求诸训诂名物典章制度等等，于是考证一派出。

第二，当时诸大师，皆遗老也；其于宗社之变，类含隐痛，志图匡复，故好研究古今史迹成败，地理厄塞，以及其他经世之务。

第三，自明之末叶，利玛窦等输入当时所谓西学者于中国，而学问研究方法上，生一种外来的变化；其初惟治天算者宗之，后则渐应用于他学。

第四，学风既由空返实，于是有从书上求实者；南人明敏多条理，故向著作方向发展；北人扑愿坚卓，故向力行方面发展。②

而对于第二期之全盛时代的正统派（考证学）之充量发达，余派不盛或全然中绝的原因，梁启超归纳出了四点：一是由于颜元、李塨等人所主张的力行派，陈义甚高，无法在行通于世；二是由于社会现实等原因，经世之学不

---

① 梁启超：《清代学术概论》，长沙：岳麓书社，2016 年版，第 30 页。
② 梁启超：《清代学术概论》，长沙：岳麓书社，2016 年版，第 31 页。

兴,史学和地理学者,也趋于考证之学;三是由于清代考证学中的顾炎武、阎若璩、胡渭、惠栋,以及戴震等人开辟出了一种精良的研究方法,而考证学自古以来就有较大的存在价值和实用价值;四是由于考证学有悠久的历史传统和渊源,以及我国数千年之学术,皆集中于社会方面。

第十章主要记载了清代学术发展全盛时期的考证学,以及该研究领域的重要代表人物惠栋的考证学思想和主要观点。第十一章主要记载和评价了惠栋师友戴震的学术思想。第十二章主要记载和评价了戴门后学段玉裁、王念孙和王引之的学术思想,并就此介绍了包括戴震在内的"戴派"之学的主要特点。

第十三章主要记载了"正统派"学风的主要特色,以及梁启超对于"正统派"有无用处的辨析。第十四章主要指出了清学自当以经学为中坚,而最有功于经学者,则诸经殆皆有新疏;也指出了清儒以小学为治经之途径,而音韵学又为小学之附庸;同时,又指出了清初诸师皆治史学,欲以经世之用,王夫之长于史论,而其后之史学家不循其轨;也介绍了黄宗羲始著《明儒学案》,为史学之祖,其《宋元学案》则其子百家与全祖望先后续成之。

第十五章主要介绍了清代地理学和天文算学领域的学者及其著作,其中,地理学学者及其著作主要有戴震的《水地记》《校水经注》、孔广森的《水经释地》、全祖望的《新校水经注》、赵一清的《水经注释》、张匡学的《水经注释地》、齐召南的《水道提纲》、洪颐煊的《汉志水道疏证》、陈澧的《汉书地理志水道图说》、阎若璩的《四书释地》、徐善的《春秋地理考略》、江永的《春秋地名考实》、焦循的《毛诗地理释》、程恩泽的《国策地名考》、吴卓信的《汉书地理志补注》、杨守敬的《隋书地理志考证》《历代疆域志》《历代地理沿革图》、陈芳绩的《历代地理沿革表》、李兆洛的《历代地理志韵编今释》,以及丁谦的《各史外夷传》《穆天子传》《佛国记》《大唐西域记》等;而在天文算学研究领域,清初有王锡阐、梅文鼎最为专精,黄宗羲和江永等人提倡之,在具体研究方面,有康熙著的《数理精蕴》《历象考成》、王锡阐的《晓庵新法》、梅文鼎的《勿庵历算全书》二十九种、江永的《慎修数学》九种、戴震所校的

《周髀》等。

第十六章主要介绍了清代金石学的发展情况。第十七章主要记载了清代后期学者的社会情况,其中介绍了当时好学之士,每人必置一"札记册子",每读书有心得则记焉;也介绍了清儒既不喜欢效仿宋明人聚徒讲学,又不像当时欧美有种种学会学校为聚集讲习之所,则其交流思想的方式,则以函札为主。第十八章主要将清代二百年学术发展比作欧洲之文艺复兴。

第十九章主要记载和评价了以清代"桐城派"为主要代表的古文家,同时也记载和评价了清代汉宋两派之交恶,以及方东树和章学诚等著名学者的著作及其思想。对于"古文家",梁启超指出其是清代乾、嘉、道百余年间,与正统派(考证学)学术倾向相抗衡的学术派别。清代"古文家"的主要学者有启蒙时期的孙奇逢、李中孚、刁包、张履祥、张尔岐、陆陇其、陆世仪等,对于这些学者的学术主张和思想,梁启超评价道:"皆尚名节厉实,粹然纯儒;然皆硁硁自守,所学遂不克光大。"①在这一章中,梁启超介绍和评价了"古文家"中的重要代表学派"桐城派"。梁启超指出,清代乾隆初期,惠栋和戴震等学崛起,汉学旗帜大张,昔日主张宋学之人的学术思想逐渐被淹没,当时有学者方苞,尊崇宋学,谨能躬行,方苞为桐城人,与同里姚范、刘大櫆共同钻研文章,诵习文章的方式效法曾巩和归有光,创立了所谓的古文义法,又好述欧阳修"因文见道"之言,以孔、孟、韩、欧、程、朱以来之道自任;与当时的汉学者相轻,这一学派被称作"桐城派"。对于"桐城派",梁启超评价道:"平心论之,'桐城'开派诸人,本狷洁自好;当'汉学'全盛时而奋然与抗,亦可谓有勇;不能以其末流之堕落归罪于作始;然此派者,以文而论,因袭矫揉,无所取材;以学而论,则奖空疏,阏创获,无益于社会;且其在清代学界,始终未占重要位置,今后亦断不复能自存;置之不论焉可耳。"②对于清代汉宋两派交恶以及融合了"桐城派"与考证学的"阳湖派",梁启超指出:"由是诸方诸姚颇不平,蕭屡为文诋汉学破碎,而方东树著《汉学商兑》诋阎、胡、

---

① 梁启超:《清代学术概论》,长沙:岳麓书社,2016 年版,第 75 页。
② 梁启超:《清代学术概论》,长沙:岳麓书社,2016 年版,第 76 页。

惠、戴所学,不遗余力;自是两派交恶。其后阳湖恽敬、陆继辂自'桐城'受义法而稍变其体,张惠言、李兆洛皆治考证学,而亦好为文,与恽、陆同气,号'阳湖派'。"①除此之外,梁启超还评价方东树的《汉学商兑》为"清代一极有价值之书",也介绍了清代全盛期和蜕分期之间的史学家章学诚,并列举了其史学观点,例如,章学诚言"六经皆史""贤智学于圣人,圣人学于百姓""集大成者乃周公而非孔子""六经皆史,而诸子又皆出于六经""战国以前无著述""古人之言,所以为公,未尝私据为己有""古之糟粕,可以为今之精华""后人之学胜于前人,乃后起之智虑所应尔""学术与一时风尚不必求适合""文不能彼此相易,不可舍己之所以求以摩古人之形似"等。

第二十章主要分析并列举了清学分裂的原因。第二十一章主要介绍了清学分裂的导火线。第二十二章至二十八章主要介绍了清末的今文学运动、晚清思想界的主要代表人物康有为、梁启超、谭嗣同、章炳麟的思想和著作。第二十九章主要介绍和评价了清代时期西学在中国的传入和发展。第三十章重点记载了晚清思想界佛学的流行和发展,同时也简单地概括了这一时期基督教的传入。第三十一章主要提出了"前清一代学风,与欧洲文艺复兴时代相类甚多:其最相异之一点,则美术文学不发达也。"②同时也分析了清代与欧洲"文艺复兴"异其方向和清代文学不发达的原因。第三十二章分析了清代自然科学不发达的原因。

最后一章主要介绍了梁启超编撰《清代学术概论》的宗旨和目的,以及对清代学术的总结。

对于梁启超编撰《清代学术概论》的宗旨,梁启超总结出四点:

其一:可见我国民确富有"学问的本能",我国文化史确有研究价值,即一代而已见其概。故我辈虽当一面尽量吸收外来之新文化,一面仍万不可妄自菲薄,蔑弃其遗产。

其二:对于先辈之"学者的人格",可以生一种观感。所谓"学者的

① 梁启超:《清代学术概论》,长沙:岳麓书社,2016 年版,第 76 页。
② 梁启超:《清代学术概论》,长沙:岳麓书社,2016 年版,第 115 页。

人格"者,为学问而学问,断不以学问供学问以外之手段;故其性耿介,其志专壹,虽若不周于世用,然每一时代文化之进展,必赖有此等人。

其三:可以知学问之价值,在善疑,在求真,在创获;所谓研究精神者,归著于此点。不问其所疑所求所创者在何部分,亦不问其所得之巨细;要之经一番研究,即有一番贡献。必如是始能谓之增加遗产;对于本国之遗产当有然,对于全世界人类之遗产亦当有然。

其四:将现在学风与前辈学风相比照,令吾曹可以发现自己种种缺点。知现代学问上笼统影响凌乱肤浅等等恶现象,实我辈所造成。此等现象,非彻底改造,则学问永无独立之望,且生心害政,其流且及于学问社会以外。吾辈欲为将来之学术造福耶?抑造罪耶?不可不取鉴千代得失以自策厉。①

概括并指出了《清代学术概论》的成书目的:一在于彰显我国"学问的本能"和固有之文化价值;二在于感受清代学者之人格;三在于探得学问之价值和研究精神"在善疑""在求真""在创获";四在于将当时学风与其前辈的学风进行比照,以发现当时学风之种种缺点。

对于清代学术之总结,梁启超归纳出五点内容。第一,梁启超认为,自从经过清代考证学派二百余年之训练,其已成为一种遗传,于清代学者之头脑渐趋于冷静缜密,这种性质,则为清代科学成立之根本要素。我国古代对于"形"的科学(数理的),渊源本远,根底本厚,而对于"质"的科学(物理的),因为机缘未熟,所以在当时没有得到发展;第二,梁启超指出佛教哲学是中国古代先民最珍贵的一份遗产,因为其发展的过于充分,弊端凸显,所以到了清代,对其批判的声音也越来越多,也指出因为当时全世界只学风"物质文明烂熟",而"精神上之饥饿",所以佛教哲学应该成为当时时代要求的良药,以后也必将复活;第三,梁启超指出"经世致用"之学派之根本观念传自孔孟,历代对经世致用之学多有倡导,清代的启蒙派晚出派对经世致用之学的范围进行了扩张,提出"学问所当讲求者,在改良社会增其幸福,其通

---

① 梁启超:《清代学术概论》,长沙:岳麓书社,2016年版,第120~121页。

行语所谓'国计民生'者是也。故其论点,不期而趋集于生计问题。"①第四,梁启超指出,我国文学美术,根底及其深厚,气象皆雄伟,只是因为其为"平原文明"所产育,因此变化较少,然而其中渐进发展的过程,仍然可以追寻,并且其每每与外来之宗派接触,就能对它们进行吸收而不断地丰富自身。第五,梁启超指出,当时社会日益复杂,应治之学日益增多,学者们不应该像清儒那样专门研究古典学术,然而我国固有之文化遗产,又不可别蔑视而摒弃,梁启超认为,将来必将有一派学者,用最新的科学方法,将旧学分科整治,保留其精粹和真理部分,继续清儒没有完成之事业,在此基础上对其精严化,这样既可以使后来学者节省精力,而不中断起先辈之学业,也能够为世界中研究中国文化的学者提供参考和借鉴。

二、《中国近三百年学术史》中的学术史思想

《中国近三百年学术史》是继《清代学术概论》之后梁启超研究清代学术发展的又一部重要的学术史著作,其比《清代学术概论》更加趋于成熟。《中国近三百年学术史》既保留了梁启超在《清代学术概论》中对清代学术史的宏观性研究,同时又以记载专人和专题的形式为研究方式,使这部学术史著作在宏观与具体两个维度同时展开。《中国近三百年学术史》共十六讲,主要记述了三个专题,即:清代学术变迁与政治的影响;清代初期的学术思潮和主要学者的研究内容;清代学者整理旧学的主要成果。梁启超的《中国近三百年学术史》既对清代学术主流做了准确的把握,又对清代各个时期的学术趋势进行了分析,既对清初学术大师黄宗羲、顾炎武、王夫之和颜元等人做了系统的研究,又对以往学术史研究中所忽视的方以智、费密、唐甄、陈确等人进行了具体的记载和评价。

1."近三百年学术"产生之前的学术背景及其"反动"之表现

其中,第一讲为《反动与先驱》,开篇交代了这部学术史著作要说明的是清朝一代学术变迁之大势及其在文化上所贡献的分量和价值,所记载的是

---

① 　梁启超:《清代学术概论》,长沙:岳麓书社,2016 年版,第 122 页。

清代之前二十多年至民国十来年的学术发展和变化的历史,即十七、十八、十九三个世纪的中国学术史。其次,第一讲主要介绍了三个内容。第一是梁启超所记载的时代的学术主潮流,梁启超将这一时代学术主潮概括为两个方面,即"厌倦主观的冥想而倾向于客观的考察"和"排斥理论,提倡实践"。① 第二是梁启超所记载的"近三百年学术史"发生之前的时代背景,其中主要包括道学的产生,以及王阳明去世后阳明学的困境以及阳明后学遭到的批判。第三是明亡之后,清代学术"反动与成功"的五个表现,即王学自身的"反动",自然界探索的"反动",欧洲历算学之输入,藏书及刻书的风气盛行,佛教徒方面的"反动"现象明显。其中王学自身的反动最显著的表现是刘宗周一派以"慎独"为入手,对王畿、罗汝芳、王艮等人所述的王学痛加针砭,舍空谈而趋实践;自然界探索的反动主要表现为晚明的一位学者徐霞客探险游历全国,著《霞客游记》,该书一半描写风景,一半研究山川脉络,在一定意义上堪称中国第一部实际调查的地理书,另一位学者宋应星(工业科学家)所著的《天工开物》,用科学的方法研究事物、被服、用器,以及冶金、制械、丹青、珠玉之原料工作,绘图贴说,详确明备,当时这两位学者的两部著作一洗明末不读书的空谈,可以算得上对当时学术潮流反动初期最有价值的作品;对于欧洲历算学的输入,梁启超指出:"中国智识线和外国智识线相接触,晋唐间的佛学为第一次,明末的历算学便是第二次。(中间元代时和阿拉伯文化有接触,但影响不大。)在这种新环境之下,学界空气,当然变换。此后清朝一代学者,对于历算学都有兴味,而且最喜欢谈经世致用之学,大概受利、徐诸人影响不小。"②对于晚明藏书及刻书的风气渐盛,梁启超列举了焦竑的《国史经籍志》在"目录学"上有相当的价值,范钦创立天一阁为当时最古最大的私人图书馆,毛晋的汲古阁专门收藏宋元刻善本,其所收集的许多单行本古籍,在当时的中国读书界很有价值,这些都给后来学者提供了很有益的工具;对于佛教徒方面的"反动"现象,梁启超指出,宋、元、明三朝,

---

① 梁启超:《中国近三百年学术史》,北京:商务印书馆,2016 年版,第 1 页。

② 梁启超:《中国近三百年学术史》,北京:商务印书馆,2016 年版,第 10 页。

除了禅宗别无佛教,晚明出现的三位大师(莲池、憨山、蕅益)反禅宗的精神,提倡净土宗,一返禅宗束书不观的习气,回到了隋唐人做佛学的途径,在当时学界具有明显的"反动"色彩。

2. 清代学术变迁与政治的影响

第二至四讲,主要记载了"清代学术变迁与政治的影响",即政治环境对当时学术发展的影响以及两者之间的关系。在这三讲中,梁启超延续了《清代学术概论》中关于宏观领域学术发展逻辑规律的观点,提出了清代学术思潮之流转可划分为启蒙期(生)、全盛期(住)、蜕分期(异)、衰落期(灭)四个时期,并结合清代社会的政治背景和因素,对清代社会的主要学术思潮的产生、发展和演变进行了宏观领域的分析和总结。

首先,他在总结明亡之后的学风转向以及清政府为巩固政权统治所实施的一系列政策的基础上,概括了清初学术变迁的形势及其由来。梁启超认为,明亡之后,因为时势突变,一些原本在阳明学派空气之下生长起来的学者,抛弃了明心见性的空谈,专讲经世致用的务实之学,他们不再单纯地为学问而研究学术,而是为了时事而做学问,这些人中的代表人物主要有黄梨洲、顾亭林、王船山和朱舜水等。与此同时,梁启超指出,清初满洲政府为了加强统治、巩固政权,不同时期分别制定了三个不同的政策,即"第一期:顺治元年至十年,约十年间。利用政策。第二期:顺治十一二年至康熙十年,约十七八年间。高压政策。第三期:康熙十一二年以后。怀柔政策"①。这三期的政策,除了第一期没有多大关系外,第二期的高压政策和第三期的怀柔政策都对于当时的学风很有影响。综合上述明亡后学风转向和清初的一系列政策等因素,梁启超总结了清初学术变迁的形式及其由来:第一,从顺治元年到康熙二十年约三四十年间,基本由前明遗老支配学界,他们所要建设的新学派的目标在于"经世致用"。第二,康熙二十年以后,前明遗老所提倡的"经世之学"凋谢略尽,逐渐变为空谈,而这一时期,学术界的学术重要潮流,主要有四支,即"一、阎百诗、胡东樵一派之经学,承顾、黄之绪,直接

① 梁启超:《中国近三百年学术史》,北京:商务印书馆,2016 年版,第 17 页。

开后来乾嘉学派;二、梅定九、王寅旭一派之历算书,承晚明利、徐之绪,作科学先锋;三、陆桴亭、陆稼书一派之程朱学,在王学与汉学之间,折中过度。四、颜习斋、李刚主一派之实践学,完成前期对王学革命事业而进一步。此则康熙一朝六十年间全学界之大概情形也"①。

其次,梁启超分析了清代科学发展之中断和学术思潮偏向考证学的原因。他认为,清代科学发展之中断的原因有三方面:一是八股取士科举制度的盛行,阻碍了科学技术的传播和发展;二是耶稣会内部的分裂,在一定程度上对西方科学技术的输入产生了负面影响;三是康熙末年各皇子争立影响到学界,导致康熙五六十年间所延揽的许多欧洲学者,到雍正即位之第一年,忽然被驱除净尽,由此,使中国学界错过了接近欧化的机会。而对于清代"为什么古典考证学独盛"这一问题,在梁启超看来,这既有学术方面的因素,又有政治方面的因素。就学术方面的因素而言,在明末道学"反动"的带动下,学风由空谈转为核实,由主观的推想而变为客观的考察,而客观的考察有两条路:一条是自然界现象方面;另一条是社会文献方面。而文献所包围范围很广,为何又转向古典部分发展,对于这一问题,梁启超用政治现象来回答。梁启超指出,康熙皇帝是比较有自由思想的人,而雍正和乾隆却比较喜欢干涉人民的思想,因此,在雍正、乾隆年间,学者们的聪明才力,只有全部用去注释古典,雍正、乾隆时期的学者专务注释古典,也许是受当时这种政治环境影响的,他们忠实于研究的结果,在文献上有意外的收获和贡献。梁启超还提到,自从康熙雍正以来,皇帝都提倡宋学(程朱理学),但是民间(以江浙为中心)"反宋学"的气势日盛,标出"汉学"的名目与宋学相抵抗,到了乾隆一朝,汉学派在整个思想学术领域占据较大的比重。当时乾隆年间为编纂《四库全书》所开创的四库馆就是汉学家的大本营,而《四库提要》就是汉学思想的结晶。梁启超指出,到了乾隆嘉庆两朝,汉学思想达到顶峰,当时汉学派中也可以分出两个支派,即吴派和皖派。吴派以惠栋为中心,以信古为标志,梁启超称其为"纯汉学";而皖派以戴震为中心,以求实为

———————————

① 梁启超:《中国近三百年学术史》,北京:商务印书馆,2016 年版,第 20 页。

标志,梁启超称其为"考证学"。除此之外,梁启超指出当时还有"扬州派"和"浙东派"。总体看来,乾嘉年间的学者,实际上自成一种学风,和近世科学研究的方法非常相近,梁启超称其为"科学的古典派",在他看来,这一时期的乾嘉学者所做的工作有很多方面,其中较为重要的工作包括经书的笺释、史料之搜补鉴别、辨伪书、辑佚书、校勘、文字训诂、音韵、算学、地理、金石、方志之编纂、类书之编纂、丛书之校刻等十三项。基于上述内容,梁启超总结道:"乾嘉之考证学,几乎独占学界势力……总而言之,乾嘉间考证学,可以说是:清代三百年文化的结晶,合全国人的力量所构成。"①

最后,梁启超在"清代学术变迁与政治的影响"这部分内容中,梁启超总结分析了考证学蜕变衰落与经世之学新精神发生的原因,同时也概括了"洪杨乱事"之后,思想界引出的三条新路。对于考证学蜕变衰落的原因,梁启超认为既有政治方面的原因,也有学术界的原因。就政治方面的原因而言,就是乾隆的三四十年之后,政治对学术的干涉程度减弱了;就学术界方面的原因而言,当时的学术思潮已经暗地推移,"常州学派"在当时逐渐兴起。梁启超指出,常州学派有两个源头,一是经学,二是文学,后来经学与文学逐渐合而为一,经学派与文学派合起来产生出一种新的精神,就是在乾嘉考证学的基础上建设顺康间的"经世致用"之学。代表这种经世精神的人主要有龚自珍和魏源。梁启超对这种经世精神发生的原因做了分析,他说道:"头一件,考证古典的工作,大部分被前辈做完了,后起的人想开辟新田地,只好走别的路。第二件,当时政治现象,令人感觉不安,一面政府钳制的权威也陵替了,所以思想渐渐解放,对于政治及社会的批评也渐渐多起来了。但我们要知道,浙派学风,在嘉道间不过一枝'别动队',学界的大势力仍在'考证学正统派'手中,这枝别动队的成绩,也幼稚得很。"②而对于洪杨乱事后,思想界引出的三条新路,梁启超将其概括为"宋学复兴""西学之讲求"和"排满思想之引动"。梁启超尤其指出,当时新思想的急先锋,为其受业之师康有

---

① 梁启超:《中国近三百年学术史》,北京:商务印书馆,2016 年版,第 28 页。

② 梁启超:《中国近三百年学术史》,北京:商务印书馆,2016 年版,第 31 页。

为,而康有为出身于"常州经学派",以"经世致用"为"标帜"。而对于清朝末年,新思想运动的主要潮流,梁启超将其总结划分为数支,各支的主要代表人物分别为梁启超及其友人,章太炎、严复、孙中山等。对于清朝末年学术思想潮流之特点,梁启超概括道:"总而论之,清末三四十年间,清代特产之考证学,虽依然有相当的部分进步,而学界活力之中枢,已经移到'外来思想之吸收'。"也就是说,清朝末年,曾经在学术思想界占绝大部分比重的考证学虽然仍有所发展,但是学术界的活力已经表现为对外来学术的吸收和引进。

3. 阳明学派之余波及其修正

梁启超在《中国近三百年学术史》的第五讲记载了由明末至清代的阳明后学及其对阳明学的修正,其中主要记载和评价了黄宗羲、孙奇逢、李颙、余姚王学派中的诸学者,以及李穆堂等人的经历、学行思想、学术著作和学术影响等内容。

在记述这部分内容的开篇,梁启超记载道:"王学在万历、天启间,几乎已与禅宗打成一片。东林领袖顾泾阳(宪成)、高景逸(攀龙)提倡格物,以救空谈之弊,算是第一次修正。刘蕺山宗周晚出,提倡慎独,以救放纵之弊,算是第二次修正。明清嬗代之际,王门下惟蕺山一派独盛,学风已趋健实。"①提出了明末王门后学对阳明学弊端的两次修正,尤以东林学派和蕺山之学为著。梁启超还对该讲所记载的内容提纲挈领地总括道:"清初讲学大师,中州有孙夏峰,关中有李二曲,东南则黄梨洲。三人皆聚集生徒,开堂讲道,其形式与中晚明学者无别。所讲之学,大端皆宗阳明,而各有所修正。三先生在当时学界各占一部分势力,而梨洲影响于后来者尤大。梨洲为清代浙东学派之开创者,其派复衍为二。一为史学,二即王学。而稍晚者有江右之李穆堂,则王学最后一健将也……清代阳明学之流风余韵,略具于是矣"②,概括地介绍了明末之清代阳明学派后学的主要学者及其学术成就。

---

① 梁启超:《中国近三百年学术史》,北京:商务印书馆,2016 年版,第 53 页。
② 梁启超:《中国近三百年学术史》,北京:商务印书馆,2016 年版,第 53 页。

对于孙奇逢，梁启超指出其为"北学重镇"，并说道："他（孙奇逢——引者注）在明季以节侠闻……此外替个人急难主持公道，替地方任事开发公益，所做的事很不少……他的祖父从阳明高弟邹东廓守益受学，他的挚友鹿伯顺又专服膺阳明，所以他的学问自然得力于阳明者最深。但他并无异同门户之见，对于程、朱、陆、王，各道其长而不讳其短。"①又说道："他对于朱、王两派之态度，大略如此。他并不是模棱调停。他确见得争辩无谓，这是他独到之处。但他到底是王学出身，他很相信阳明所谓'朱子晚年定论'，所以他不觉得有大异同可争。"②既揭示了孙奇逢忠贞爱国、行侠仗义、有才略有骨气的人格面貌，又揭示了他以阳明心学为学术宗旨却又对程朱理学无大的门户之见的学术特质。

在对李颙的记载中，梁启超指出李颙是偏远省份绝无师承的一位学者，他四十岁以前，曾著《经世蠡测》《时务急测》《十三经纠缪》《廿一史纠缪》等书，晚年著有《四书反身录》。梁启超说道："他（李颙——引者注）教学者入手方法，说要'先观象山、慈湖、阳明、白沙之书，以洞斯道大原'。但对于晚明王学家之专好谈玄，却认为不对。"③梁启超还指出李颙绝不做性命理气等空谈，而是一力从切身处逼拶，所以其有很深的感化力。对于孙奇逢和李颙在明末清初王门后学中的地位和影响，梁启超评价道："总而论之，夏峰、二曲，都是极结实的王学家。他们倔强艰苦的人格，正孔子所谓'北方之强'。他们的创造力虽不及梨洲、亭林，却给当时学风以一种严肃的鞭辟。说他们是王学后劲，可以当之无愧。"④梁启超肯定了孙奇逢和李颙的"王学后劲"地位，认为他们对明末王学空谈之风给予一种严肃的鞭辟，对修正王学起到了一定的积极作用。

在对黄宗羲的人格、学行、思想主张、著作及学术影响和地位的记载中，梁启超评价黄宗羲为"清代王学唯一大师"，对于黄宗羲把持正义、敢救国难

① 梁启超：《中国近三百年学术史》，北京：商务印书馆，2016 年版，第 54 页。
② 梁启超：《中国近三百年学术史》，北京：商务印书馆，2016 年版，第 54～55 页。
③ 梁启超：《中国近三百年学术史》，北京：商务印书馆，2016 年版，第 56 页。
④ 梁启超：《中国近三百年学术史》，北京：商务印书馆，2016 年版，第 57 页。

的人格和品质,深感敬佩,说道:"总之我们佩服梨洲,不仅在他的学问,而是在他的人格。"①梁启超指出黄宗羲自少时便致力史学,其年少便从刘宗周受学,终身奉为依归,所以清初王学,黄宗羲为嫡派。梁启超还引用了全祖望、陈汝咸等人对黄宗羲的评价,揭示了黄宗羲的学风,指出黄宗羲是一位明末清初学术思想领域的过渡人物,他有清代学者的精神,却不脱明代学者的面目。梁启超还指出黄宗羲对王阳明所谓的"致良知"有一种新的解释,即把"致"字看作"行"字,具有近代实验哲学的学风,在梁启超看来,黄宗羲对"致"的这种解释,和王门所传有所不同,因此,黄宗羲不是王学的革命家,也不是王学的继承人,而是王学的修正者。同时,梁启超还重点强调和介绍了黄宗羲的《明夷待访录》,并引用了《明夷待访录》中《原君》《原法》《学校》等篇目的内容,列举了该书中《田制》《兵制》《财计》等篇目,评价该书具有鲜明的民主主义精神,"对于三千年专制政治思想极为大胆地反抗"②。此外,梁启超还记述了黄宗羲影响后世最大的是他的史学,记载了黄宗羲关于史学的著述,主要有重修《宋史》(未成书)、《明史案》二百四十卷(已佚)和《行朝录》(八种),而黄宗羲在学术上不可磨灭的功绩,在于其《明儒学案》和《宋元学案》。对于黄宗羲这两部学案,梁启超给予了极高的评价,说道:"中国有完善的学术史,自梨洲之著学案始。《明儒学案》六十二卷,梨洲一手著成。《宋元学案》,则梨洲发凡起例,仅成十七卷而卒,经他的儿子末史名百家及全谢山两次补续而成。所以欲知梨洲面目,当从《明儒学案》求之。"③评价了《明儒学案》为中国第一部完善的学术史著作,也指出了《明儒学案》是黄宗羲学术面貌和精神面貌的一个反映。除此之外,梁启超还列举了黄宗羲的其他重要著作,如《易学象数论》《授时历故》《大统历推法》《授时历假如》《南雷文定》《明文海》等。

而对于清代余姚王学家,其中较为著名的,梁启超简略地介绍了徐爱、

---

① 梁启超:《中国近三百年学术史》,北京:商务印书馆,2016 年版,第 58 页。
② 梁启超:《中国近三百年学术史》,北京:商务印书馆,2016 年版,第 62 页。
③ 梁启超:《中国近三百年学术史》,北京:商务印书馆,2016 年版,第 63 页。

钱德洪、沈国模等人。对于沈国模一派及其与黄宗羲学术派别之间的关系，梁启超说道："求如亲受业绪山，年辈在梨洲上，国变时已八十余岁了。他的学风和梨洲不同，全然属于周海门汝登一派，几与禅宗无异。梨洲少年时，曾极力和他抗辩。余姚之姚江书院，实求如所创。求如弟子最著者曰韩遗韩孔当、邵鲁公曾可，相继主讲姚江书院。而梨洲则倡证人学会。故康熙初年浙东王学，略成沈、黄两派对峙的形势。鲁公之孙邵念鲁廷采受业韩孔当，又从梨洲学算。念鲁继主姚江讲座最久，两派始归于一。"①指出了清初沈国模和黄宗羲两学派学风相异，而到了沈国模后学邵廷采之时，两学派才走线融合。

此外，梁启超还记述了王阳明虽然为浙东人，而在江西服官讲学最久，所以当时阳明学派中以江右学派为盛，而之后，江右学派学脉中断，直到近百年之后，清代康熙末年李穆堂学术思想兴起，在梁启超看来，李穆堂为陆王学派之最后一人。最后，对于"阳明学派之余波及其修正"这一内容，梁启超总结道："邵念鲁、全谢山结浙中王学之局，李穆堂结江右王学之局。这个伟大学派，自此以后，便仅成为历史上的名词了。"②

4. 对清代经学建设的总结

《中国近三百年学术史》的第五讲为《清代经学之建设》，其主要内容为梁启超对清代经学领域主要代表人物顾炎武、阎若璩、胡渭以及万斯大等清代经学家学术思想及其著作的介绍、总结和评价。

在梁启超看来，经学是清代学术的生命，而清代经学的发展经历了一百年这一漫长的过程，而顾炎武提出了"经学即理学"，其为清代经学领域中最重要的一位人物，所以，梁启超说道："清学开山之祖，舍亭林没有第二人。"③

在对顾炎武的记载中，梁启超不仅记述了其主要人生经历和学行，指出了梁启超本人极其敬重顾炎武的为人，而对于顾炎武的学术特色，梁启超则

---

① 梁启超：《中国近三百年学术史》，北京：商务印书馆，2016 年版，第 65 页。
② 梁启超：《中国近三百年学术史》，北京：商务印书馆，2016 年版，第 67 页。
③ 梁启超：《中国近三百年学术史》，北京：商务印书馆，2016 年版，第 68 页。

总结道:"亭林学术之最大特色,在反对向内的——主观的学问,而提倡向外的——客观的学问。"还说道:"要之清初大师,如夏峰、梨洲、二曲辈,纯为明学余波。如船山、舜水辈,虽有反明学的倾向,而未有所新建设,或所建设未能影响社会。亭林一面指斥纯主观的王学不足为学问,一面指点出客观方面许多学问途径来。于是学界空气一变,二三百年间跟着他所带的路走去。亭林在清代学术史所以有特殊地位在此"①,指出了顾炎武的学术特色在于其提倡客观的学问,能够批判明末王学纯主观方面的不足,由此引领了清代学风的转向,顾炎武的这一学术特色,促成了其在清代学术中的特殊地位。

梁启超还特别地强调了顾炎武所言的"行己有耻,博学于文"两语蕴含了做人的方法和做学问的方法。对于顾炎武的"行己有耻"这句话来说,梁启超指出,顾炎武欲树人格的藩篱,简单直接地提出了一个"耻"字,并且确信改良社会是学者的天职,"所以要人人打叠自己";而对于顾炎武所谓的"博学于文",梁启超指出,顾炎武谈"博学于文"的目的在于反对宋明学者以谈心说性为学。梁启超说道:"亭林所以能在清代学术界占最重要位置,第一,在他做学问的方法,给后人许多模范;第二,在他所做学问的种类,替后人开出路来。"②就其做学问的方法而言,"第一要看他搜集资料何等精勤"③,顾炎武做学问的主要工作在钞而不在著,正如顾炎武精心结撰的《日知录》,梁启超认为"确是一种精制品,是篝灯底下纤纤女手亲织出来的布。亭林作品的价值全在此……这种工作,正是科学研究之第一步,无论做何种学问都应该用他"④。

梁启超还记载了顾炎武对于著述家的道德问题极为注意,提倡学者应该具有的必要态度有两个,一个是精慎,另一个是虚心,同时也指出了顾炎武的著作最能体现这两种精神。对于顾炎武的最得意的《日知录》三十二卷的主要内容,梁启超则引用了《四库总目提要》中的评价,进行了归纳,即:

---

① 梁启超:《中国近三百年学术史》,北京:商务印书馆,2016年版,第72~73页。
② 梁启超:《中国近三百年学术史》,北京:商务印书馆,2016年版,第77页。
③ 梁启超:《中国近三百年学术史》,北京:商务印书馆,2016年版,第77页。
④ 梁启超:《中国近三百年学术史》,北京:商务印书馆,2016年版,第79页。

"前七卷皆论经义,八卷至十二卷皆论政事,十三卷论世风,十四、十五卷论礼制,十六、十七卷论科举,十八至二十一卷论艺文,二十二至二十四卷论名义,二十五卷论古事真妄,二十六卷论史法,二十七卷论注书,二十八卷论杂事,二十九卷论兵及外国事,三十卷论天象术数,三十一卷论地理,三十二卷杂考证。"①在引用《四库总目提要》之言对顾炎武《日知录》的内容进行总体性概括和归纳之后,梁启超提出了顾炎武所有的学问心得,都在《日知录》中有所体现,同时,《日知录》中每一门类的内容,都为后人开辟了学科分类研究的途径。

在对顾炎武一生著述的记载中,梁启超还概括了其《天下郡国利病书》一百卷、《肇域志》一百卷、《音学五书》三十八卷、《金石文字记》六卷等著作中的主要内容。

总而言之,梁启超在对顾炎武在清代学术地位的肯定之中,总结道:"要之,亭林在清学界之特别位置,一曰在开学风,排斥理气性命之玄谈,专从客观方面严察事物条理。二曰开治学方法,如勤搜资料综合研究,如参验耳目闻见以求实证,如力戒雷同剿说,如虚心改订不护前失之类皆是。三曰开学术门类,如参证经训史迹,如讲求音韵,如说述地理,如研精金石之类皆是。"②最后,梁启超于清代经学建设领域评价顾炎武时说道:"说亭林是清代经学之建设者,因为他高标'经学即理学'这句话,成为清代经学家信仰之中心。"③肯定了顾炎武在清代经学研究和建构中的理论和实践引向贡献。

在对清代经学建设中的主要学者及其思想的记载中,梁启超还着重介绍了阎若璩、胡渭和万斯大等人,并指出了顾炎武的学问,不仅仅限于经学,而其后的经学,也不皆是直接传自顾炎武,除其之外,清代纯以经学而著名并对后世之经学学风产生直接影响的经学家,还要推阎若璩、胡渭和万斯大等人。

① 梁启超:《中国近三百年学术史》,北京:商务印书馆,2016 年版,第 81 页。
② 梁启超:《中国近三百年学术史》,北京:商务印书馆,2016 年版,第 82 页。
③ 梁启超:《中国近三百年学术史》,北京:商务印书馆,2016 年版,第 86 页。

在对阎若璩经学研究的记载中,梁启超介绍了阎若璩一生所著书有《古文尚书疏证》八卷、《毛朱诗说》一卷、《四书释地》六卷、《潜邱札记》六卷、《孟子生卒年月考》一卷、《困学纪闻注》二十卷。梁启超指出,阎若璩在清代被公认为一流的学者,在于其撰有《古文尚书疏证》,而《古文尚书疏证》具有疑古精神,为清代学术解放的第一功臣。

在对胡渭的记载中,梁启超指出胡渭著书仅四种,即:一、《禹贡锥指》二十卷;二、《易图明辨》十卷;三、《洪范正论》五卷;四、《大学翼真》七卷。在梁启超看来,胡渭的学风不尚泛博,能够就一个问题做深入的研究,在他的几部书中,对后人影响最大的是《禹贡锥指》,这部书虽然有许多错处,但是能够精勤搜讨,开其后学者研究地理学提供的重要的参考,具有较高的价值。

在对万斯大的记载中,梁启超指出万斯大的著述主要有《学春秋随笔》十卷、《学礼质疑》二卷、《仪礼商》三卷、《礼记偶笺》三卷、《周官辨非》二卷。在梁启超看来,《周官辨非》价值最大,因为《周官》这部书,历代学者对其质疑不少,而《周官辨非》这部书言中其中的要害,在这一学术研究领域,有开先例的价值和意义。

由上述内容可知,梁启超在对"清代经学建设"的记载和总结中,首先对顾炎武在清代经学领域乃至整个学术界中所占的重要位置做了充分的肯定,并给予极高的评价,高度赞扬了顾炎武的治学方法、态度,以及其作为学术大师的学术风貌和高尚品格,又对顾炎武的学术著作做了清晰的总结和概括。同时,梁启超又重点介绍了顾炎武之外清代阎若璩、胡渭、万斯大等经学家及其在经学领域的贡献和主要著作。总而言之,在对这一内容的记载中,梁启超具有选择性地从人物、思想、学术贡献及其著作出发,描述了清代经学发展的概况。

5. 对王船山和朱舜水学术思想的总结

《中国近三百年学术史》的第七讲为《两畸儒》,其中主要记载着梁启超对明末清初两位儒家大师王船山和朱舜水学术思想的评价和总结。梁启超指出，南明有两位学术大师，在当时和本地，其学术思想没有大的影响，然而几百年之后，或在国内，或在国外，发生了很大的影响，这两位学术大师就是王船山和朱舜水。

在对王船山的记载及其学术思想的总结中，梁启超首先介绍了其著作，指出其著作主要有《船山遗书》（共七十七种二百五十卷），此外还有关于《易经》的五种——《周易内传》《周易大象解》《周易稗疏》《周易考异》《周易外传》，关于《书经》的三种——《书经稗疏》《尚书考异》《尚书引义》，关于《诗经》的三种——《诗经稗疏》《诗经考异》《诗广传》，关于《礼记》的一种——《礼记章句》，关于《春秋》的四种——《春秋稗疏》《春秋家说》《春秋世论》《续春秋左传博议》，关于《小学》的一种——《说文广义》，梁启超还指出，王船山解释诸子之书则有《老子衍》《庄子解》《庄子通》《吕览释》《淮南子注》，解释宋儒书的则有《张子正蒙注》和《近思路释》，王船山史评方面之书有《读通鉴论》《宋论》，其史料方面的书有《永历实录》，其杂著则有《思问录内外篇》《俟解》《噩梦》《黄书》《识小录》《龙源夜话》等，除此之外，王船山诗文集、诗余、诗话、诗选及文选等又有若干种。

其次，梁启超指出并评价了王船山学术思想之主要特点，他说道："船山和亭林，都是王学反动所产人物。但他们不但能破坏，而且能建设。拿今日的术语来讲，亭林建设方向近于'科学的'，船山建设方向近于'哲学的'。"[1]也就是说，在梁启超看来，王船山学术思想的特点在于趋于哲学。由此，对于王船山之学术，梁启超介绍道：西方哲学家的这些研究重心由早期的偏于宇宙本体，逐渐转向后来的偏向于认识论和"论理学"，而王船山的哲学研究正是从认识论和"论理学"这一方向出发，并且在其《知性论》一文中，提出了这种哲学问题，具体而言，王船山排斥"唯觉主义"，提出了"见闻可以证于知已知之后，而知不因见闻而发"（《正蒙注》卷四上），即否定感性认识在人的认识领域的主导作用。梁启超还指出，王船山在排斥"唯觉主义"的过程中所提到的"知名不知实"之弊，实际上是指一种见闻上的习气，继而王船山又

① 梁启超：《中国近三百年学术史》，北京：商务印书馆，2016 年版，第 96 页。

提出了"象化于心"的概念,而对于何为"象化其心",梁启超引用王夫之《俟解》篇之言进行了解释,即:"其所为信诸己者,或因习气,或守一先生之言,渐渍而据为己心",也就是说,所谓"象化其心"就是固守外在的见闻、习气或成说,并将其深入根植于内心,这是缺少理性分析、认识和思考的"唯觉主义"的一种表现形式,继而,王船山也排斥虚无主义,他不仅从理论方面"难"虚无主义,同时也建设他的实有主义。而对于王船山哲学的全系统,梁启超将其简单地概括为以下内容,即:

(1)他认"生理体"为实有。

(2)认宇宙本体和生理体合一。

(3)这个实体即人人能思虑之心。

(4)这种实体论,建设在知识论的基础之上,其所以能成立者,因为有超出见闻习气的"真知"在。

(5)见闻的"知",也可以补助"真知",与之骈进。①

梁启超将王船山的哲学体系概括为五个方面,即:人的生理体为实有,天人合一,人的实体价值在于人的理性思维,人的理性认识超过感性认识,并且能够提出"真理",感性认识可以补充理性认识、两者可以相互促进。

基于对王船山哲学思想体系的认识和总结,梁启超评价王船山说道:"我敢说他是为宋明哲学辟一新路"②,梁启超还在对王船山与顾亭林学术思想的比较中,揭示王船山的思想特色,他说:"亭林极端的排斥哲理谈——最不喜讲'性与天道'。船山不然,一面极力提倡实行,一面要研求最高原理"③,凸显了王船山提倡实践与研究的主张。

梁启超建议研究王船山思想的后人应该以其《正蒙注》《思问录·内篇》做中坚,再博览其其他著作。梁启超还说道:"自将《船山遗书》刻成之后,一般社会所最欢迎的是他的《读通鉴论》和《宋论》。这两部自然不是船山第一

---

① 梁启超:《中国近三百年学术史》,北京:商务印书馆,2016 年版,第 100 页。
② 梁启超:《中国近三百年学术史》,北京:商务印书馆,2016 年版,第 100 页。
③ 梁启超:《中国近三百年学术史》,北京:商务印书馆,2016 年版,第 100 页。

等著作,但在史评一类书里头,可以说是最有价值的。"①指出了《读通鉴论》和《宋论》两部书在王船山史评一类书中的重要价值。

最后,在对王船山的记载中,梁启超补充道:"船山本来不是考证学派,但他的经说,考核精详者也不少……"②记述了王船山在考证学领域也有一定的研究,由此可见其学术思想的广播和精详。

在对朱舜水人格风貌和学术特征的记载中,梁启超指出朱舜水因为明亡之后,不可降清剃发,便去了日本。朱舜水没有开门讲学,也没有著书,而是个德性纯粹而意志最坚强的人,常常把整个人格毫无掩饰地表现出来与人共见。他的人格与学术思想对整个日本影响极大,在德川二百年,日本变成儒家流行的国家,这最大的动力就是朱舜水,所以,当时日本人对于朱舜水犹如"七十子服孔子"③。

在梁启超看来,朱舜水的学风主张实践,排斥谈玄,他的这种学风,对于阳明心学来说,是一种反动,而朱舜水论王阳明,也多评价其为豪杰英雄,但对于包括王阳明在内的宋代以来的所有理学学者,皆有不满。梁启超指出,朱舜水论学,以有实用为标准,所谓的实用,"一曰有益于自己的身心,二曰有益于社会"④。梁启超还指出朱舜水娴习艺事,有巧思,曾经为日本做《学宫图说》,教授日本人修建石桥,通过这些事例的记载,梁启超得出结论:"可见朱舜水不独为日本精神文明界之大恩人,即物质方面,所给他们的益处也不少了。"⑤梁启超还总结到,朱舜水之学和顾炎武、颜元有些相近,然而,其博学于文的工夫不如顾炎武,简约提炼的工夫不如颜元,然而,朱舜水之学的"气象"要博大于颜元。孙奇逢、黄宗羲、顾炎武、王船山和朱舜水这些大师,都是才气倜傥而意志非常坚强的人,他们都是抵御外族入侵的民族英雄,自始至终都没有改变气节。梁启超对朱舜水、孙奇逢、黄宗羲、顾炎武、

① 梁启超:《中国近三百年学术史》,北京:商务印书馆,2016 年版,第 102 页。
② 梁启超:《中国近三百年学术史》,北京:商务印书馆,2016 年版,第 102 页。
③ 梁启超:《中国近三百年学术史》,北京:商务印书馆,2016 年版,第 104 页。
④ 梁启超:《中国近三百年学术史》,北京:商务印书馆,2016 年版,第 105 页。
⑤ 梁启超:《中国近三百年学术史》,北京:商务印书馆,2016 年版,第 105 页

王船山的这一评价,是在总结他们学术思想的同时,给予他们的高尚人格和民族气节极高的肯定和赞扬。

6. 对清初史学建设的总结

梁启超在《中国近三百年学术史》的第八讲总结了清初史学之建设。梁启超记载到,明清之交的各大师,大多数都重视史学,在这些学者中,被当时学界所忽略的有吴炎和潘柽章两位青年史学家,除此之外,梁启超重点介绍了清初万季野、全谢山两位史学大师,以及"无锡二顾"等人的史学思想、著作和主张。

在对万季野的记载中,梁启超指出万季野(万斯同)是清代史学开山之祖黄梨洲的学生,同时也是清代著名经学学者万斯大的兄弟。

梁启超记载到,万季野是黄宗羲门下最年少的学徒,而黄宗羲却最欣赏他。万季野学问广博,尤其喜爱文献学,由于其熟悉明代历史的缘故,所以其以著《明史》为己任。清初明史馆开馆,万季野应聘入京,请以布衣参史事,所有纂修官的稿件都由他决定,同时他反对唐代以后史书设局分修的制度。在京城参与纂明史的十余年之中,万季野著成了《明史稿》五百卷,关于他的著书旨趣,梁启超引用了方苞所作的《望溪文集·万季野先生墓表》揭示道:

> 史之难言久矣。……而在今则事之信尤难。好恶因心,而毁誉随之;一家之事,言者三人,而其传各异矣,况数百年之久乎!言语可曲附而成,事迹可凿空而构,其传而播之者,未必皆直道之行也;其闻而书之者,未必有裁别之识也。非论其世,知其人,而具见其里,则吾以为信而(人受其)枉者多矣。……《实录》者,直载其事与言而无所增饰者也。因其世以考其事,核其言而平心察之,则其本末十得八九矣。然言之发或有所由,事之端或有所起,而其流或有所激,则非他书不能具也。凡《实录》之难详者,吾以他书证之;他书之诬且滥者,吾以所得于《实录》者裁之;虽不敢具谓可信,而枉者或鲜矣。昔人于《宋史》已病繁芜,而吾所述将倍焉。非不知简之为贵也,吾恐后之人务博而不知所裁,故先

为之极,使知吾所取者有可损,而所不取者必非其事与言之真而不可益也。①

也就是说,从万季野著书旨趣来看,由于唐代以后,官方修史,很多由杂篇拼凑而成,漫无目的地选择材料,所以,所成之书多"芜秽特甚"②,而万季野所做的纂史工作便与前人不同,在万季野看来,对历史的记载,必须建立在正确事实的基础之上,而欲求事实的正确,并不是靠空洞的推理和尖巧的臆测所能获得,而是需要非常耐心和烦琐的工夫,在事实上反复地推敲,这样才可以获得真相。在梁启超看来,万季野的纂史著述的旨趣在于求实,而求实又需要建立在耐心和烦琐的考证推敲工夫之上,即认真的态度对史料进行搜集和鉴别。梁启超指出,万季野的这种研究旨趣和精神,极大地影响了前清的史学界的发展和建设。

梁启超还具体记载了万季野对《明史》修纂所做的贡献,指出《明史》虽然属于官居分修,然而在很大程度上得力于万季野,"季野费十几年工夫,才把五百卷的《明史稿》著成"③。

除了万季野在《明史》修纂方面的成就,梁启超还记载了其对清初史学建设的其他贡献。例如,梁启超指出,万季野著书,除了《明史稿》之外,还有《历代史表》六十卷,《纪元汇考》四卷,《庙制图考》四卷,《儒林宗派》八卷,《石经考》二卷,《周正汇考》八卷,《历代宰辅汇考》八卷,《宋季忠义录》十六卷,《六陵遗事》一卷,《昆仑河源考》二卷,《河渠考》十二卷,《石园诗文集》二十卷,等等。对于万季野的这些史学著作以及这些著作中所折射出的万季野的史学造诣和能力,梁启超有选择性地介绍到:"我们读《历代史表》,可以看出季野的组织能力;读《群书疑辨》,可以看出他考证精神;读《读礼通考》,可以看出他学问之渊博和判断力之敏锐。除手创《明史》这件大事不计外,专就这三部书论,也可以推定季野在学术界的地位了。"④也就是说,万季

---

① 梁启超:《中国近三百年学术史》,北京:商务印书馆,2016 年版,第 110 页。
② 梁启超:《中国近三百年学术史》,北京:商务印书馆,2016 年版,第 110 页。
③ 梁启超:《中国近三百年学术史》,北京:商务印书馆,2016 年版,第 111 页。
④ 梁启超:《中国近三百年学术史》,北京:商务印书馆,2016 年版,第 112 页。

野的史学著作充分地反映出了他作为清初一位著名的史学家所具备的史料组织能力、考证精神、深厚广博的知识和敏锐的判断能力,他的这些史学素养和能力,使其在清初史学界占有重要的一席之地。

梁启超还在将万季野与黄宗羲史学研究风格的比较之中,凸显了万季野的学术特点,梁启超说道:"季野虽属梨洲得意门生,但关于讲学宗旨(狭义的讲学)和梨洲却不同。梨洲是很有些门户之见,季野却一点也没有。《四库提要》说:'明以来道统者,扬己陵人,互相排轧,卒酿门户之祸。斯同目睹其弊,著《儒林宗派》,凡汉后唐前传经之儒,一一具列,持论独为平允。'他这部书著在《明儒学案》以后,虽彼此范围,本自不同,亦可见他对于梨洲的偏见,不甚以为然了。"在梁启超看来,万季野治史风格与黄宗羲不同之处,在于黄宗羲的史学研究尤其是学术史研究有较深的门户之见,这是因为黄宗羲沿袭了明代以来道统学者扬己抑人、相互倾轧的风气,而万季野治史却完全没有门户之见,这也是其史学研究所具有的客观性的一种表现。

除上述内容,梁启超还记载了万季野晚年心悦诚服于颜元的学术,他虽然出自"黄门",但是对于程朱理学和陆王心学的纷争,却持有中立的态度,而他的人格之形成,则较大程度上源自黄宗羲对其的影响。

在对清初史学建设的总结中,梁启超还重点介绍了全祖望(全谢山)的史学成果及贡献。梁启超记载到全谢山著述现存者有《鲒埼亭集》三十八卷,《外集》五十卷,《诗集》十卷,《校水经注》三十卷,《续宋元学案》一百卷,《困学纪闻三笺》若干卷,辑《甬上耆旧诗》若干卷。在全谢山的这些著作中,梁启超对《鲒埼亭集》评价最高,介绍最为详细。他说:"若问我对于古今人文集最爱读某家,我必举《鲒埼亭集》为第一部了!谢山性情极肫厚,而品格极方峻,所作,文字,随处能表现他的全人格,读起来令人兴奋……他这部集,记明末清初掌故约居十之四五,订正前史讹舛约居十之二三,其余则为论学书札及杂文等……他最善论学术流派,最会描写学者面目,集中梨洲、亭林、二曲、季野、桴亭、继庄、穆堂……诸碑传,能以比较简短的文章,包举他们学术和人格的全部，真不同寻常……《鲒埼亭集》内容和价值大略如此。"①梁启超指出了谢全山性情肫厚，品格方峻，以及他的《鲒埼亭集》中文章的体裁和主要内容，在这一过程中，对全谢山这一文集的内容和价值做了定性的评价。

梁启超还记载和评价了全谢山的学术根底和学术特点，他说道："谢山是阳明、蕺山、梨洲的同乡后学，受他们的精神感化甚深。所以他的学术根底，自然是在阳明学派上头。但他和梨洲有两点不同：第一，梨洲虽不大做玄谈，然究未能尽免；谢山著述，却真无一字理障了。第二，梨洲门户之见颇深，谢山却一点也没有。所以我评论谢山，说他人格的光明俊伟，是纯然得力王学，可以与他的朋友李穆堂同称王门后劲。若论他学术全体，可以说是超王学的，因为对王学以外的学问，他一样的用功，一样的得力。"②也就是说，在梁启超看来，全谢山是王阳明、刘宗周和黄宗羲的同乡后学，他的学术根底来自王学，他本人也和李穆堂一样，属于"王门后劲"，但是，全谢山和黄宗羲不同的是，黄宗羲之学有或多或少的空谈之处，而全谢山之学没有空谈之处，黄宗羲之学有门户之见，而相比之下，全谢山之学较为客观并无门户之见，全谢山之学虽然来自王学，但又涉猎广泛，不局限于王学而超越王学，对于王学之外的学问，全谢山"一样得力"，由此可见，梁启超既揭示了全谢山之学的王学根底，又指出其学较为务实、客观、广博的学术特点。

在对全谢山的史学研究的记载中，梁启超还重点介绍和评价了《宋元学案》这部学术史著作，梁启超指出《宋元学案》虽然由黄宗羲创始，而实际上成书于全谢山，全谢山对于《宋元学案》所做贡献的难度，远远大于黄宗羲，这是因为，黄宗羲以晚明人的身份记述明代学术（《明儒学案》），对于史料的取材比较容易，而全谢山属于黄宗羲后学，其所出生的年代，又晚于黄宗羲数十年，所以，相比之下，在史学创作的取材方面是比较困难的。如果拿《宋元学案》和《明儒学案》进行比较，则《宋元学案》的特色之处在于："第一，不

① 梁启超：《中国近三百年学术史》，北京：商务印书馆，2016 年版，第 116 页。
② 梁启超：《中国近三百年学术史》，北京：商务印书馆，2016 年版，第 116 页。

定一尊。各派各家乃至理学以外之学者,平等看待。第二,不轻下主观评价。各家学术为并时人及后人所批评者,广收之以入'附录',长短得失,令学者自读自断,著者绝少做评语以乱人之耳目。第三,注意师友渊源及地方的流别。每案皆先列一表,详举其师友及弟子,以明思想渊源所自,又对于地方的关系多所说明,以明学术与环境相互的影响。"①由以上三点,梁启超得出结论:"《宋元学案》比《明儒学案》更进化了。"②

对于清初史学建设方面,梁启超认为浙东学派对其贡献较大,梁启超认为,浙东学风,从黄宗羲、万斯同、全祖望以至于章学诚等人,自成一个系统,而这一学派的最大贡献者,在于史学,其中,章学诚可以被称作"历史哲学家",他的著作价值更高。

在对清初史学建设的总结中,梁启超还简单概括了"无锡二顾"(顾祖禹、顾栋高)的史学成就。在对顾祖禹的记载中,梁启超指出其平生著述,只有一部《读书方舆纪要》,并评价这部书算得上治地理学之最好模范。在对顾栋高的记载中,梁启超指出顾栋高著有一部好书《春秋大事表》,这部书的体例,是将《左传》拆散,找出若干个主要题目,再把书中许多零碎事实按题目搜集起来,列成表的形式,进行比较研究。梁启超评价顾栋高这部书算得上是第一次成功了。此外,他还著有《司马温公年谱》和《王荆公年谱》两部书,这两部书的体例也非常精审。在梁启超看来,顾栋高为史学界一位有创作能力的人。

总之,在梁启超对清初史学建设的总结中,首先,他记载并评价了万斯同(万季野)和全祖望(全谢山)的史学成就和贡献,并对这两位清初史学家给予不同的高度评价;之后,梁启超又用简短的篇幅概括了"无锡二顾"以著述为主的史学成就。在对这四位人物的治史记载中,将清初史学建设的特点呈现出来。

---

① 梁启超:《中国近三百年学术史》,北京:商务印书馆,2016 年版,第 117 页。
② 梁启超:《中国近三百年学术史》,北京:商务印书馆,2016 年版,第 117 页。梁启超:《中国近三百年学术史》,北京:商务印书馆,2016 年版,第 117 页。

7. 对清代程朱学派的记述

梁启超在《中国近百年学术史》的第九讲记载和评价了主要以张杨园、陆桴亭、陆稼书、王白田等学者为代表的清代程朱学派。梁启超认为,清初对于王学的"反动",第一步表现为返于程朱理学,这是因为明代几百年来,主要以阳明心学为主流的学界好谈性理之风,而王学末端的流弊,又被时代心理所厌。

在梁启超看来,清初的诸位学术大师,孙奇逢、黄宗羲、李颙等人虽然衔接了王学余绪,但是都对王学有所修正。孙奇逢有调和程朱理学和陆王心学的倾向,到了顾炎武、王夫之和朱舜水等人,虽然没有批判明代所流行的讲学形式,但是他们的学术特点都近于程朱理学。然而在清理学学者中,梁启超认为专门以程朱之学为宗旨且为人品格可尊者,最初有张杨园、陆桴亭,继起则有陆稼书和王白田。

在对张杨园(名履祥)其人其学的记载中,梁启超指出张杨园虽然学于刘宗周,但是却不墨守师说,曾辑《刘子粹言》一书,专门辑录刘宗周矫正阳明之语,张杨园非常不喜欢王阳明的《传习录》。同时,梁启超还认为,张杨园是清儒中辟王学的第一个人,其后的朱学家都非常推崇他,将其学认作道学正统。而在梁启超看来,张杨园品格方严,践履笃实,这是其可敬的一面,然而他在学术领域并没有创新和开拓,不过是一位独善其身的君子罢了。

在对陆桴亭的记载和评价中,梁启超指出陆桴亭早年有志于事功,曾经著述谈平流寇的方略,语言极其中肯,他还著有《思辨录》一书,陆桴亭虽然不喜欢陈献章和王阳明之学,然而对他们的评论却非常的客观公正,绝不进行深刻的衷辑。梁启超记述到,陆桴亭评论各家学派的言论很多,大多数都比较公平中肯,所以,陆桴亭可以算得上是一位学术批判家,假如其作一部《明儒学案》,价值也会在《明儒学案》之上,这是因为黄宗羲在作《明儒学案》时有较深的门户之见,而陆桴亭在对各家各派学术思想的评论中,则持较为公正的态度。在梁启超看来,后来的程朱学者将陆桴亭的学术宗旨归为程朱学派,这一做法其实是不正确的,因为陆桴亭只不过是不以陆王心学为宗旨,但是其不见得专门以程朱理学为宗旨。例如,"程朱将'性'分为二,说:'义理之性善,气质之性恶。'此说他便不赞同"①。也就是说,陆桴亭不完全以程朱理学为"是"。在梁启超看来,陆桴亭论"性"和颜习斋有相同之处,他让学者学习六艺,即天文、地理、河渠、兵法之类切于世用的学问,他不喜欢讲学,对于程朱理学中的存养工夫,亦有怀疑。由此,在梁启超看来,陆桴亭虽然属于清代程朱理学一派,但是,"和程朱门庭不尽相同"②。

在对陆稼书(名陇其,浙江平湖人)的记载和评价中,梁启超指出,其"是鲠直而恬淡的人,所以做官做得不得意,自己也难进易退。清朝讲理学的人,共推他为正统。清儒从祀孔庙的头一位便是他"③,揭示了陆稼书鲠直的性格和处于清代程朱理学正统的地位。梁启超认为,陆稼书之所以在清代理学中占有如此高的地位,成了清儒从祀孔庙的第一个人,是因为陆稼书具有非常深的门户之见。梁启超记载到,陆稼书把朱子做成思想界的专制君主,凡是相对于朱子之学持不同观点的,都被陆稼书看作叛逆。他不仅攻击陆王心学,甚至连高攀龙、顾宪成这种介于程朱理学和陆王心学之间的人,他都极力批判,因此,清代的程朱派非常称颂他的卫道之功,并将他的斥陆王心学比作"孟子距杨、墨"。梁启超评价陆家书其人人格极高洁,践履极笃实,但是因为天分不高,性情又失狷狭,同时,梁启超也说道:"稼书办事是肯认真肯用力的,但能力真平常,程朱派学者大率如此,也难专怪他。"④揭示了陆稼书做事勤勉但能力平常的特点。

在对王白田(名懋竑,字予中,江苏宝应人)的记载和评价中,梁启超指出他是一位极严谨方正的人,他平生只有一部著作《朱子年谱》四卷,附《考异》四卷。关于王白田《朱子年谱》的写作目的,梁启超提到,王阳明主张陆九渊之学,因此,晚年作了一本《朱子晚年定论》,这本书的主要内容是,朱子到了晚年,逐渐觉得自己的学问支离,渐渐悔悟,便倾向了陆九渊的学术观

① 梁启超:《中国近三百年学术史》,北京:商务印书馆,2016 年版,第 124 页。
② 梁启超:《中国近三百年学术史》,北京:商务印书馆,2016 年版,第 125 页。
③ 梁启超:《中国近三百年学术史》,北京:商务印书馆,2016 年版,第 125 页。
④ 梁启超:《中国近三百年学术史》,北京:商务印书馆,2016 年版,第 126 页。

点。王阳明的这部书问世之后，引起了学术界的轰动，不少程朱理学派学者著书对其进行批驳，其中有晚明陈清澜著一部《学蔀通辨》专门驳斥《朱子晚年定论》，后来又有顾亭林的《日知录》中有一条驳《朱子晚年定论》，而黄宗羲一派则偏袒阳明心学，之后，也有试图调节两派的学者产生，这类学者主要有王派出身的孙奇逢和朱派出身的陆桴亭。乾嘉以后，程朱学派和陆王学派各有一个人将自己本学派的学说平心静气较为客观地说明真相，既不勉强调和，也不做意气攻击，这两个人就是陆王派的李穆堂和程朱派的王白田。

梁启超指出，王白田的成绩在于做了一部《朱子年谱》。在王白田之前，朱子年谱有三个人做过，分别是：一、李果斋（朱子门人）；二、李古冲（明嘉靖间人）；三、洪去芜（清康熙间人）。梁启超记载到，李果斋版本的《朱子年谱》已经不存在了，李古冲版本的《朱子年谱》是以李果斋的版本为底本改纂而成，而洪去芜版本又是对李古冲版本的增删而成，并没有大的特识。李古冲生活的年代是王学正盛之时，因此，他的《朱子年谱》具有援朱入陆的成分。梁启超认为，王白田这部《朱子年谱》的主要动机，就是为了矫正洪去芜版本的援朱入陆倾向，但是，王白田和陈清澜一派的态度截然不同，陈清澜好用主观的批评，王白田则尽力搜罗客观事实，把年月日调查得清清楚楚，令对立派没有强辩的余地，因此，在梁启超看来，王白田是"科学的研究朱子"[1]。梁启超还记载到，王白田于《朱子年谱》之外，又附了《年谱考异》，凡是需要考证的都要经过一番严密鉴定，使读者知道他的根据所在，同时又附有一部《朱子论学切要语》，把朱子主要学说都提挈出来。而王白田的其他著述，还有一部《白田草堂存稿》，内容也是研究朱子的较多。

在对清代程朱学派的记载中，梁启超还揭示出，由于清初王学反动的结果，又许多学者都倾向程朱一派，比如顾炎武、王夫之和朱舜水等人。然而，投向程朱学一派的学者中，也有部分依草附木者，对此，他列举了孙承泽、李光地、方苞等人。最后，梁启超总结说："总而言之，程朱学派价值如何，另一

---

① 梁启超：《中国近三百年学术史》，北京：商务印书馆，2016 年版，第 128 页。

问题。清初程朱之盛，只怕不但是学术界的不幸，还是程朱的不幸哩。"①

8. 梁启超记清初实践实用主义之学

梁启超认为，清代学术，初期为程朱陆王之争，中期为汉学和宋学之争，末期为新学和旧学之争。其间，有人对朱陆汉宋等学派所凭借的两千多年的思想进行了抨击，其所树立的旗号为复古，而精神则纯为"现代的"，主张这一派学术的代表人物为颜习斋和李恕谷等人，他们的思想及主张，被梁启超称为"实践实用主义"。

在总结和梳理颜习斋学术研究和思想主张之中，梁启超记载到，颜习斋年幼时曾学习神仙引导之术，二十岁以后学习陆王之书，不久又从事程朱理学的研究，三十岁以后，一反之前所学，认为做学问需要从事物上下工夫，所以，他极力提倡一个"习"字，由此强调凡学一件事都要用实地练习工夫，并提出学问最重效率，也强调凡学问都要以有益于人生、可施于政治为主。基于颜习斋的这些观点和主张，梁启超称颜习斋为"实践主义"和"实用主义"。

梁启超还指出颜习斋反对著书，他一生著书很少，只有《存学》《存性》《存治》《存人》四篇。其中，《存学编》指出孔子以前的教学成法，主张习行六艺，而对于静坐和读书两派，则痛加驳斥；《存性编》记载了颜习斋哲学的根本内容，即主要以孟子的行善论为大宗，反对宋儒的变化气质之说；《存治编》发表了颜习斋的政治主张，如行均田、复选举、重武事等；《存人编》则记载了颜习斋对佛教的驳斥。

梁启超还记载到，颜习斋不仅反对著书，而且还反对读书。他否认读书是学问，尤其否认注释古书是学问，甚至否认用所有各种方式的文字发表出来的是学问。梁启超指出，颜习斋认为"读书即学问"这个观念来自汉宋诸儒，即"汉宋诸儒，但见孔子叙《书》、传《礼》、删《诗》、正《乐》、系《易》、作《春秋》，误认纂修文字是圣人；则我传述注解便是贤人，读之熟、讲之明而会作书文者，皆圣人之徒矣，遂合二千年成一虚花无用之局"②。梁启超还阐明

①　梁启超：《中国近三百年学术史》，北京：商务印书馆，2016 年版，第 130 页。
②　梁启超：《中国近三百年学术史》，北京：商务印书馆，2016 年版，第 138 页。

了颜习斋痛恨读书的缘由，也就是在颜习斋看来，只读书能令人愚，能令人弱，以往学者把很多精力都花费在文墨上，耗尽身心气力，在思、读、讲、著上做工夫，而完全忘了"三事六府"和"周孔六德六行六艺"。对于这种学风，颜习斋非常痛恨。但梁启超指出，颜习斋反对读书，并非反对学问，他把读书和学问分作两件事，认为读书和学问是截然不同两件事，而且还认为读书妨害学问，所以反对它。对此，梁启超评价道："可知他反对读书，纯为积极的，而非消极的。他只是叫人把读书的岁月精神腾出来去做学问。"①

梁启超记载到，反对读书并不是始于颜习斋一派，而是明代的陆王学派就反对读书，禅宗尤其反对。而颜习斋一派所反对的不仅仅是读书，其还尤其反对宋明儒之谈玄式的讲学。例如，颜习斋说：

> 近世圣道之亡，多因心内惺觉、口中讲说、纸上议论三者之间见道，而身世乃不见道。学堂辄称书院，或曰讲堂，皆倚《论语》"学之不讲"一句为遂非之柄。殊不思孔门为学而讲，后人以讲为学，千里矣。（《年谱》卷下）②

也就是说，在颜习斋看来，宋明儒"谈玄式"讲学错误的根本在于误读了《论语》中"学之不讲"一句的内涵，而没有认识到孔门是为了学习而讲学，而后人的"千里之差"在于把讲学当作学习。梁启超认为，在颜习斋那里，只要是以"讲"的形式进行学习的，不论讲什么，首先在方法上已经错了。既然颜习斋反对讲学，那么，他主张何种方式的学习呢？对此，梁启超说道："总之，习斋学风，只是教人多做事，少讲话，多务实际，少谈原理。"③也就是说，在读书、讲学与实践方面，颜习斋更加主张实践。

在记载与评价李恕谷学行及思想中，梁启超指出，清代的实践实用学派的创立者是颜习斋，但是颜习斋是一位交游很少的人，又不肯著书，如果仅仅凭借颜习斋一人，实践实用学派是很难发展起来的，而这一学派的发展得

① 梁启超：《中国近三百年学术史》，北京：商务印书馆，2016 年版，第 140 页。
② 转引自梁启超：《中国近三百年学术史》，北京：商务印书馆，2016 年版，第 141 页。
③ 梁启超：《中国近三百年学术史》，北京：商务印书馆，2016 年版，第 142 页。

力于颜习斋的弟子李恕谷。梁启超说道:"幸亏他(颜习斋——引者注)有一位才气极高、声气极广、志愿极宏的门生李恕谷,才能把这个学派恢张出来……习斋之有恕谷,却真是史公所谓'相得而益彰'了。所以这派学问,我们叫他做'颜李学'。"①梁启超记载到,李恕谷曾经以父命从习斋游,尽传其学,而以发扬光大颜习斋学为己任,学术界皆因为有李恕谷才知道有颜习斋,例如,当时的程绵庄和恽皋闻等人,都是由李恕谷而了解颜习斋,后来都成了"习颜学派"下的主要代表人物,所以,这派虽然由颜习斋创始,但实际是经由李恕谷而得以发展。梁启超还强调,李恕谷对师门有补偏救弊之处,例如,颜习斋绝对排斥读书,而李恕谷则认为关于礼乐射御书数方面的书籍,有许多地方需要考证,所以书本上的学问不可以完全抛弃。在梁启超看来,虽然李恕谷对于师门有补偏救弊之处,但是其学术大本原所在,未尝和习斋有所出入。

在介绍李恕谷对师门的沿袭和改造方面,梁启超记载道:

> 恕谷承习斋教,以躬行为先,不尚空文著述,晚年因问道者众,又身不见用,始寄于书。所著有《小学稽业》五卷,《大学辨业》四卷,《圣经学规纂》二卷,《论学》二卷,《周易传注》二卷,《大学》《中庸》传注各一卷,《传注问》四卷,《经说》六卷,《学礼录》四卷,《学乐录》二卷,《拟太平策》一卷,《田赋考辨》《宗庙考辨》《禘祫考辨》各一卷,《阅史郄视》五卷,《平书订》十四卷,《恕谷文集》十三卷。其门人冯辰、刘调赞共纂《恕谷先生年谱》四卷。②

也就是说,李恕谷继承了颜习斋中实践的思想,反对空泛的著述,但到了晚年,因为向其问学者越来越多,所以其一改师门风格,开始著述各种书籍。在梁启超看来,李恕谷晚年的著述,是其对颜李学派学术风格的一种改造。

在对颜李学派的特点进行综合介绍和评价之中,梁启超指出:

---

① 梁启超:《中国近三百年学术史》,北京:商务印书馆,2016 年版,第 135 页。
② 梁启超:《中国近三百年学术史》,北京:商务印书馆,2016 年版,第 136 页。

第一，他们将汉代以后两千年所有学术进行了否认，同时注重践履，反对读书和著述。

第二，他们反对宋儒所讲求的"主静主敬、穷理格物"①等个人修养方法，尤其"主静"，是颜李根本反对的。在梁启超看来，颜习斋对宋儒提倡的"主静"最为痛恨，但是，颜习斋和李恕谷等并非用空言反对，而是从心理学的角度提出了充分的理由，来证明静中所得境界脱离了实际。梁启超记载，在颜习斋看来，主静不仅徒劳无功，而且有两大害：其一，是坏身体；其二，是损神志。就此，梁启超引用了颜习斋批判主静的两段话，即："终日兀坐房中，萎惰人精神，使筋骨皆疲软，以至天下无不弱之书生，无不病之书生。生民之祸，未有甚于此者也。""为爱静空谈之学久，则必至厌事。遇事即茫然，贤豪且不免，况常人乎？故误人才败天下事者，宋人之学也。"②在梁启超看来，颜习斋的这两段话，分别从生理上和心理上说明了主静的弊端。

梁启超指出，颜习斋基于对"主静主义"的反对，提倡"主动主义"，还分别从生理上和心理上说明了"习动"之必要，同时，颜习斋笃信主动主义，还为之进行了极其有力的总结，即：

> 五帝、三王、周孔，皆教天下以动之圣人也，皆以动造成世道之圣人也。汉唐袭其动之一二以造其世也。晋宋之苟安，佛之空，老之无，周、程、邵之静坐，徒事口笔，总之皆不动也，而人才尽矣，世道沦矣！吾尝言，一身动则一身强，一家动则一家强，一国动则一国强，天下动则天下强。自信其考前圣而不缪，俟后圣而不惑矣。(《言行录》卷下《学须篇》)③

在颜习斋看来，五帝、三王、周公和孔子皆教天下人以"动"为成圣之路，汉唐部分地沿袭了"以动成圣"的路数，而到了晋宋时期，佛家主张空，道家主张无，周敦颐、二程、邵雍等人主张静，只教人在纸笔上下工夫，这些"不动"的做法，导致了人才的消失和世道的沦丧，而颜习斋认为，只有动才是身

---

① 梁启超：《中国近三百年学术史》，北京：商务印书馆，2016年版，第142页。
② 梁启超：《中国近三百年学术史》，北京：商务印书馆，2016年版，第144页。
③ 梁启超：《中国近三百年学术史》，北京：商务印书馆，2016年版，第145页。

强、家强、国强、天下强的根本所在，这也是古代圣人所主张的。

梁启超指出，颜李学派不仅反对宋儒的"主静"，也反对程朱理学派的"主敬"。"主敬"是宋儒的主要修养方法之一，程朱理学派常常以"主敬"与陆王心学派相抗衡。实际上，对于"主敬"，颜李学派是十分赞成的，但是认为宋儒的主敬方法是错误的。在颜习斋看来，宋儒的"穷理居静"四个字，从文字上看，十分具有审美意义，但是从具体实践上看，宋儒则以读书为穷理的功力，以恍惚虚无的道体为精妙的道理，以讲学和著述为穷理的事业，以俨然静坐为居敬的容貌，以集中精力心无所想为居敬的工夫，以舒缓的状态为居敬的作用，颜习斋认为，宋儒这些"居敬穷理"的内容和表现是不正确的。然而，什么才是正确的"主敬"呢？梁启超记载到，颜习斋引用《论语》中的话为依据，提出了"执事敬""敬事而信""敬其事""行笃敬"等概念，认为，只有做到身与心的双重工夫，才能做到主静，也就是说，在颜习斋那里，"主敬"并非宋儒所主张的人聚集精力的冥想，而是身体力行的认真实践。

梁启超指出，颜李学派不仅反对宋儒的"主敬"，而且对宋儒的"即物穷理"也提出了质疑。宋儒之自称道学，也叫理学，其以穷理为主要标志。在梁启超看来，颜习斋和李恕谷自然不是不讲道理的人，但是，他们却认为，宋儒所讲的道理都是错误的。梁启超列举了颜习斋和李恕谷对宋儒所讲的道和理的批判之言，如，颜习斋说："道者，人所由之路也，故曰'道不远人'。宋儒则远人以为道者"。① 李恕谷说："路从足，道从辵，皆言人所共由之义理，犹人所由之街衢也。《中庸》言行道，《论语》言适道，《尚书》言遵道，皆与《孟子》言由道由路同。遂亦可曰'小人之道'、'小人道消'，谓小人所由之路也。若以道为定名，为专物，则老庄之说矣。"② 也就是说，在颜李学派看来，道是人们所共同遵守的义理，道存在于人的日常生活之中，是贴近人的生活的，而并非宋儒所讲的抽象的特殊的"专物"。李恕谷更是从初民狩猎时代的状况说明道之名的由来，指出道不出五伦六艺以外。所以，颜李学派

---

① 梁启超：《中国近三百年学术史》，北京：商务印书馆，2016 年版，第 146 页。
② 梁启超：《中国近三百年学术史》，商务印书馆，2016 年版，第 146 页。

不言天道,只言人道。

梁启超指出,在宋儒那里,理有两种,明理的方法也有两种。一种是天理,即天道,指一个明空的虚体,明理的工夫在于"随处体认天理",这种明理的结果则是"人欲净,天理流行";另一种是物理,即客观的事物原理,明理的工夫则在于"即凡天下之物。莫不因其已知之理而益穷之,以求至乎其极",而结果则是"一旦豁然贯通,则物之表里粗精无不到,而吾心之全体大用无不明"[①]。因为宋儒的最高目的,是要从心中得到一种虚明灵觉的境界,认为只有达到这种境界,才是抓住学问的大本大原,其余的都是枝叶,颜李学派对宋儒的这种主张,极力地反对。他们对于朱熹所谓"即物穷理"的工夫也加以批评。朱熹的"即物穷理",是指对每一件事物逐一地进行研究,上至事物的大本大原,下至一草一木一昆虫,在穷理过程中兼做到读书与研究事物,并且逐一地去研究每一件事物。对此,李恕谷批判说:"朱子一生功力志愿,皆在此数言,自以为表里粗精无不到矣。然圣贤初无如此教学之法也。《论语》曰'中人以下,不可语上';'夫子之言性与天道,不可得闻';《中庸》曰'圣人有所不知不能';《孟子》曰'尧舜之知而不遍物'。可见初学不必讲性天,圣人亦不能遍知一草一木也。朱子乃如此浩大为愿,能乎?"[②]李恕谷引用了《论语》《中庸》《孟子》中关于圣人不能遍知、不能遍学的内容,批评了朱子遍知一草一木的愿望荒唐不符合实际、难以实现。颜习斋也批评说:"误矣!孔门诸贤,礼乐兵农各精其一;唐虞五臣,水火农教,各司其一。后世菲资,乃思兼长,如是必流于后儒思著之学矣。盖书本上见,心头上思,可无所不及,而最易自欺欺世,究之莫道一无能,其实一无知也。"[③]在颜习斋看来,就连孔门诸贤和唐虞五臣都是在礼乐兵农和水火农教等领域各精其一、各司其一,而不能精通于所有领域,所以,宋儒所主张的"遍知""遍格"是无法实现的,其结果只能流于"思著"之学,然而,仅仅依靠书本上的学和头脑

---

① 梁启超:《中国近三百年学术史》,商务印书馆,2016 年版,第 147 页。
② 梁启超:《中国近三百年学术史》,商务印书馆,2016 年版,第 149 页。
③ 梁启超:《中国近三百年学术史》,商务印书馆,2016 年版,第 149 页。

中的思考而不去具体实践,就会导致自欺欺世、一无所知和一无所能。梁启超指出,宋儒的两种穷理方法,即读书和格物,在颜习斋和李恕谷看来,都值得批判。

梁启超还总体记载和评价了颜李学派关于"知行观"的看法。梁启超指出,颜习斋和李恕谷两人,重视实际行动而不重视书本知识,他们都肯定"可使由不可使知"是古人的非常好的一个教学方法。梁启超认为,表面看起来,颜李学派的这种知行观似乎是对知识方面的忽略,而实际上并不是这样,他们并不是不要求知识,只是强调知识必须来自实践经验,为了阐明颜习斋和李恕谷的这一观点,梁启超引用了颜习斋解读《大学》"格物"以说明知识来源的论述,即:

> 李植秀问"格物致知"。予曰:知无体,以物为体,犹之目无体,以形色为体也。故人目虽明,非视黑视白,明无由用也;人心虽灵,非玩东玩西,灵无由施也。今之言致知者,不过读书讲学思辨已耳,不知致吾知者皆不在此也。譬如欲知礼,任读几百遍礼书,讲问几十次,思辨几十层,总不算知;直须跪拜周旋亲下手一番,方知礼是如此。是谓"格物而后知至"。……且如这冠,虽三代圣人,不知何朝之冠也;虽从闻见而知为某种之冠,亦不知皮之如何暖也;必手取而加诸首,乃知如此取暖。如这蔬蔬,虽上智老圃,不知为可食之物也;虽从形色料为可食之物,亦不知味之如何辛也;必箸取而纳之口,乃知如此味辛。故曰手格其物而后知至。(《四书正误》卷一)

也就是说,在颜习斋看来,从见到的和听到的偶然得来的知识是经不起推敲的,从形色上揣料而得来的知识也不是完全能够靠得住的,要想得到真正的知识,必须经历一定的过程,要亲自去下手体验,也就是说,知识一定要来源于实践经验,并没有先验的与生俱来的知识。梁启超将颜李学派的这种知行观称作"唯习主义",认为这种"唯习主义"的知识论,是颜李学派哲学的根本立场。

梁启超还介绍了颜李学派对于王阳明"知行合一"观的认识。王阳明提出了"知行合一",这在颜李学派看来,阳明心学派是倾向于主观之知的,同时也分知与行的。在他们看来,只有从实践和经验中得到道理和知识,才可称作真正的知行合一。梁启超指出,王阳明提出了"不行只是不知"①,而颜习斋则认为不知是因为不行,所以颜习斋强调人们要不断地实践,身体力行。

梁启超还指出,颜习斋以"习"名其斋,是因为"习"之力量的伟大。所以他极力提倡《论语》"习相远"和"学而时习"这两句话。在梁启超看来,颜习斋所讲的"习"有两层含义:第一是改良习惯,第二是练习实务。改良习惯的下手方法又在于练习实务,所以两层含义只是一层含义。梁启超指出,在颜习斋看来,习的内容就是其最提倡的六艺,即礼、乐、射、御、书、数。由此,梁启超记载了颜习斋关于六艺的论说,即"习行礼乐射御之学,健人筋骨,和人血气,调人情性,长人神智。一时习行,受一时之福;一日习行,受一日之福。一人习之,锡福一人;一家体之,锡福一家;一国,天下皆然,小之却一身之疾,大之措民物之安"②。也就是说,在颜习斋看来,学习实践礼乐射御书数,能够调节人的血气和性情,使人身强体健,神清智长,对于个人、家庭和国家来说,都有切实的益处。梁启超认为,颜习斋的唯习主义,和近代的经验主义学派的出发点是相同的,且与科学精神极其接近,然而其中不足的是,颜习斋被"古圣成法"四个字束缚了,认为一定要习唐虞三代时的实务,由此导致了陷于时代错误。对此,梁启超批判了颜习斋效仿古人成法的这一主张,说道:"第一,严格的科学,不过近百余年的产物,不能责望诸古人。第二,他说要如古人之习六艺,并非说专习古时代之六艺,如学技击便是学射,学西洋算术便是学数,李恕谷已屡屡论及了。第三,他说要习六艺之类的学问,并非特专限于这六件,所以他最喜欢说'兵农礼乐水火工虞'。"③梁启超提出了学习六艺,不应该仅仅限于古代所提倡的六艺,而是应该将其与

① 梁启超:《中国近三百年学术史》,商务印书馆,2016 年版,第 151 页。
② 梁启超:《中国近三百年学术史》,商务印书馆,2016 年版,第 152 页。
③ 梁启超:《中国近三百年学术史》,商务印书馆,2016 年版,第 153 页。

近代科学相结合,与时代所需要的学问相接轨。

在梁启超看来,颜李学派也可以被称作功利主义者。他引用了颜习斋和李恕谷论学之言,对他的这一论断进行了论证。即颜习斋说道:

> 以义为利,圣贤平正道理也。《尚书》明以利用与正德、厚生并为三事。利贞,利用安身,利用刑人,无不利,利者义之和;《易》之言利更多。……后儒乃云"正其谊不谋其利",过矣。宋人喜道之,以文其空疏无用之学。予尝矫其偏,改云:正其谊以谋其利,明其道而计其功。(《四书正误》卷一)①

李恕谷说道:

> 董仲舒曰:"正其道不谋其利,修其理不急其功。"语具《春秋繁露》,本自可通。班史误易"急"为"计"。宋儒遂酷遵此一语为学术,以为"事求可,功求成",则取必于智谋之末,而非天理之正。后学迂弱无能,皆此语误之也。请问行天理以孝亲而不思得亲之欢,事上而不欲求上之获,有是理乎? 事不求可,将任其不可乎? 功不求成,将任其不成乎? ……(《论语传注问》)②

梁启超认为,上述颜习斋和李恕谷的两段话所讨论的,都是学术上非常重要的问题。《老子》所说的"为而不有"是学者最高尚的品格,但是,不能完全打破效率观念,因为学问是要应用到社会的,学问本身可以不计效率,但应用时就应该计其效率了。梁启超指出,自宋儒时期,学者高谈性命而鄙弃事功,他们实际上是抹杀了学问的应用价值。对于此,梁启超引用了颜习斋批判宋儒们反对功利之学的言论,同时认为颜习斋的批评具有合理性,并不算尖酸刻薄。

在记载和评价了颜李之学后,梁启超还介绍了颜李学派之后学。梁启超指出,颜习斋之学能发扬光大,得益于王昆绳、恽皋闻和程绵庄等人,指出论渊源,这三人的学术可追溯至李恕谷。

---

① 梁启超:《中国近三百年学术史》,商务印书馆,2016 年版,第 1535 页。
② 梁启超:《中国近三百年学术史》,商务印书馆,2016 年版,第 155 页。

在对王昆绳的记载中，梁启超指出王昆绳在读了李恕谷的《大学辨业》和颜习斋的《存学编》之后，服膺两者的学问，通过李恕谷拜为颜习斋之门。他早年的著作有《兵法要略》《舆图指掌》等书，受业于颜习斋之后，又著有《平书》十卷，《读易通言》五卷，这些书后来皆散，他的文集为《居业堂文集》二十卷，得以保存下来。梁启超还指出，王昆绳未从学于颜习斋之前，最服膺阳明之学，他对于当时倾向程朱理学的人深恶痛绝，对于此，梁启超引用了两段王昆绳极力批判程朱学者的论学之言，即：

> 源生平最服姚江，以为孟子之后一人。……盖宋儒之学，能使小人肆行而无所忌，束缚沮抑天下之英雄不准不能奋然以有为。……宸濠之乱……不终日而谈笑平之，此岂徒恃语言文字者所能办？乃今之谤之者，谓其事功圣贤所不屑也；其学术为异端，不若程朱之正也。其心不过欲蔑其欲蔑其事功，以自解其庸阘无能为之丑；尊程朱以见己之学问切实，而阴以饰其卑陋不可对人之生平。内以自欺，而外以欺乎天下。孰知天下之人之不可欺，而只自成其为无忌惮之小人也哉？（《文集·与李中孚先生书》）①

梁启超又引用：

> 今天下之尊程朱、诋姚江，侈然一代大儒自命，而不伪者几人哉？行符其言者，真也；言不顾行者，伪也。真则言或有偏，不失为君子；伪则其言愈正，愈成其为小人。有人于此，朝乞食墦间，暮杀越人于货，而掇拾程朱绪论，狺狺焉詈阳明于五达之衢，遂自以为程朱也。吾子许之乎？……且夫对君父而无惭，置其身于货利之场、死生祸福之际而不乱，其内行质之幽独而不愧，播其文章议论于天下而人人信其无欺，则其立说，程朱可也，陆王可也，不必程朱不必陆王而自言其所行亦可也。否则尊程朱即程朱之贼，尊陆王即陆王之贼，伪耳。况大言欺世而非之不胜举、刺之不胜刺者哉。尝闻一理学者力诋阳明，而迁官稍不满其欲，流涕不能止。一识者讥之曰"不知阳明谪龙场时有此泪否？"其人惭

---

① 梁启超：《中国近三百年学术史》，商务印书馆，2016 年版，第 166 页。

沮无以答。又一理学者见其师之子之妻之美，悦焉；久之，其夫死，约以为妻，未小祥而纳之。而其言曰："明季流贼之祸皆阳明所酿。"呜呼！若辈之行如此类者岂堪多述。……故今之诋姚江者，无损于姚江毛发；则程朱之见推，实程朱万世之大阨尔。……（《文集·与朱字绿书》）①

在梁启超看来，以上这两段话反映出王昆绳早期的学术面貌和当时程朱学派学者之品格。

在介绍恽皋闻的过程中，梁启超指出其自称颜习斋私淑弟子，曾效仿李恕谷立日普考究身心功过，每与李恕谷相见则互证得失，其与李恕谷反复切磋之语，很多都记载于《恕谷年谱》之中。

在对程绵庄之学的记载中，梁启超指出，程绵庄之学，以颜习斋之学为宗旨，同时又掺杂了黄宗羲、顾炎武等人的思想，所以其读书极博又具有实用价值。他的著作主要有《易通》六卷，《大易择言》三十卷，《彖爻求是说》六卷，《晚书订疑》若干卷，《尚书通议》三十卷，《青溪诗说》二十卷，《论语说》和《周礼说》各四卷，《禘说》二卷，《春秋识小录》三卷等。他的文集为《青溪居士集》，其中诗、文各二十卷。

梁启超还记载到，颜习斋之学在当时不是显学，不为时流所喜，然而经过李恕谷的极力传播，加之王昆绳、恽皋闻、程绵庄等人的推动，赢得了当时不少有识之士的青睐。其中，较有名气的有子高。梁启超记载到，子高于同治八年辑成《颜氏学记》十卷，其中，卷一至卷三记载了颜习斋，卷四至卷七记载了李恕谷，卷八记载了王昆绳，卷九记载了程绵庄，卷十则为颜习斋和李恕谷的弟子录。根据他在自序中所记述的，子高学颜习斋和李恕谷之学，得力于其评议程履正。梁启超引用了《颜氏学记》序言中的文字，揭示了子高对颜李之学的定位，即：

……其言忧患来世，正而不迂，质而不俗；以圣为轨，而不屑诡随于流说。其行则为孝子，为仁人。於乎！如颜氏者，可谓百世之师已。其余数君子，亦皆豪杰士也。同时越黄氏、吴顾氏，燕秦间有孙氏、李氏，

---

① 梁启超：《中国近三百年学术史》，商务印书馆，2016 年版，第 167 页。

皆以耆学硕德负天下众望，然于圣人之道，犹或沿流忘原，失其指归。如颜氏之摧陷廓清，比于式事，其功顾不伟哉！世乃以其不事述作，遂谓非诸公匹，则吾不知七十子之徒与夫孟、荀、贾、董诸子，其视后儒著书动以千百计者何如也？语曰"淫文破典"，孔子曰："天下有道，则行有枝叶；天下无道，则辞有枝叶。"敢述圣者之言，用告世之知德君子。（《谪麐堂遗集》）①

在子高看来，颜李之学具有忧患未来的长远目光，不迂不俗，以圣人之学为轨迹，而不流于诡辩之说。他们主张的学说以孝和仁为主要内容，并能够身体力行。在对颜习斋及其弟子的评价中，子高认为，颜习斋可以称得上是百世之师，他的弟子们，也可以称得上豪杰之士。子高将颜习斋与当时以博学厚德著称的"黄氏""顾氏""孙氏""李氏"相比较，指出只有颜习斋之学可归于圣人之道。他还强调虽然颜习斋不著述，但是却能够述"圣者之言"，以"告世之知德君子"。可见，子高给予颜习斋极高的定位和评价。

梁启超评价子高的《颜氏学记》体裁效仿黄宗羲的《明儒学案》和《宋元学案》，能够概括学者学术思想之大旨，价值不在黄宗羲两部学案之下。

9. 梁启超记清代历算学

梁启超在《中国近三百年学术史》的第十一讲记载了清代历算学领域的主要学者。

梁启超认为，在中国学术史研究领域，科学史料是异常匮乏的。其中所记述的有价值的，要数算术和历法方面的史料，而这类学问，在清代非常发达，同时也间接地影响于各门学术之治学方法。

梁启超指出，历算学在中国古代源远流长，也经常受到外来影响而得以进步。其中，第一次影响中国历算学发展的外来学术为唐代的婆罗门法，第二次为元代的回回法，第三次为明清之交耶稣会士所传之西洋法。西洋法传来之初，试图以一种自觉的心态求得中国历算学之独立的学者，则自王寅旭和梅定九开始。

---

① 梁启超：《中国近三百年学术史》，商务印书馆，2016 年版，第 169 页。

在记载王寅旭在历算学领域的成就和贡献中，梁启超指出王寅旭对于当时历法的新旧之争，既不以守旧为然，义并非一味地盲从新法。王寅旭批评当时的所谓西法，并且著述了《晓庵新法》六篇，并在《晓庵新法·自序》中写道："会通若干事，考正若干事，表明若干事，增葺若干事。旧法虽舛而未遽废者两存之，理虽可知而非上下千年不得苴数者阙之。虽得其数而远引古测未经目信者，别为补遗。"①梁启超认为，通过这段自序，可以看出王寅旭不设成见、实事求是的治学精神。梁启超指出，王寅旭在历算学领域的著述，除了《晓庵新法》之外，还有《大统西历启蒙》《丁未历稿》《推步交朔》《测日小记》《三辰志略》《考工记》《圜解》等。

在记载梅定九在历算学研究领域的成就和贡献时，梁启超首先引用了钱东生对当时历算学的评价，即"历算之学，王氏精核，梅氏博大，各造其极，未可轩轾"，②以此揭示出清代历算学研究领域中王寅旭和梅定九两人的成就较大，而梅定九之学在当时尤其盛行，并列举了梅定九所著历算书八十余种。而对于梅定九在学界所贡献的成绩，梁启超总结如下：

第一，自来言历法者，多杂以占验迷信。看《汉书·艺文志》之"数术略"及各史历志便知，虽唐元两代所输入之西域学亦所不免。历学脱离了占验独立，而建设在真正科学基础之上，自利、徐始启其绪，至定九才把这种观念确定。《学历说》讲得最透快。

第二，历学之历史的研究，自定九始。——恐怕直到现在，还没有第二个人比他研究得更博更通。凡一种学问经过历史的研，自然一不会伐侗，二不会偏执。定九所以能成为斯学大家者，以此。

第三，向来治历学者，多认为一种单纯技术，虽黄梨洲、王寅旭似尚不免。定九认定历学必须建设在数学基础之上。所以明末清初因历学发生争议，其结果仅能引起学者社会对于历学之兴味。自《梅氏历算全书》出世，始引起多数人对于算学之兴味。老实说，从前算学是历学附

---

① 梁启超：《中国近三百年学术史》，商务印书馆，2016 年版，第 173 页。
② 梁启超：《中国近三百年学术史》，商务印书馆，2016 年版，第 174 页。

庸,定九以后才"蔚为大国"且"取而代之"了。

第四,定九并不是专阐发自己的"绝学",打"藏诸名山"的主意,他最努力于斯学之普及。他说:"吾为此学,皆历最艰苦之后,后得简易。从吾游者,坐进此道,而吾一生勤苦,皆为若用矣。吾惟求此理大显,使古人绝学不致无传,则死且无憾,不必身擅其名也。"观此可以见大学者之态度及愿力。历算能成清代的显学,多由定九的精神和方法溶发出来。

第五,定九生当中西新旧两派交哄正剧时,他虽属新派的人,旦不盲从,更不肯用门户之见压迫人;专采"求是"的态度,对于旧派不惟不抹杀,而且把许多古书重新解释,回复其价值,令学者起一番自觉,力求本国学问的独立。后此戴东原震、焦里堂循、李尚之锐、汪孝婴莱等辈,皆因研究古算书得有新发明。这种学风,不能不说是定九开辟出来。

梁启超认为,梅定九在历算学的贡献大致可分为五个方面:一是他将历算学建立在真正科学基础之上,这种科学的精神和观念,开始于利玛窦和徐光启,而直到梅定九才得以确定;二是梅定九开启了历算学的历史学研究;三是梅定九指出了历学必须建立在算学的基础之上;四是他最努力于历算学的普及;五是他在该领域的研究中,专采"求是"的态度,对于旧的学派,不仅不抹杀,而且还重新解释了许多古书,恢复其价值,这种历算学领域中的求是学风,是由梅定九开辟出来的。

在记述王寅旭和梅定九在历算学领域的成就和贡献之外,梁启超还指出,自《崇祯历法》刊行之后,治历学者骤盛,梁启超列举了其间专以历算学闻名的学者,其中有薛凤祚、方中通、孔兴泰、杜知耕、毛乾乾、梅文鼐等人。梁启超记载到,这几位学者,都是与梅定九同时代的人,他们都学有心得,其中以薛凤祚成就最大,当时亦有"梅、王、薛"并称的提法。梁启超指出,自从王寅旭和梅定九提倡历算学之后,许多对古算书的研究渐渐兴起,经学大师自此兼治算学,而晚清西欧新算学的传入,则得力于李壬书和华若汀等名家。

10. 梁启超记清初方以智、陈确、毛奇龄等人

在《中国近三百年学术史》第十二讲,梁启超记载了清初十余位无派别

归属的学者。这十余位学者生活于清初康熙顺治年间，其学说思想相互之间不相谋合，也不相因袭，然而却各个有所创新，而他们的著作有的已经失传，其中很多人没有弟子传承其思想，因此，当时也很少有人以他们的思想为宗旨。然而，在梁启超看来，在当时的学术环境，这些学者们的见解各有独到之处，因此，有必要让人们对其加以了解。梁启超所记载的清初的这十余位学者为方以智、黄生、陈确、潘平格、费密、唐甄、胡承诺、刘献廷、毛奇龄、朱彝尊、何焯、钱谦益、吕留良和戴名世等。

在对方以智的记载中，梁启超指出方以智著有《通雅》五十二卷，考证名物、象数、训诂和声音。"其目录为：音义杂论、读书类略，小学大略，诗说，文章薪火，疑始，释诂，天文，地舆，身体，称谓，姓名，官制，事制，礼仪，乐曲，乐舞，器用，衣服，宫室，饮食，算数，植物，动物，金石，谚原，切韵声原，脉考，古方解。"①《四库提要》给予这部书很高的评价，认为其一扫明末空疏的学风。梁启超则认为，方以智的学风，确实与明末空疏学风相反，并且开启了清代考证学之先河，他的治学方法有三个特征，即尊疑、尊证、尊今。在梁启超看来，方以智《通雅》这部书，可以称得上近代声音训诂学的第一流作品，清代学者中除了高邮王氏父子之外，在训诂学方面，没有哪位能达到他的成就。而方以智最大的发明，在于以音求义。最后，梁启超指出，"桐城方氏"在全清三百年间时代都有闻名于世的学者出现，而这最初之功，要推到方以智这里，而后来桐城学风没有沿着方以智的方向走，而是遵循了方苞的路线，这确实是件令人惋惜的事情。

在清初训诂学研究领域，梁启超还介绍了皖人黄生。梁启超指出黄生为晚明学者，入清不仕，著有《字诂》一卷、《义府》一卷，《四库全书》对这两部书进行了著录，而其学问成就也以声音训诂为主。梁启超认为，《字诂》这部书在清代声音训诂学领域，占有非常重要的位置。

在对陈确的记载中，梁启超指出其是刘宗周的学生，陈确极不喜欢理学，他对理学的批判精神可以算得上是当时时代精神的先驱。同时，陈确也

---

① 梁启超：《中国近三百年学术史》，商务印书馆，2016 年版，第 183 页。

不认为《大学》为孔子和曾子所著,且著《大学辨》对他的这一观点加以阐述,他用考证的方法证明了《大学》晚出于孔子和曾子,陈确的这种观点,遭到了当时学者如张杨园、黄梨洲、刘伯绳、沈甸华等人的责难。梁启超指出,陈确对于当时的社会问题,也持非常严正的批判态度,他虽然和黄宗羲同门,但是生前论学,往往不合。黄宗羲著有《南雷集》,其中有关于陈确的两篇墓志铭,这两篇墓志铭分别对陈确的庸德和学术观点做了批判。

在对潘平格的介绍中,梁启超指出其学术思想好似没有师承也没有传授。对于潘平格的学说,梁启超没有轻易地批评,然而却认为其是"从宋明学上很用过苦工而力求解放者"①。

在对费密的记载中,梁启超指出其遗著有三种,分别是《弘道书》《荒书》《燕峰诗钞》。其中,如果从书名和目录来看,《弘道书》像是一部宋明学者理障的著作,然而,实际不然,费密是对于宋元学术的革命的倡导者,《弘道书》对于批判宋元理学的批判,不在颜习斋《四存编》之下。费密认为,中国学术自三国六朝以后分为南北两派,宋学是从南派衍生而来。费密还论说了由唐至宋学术变迁之大势,为了阐明费密的这一思想,梁启超对费密在该领域的论学之言做了引用,即:

> 唐啖助、王玄感、陆淳以来,诂经已出意见,尚未大变乱也。经旨大变,创于王轸,和以贾昌朝。而刘敞为说,始异古注疏,然不著天下。王安石白昌朝发,独任己私,本刘敞《七经小传》,尽改古注为《新义》,……诬辨幽诞,以为道德性命之微。……安石言之则为《新义》,行之则为新法,天下骚然,宋遂南渡。当是时不守古经言"足兵足食""好谋而成",从生聚教训实处讲求,思以立国,而朝士所争,乃王安石、程颐之学术,上殿专言"格物",道德性命之说益炽。吕祖谦、陆九渊、朱熹、张栻、陈亮,论各不同,而九渊与熹尤显。……熹为《集注》,力排七十子古今诸儒,独取二程。然二程与安石稍异者,不过"静坐""体验""会活泼泼地",气质之性耳,一切道德性命臆说,悉本安石焉。……今之非安石者

---

① 梁启超:《中国近三百年学术史》,商务印书馆,2016 年版,第 191 页。

皆是也。安石、程朱,小殊而大合,特未尝就数家遗书细求耳。……明永乐专用熹说《四书五经大全》,命科举以为程式。生徒趋时,递相祖受。七十子所遗、汉唐相传共守之实学殆绝。……王守仁虽以熹穷理格物为非,而复溯九渊本心之说,改九渊接孟轲。自此穷理、良知二说并立,学者各有所好,互相仇敌。……(《道脉谱论》)①

在费密看来,唐代自啖助、王玄感、陆淳等学者,训诂注经方面已出新意,然而未有大的创新。训诂中较为显著的创新则始于王轸和贾昌朝等人。到了宋代,王安石借鉴唐代先人在训诂方面的"新意",著《新义》一书,以此阐发道德性命之说。自此,诸生聚而从实际处治学,以思立国之说,当时,朝士所学的为王安石和程颐之说。之后,吕祖谦、陆九渊、朱熹、张栻、陈亮等人从不同角度立论治学,而陆九渊和朱熹之说较为盛行,然而,"静坐""体验""会活泼泼地",气质之性耳,一切道德性命臆说,皆源自王安石。王安石和二程、朱熹之说,大同小异。到了明代永乐年间,官方开始启用朱熹《四书五经大全》,并以其说为科举取士的标本。到了明代王守仁,其否定了朱熹的格物穷理之说,追溯陆九渊的"发明本心"之学,认为陆九渊之学直接来自孟子,由此,程朱的格物穷理之说与陆王的良知之说对立,两派学者之间相互以各自为是,以对方为非。

在对费密学术观点和主张的记载中,梁启超还指出其特别论述了空言高论对政治的危害,也指出其反对宋儒的禁欲主义。梁启超认为,如果将费密之学和顾炎武、颜元、陈确等人的学术观点并读,可以发现他们之间有许多相同点。但是,在对旧学的批判之中,费密不及颜元彻底,在学术创新方面,其又不及顾炎武健实,同时其又没有弟子弘扬其思想,所以,他的学术在当时并没有引起太多的关注。

在对唐甄和胡承诺的记载中,梁启超先是介绍了唐甄。梁启超指出,唐甄学无师授,他著有《衡书》九十七篇,晚年又将这部书改名为《潜书》。唐甄品格高峻,心胸广阔,学术从阳明学入手,其间带有佛学气息,他的学术思想

---

① 梁启超:《中国近三百年学术史》,商务印书馆,2016 年版,第 193 页。

有"自得之处",学问做得很有条理,不高谈阔论。梁启超认为,唐甄的《潜书》在古今著作之中,占有一定的位置。在梁启超看来,唐甄之学以阳明心学为宗,其中自得之处在于"以乐为学",唐甄认为:"不悦则常怀烦懑,多见不平,多见非理,所以一切怨天尤人不相亲爱,皆由此生,悦则反是",又认为:"古人教亦多术矣,不闻以悦教人,而予由此入者何?予蜀人也,生质如其山川,湍急不能容而恒多忧患。细察病根,皆不悦害之。悦为我门,非众之门"。① 在梁启超看来,唐甄虽然极力提倡心学,但是他的学说和宋明儒者的"明心见性"之说不同,他养心的目的在于治事,所以心学只是手段,而不是目的。同时,唐甄对于当时的社会问题,也有很多独到的见解。例如,《备孝篇》说的是爱子者当"无分男女,爱之若一";《内伦篇》和《夫妇篇》讲的是男女平等之理;《鲜君篇》《抑尊篇》和《室语篇》讲的是君主专制政体之弊;《大命篇》痛批的是社会贫富不均现象。梁启超认为,唐甄的哲学——人生观也有许多独到之处,能将科学的见解和宗教的见解调和起来。在对胡承诺的介绍中,梁启超指出他为湖北天门人,一生著有《绎志》六十一篇三十余万言。在梁启超看来,《绎志》这部书没有什么创获的见解,然而其长处在于能够贯通,即每阐释一义,四面八方都能够引申 到,又能够广泛地以历史上的事迹做印证,是一部成系统的著作。在对唐甄和胡承诺为学的总评中,梁启超指出,他们都是想"立言不朽"的人,他们的治学工作比较务实,留下的著作在学术界占有相当的位置。

在对刘献廷的记载中,梁启超指出他的著作或未成或散佚,现存的只有一部《广阳杂记》,全祖望从《广阳杂记》这部书里摘出其学术要点,这些要点如下:

> 继庄之学,主于经世。自象纬律历,以及边塞关要财赋军器之属,旁而岐黄者流,以及释道之言,无不留心。深恶雕虫之技。其生平自谓于声音之道别有所窥,足穷造化之奥,百世而不惑。尝作《新韵谱》,其悟自华严字母入,而参之以天竺陀罗尼、泰西蜡顶话、小西天梵书暨天

① 梁启超:《中国近三百年学术史》,商务印书馆,2016 年版,第 198 页。

方、蒙古、女真等音，又证以辽人林益长之说，而益自信。同时吴修龄自谓仓颉以后第一人，继庄则曰是其于天竺以下书皆未得通，而但略见华严之旨者也。继庄之法，先立鼻音二，以鼻音为韵本，有开有合，各转阴阳上去入之五音，阴阳即上下二平，共十声，而不历喉腭舌齿唇之七位，故有横转无直送，则等韵重叠之失去矣。欠定喉音四，为诸韵之宗，而后知泰西蜡顶话、女直国书、梵音尚有未精者。以四者为正喉音，而从此得半音、转音、伏音、送音、变喉音，又以.二鼻音分配之，一为东北韵宗，一为西南韵，八韵立而四海之音可齐。于是以喉音互相合，凡得音十七；喉音与鼻音互相合，凡得音十；又以有余不尽者三合之，凡得音五。共三十二音，为韵父。而韵历二十二位，为韵母。横转各有五子，而万有不齐之声摄于此矣。尝闻康甲夫家有红毛文字，惜不得观之以合泰西腊顶语之异同。又欲谱四方土音以穷宇宙元音之变，乃取《新韵谱》为主，而以四方土音填之，逢人便可印正。盖继庄是书，多得之大荒以外者，囊括浩博，学者骤见而或未能通也。

其论向来方舆之书，大抵详于人事，而天地之故概未有闻。当于疆域之前别添数则，先以诸方之北极出地为主，定简平仪之度制，为正切线表，而节气之后先，日蚀之分秒，五星之陵犯占验，皆可推矣。诸方七十二候个个不同，如岭南之梅十月已开，桃李腊月已开，而吴下梅开于惊蛰，桃李开于清明，相若此之殊。今世所传七十二候，本诸《月令》，乃七国时中原之气候。今之中原，已与七国之中原不合，则历差为之。今于南北诸方细考其气候，取其核者详载之为一则，传之后世，则天地相应之变迁可以求其微矣。燕京、吴下，水皆东南流，故必东南风而后雨。衡、湘水北流，故必北风而后雨。诸方山水乏向背分合，皆当按籍而列之，而风土之刚柔暨阴阳燥湿之征，又可次第而求矣。诸方有土音，又有俚音，盖五行气运所宣之不同，各谱之为一则，合之土产，则诸方人民性情风俗之微，皆可推而见矣。此固非一人所能为，但发其凡而分观其成，良亦古今未有之奇也。

其论水利,谓西北乃二帝三王之旧都,二千余年未闻仰给于东南。何则? 沟洫通而水利修也。自刘、石云扰,以讫金、元,千有余年,人皆草草偷生,不暇远虑,相习成风,不知水利为何事。故西北非无水也,有水而不能用也。不为民利,乃为民害,旱则赤地千里,潦则漂没民居;无地可潴,无道可行,人固无如水何,水亦无如人何。虞学士始奋然言之,郭太史始毅然行之,未几竟废,三百年无过而[问]者。有圣人者出,经理天下,必自西北水利始。水利兴,而后足食教化可施也。西北利莫详于《水经》郦注,虽时移势易,十犹可得其六七。郦氏略于东南,人以此少之。不知水道之当详,正在西北。欲取二十一史关于水利农田战守者,各详考其所以,附以诸家之说,以为之疏,以为异日施行者之考证。

又言朱子《纲目》非其亲笔,故多迂而不切,而关系甚重者反遗之,当别作纪年一书。

凡继庄所撰著,其运量皆非一人一时所能成。故虽言之甚殷而难于毕业。是亦其好大之疵也。①

基于上文全祖望对刘献廷学术观点的摘要,梁启超认为,在刘献廷的学术思想中,最重要的是他的《新韵谱》。音韵学在明末清初兴起,其中可分为两派:一派以韵为主,顾炎武和毛奇龄等人属于这一派;一派以音为主,这一派中有方以智和刘献廷等人。只是刘献廷的著作失传了,后人无法全面了解其音韵学的内容。在刘献廷的学术成就中,仅次于音韵学的为他的地理书,他所注重的是地文地理和人文地理。

在对毛奇龄的记载中,梁启超指出他本是一位不修边幅的文人,所著经书五十种,合以其他著述共二百三十四卷。毛奇龄晚年弟子很多,李恕谷一度曾向其问学,在这一意义上,毛奇龄可称得上"一代宗师"了。在梁启超看来,毛奇龄有天才而好立异,所以他的著作往往有独到之处。其著作有《河图洛书原舛编》《太极图说遗议》《仲氏易》《春秋毛氏传》《竟山乐录》《蛮司合志》《四书改错》等。

---

① 梁启超:《中国近三百年学术史》,商务印书馆,2016 年版,第 205～207 页。

梁启超还记载了清初的朱彝尊、何焯、钱谦益等人。在对朱彝尊的记载中,梁启超指出其著有《日下旧闻》四十二卷以专考京城掌故;也著有《经义考》三百卷,这部书几乎把汉代至明代说经的书都网罗进去,将各个书的序跋目录都录入进去,在此基础上,朱彝尊对其进行了提要和评价;也著有《瀛洲道古录》若干卷以专记翰林院掌故;也著有《五代史注》若干卷;也著录《禾录》若干卷,以记录秀水掌故;还著有《鹾志》若干卷以记载盐政。在对何焯的记载中,梁启超指出其喜欢校书,平生所校的书极多,他的著作现存的只有《困学纪闻笺》和《义门读书记》两种。在对钱谦益的记载中,梁启超否定其人格,但是认为他是在学术界颇有名气的人。梁启超指出,钱谦益非常熟悉明代掌故,他所著的《初学集》和《有学集》中,就有不少史料。钱谦益曾经亲自受业于释憨山,晚年学佛,并著有《楞严蒙钞》,这部书算得上佛典注释中的一部好书,因为他是东林旧人,所以黄宗羲等人都非常尊敬他,钱谦益在清初学术界具有相当的实力。

在对吕留良和戴名世的记载中,梁启超指出,吕留良号晚村,笃守程朱学说,一生著书颇多,学风和朱舜水有些相近。戴名世,安徽桐城人,他本是一位古文家,学界应该推他为桐城派古文的开山之祖,戴名世从小就喜欢读《左传》和《史记》,曾有志于撰写明史,并且对于当时的官修《明史》有所不满。

11. 对清代学者整理旧学之成绩的总结

梁启超在《中国近三百年学术史》的第十三至十六讲,较为系统地总结介绍了清代学者整理旧学的成绩。其中有清代学者整理经学、小学、音韵学方面的成绩,也有校注古籍、辨伪书、辑佚书方面的成绩,也有整理史学、方志学、地理学、传记和谱牒学方面的成绩。

在对清代学者整理经学、小学、音韵学方面成绩的总结中,梁启超列举总结了清代学者在研究《易经》《尚书》《诗经》、"三礼"(《周礼》《仪礼》《礼记》)、"《春秋》三传"(《左氏传》《公羊传》《谷梁传》)、"四书"(《论语》《孟子》《大学》《中庸》)、《孝经》等方面的成绩;也列举总结了清代学者在小学[1]

---

[1] "小学"是沿袭汉代人的学术用语,实际上应该叫作文字学。

和音韵学研究领域的成果和著作,其中,相关的著作主要有方以智的《通雅》五十卷、戴震的《方言疏证》十三卷、顾亭林的《唐韵正》等。

在对清代学者校注古籍、辨伪书、辑佚书方面成绩的总结中,在记载校注古书方面,梁启超归纳了清代学者在校释《荀子》《墨子》《管子》《韩非子》《老子》《庄子》《列子》《晏子春秋》《吕氏春秋》《逸周书》《国语》《战国策》《竹书纪年》《穆天子传》《山海经》《孙子》《吴子》《司马法》《周髀算经》《黄帝内经素问》《淮南子》《尚书大传》《韩诗外传》《春秋繁露》《列女传》《法言》《太玄》《潜夫论》《盐铁论》《白虎通义》《五经异议》《越绝书》《华阳国志》《抱朴子》《水经注》《颜氏家训》《经典释文》《大唐西域记》《慈恩法师传》《困学纪闻》等方面的成果。在记载辨伪书方面,梁启超指出:"清儒辨伪工作之可贵者,不在其所辨出之成绩,而在其能发明辨伪方法而善于运用。对于古书发生问题,清儒不如宋儒之多而勇;然而解决问题,宋儒不如清儒之慎而密。宋儒多轻蔑古书,其辨伪动机,往往是主观的一时冲动。清儒多尊重古书,其辨伪程序,常用客观的细密检查"①。关于清儒辨伪检查的重要方法,梁启超总结归纳为六种,即(一)从著录传授上检查,(二)从书本所载事迹、制度或所引书上检查,(三)从文体及文句上检查,(四)从思想渊源上检查,(五)从作伪家所凭借的原料上检查,(六)从原书佚文说的反证上检查。在记载清代学者辑佚书的成绩方面,梁启超列举了惠定宇弟子余仲林记录、《古经解钩沉》三十卷、《四库全书》在《永乐大典》基础上辑出著录及存目合计三百八十五种、四千九百二十六卷等。同时,梁启超以清代学者辑录佚书的成绩为依据,提出了鉴定辑佚书优劣的四个标准,即:"(一)佚文出自何书,必须注明;数书同引,则举其最先者。能确遵此例者优,否者劣。(二)既辑一书,则必求备。所辑佚文多者优,少者劣。例如《尚书大传》陈辑优于卢、孔辑。(三)既须求备,又须求真。若贪多而误认他书为本书佚文则劣。例如秦辑《世本》劣于茆、张辑。(四)原书篇第有可整理者,极力整理,求还其书本来面目。杂乱排列者劣。例如邵二云辑《五代史》,功等新编,故最优。——此

---

① 梁启超:《中国近三百年学术史》,商务印书馆,2016 年版,第 302 页。

外更当视原书价值何如。若寻常一俚书或一伪书,搜辑虽备,亦无益,费精神耳"①,也就是说,鉴定辑录佚书优劣要看佚文出自何处、辑录得是否完备、是否求真求实、是否对原书篇的极力整理还原其本来面目等四个方面。

在记载清代学者整理旧学之史学、方志学、地理学、传记及谱牒学之总成绩方面,关于史学,梁启超总结了七个方面,即"明史之述作""上古史之研究""旧史之补作或改作""补各史表志""旧史之注释及辨证""学术史之编著及其他""史学家法之研究及结论"等。

梁启超认为,清代史学开拓于黄梨洲和万季野,昌明于章实斋,这三位学者的史学并没有在清代得到盛行,可谓清代史学界的一个损失。然而,在清代史学研究中,清儒们提倡"实事求是"主义,这可以称得上清代史学研究的一个特点。

在总结清代史学研究"明史之述作"中,梁启超指出:"清初史学之发展,实由少数学者之有志创修《明史》,而明史馆之开设,亦间接助之。其志修《明史》者,首屈指亭林、梨洲,然以毕生精力赴之者,则潘力田、万季野、戴南山。"②在潘力田、万季野、戴南山三家之中,潘力田和万季野的学风大致相同,十分注重审查史实。潘力田作史,其着手工夫在于厘清明朝时期具有国史性质的《实录》。潘力田一生著有《国史考异》,其弟评价其"博极群书,长于考订"③,梁启超评价其治史方法"健实如此,故顾亭林极相推挹"④。然而,梁启超记载,潘力田之《国史考异》并没有完整地得以保存下来,仅仅留传了该书的一部分(原书三十余卷,仅存六卷)。在对万季野研究明史的记载中,梁启超指出万季野为与现存本《明史》关系最深的人,万季野的主要工作在于考证事实以求真实,对于当时史馆原稿既随时纠正,同时又自撰《史稿》五百卷,现存《明史》能有相当的价值,万季野功不可没。在对戴南山研究明史的记载中,梁启超指出,戴南山与潘力田相同,他们的明史著作都没

---

① 梁启超:《中国近三百年学术史》,商务印书馆,2016 年版,第 323 页。
② 梁启超:《中国近三百年学术史》,商务印书馆,2016 年版,第 328 页。
③ 梁启超:《中国近三百年学术史》,商务印书馆,2016 年版,第 328 页。
④ 梁启超:《中国近三百年学术史》,商务印书馆,2016 年版,第 328 页。

有留存下来,戴南山在考证史迹方面,做得不及潘力田和万季野。他的遗集中的《史论》和《左氏辨》等篇,持论往往与章实斋暗合。戴南山曾经也试图以独立私撰《明史》,然而这一愿望却未达成。梁启超认为,与章实斋相比较,戴南山的史料组织力不在章实斋之下,而情感力却高于章实斋。

除"潘、万、戴"三家之外,在清代研究明史方面,梁启超还记载了傅掌雷。梁启超指出,傅掌雷为清代顺治初年翰林,当明史未开馆之前,傅掌雷独力私撰《明史》一百七十一卷,其内容虽然平庸,但是傅掌雷独自编撰明史的志向十分值得称赞。

梁启超还记载了清代野史的研究情况。他指出,明清交替的一段历史,在整个中国史上都有重大的意义,当时随笔类的野史非常多,虽然屡经朝廷禁毁,仍然保留的有百余种。其中具有永久价值的,有吴梅村之《鹿樵纪闻》(专记流寇始末)、王船山之《永历实录》(记永历十五年间事迹)、戴耕野之《寇事编年》《殉国汇编》、黄梨洲之《行朝录》、万季野之《南疆逸史》、温睿临之《南疆绎史》、计用宾之《明季北略》《明季南略》、邵念鲁之《东南纪事》《西南纪事》等。

梁启超记载,官修《明史》自康熙十八年开馆,到乾隆四年成书,其编撰过程经历六十四年。在《明史》的编纂中,最主要的人物为万季野,除此之外,大儒黄梨洲和顾亭林对《明史》的内容皆有所讨论和研究。而最初整理《明史》所记载的内容的有叶讱庵、徐健庵等人,他们颇能网罗人才,所以当时的能文之士,如朱竹垞、毛西河、潘次耕、吴志伊、施愚山、汪尧峰、黄子鸿、王昆绳、汤荆岘和万贞一等。

除了总结和记载清代学者研究明史的情况,梁启超还记载了清代学者对于清史的研究。梁启超列举了清人关于清史的著作。他指出,除了官修的《国史》《实录》和《方略》外,民间私著卷帙最丰富的为蒋良骥、王先谦的两部《东华录》。关于清代人物传记的部分,最著名的有钱东生的《文献征存录》、李次青的《国朝先正事略》等。钱东生的《文献征存录》主要记载了清代的学者和文学家,并且有着一定的条理。李次青的《国朝先正事略》涉及了清代全部学者,并且在体裁上别具一格。除此之外,在对人物的记载中,还有阮芸台之《畴人传》、罗茗香、诸可宝之《续畴人传》。同时,董兆熊之《明遗民录》、张南山之《国朝诗人征略》等也颇为可观。而关于笔记一类书,梁启超说道:"宋明人所著现存者,什之五六皆记当时事迹。清人笔记有价值者,则什有九属于考古方面。"①梁启超还说道:"以吾个人的经验,治清史最感困难者,例如满洲入关以前及入关初年之宫廷事迹与夫旗人残暴状况,《实录》经屡次窜改,讳莫如深……乾嘉以后,上流人才集精力于考古,以现代事实为不足研究。此种学风极其心理,遗传及于后辈,专喜捃撦残编,不思创垂今录……呜呼! 此则乾嘉学派之罪也。"②

在对清代学者关于"上古史之研究"的记载中,梁启超指出,清代治史学者需要面对的两个问题是:一、春秋以前或秦汉以前史迹的问题;二、春秋战国间缺漏的史迹及战国史迹年代问题。关于第一个问题的研究,梁启超记载,清初治此者有马宛斯、李廌清,马宛斯之书为《绎史》(六十卷),李廌清之书为《尚史》(七十卷),然而,马宛斯之书以事类编。梁启超还记载到,嘉庆间有从别的方向研究古史,即崔东壁的《考信录》。关于第一个问题的研究,梁启超指出,嘉道间有林鉴塘之《战国纪年》(六卷),同光年间,有黄薇香的《周季编略》(九卷)。

在对清代学者关于"旧史之补作或改作"的记载中,梁启超指出:"现存正史类之二十四史,除《史记》、两《汉》及《明史》外,自余不满人意者颇多。编年类司马《通鉴》止乎五代,有待赓续! 此外,偏霸藩属诸史,亦时需补茸。清儒颇有从事于此者。"③由此,梁启超总结了清代学者对《三国志》《魏书》《五代史》、"宋辽金三史"、《元史》等史书的补作或改作。除此之外,梁启超还总结记载了清代学者"补各史表志"、对"旧史之注释及辨证"、清代学者的"学术史之编著及其他"等,也总结了清代学者在方志学、地理学、谱牒学、历

---

① 梁启超:《中国近三百年学术史》,商务印书馆,2016 年版,第 332 页。
② 梁启超:《中国近三百年学术史》,商务印书馆,2016 年版,第 333 页。
③ 梁启超:《中国近三百年学术史》,商务印书馆,2016 年版,第 335 页。

算学及其他学科方面的研究成果。

本章小结

本章主要介绍了清初至近代时期的中国哲学史领域的学术史研究成果。这一阶段产生的学术史思想，主要体现为《明儒学案》之后的黄宗羲、黄百家、全祖望等人合撰的《宋元学案》、范鄗鼎的《明儒理学备考》《广明儒理学备考》《国朝理学备考》、唐鉴的《国朝学案小识》、江藩的《国朝汉学师承记》，以及梁启超的《清代学术概论》和《中国近三百年学术史》等学术史著作对特定历史时期学术发展的研究与评述，其中梁启超的《清代学术概论》和《中国近三百年学术史》的学术史研究，已经跨越了哲学史领域，其学术史研究范围向多学科领域扩展。

《宋元学案》是中国古代继《明儒学案》之后，又一部具有重要意义的"学案体"学术史研究著作，也是产生于清代时期一部最重要的学术史著作。《宋元学案》由黄宗羲于康熙年间首创，经其子黄百家续编，又于乾隆年间由全祖望续修，形成了100卷的规模，直至清代道光年间，王梓材和冯云濠对其重新整理刊行。从《宋元学案》的首创至最终刊行，历时150年时间。就编撰体例和方法论特点来看，《宋元学案》开篇冠有全祖望为该书撰写的《宋元儒学案序录》，此外，全书共100卷，分为91个学案。每一个学案的结构和编排顺序分别为：记载人物师承关系和学行关系的图表—对学案学术思想进行总结和评价的序录（按语）—案主的人物传记—传主原著的资料选编—附录。从《宋元学案》的编撰体例和具体内容来看，其学术史方法特点以及对《明儒学案》学术史方法的创新之处，主要有更加注重对师承传授关系和人物关系的描述；继承了《明儒学案》学术史方法中的客观性原则；增立了理学范畴以外的学案，以记述理学范围之外的重要学者和学派，力图反映出宋元时期学术界和思想界的"显学"等三个方面。《宋元学案》中的宋、元理学发展史思想主要记载了胡瑗、孙复之学开理学之先河，濂、洛、关学为理学确立的标志,关于宋、元时期理学的流传、分立与融合情况等。此外,《宋元学案》对宋、元理学家师承关系进行了辨析,对周敦颐和二程之间有无师承收授关系、朱熹和陆九渊之间的学统关系、永嘉学派学统的问题进行了探讨。

《明儒理学备考》《广名儒理学备考》和《国朝理学备考》是清代时期由康熙至道光年间问世的三部理学史著作。这三部学术史著作的编撰者是明末清初的史学家范鄗鼎,字汉铭,号彪西,其在清初与陕西的李颙、江西的魏禧、浙江的揣谦并称为"商山四皓"。《明儒理学备考》共 43 卷,对学者学术思想的记载主要以人物传记的形式表现出来。《广明儒理学备考》为《明儒理学备考》的续编,与《明儒理学备考》以人物传记的形式记载学者学术史思想的方式不同,其对明代理学学者学术思想的记载,主要以记言和记文的形式体现出来,也就是说,《广明儒理学备考》以人物为单位,节选了明代理学家的语录、诗文,以及与研究对象相关的碑文等。《国朝理学备考》为范鄗鼎晚年所作,记载了清代时期的理学家许三礼、熊赐履、陆陇其、党成、汤斌、魏象枢、于成龙、李颙、李生光、刘芳喆、王士祯、李铠、曹续祖、王端……吴肃公、汪佑、窦克勤等二十六人的学行事迹以及论学之言。范鄗鼎的三部"理学备考",记载了明代至清代的理学家的学术思想,或记言,或记行,或选录与研究对象相关的文献资料,对当时以及当代人们研究明清两代的理学家及其学术思想,具有一定的参考价值。

《国朝汉学师承记》的编撰者为江藩,从编撰体例来看,《国朝汉学师承记》内容以人物传记汇编的形式展开,从编撰目的来看,江藩编撰《国朝汉学师承记》主要是为了贬斥宋学而表彰汉学(经学),因此,在这一意义上,整部书堪称一部清代汉学史。《国朝学案小识》的编撰者为唐鉴,《国朝学案小识》一书的编撰目的是为了提倡朱子之学。全书共 14 卷,分为 5 个学案。就唐鉴《国朝学案小识》的编撰体例来看,其沿袭了《明儒学案》和《宋元学案》的学案体题材的结构架式,该书卷首的"提要"部分,相当于《明儒学案》的案前总序,对各个学案入案学者的记述,兼顾了《明儒学案》与《宋元学案》合人物传记和资料选编为一体的方式。

梁启超的《清代学术概论》和《中国近三百年学术史》是中国近代的两部较为典型的学术史著作,这两部学术史著作总结和梳理了清代学术的发展情况,其研究内容由哲学史研究领域扩展到多学科领域。《清代学术概论》和《中国近三百年学术史》这两部著作,突破了以往学术史研究中"学案体"体裁的编撰方式,以创新式的"章节式"体裁呈现出来,是梁启超在学术史研究领域的重要成果,其不仅反映了梁启超对以往学术史编撰方式的创新,也反映出对清代学术系统的思考,为后人撰写学术史著作以及研究清代学术的发展及流变,都具有十分宝贵的借鉴意义和参考价值。《清代学术概论》发表于1920年,其较为简洁地勾勒和总结了清代学术的大框。全书结构分为三十六个部分,前三部分为《序》《自序》和《第二自序》,其后为第一章至第三十三章。其中,《清代学术概论》的第一章主要记载了梁启超对"时代思潮"的理解和看法;第二章主要记载了梁启超对"清代思潮"的理解和看法;第三章主要记述了清代学术的出发点在于对宋明理学的一大反动、学术演进更替的规律,以及清代学术取代宋明理学的原因——宋明理学的根本缺点;第四章主要记载了清初思想家顾炎武的学术思想、主张及其特点,其中包括顾炎武对明代阳明心学的批判、一生主要著作,以及其学术思想的三点宝贵之处——贵创、博证,以及致用;第五章主要记载了清代学者汪中尝、阎若璩、胡渭、毛奇龄,以及姚际恒等人的思想及著作;第六章主要记载和评价了清初学术大师黄宗羲和王夫之的学术思想以及著作;第七章主要介绍和评价了颜元的学术思想;第八章主要记载和介绍了清代的天文算法学、地理学,以及这些领域中的主要代表人物;第九章主要记载了三个问题:第一,(清代)启蒙期之思想界复杂而极绚烂的原因,第二,启蒙期的研究精神,因环境之冲动,所趋的四个方向;第三,第二期之全盛时代正统派(考证学)充量发达,余派不盛,或全然中绝的原因;第十章主要记载了清代学术发展全盛时期的考证学,以及该研究领域的重要代表人物惠栋的考证学思想和主要观点;第十一章主要记载和评价了惠栋师友戴震的学术思想;第十二章主要记载和评价了戴门后学段玉裁、王念孙和王引之的学术思想,并就此介绍了包括戴震在内的"戴派"之学的主要特点;第十三章主要记载了"正统派"学风的主要特色,以及梁启超对于"正统派"有无用处的辨析;第十四章主要指出了清学自当以经学为中坚,而最有功于经学者,则诸经殆皆有新疏;也指出了清儒以小学为治经之途径,而音韵学又为小学之附庸;同时,又指出了清初诸师皆治史学,欲以经世之用,王夫之长于史论,而其后之史学家不循其轨;也介绍了黄宗羲始著《明儒学案》,为史学之祖,其《宋元学案》则其子百家与全祖望先后续成之;第十五章主要介绍了清代地理学和天文算学领域的学者及其著作;第十六章主要介绍了清代金石学的发展情况;第十七章主要记载了清代后期学者的社会情况;第十八章主要将清代二百年学术发展比作欧洲之文艺复兴;第十九章主要记载和评价了以清代"桐城派"为主要代表的古文家,同时也记载和评价了清代汉宋两派之交恶,以及方东树和章学诚等著名学者的著作及其思想。对于"古文家",梁启超指出其是清代乾、嘉、道百余年间,与正统派(考证学)学术倾向相抗衡的学术派别;第二十章主要分析并列举了清学分裂的原因;第二十一章主要介绍了清学分裂的导火线;第二十二章至二十八章主要介绍了清末的"今文学"运动、晚清思想界的主要代表人物康有为、梁启超、谭嗣同、章炳麟的思想和著作;第二十九章主要介绍和评价了清代时期西学在中国的传入和发展;第三十章重点记载了晚清思想界佛学的流行和发展,同时也简单地概括了这一时期基督教的传入;第三十一章主要提出了"前清一代学风,与欧洲文艺复兴时代相类甚多";同时也分析了清代与欧洲"文艺复兴"异其方向和清代文学不发达的原因;第三十二章分析了清代自然科学不发达的原因;

最后一章主要介绍了梁启超编撰《清代学术概论》的宗旨和目的,以及对清代学术的总结。《清代学术概论》的成书目的:一在于彰显我国"学问的本能"和固有之文化价值;二在于感受清代学者之人格;三在于探得学问之价值和研究精神"在善疑""在求真""在创获";四在于将当时学风与其前辈的学风进行比照,以发现当时学风之种种缺点。

《中国近三百年学术史》是继《清代学术概论》之后梁启超研究清代学术

发展的又一部重要的学术史著作,比《清代学术概论》更加趋于翔实成熟。《中国近三百年学术史》共十六讲,主要记述了三个专题,即:清代学术变迁与政治的影响;清代初期的学术思潮和主要学者的研究内容;清代学者整理旧学的主要成果。梁启超的《中国近三百年学术史》既对清代学术主流做了准确的把握,又对清代各个时期的学术趋势进行了分析,既对清初学术大师黄宗羲、顾炎武、王夫之和颜元等人做了系统的研究,又对以往学术史研究中所忽视的方以智、费密、唐甄、陈确等人进行了具体的记载和评价。主要内容有"近三百年学术"产生之前的学术背景及其"反动"之表现;清代学术变迁与政治的影响;阳明学派之余波及其修正;梁启超对清代经学建设的总结;梁启超对王船山和朱舜水学术思想的总结;对清初史学建设的总结;对清代程朱学派的记述;梁启超记清初实践实用主义之学;梁启超记清代历算学;梁启超记清初方以智、陈确、毛奇龄等人等。

参 考 文 献

一、著作类：

[1] 沈善洪主编.黄宗羲全集[C].杭州:浙江古籍出版社,2005.

[2] 黄宗羲.明儒学案[M].北京:中华书局,2008.

[3] 黄宗羲.黄梨洲文集[M].北京:中华书局,1959.

[4] (清)黄炳垕.黄宗羲年谱[M].北京:中华书局,1995.

[5] 庄子[M].安继民,高秀昌注释.郑州:中州古籍出版社,2002.

[6] 荀况.荀子校释[M].王天海校释.上海:上海古籍出版社,2005.

[7] 韩非子校注[M].张觉校注.长沙:岳麓书社,2006.

[8] 司马迁.史记[M].北京:中华书局,2011.

[9] 班固.汉书[M].北京:中华书局,1962.

[10] 张廷玉等.明史[M].北京:中华书局,1974.

[11] 朱熹.伊洛渊源录[M].北京:中华书局,1985.

[12] 周汝登.圣学宗传[M].香港:凤凰出版社,2015.

[13] 孙奇逢.理学宗传[M].香港:凤凰出版社,2015.

[14] 张显清主编.孙奇逢集[M].郑州:中州古籍出版社,2004.

[15] 王阳明全集[M].上海:上海古籍出版社,1992.

[16] 归有光.震川先生集[M].上海:上海古籍出版社,1981.

[17] 江藩. 国朝汉学师承记[M]. 北京:中华书局,1983.

[18] 唐鉴. 国朝学案小识[M]. 台北:明文书局,1985.

［19］唐晏．两汉三国学案［M］．北京：中华书局,1986.

［20］徐世昌．清儒学案［M］．北京：中华书局,2008.

［21］梁启超．清代学术概论［M］．长沙：岳麓书社,2016.

［22］梁启超．中国近三百年学术史［M］．北京：商务印书馆,2016.

［23］冯友兰．中国哲学史［M］．重庆：重庆出版社,2009.

［24］冯友兰．中国哲学史新编［M］．北京：人民出版社,2004.

［25］钱穆．中国近三百年学术史［M］．北京：商务印书馆,1997.

［26］谢无量．阳明学派［M］．北京：中华书局,1928.

［27］谢无量．中国哲学史［M］．北京：中华书局,1940.

［28］胡适．中国哲学史大纲［M］．北京：商务印书馆,2011.

［29］钟泰．中国哲学史［M］．沈阳：辽宁教育出版社,1998.

［30］李石岑．中国哲学十讲［M］．桂林：广西师范大学出版社,2010.

［31］范寿康．中国哲学史通论［M］．武汉：武汉大学出版社,2008.

［32］张岱年．中国哲学史［M］．北京：中国大百科全书出版社,2010.

［33］张岱年．中国哲学史大纲［M］．南京：江苏教育出版社,2005.

［34］侯外庐．中国思想通史［M］．北京：人民出版社,1957.

［35］侯外庐．宋明理学史［M］．北京：人民出版社,1984.

［36］侯外庐．中国古代社会史论［M］．石家庄：河北教育出版社,2000.

［37］任继愈．中国哲学史［M］．北京：人民出版社,1979.

［38］冯契．中国古代哲学的逻辑发展［M］．上海：上海人民出版社,1983.

［39］萧萐父．中国哲学史史料源流举要［M］．武汉：武汉大学出版社,1998.

［40］陈来．宋明理学［M］．上海：华东师范大学出版社,2004.

［41］陈祖武．中国学案史［M］．北京：东方出版中心,2008.

［42］陈祖武．清儒学术拾零［M］．长沙：湖南人民出版社,2002.

［43］张立文．宋明理学研究［M］．北京：人民出版社,2002.

[44]刘述先.黄宗羲心学的定位[M].杭州:浙江古籍出版社,2006.

[45]吴光.黄宗羲与明清思想[M].上海:上海古籍出版社,2006.

[46]吴光.黄宗羲论[M].杭州:浙江古籍出版社,1987.

[47]吴光主编.黄宗羲论——国际黄宗羲学术讨论会论文集[M].杭州:浙江古籍出版社,1987.

[48]吴光.黄宗羲与清代浙东学派[M].北京:中国人民大学出版社,2009.

[49]吴光.黄宗羲著作汇考[M].台北:台湾学术书局,1990.

[50]吴光.阳明学综论[M].北京:中国人民大学出版社,2009.

[51]李明友.一本万殊——黄宗羲的哲学与哲学史观[M].北京:人民出版社,1994.

[52]朱义禄.黄宗羲与中国文化[M].贵阳:贵州人民出版社,2001.

[53]曹国庆.黄宗羲评传[M].北京:中国社会出版社,2010.

[54]曹国庆.旷世大儒——黄宗羲[M].石家庄:河北人民出版社,2000.

[55]吴海兰.黄宗羲的经学与史学[M].厦门:厦门大学出版社,2010.

[56]诸焕灿.认识黄宗羲[M].北京:中国档案出版社,2009.

[57]张师伟.民本的极限——黄宗羲政治思想新论[M].北京:中国人民大学出版社,2004.

[58]程志华.困境与转型——黄宗羲哲学文本的一种解读[M].北京:人民出版社,2005.

[59]王政尧.黄宗羲[M].北京:中华书局,1983.

[60]朱光磊.黄宗羲[M].南京:南京大学出版社,2011.

[61]方祖猷.黄宗羲长传[M].杭州:浙江大学出版社,2011.

[62]徐定宝.黄宗羲评传[M].南京:南京大学出版社,2011.

[63]徐定宝.黄宗羲与浙东学术[M].北京:海洋出版社,2010.

[64]傅武光等.高攀龙·刘宗周·黄道周·朱之瑜·黄宗羲·方以智

［M］．台北：台湾商务印书馆,1999.

［65］吴震.阳明后学研究［M］.上海：上海人民出版社,2003.

［66］吴震.泰州学派研究［M］．北京：中国人民大学出版社,2009.

［67］钱明.阳明学的形成与发展［M］.南京：江苏古籍出版社,2002.

［68］钱明．王阳明及其学派论考［M］.北京：人民出版社,2009.

［69］钱明.浙中王学研究［M］.北京：中国人民大学出版社,2009.

［70］季芳桐.泰州学派新论［M］．成都：巴蜀书社,2005.

［71］蔡仁厚．王学流衍［M］.北京：人民出版社,2006.

［72］徐儒宗.江右王学通论［M］．北京：中国人民大学出版社,2009.

［73］陈永革．阳明学派与晚明佛教［M］.北京：中国人民大学出版社,2009.

［74］张学智.明代哲学史［M］：北京：北京大学出版社,2000.

［75］冈田武彦．王阳明与明末儒学［M］.上海：上海古籍出版社,2000.

二、文章类：

［1］柴文华.论中国哲学史学科的创立及诠释框架［J］.哲学研究,2008(1).

［2］柴文华.中国学术史方法论论纲［J］.求是学刊,2011(5).

［3］杨国荣.论黄宗羲的学术史观［J］.史学月刊,1992(3).

［4］华山、王赓唐.黄梨洲哲学思想剖析［J］.文史哲,1964(3).

［5］仓修良.黄宗羲与《明儒学案》［J］.杭州大学学报,1983(4).

［6］仓修良.要给学案体以应有的历史地位［N］.光明日报,1988－03－23.

［7］仓修良.黄宗羲与学案体［J］.浙江学刊,1995(5).

［8］朱义禄.黄宗羲哲学史方法论发微——兼论《明儒学案》［J］.哲学研究,1985(4).

［9］卢钟锋.论《宋元学案》《明儒学案》的理学观点［J］.孔子研究,1987(2).

［10］吴光.黄宗羲与清代学术［J］.孔子研究,1987(4).

［11］陈锐.黄宗羲与黑格尔学术史观之比较［J］.杭州师范学院学报,

1995(1).

[12]罗炳良.我国第一部完整的学术史著作——《明儒学案》[N].光明日报,2001 - 10 - 16.

[13]张越.《宋元学案》——学案体史书的成熟与完善[N].光明日报,2001 - 10 - 30.

[14]张承宗,潘浩.黄宗羲与《明儒学案》[J].历史教学问题,2002(4).

[15]李帆.学术史:清末民初的显学[N].光明日报,2002 - 08 - 06.

[16]王记录.《明儒学案》缘何不为李费立学案?——兼谈黄宗羲的学术史观[J].河南师范大学学报,2003(5).

[17]刘固盛.黄宗羲的学术史观[N].光明日报,2003 - 09 - 09.

[18]秦峰.《明儒学案》对"四句教"的诠释和批评[J].哲学动态,2014(11).

[19]张圆圆.黄宗羲对阳明心学的定位[J].现代哲学,2017(5).